해커스공무원

박정훈
사회복지학개론
합격생 필기노트

해커스공무원

해커스공무원
박정훈
사회복지학개론
합격생 필기노트

개정 4판 1쇄 발행 2024년 7월 4일

지은이	박정훈 편저
펴낸곳	해커스패스
펴낸이	해커스공무원 출판팀

주소	서울특별시 강남구 강남대로 428 해커스공무원
고객센터	1588-4055
교재 관련 문의	gosi@hackerspass.com
	해커스공무원 사이트(gosi.Hackers.com) 교재 Q&A 게시판
	카카오톡 플러스 친구 [해커스공무원 노량진캠퍼스]
학원 강의 및 동영상강의	gosi.Hackers.com

ISBN	979-11-7244-209-5 (13330)
Serial Number	04-01-01

공무원 교육 1위
해커스공무원(gosi.Hackers.com)

해커스공무원

- 해커스 스타강사의 **본 교재 인강**(교재 내 할인쿠폰 수록)
- 해커스 공무원 스타강사의 **공무원 사회복지학개론 무료 특강**
- 정확한 성적 분석으로 약점 극복이 가능한 **합격예측 온라인 모의고사**(교재 내 응시권 및 해설강의 수강권 수록)

한경비즈니스 2024 한국품질만족도 교육(온·오프라인 공무원학원) 부문 1위

1

공무원 사회복지학개론의 최신 출제경향 반영!

최근 공무원 사회복지학개론 시험 내용과 한국사회복지교육협의회의 개정 교과과정을 철저히 분석하여 교재에 전면 반영하였습니다.
이를 통해 가장 최신의 출제경향을 완벽하게 학습할 수 있습니다.

2

시험에 출제되는 핵심 내용을 쉽고 빠르게 학습!

방대한 사회복지학 이론 중 공무원 사회복지학개론 시험에 출제되는 핵심 테마 241개를 선별하고, 각 테마별로 중요 내용들을 정리하여 제시하였습니다.
테마별로 학습함으로써 쉽고 빠르게 사회복지학개론 이론을 학습할 수 있으며, 각 테마별로 제시된 회독체크 박스(□□□)를 활용하여 여러 차례 회독하여 반복 학습할 수 있습니다.

3

학습 가이드 영상 제공!

각 장의 시작 부분에 수록된 QR 코드를 통해 선생님의 학습 가이드 영상을 제공합니다.
사회복지학 전문가인 박정훈 선생님의 학습 가이드와 함께 해당 장의 중요한 내용을 미리 파악하고, 본인에게 맞는 학습 계획을 세울 수 있습니다.

4

효율적인 학습을 위한 다양한 학습 장치!

1. 암기팁

   본문에서 반드시 암기해야 할 내용 옆에 선생님의 노하우가 담긴 '암기팁'을 제공하여 헷갈리는 개념과 이론들을 쉽고 효율적으로 암기할 수 있습니다.

2. 기출OX

   중요 기출 지문들을 관련 이론 옆에 OX 퀴즈로 제공하여 관련 지문 내용을 빠르게 확인하고 복습할 수 있습니다.

3. Plus+와 키워드

   본문 내용 외에 추가로 더 알고 있으면 좋을 내용과 개념들을 수록하여 이론을 더 깊게 학습할 수 있습니다.

CONTENTS

해커스공무원 학원·인강
gosi.Hackers.com

제1부
사회복지총론

┌→ 전통적으로 사회복지의 개념형성에 영향을 미친 주제들(09. 지방직)

▌인간의 욕구

┌ **기본욕구**: 모든 인간이 지닌 필수불가결·공통적 욕구
└ **사회적 욕구**

   ├ 기본욕구 중에서 모든 사회구성원들의 생존·발전·충족을 위해 필요한 기본적인 요건
   └ 브래드 쇼(Bradshaw)의 사회적 욕구(or 다차원적 욕구 규정) `08·14·24. 국가직, 20. 지방직`

     ├ **규범적 욕구**
     │ ├ 전문가(or 정부)의 판단에 의해 정한 바람직한 수준과 실제 상태의 차이
     │ └ 예 정부가 공표하는 최저임금이나 최저생계비 등
     ├ **감지적 욕구**(or 느껴진 욕구, 인지적 욕구)
     │ ├ 잠재적 서비스 대상자인 개개인이 인지과정을 통해 스스로 체감하고(or 느끼고) 있는 욕구, 사회조사로 파악 가능
     │ └ 예 장애인 스스로 치료와 재활이 필요하다고 인식하는 경우
     ├ **표현된 욕구**(or 표현적 욕구): 인지적 욕구를 욕구실현을 해줄 수 있는 당사자에게 행동으로 표현하여 요구하는 욕구, 신청자 or 대기자 명단을 통해 파악 가능
     └ **비교적 욕구**(or 상대적 욕구)
       ├ 타인 or 타지역(or 집단)과의 비교를 통해 발생하는 박탈감이나 소외감 등이 원인이 되어 발생하는 욕구
       └ 예 A지역 주민의 욕구를 B지역 주민의 욕구와 비교하여 나타내는 경우

▌사회적 위험

┌ 생존을 위협하는 현상이 대다수의 사회구성원들에게 보편적(or 일반적)으로 발생할 가능성이 있는 경우
├ 「사회보장기본법」제3조 제1호
│ └ 사회보장 ┬ 출산, 양육, 실업, 노령, 장애, 질병, 빈곤 및 사망 등의 사회적 위험으로부터
│   ├ 모든 국민을 보호하고 국민 삶의 질을 향상시키는 데 필요한 소득·서비스를 보장하는
│   └ 사회보험, 공공부조, 사회서비스
└ 「사회보장 최저기준에 관한 조약」(102조약)의 사회적 위험과 사회보장 정책[국제노동기구(ILO), 1952년]

`16. 지방직, 17. 서울시`

사회적 위험	cf 우리나라 사회보장기본법 상 사회적 위험과의 비교	사회적 위험에 대응하기 위한 사회보장 정책
의료		의료급여
질병(or 휴양, 상병)	질병	질병급여
실업	실업	실업급여
노령	노령	노령급여
산업재해(or 고용재해)	X	고용상해급여
가족(or 자녀양육)	양육	가족급여
출산(or 임신과 분만)	출산	모성(or 출산)급여
장애(or 직업능력의 상실)	장애	폐질급여
유족[부양자(가장)의 사망]	사망	유족급여
17. 서울시) 빈곤 포함(X)	빈곤	16. 지방직) 교육급여 포함(X)

테일러 구비(Talyor-Gooby)의 신(新)사회적 위험(2004년) [14·18. 지방직]

└→ cf 구(舊)사회적 위험: 실업, 노령(or 노후), 산업재해 등 남성가장의 소득의
　　　　충단을 가져오거나 or 질병이 가져오는 예외적인 지출 등
　　　　→ 사회보장정책의 초점은 소득상실을 보존해 주는 소득보장프로그램이 주류

신사회적 위험: 탈산업사회(or 후기산업사회)로의 이행과 연관된 경제·사회적 변동의 결과로 사회
　　구성원들이 생애기간 동안에 직면하게 되는 새로운 삶의 과정

신사회적 위험의 발생경로(or 원인)

　┌ 맞벌이 부부의 증가와 여성의 교육 수준 향상 → 여성들의 유급노동시장 참여 급증 → 가정에서
　│　아동 보육과 노인 부양(or 간병)에 대한 책임을 감내해야 하는 ∴ 일과 가정을 양립하기 어려운 저
　│　숙련 여성 노동자층 증가

　├ 고령화로 인한 노인인구 증가 → 가족 내 노인돌봄 부담 급증 → 여성이 노인을 돌보기 위해 노동
　│　시장에서 철수하여 홑벌이 부부가 되면 → 가구의 소득 감소 → 가구의 빈곤 가능성 증가

　├ 미숙련 생산직의 비중을 줄여온 생산기술의 변동과 저임금의 비교우위를 이용한 국가 간 경쟁
　│　의 격화 → 미숙련 생산직의 비중이 하락하는 형태로 노동시장의 구조 변화 → 저학력자들에 대
　│　한 사회적 배제 확대

　└ 정부의 재정 부족현상 심화 → 정부는 복지부분에 대한 재정 지출을 줄이기 위해 공공부문 축소 →
　　민간부문(예 민영화된 공적연금·의료서비스 등)에 대한 국민의 복지 의존도 확대 → 민간이 제
　　공하는 부적절한 서비스를 정부가 적절하게 규제하지 못하는 경우 증가 → 비용을 지불할 능력
　　이 없는 빈곤 노인들 증가

우리나라의 사회적 위험 [15. 지방직]

┌ 소득양극화

├ 저출산·고령화: 합계출산율 감소(↓), but 평균수명은 증가(↑)하는 현상이 가속화되는 것
│　　　　　　　 → 생산성이 높은 연령층의 상대적 비율 감소(↓), 노인부양비의 증가(↑), 중·고령
│　　　　　　　　　 저숙련·저학력의 노동자 증가(↑), 사회복지서비스를 필요로 하는 기간 연장(↑)

├ 비정형적인 가족 구조: 이혼율의 증가, 남녀 성비의 불균형, 결혼기피 현상 등 → 1인 가구, 한 부모
│　　　　　　　　　　　　 가족, 다문화 가족 등 증가

├ 노동시장의 유연화

├ 세계화(Globalization): 노동시장의 유연성 가속화
│　　　　　　　　　　　 → 노동자의 임금과 근로조건의 불평등 초래

├ 고용 없는 성장 → 청년실업률과 비정규직 노동자 증가, 근로빈곤층 확산

├ 여성의 경제활동참여 증가 → 일·가정의 양립 문제 발생

└ 사회보장제도에서 배제된 인구 증가

PLUS+ 사회보장 관련 주요 통계 용어(우리나라 통계청) 등 [13·23. 국가직, 14. 지방직]

1. 노인(or 노년)부양비 = 노인인구(65세 이상) ÷ 생산가능인구(15~64세) × 100
2. 노령화지수 = 고령인구(65세 이상) ÷ 유소년 인구(0~14세) × 100
3. 총부양비 = 피부양인구(0~14세 + 65세 이상) ÷ 생산가능인구(15~64세) × 100
4. 노인(or 고령)인구비율 = 65세 이상 노인인구 ÷ 전체인구 × 100

　14. 지방직) 노년부양비는 전체 인구 중 65세 이상 인구의 비율(X) → 노인인구비율
　23. 국가직) 노령화지수는 생산 가능 인구수를 몰라도 구할 수 있음(O)

5. 베이비붐(Baby Boom) 세대

1차	1955 ~ 1962년 사이(한국전쟁 이후)에 출생한 사람들
2차	1968 ~ 1974년 사이(경제 성장기)에 출생한 사람들

　14. 지방직) 제1차 베아비붐 세대는 1970년대 경제성장기에 태어난 세대(X) → 제2차 베이비붐 세대

6. 국제연합(UN)에서 정한 노인인구 비율에 따른 사회 형태

고령화사회	총인구 중 65세 이상 인구가 차지하는 비율이 7% 이상인 사회 → 우리나라 2000년 진입
고령사회	총인구 중 65세 이상 인구가 차지하는 비율이 14% 이상인 사회 → 우리나라 2017년 진입
후기고령사회 (or 초고령사회)	총인구 중 65세 이상 인구가 차지하는 비율이 20% 이상인 사회

▎사회문제 [23. 국가직]

- 정의
  - 어떠한 **사회구조적 원인에 의해서 발생한 사회적 현상이**
    - ➊**주의** 자연재해는 사회문제(X)
  - 사회의 가치·규범·윤리에서 벗어나
  - **사회적 다수가 그로 인해 상당한 기간 동안 지속적으로 피해(or 부정적인 영향)를 받아 이를 문제**로 판단하고
  - 이에 다수의 사회 구성원 or 영향력 있는 집단이 이를 사회문제라고 규정하여
  - **집단적(or 사회적)행동을 통해 해결(or 개선)되기를 바라는 사회적 상태**
- 특징 [14. 지방직, 11. 서울시]
  - 시간과 공간에 따라 달리 정의 가능
  - 문화적 상대성에 기초해서 이해되어야 함
  - 사회문제를 인식하고 정의하는 데에는 **가치가 개입 → 가치지향적**
  - 14. 지방직) 사회문제는 가치중립적(X) → 가치지향적
  - 사회문제를 정의하는 데에는 기준이 필요, but 그 기준은 항시 변화
  - 사회문제는 사회규범을 바꿀 수도 있음
- 관점 [22. 국가직, 11. 서울시]
  - 거시적 관점
    - 사회문제를 사회제도나 구조, 사회변동과 같이 사회체계 전체의 수준에서 탐구하려는 관점 → 사회문제라는 사회현상 자체 중시
    - 종류

구분	(구조)기능이론	갈등이론
사회에 대한 관점	사회는 상호유기적 관계에 있는 다양한 하위체계로 구성되어 있는 단일한 체계(or 통합된 전체) → 질서 유지·전체 사회의 균형과 안정 지향	사회는 불평등과 갈등 그리고 이에 따르는 대립이 상존하는 곳 → **갈등으로 인한 불안은 사회의 본질적인 현상**
사회문제의 원인	급격한 사회 변동	사회 내의 불평등과 기득권층에 의한 피기득권층의 지배 등
사회문제의 해결 방법	• 제도적 결함의 개선 • 개인의 적절한 사회화	**불평등 관계의 극복**

  - 미시적 관점
    - 사회문제를 일상생활에서 이루어지는 개인 간의 상호작용이나 개인의 행동·태도 등에 초점을 맞추어 탐구하려는 관점 → **사회문제가 발생하게 된 원인 중시**
    - 종류

구분	상징적 상호작용이론(낙인이론)	교환이론
사회에 대한 관점	사회는 인간의 상호작용이 발생하는 맥락	사회는 교환관계가 발생하는 장소
사회문제의 원인	대중이나 사회통제기관이 어떠한 사회현상이나 행위를 사회문제로 낙인하여 사회문제가 됨	교환관계의 단절이나 불균형, 교환자원의 부족·고갈·가치저하 등
사회문제의 해결방법	• 일탈자에 대한 **사회화나 재사회화** • **부정적인 낙인(예 전과자, 비행청소년, 마약사범 등)의 신중**	• **교환관계를 회복시키거나 균형화** • 교환관계를 갖기 어려운 대상(예 노인, 장애인, 아동 등)에게 무상의 사회복지서비스 제공

▌사회의 제도와 기능(Gilbert & Specht)　[12. 국가직, 10. 지방직, 08·19. 서울시]

사회제도	1차적 사회기능	사회복지적 기능
가족제도	사회화	부양가족의 보호, 사적 이전 등
종교제도	사회통합	종교별 복지·보건· 교육, 상담 등
경제(or 시장) 제도	생산·분배·소비	사회복지 관련 재화와 서비스의 영리적 생산, 기업복지 등
정치제도	사회통제	공공복지, 소득·의료· 주택 보장 등
사회복지제도	상부상조 (or 상호부조)	자조, 자원봉사, 사회복지서비스 등

키워드✧ 사회통합
1. 종교제도: 사회통합 기능
2. 사회보험제도: 사회통합에 유리
3. 「장애인복지법」, 「다문화 가족지원법」의 목적

▌사회복지(Social + Welfare)의 어의적 정의　[20. 국가직]

- 사회적(Social)
  - **주체**: (개인이 아니라) **사회**
  - **대상**: 개인의 개인적인 문제를 해결해 주는 것이 아니라 **사회문제를 해결**하는 것
  - **관계**: **개인·집단·사회전체 간의 사회 내적인 비이기적인 상호관계**
    - → ❶주의 개인의 정신세계나 국제관계와 같은 사회 외적인 관계(X)
  - **원칙**: 개별적으로 하는 것이 아니라 **사회연대의 원칙에 근거**
  - **관심**: 비영리적, 이타적 속성을 지닌 **공동체적 삶의 요소를 중요시**
- 복지(Welfare): 만족스럽게 지내는 상태

∴ 사회복지란 **사회 내적인 관계를 기초**로 사회구성원들이 전 생애에 걸쳐 건강하고 기능적인 삶을 추구하게 하려는 **사회적 노력**

▌대상에 따른 사회복지의 개념 — 협의적 개념과 광의적 개념

09·11·13·14. 지방직, 06·09·10·13·18·19. 서울시

협의적(or 한정적) 개념으로서의 사회복지	구분	광의적 개념으로서의 사회복지
잔여적 개념	유사 개념	제도적 개념
사회적 약자나 요보호 대상자 등의 특수 계층에 한정 **예** 저소득층, 장애인, 노인, 아동 등	사회복지의 대상	전체 국민 or 사회성원 일반
비정상적·병리적 존재	사회복지의 대상에 관한 관점	정상적·비병리적 존재
소극적·한정적: 가족이나 시장기능으로부터 탈락·낙오된 특수계층 개개인의 정상적인 생활 및 재활을 위한 **보호·육성·지도·치료·예방** 등의 서비스 └→ 잔여적 개념과의 차이	사회복지에 대한 관점	• 적극적·총체적: 전체 국민 or 사회성원 일반의 생활에서 나타나는 비복지(Diswelfare)의 해결로, 협의의 사회복지에 사회정책, 사회보장, 보건, 의료, 주택, 고용, 교육, 여가, 소득, 안전, 거주환경 보전 등을 포함시킴 • 사회문제의 **치료·예방·인적 자원의 개발·인간 생활의 향상에 직접 관련된 일체의 시책과 과정**뿐만 아니라 사회제도를 강화하거나 개선하려는 노력
높은 경제적 효율성 효과	장점	• 높은 사회통합 효과 • 낮은 수준의 낙인 발생
• 높은 수준의 낙인 발생 • 낮은 사회통합 효과	단점	낮은 경제적 효율성 효과

09. 지방직) 한정적 개념 – 사회적 약자를 위한 보호적·치료적·예방적 서비스 모두를 포함(O)

▌기능에 따른 사회복지의 개념(Wilensky & Lebeaux) — 잔여적 개념과 제도적 개념

07·11·12·15·22. 국가직, 11·13·14·15·16·20·21·23·24. 지방직, 17. 국가직·지방직, 11·17. 지방직 추가, 13·18·19. 서울시

▲ 사회복지의 잔여적 개념

▲ 사회복지의 제도적 개념

┌ **잔여적 개념**: 가족, 종교, 경제, 정치와 같은 기존 사회제도의 **기능적 실패**를 인정
│   → 사회복지 제도의 **임시적이며 보충적인 필요성**은 인정, but 그것이 **필수적**이라고 보는 않음(사회복지 활동이 필요하지 않은 것이 궁극적인 지향)
└ **제도적 개념**: 가족, 종교, 경제, 정치와 같은 기존 사회제도의 기능적 실패는 필연적·지속적
    → 이러한 사회제도의 기능과는 구별되는 **상부상조의 기능**을 독립적으로 수행할 별도의 **사회복지제도가 필수적**이라고 봄

잔여적 개념	기능에 따른 구분	제도적 개념
협의의 사회복지	유사 개념	광의의 사회복지
• 관점: 병리적인 존재 • 사회적 약자나 요보호 대상자 등의 특수계층에 한정 예 저소득층, 장애인, 노인, 아동 등	사회복지의 대상 (수급자)	• 관점: 정상적인 존재 • 전체 국민 or 사회성원 일반
소극적·한정적(or 협의적): 가족이나 시장경제와 같은 **정상적인 공급구조가 제 기능을 수행하지 못할 때 파생되는 문제**를 보완하거나 해소하는 제도	사회복지에 대한 관점	적극적·광의적: 사회를 유지하기 위한 사회구성원간의 상부상조로서, 다른 **사회제도가 수행하는 기능과는 구별되어 독립적으로(or 독자적으로) 수행되는 제도**
개인주의, 예외주의, 보수주의	이념적 기반	집합주의, 보편주의, (수정)자유주의
• 간섭받지 않는 자유(or 소극적 자유) • 시장경제원칙	기본적 가치	• 빈곤으로부터의 자유(or 적극적 자유) • 평등의 구현, 우애
개인의 책임 → 낮은 수준의 급여, 자산조사, 경쟁 강조	사회문제의 발생 원인	사회구조적 책임
절대적 빈곤 개념에 따라 빈곤수준을 낮게 책정	빈곤관	상대적 빈곤 개념에 따라 사회적 박탈감을 인정하고, 빈곤수준을 높게 책정
사회안전망 기능만 수행	사회복지의 기능	현대 산업사회에서 사람들이 만족할 만한 삶의 수준과 건강을 누릴 수 있도록 하는 그 사회의 독특하고 필수이며 정상적인 제1선(First Line) 기능 수행
• 국민에 대한 시혜 • 자선과 구호중심의 일시적, 임시적, 보충적, 응급처치적, 사후적	사회복지급여의 성격	• 시민권에 입각한 국민의 권리 • 항구적, 제도적, 예방적, 사전적
선별주의	급여제공 원칙	보편주의
최소한으로 제한	국가의 역할	점차적인 확대
자유주의, 보수주의	지지세력	사회주의, 진보주의
수반	낙인감	수반하지 않는 것이 기본 전제
기여자와 수혜자를 구분 O → 약함	사회통합 기능	기여자와 수혜자를 구분 X → 강함
낮음	운영효율성	높음
높음	목표효율성	낮음
공공부조	주요 사회보장제도	사회수당, 사회보험

12. 국가직) 잔여적 사회복지 - 예외주의와 보수주의 이념에 기반(O)

13. 지방직) 잔여적 개념은 보편주의와 자유주의 이념에, 제도적 개념은 예외주의와 보수주의 이념에 기반(X)

22. 국가직) 제도적 개념으로서의 사회복지 - 가족과 시장경제가 제 기능을 수행하는 것이 불가능하기 때문에 사회를 유지하기 위해 독특하고 필수적인 기능을 수행하는 것을 의미(O)

█ 개발적 관점(Midgley & Livermore) 12. 지방직

─ 개발적 관점 = 잔여적 관점 + 제도적 관점 ∴ 잔여적 개념과 제도적 개념의 통합적 개념

─ 사회복지에 대한 정의: 경제개발의 역동적 과정(잔여적 관점)과 연계하여 모든 사람들의 복리를 증진(제도적 관점)시키기 위한 계획된 사회변화의 과정

─ 사회복지는 경제발전의 긍정적 동력 ∴ 사회복지와 경제는 상호 보완적인 역할

─ 근로연계(or 근로조건부) 복지(Workfare, Welfare to Work)를 강조하는 **신자유주의적 이념**이 반영

█ 이념에 따른 사회복지의 개념(Ryan) 12. 국가직, 13. 지방직

예외주의(Exceptionalism)

　├ 사회문제 ─ 특정범주에 속한 사람들에게서 예측할 수 없이 발생하는 것으로 간주

　│　　　　└ 다분히 예외적 상황, 즉 개인의 결함·사고·불행한 사건(예 장애, 이혼, 빈곤 등) 속에서 발생

　├ 해결수단: 개별적 접근방법

　├ 사회복지의 관심대상: 문제를 갖고 있는 특수집단이나 계층으로 한정

　└ 잔여적 사회복지의 이념적 기반

보편주의(Universalism)

　├ 사회문제 ─ 사회체제가 불완전하고 불공평한 데에서 발생하는 것으로 간주

　│　　　　├ 특정범주에 속한 사람들에게 특수하게 발생하는 것이 아님

　│　　　　└ 예측 가능 ∴ 공공의 노력으로서 예방 가능

　├ 사회복지의 관심대상: 국민 전체

　└ 제도적 사회복지의 이념적 기반

사회복지의 관련 개념

사회사업(Social Work) 09·21. 국가직, 11·12·14. 지방직, 07·10. 서울시

사회복지(Social Welfare)	구분	사회사업(Social Work)
사회사업 ⊂ 사회복지		
사회의 기본적 욕구를 충족시켜 전체사회의 집단적 안녕 상태를 유지하기 위한 **국가적 제도, 프로그램, 서비스 체계 등**	일반적 정의	개인·집단·지역사회가 사회적 기능을 수행할 수 있도록 그들의 능력 증진이나 회복을 돕고 이러한 목표를 달성할 수 있는 사회적 여건을 조성하는 **전문가에 의해 수행되는 전문적 활동**
개인과 집단을 원조하여 건강상 만족스러운 기준에 도달할 때까지 행하는 계획적인 사회적 서비스와 시설의 **조직적인 제도**	프리드랜드와 엡트 (Friedlander & Apte)의 정의 09. 국가직	개인으로 하여금 개인을 집단의 일원으로서 사회적·인간적인 만족과 독립을 성취하도록 원조하여 주고 인간관계에 관한 과학적 지식과 숙련을 기초로 한 **전문적 활동**
이상적인 측면 강조	어의의 강조점	실천적인 측면 강조
사회적 시책에 의한 제도적 체계	체계관	전문적 사회사업에 의한 기술적 체계
전체사회의 안녕	목적	개인의 변화
일반, 전체	대상	개별, 부분, 특정인(문제)
거시적 방법: 제도, 정책	방법	미시적 방법: 개인·가족·집단·지역사회 등에 대한 개입이나 기술적 활동
고정적	성격	역동적
예방적, 사전적	기능 및 접근방법	**치료적, 사후적**

사회서비스(Social Service) 11. 지방직

- 기본적이며 보편적인 인간의 욕구를 해결하기 위한 서비스
- 개별적 사회서비스(Personal Social Service) + 제도적 사회서비스[소득보장(공공부조, 사회보험), 의료, 주택, 아동복지, 교정, 정신건강, 교육, 오락, 노동보호 등]
- **카시디(Cassidi)의 정의**: 인적 자원의 보존·보호·개발을 직접적인 목적으로 하는 조직적인(또는 조직화된) 활동

└ 우리나라 법제상 정의
- 「**사회보장기본법」상 정의**: 국가·지방자치단체 및 민간부문의 도움이 필요한 모든 국민에게 복지, 보건의료, 교육, 고용, 주거, 문화, 환경 등의 분야에서 인간다운 생활을 보장하고 상담, 재활, 돌봄, 정보의 제공, 관련 시설의 이용, 역량 개발, 사회참여 지원 등을 통하여 국민의 삶의 질이 향상되도록 지원하는 제도
- 「**사회서비스 이용 및 이용권 관리에 관한 법률」상 정의**: 「사회복지사업법」에 따른 사회복지서비스, 「보건의료기본법」에 따른 보건의료서비스, 그 밖에 이에 준하는 서비스로서 대통령령으로 정하는 서비스

사회복지서비스(Social Welfare Service) 11. 지방직
- **사회복지라는 제도적 틀 안에서 제공되는 대인 서비스**
- 우리나라 「사회복지사업법」상 정의: 국가·지방자치단체 및 민간부문의 도움을 필요로 하는 모든 국민에게 「사회보장기본법」에 따른 사회서비스 중 사회복지사업을 통한 서비스를 제공하여 삶의 질이 향상되도록 제도적으로 지원하는 것 ∴ **사회복지서비스 ⊂ 사회서비스**

사회보장(Social Security) 11·12. 지방직
- **국가에 의한 국민의 최저생활 보장 제도**(일반적으로 사회보험, 공공부조, 사회수당)
  └ 주로 경제적 곤궁만이 대상
- 민간부문의 역할 포함(X), but 우리나라 「사회보장기본법」에서는 넓게 정의

12. 지방직) 우리나라 「사회보장기본법」 – 사회보장을 사회보험, 공공부조, 사회서비스로 넓게 정의(O)

└ 사회안전망(Social Safety Net) [11·12. 지방직, 11. 서울시]

cf 사회보장 - only 공공
사회안전망 - 공공 + 민간

─ 대량실업, 재해, 전시 등 국가 위기 상황에서 국민에게 기초생활을 보장해 주어 안정된 사회생활을
  └ 우리나라의 경우 1997년 외환·금융 위기로 논의가 본격화
  하도록 만드는 보호조치

─ 각 사회안전망이 중첩되어 운영 가능

└ 종류: 공공사회안전망과 민간사회안전망

종류		목적	주요 구성
공공사회안전망	1차 사회안전망	일반국민을 대상으로 그들이 지불한 기여금, 즉 개인의 노력과 능력을 통해 확보된 재원으로 사회적 위험 분산	사회보험 제도
	2차 사회안전망	1차 사회안전망에서 보호받지 못하는 저소득 빈곤계층의 기초생활(or 기본욕구)을 조세를 재원으로 하여 보장	공공부조 제도
	3차 사회안전망	긴급한 구호가 필요한 자에게 최소한의 생계 및 안전을 조세를 재원으로 하여 유지	긴급복지지원 제도
민간사회안전망		공공사회안전망의 사각지대(死角地帶)에 대한 보완 기능	사회복지단체, 시민·민간단체, 종교단체 등

11. 지방직) 사회안전망은 민간에서 제공되는 것은 제외(X) → 포함

11. 서울시) 공공부조 - 1차적 안전망(X) → 2차적

▌사회복지개념의 변화(Romanyshin)
[15·23. 국가직, 12·17·22. 지방직, 17. 지방직 추가, 08·17. 서울시]

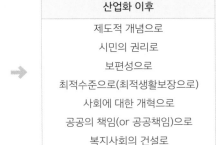

산업화 이전	산업화 이후
잔여적 개념에서	제도적 개념으로
자선에서	시민의 권리로
특수성에서	보편성으로
최저수준에서(최저생활보장에서)	최적수준으로(최적생활보장으로)
개인의 변화에서	사회에 대한 개혁으로
자발적 자선(or 민간지원)에서	공공의 책임(or 공공책임)으로
빈민에 대한 구제에서	복지사회의 건설로

▌사회복지 개념의 한계를 짓기 위한 기준(Wilensky & Lebeaux)
– 현대 산업사회의 사회복지활동 기준 [08·23. 국가직, 12. 지방직]

─ 공식적 조직

─ 사회적 승인과 사회적 책임

─ 영리(or 이윤)추구의 배제

─ 인간소비욕구에 대한 직접적 관심

└ 인간욕구에 대한 통합적 관심

키워드 ◆ 윌렌스키와 르보(Wilensky & Lebeaux)
1. 사회복지의 개념을 잔여적·제도적으로 구분
2. 사회복지의 개념 한계를 짓기 위한 기준 제시
3. 복지국가 발달이론 중 '산업화 이론(or 수렴이론)' 제안

암기팁 이놈의 스키야(윌렌스키) 그렇게 답답하면 공사이(042 대전지역번호)에 전화해서 소(비욕구)통(합적 관심)해라!

08. 국가직) 사회복지활동기준 - 소득재분배 기능(X)

12. 지방직) 프리드랜더와 앱트는 현대 산업사회에의 사회복지활동 기준으로 ~ (X) → 윌렌스키와 르보

23. 국가직) 비공식적 조직에 의한 지원을 사회복지활동으로 인정할 수 없다고 주장(O)

▌사회과학과 사회복지학

─ 사회복지학의 학문적 범주: 사회과학의 한 부분

└ 사회복지학의 성격 [13. 지방직]

─ **실천지향적:** 사회문제에 대처하기 위해 그 해결방법을 창출해 내고, 이를 실제 사회현상에 적용

─ **실천과학적:** 과학적 지식에 기초를 두고 인간의 욕구와 문제에 대한 이해와 충족·해결을 시도

─ **인간주의적:** 인간주의적 관점에 입각한 문제해결의 노력과 그 결과로서 이루어진 지식체계

─ **틈새과학적:** 기존의 과학분야들과 밀접한 교류관계를 유지는 하지만, 분명 그들과는 다른 새로운 학문적 경향

─ **절충주의적:** 사회과학의 가치성과 관련하여 **상호충돌 가능성이 있는 양극단의 가치를 절충하여 적용**

13. 지방직) 상호충돌 가능성이 있는 양극단의 가치 중 어느 하나를 선택(X) → 가치를 절충하여 적용

└ **다학문적:** 사회과학에 의해 발전된 다양한 개념과 학문적 성과를 총체적으로 활용(→ 응용과학)

사회복지의 동기(Macarov) [24. 국가직]

─ 상부상조(or 상호부조)적 동기: 가장 오래되고 보편적인 동기

─ 종교적 동기: 사회복지 개념의 국민 권리화로 → 약화

─ 정치적 동기: 정치적 권력 획득·유지 & 사회적 불안 회피를 목적으로 사회복지 활용

─ 경제적 동기: 사회문제 소요 비용 절감을 위해 사회복지 활용, 사회복지 급여 or 프로그램 제공 → 저소
　　　　　　　 득층의 구매력 증가 → 내수진작

└ 이데올로기적 동기

　├ 개인적 차원의 이타주의 → 사회적 차원의 인간중심주의

　├ 복지주의(Welfarism): 사회복지 자체의 이데올로기

　└ 집합주의(Collectivism) → 사회복지의 발전이 고도화

인권(人權) [23. 지방직]

─ 개념: 모든 인간이 본질적이고 천부적(天賦的)으로 부여 받은 불가침의 권리

　　　→ 인간의 존엄성을 보장하는 데에 반드시 필요

> **헌법 제10조**
> 모든 국민은 인간으로서의 존엄과 가치를 가지며, 행복을 추구할 권리를 가진다. 국가는 개인이 가지는 불가침의 기본적 인권을 확인하고 이를 보장할 의무를 진다.

─ 특성

　├ 정당성 판단의 기준성: 인권은 국가와 권력의 정당성 판단의 기준

　├ 보편성: 인권은 모든 인간에게 해당되는 보편적이며 고유한 권리

　├ 항구성: 인권은 영구적으로 보장되고 또한 박탈되지 않는 항구적인 권리

　├ 불가분성: 인권은 인간의 권리 전체가 실현될 때 비로소 완전히 보장 가능

　├ 상호의존성: 인권은 그것을 행사하는 개인, 집단이, 그리고 그것을 보장하는 국가가 상호 간에 각자
　　　　　　　 의 책임을 동반하는 권리

　├ 실정법에 대한 우선성: 인권은 현실에 존재하는 법의 한계를 뛰어 넘어 인간의 존엄성을 보장하는데
　　　　　　　　　　　　 필요한 권리까지 포함하는 '정의의 법, 양심의 법'을 지향

　└ 역사성: 인권의 실현은 인류의 끊임없는 노력과 투쟁으로 가능

└ 인권의 세대별 유형과 사회복지

　├ 제1세대 인권: 공민권(or 시민권)과 정치권

　├ 제2세대 인권: 사회권 → 사회복지와 가장 관련성이 높은 인권

　└ 제3세대 인권: 집합적 권리(평화권)

차별

─ 불합리하고 자의적인 기준에 따라 특정인이나 집단을 우대·배제·구별하거나 불리하게 대우하는 것
　　→ 인권실현과 정면으로 대치되는 행위

└ 종류: 성별에 따른 차별, 장애에 따른 차별, 연령에 따른 차별, 인종차별 등

THEME 005 　사회복지 역사의 개관 　□□□

13·19. 지방직

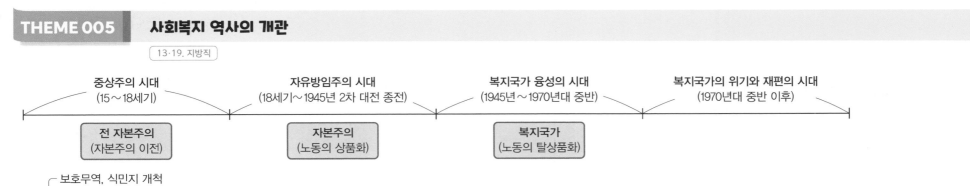

13. 지방직) 16~18세기의 유럽에서는 노동하는 자들을 관리하거나 보호하는 일을 정책의 주요 과제로 생각(O)

19. 지방직) 노동의 탈상품화는 자본주의 이전의 사회에서 사람들이 생존을 위해 임금형태의 소득에 전적으로 의존하지 않던 상태(X)

구빈법의 시대(17~19세기)

엘리자베스 구빈법 (1601) → 정주법 (1662) → 나치블법 (1722) → 길버트법 (1782) → 스핀햄 랜드법 (1795) → 공장법 (1833) → 신구빈법 (1834)

19세기 사회변동 | 구빈법 개혁의 시도

| 사회 개량 운동 | 민간 부문의 전문적 사회복지 실천 | 빈곤에 대한 사회조사 | 다수파 보고서와 소수파 보고서 (1909) | 노령 연금법 (1908) |
| 차티스트 운동 노동조합 운동 | 자선조직 협회 인보관 운동 | 부스의 런던시 조사 라운트리의 요크시 조사 | | 국민 보험법 (1911) |

베버리지 보고서의 시대

베버리지 보고서 (1942) → 가족수당법 (1945) / 국민보건서비스법 (1946) / 국민부조법 (1948) → 구빈법의 종결

엘리자베스 구빈법(1601년, or 엘리자베스 빈민 통제법, 엘리자베스 빈민법)

09·20·22. 국가직, 09·11·13·16·21·23. 지방직, 11·17. 지방직 추가, 08·13·18·19. 서울시

- 도입배경
  - 인클로저 운동과 16세기 후반에 계속된 흉작으로 인한 장원 붕괴
  - **수장령으로 인한 수도원의 해산**
    └→ 중세시대 사회복지는 교회나 수도원을 중심으로 한 자선의 형태(20. 국가직)
  - 신대륙으로부터의 귀금속 대량으로 유입으로 인한 극심한 인플레이션 발생 등
  - → 도시 빈민(or 부랑자)의 급격한 증가

  PLUS⁺ 엘리자베스 구빈법 이전 구빈법의 주요 내용

  1. 1572년법: 구빈사업의 비용 마련을 위해 구빈세 도입, 구빈감독관 임명
  2. 1576년법: 노동능력이 있는 빈민에게 노동강제, 빈민을 유형별로 분류하여 차별적인 처우 실시
  3. 1597년법: 친족(자녀와 부모)의 부양의무 강제

- 내용
  - 빈민통제(or 사회통제)를 목적, 빈곤죄악관에 기반하여 제정
    └→ 빈곤의 책임을 개인에게 → 빈곤을 죄악시
  - **친족부양 책임 강화:** 친족부양의 의무 범위를 기존 친족에서 조부모까지 확대
    └→ 1597년 법 강화
  - 국가 책임의 원칙
    - 구빈의 책임을 교회가 아닌 국가(or 지방정부, 정부)의 책임으로 인식하고 이를 제도화
      09. 지방직) 엘리자베스 구빈법 - 빈민구제의 책임을 지방정부의 책임으로 인식(O)
    - **구빈을 행하는 것은 국가의 의무로 인정, but 빈민의 권리는 인정(X)**
    - 구빈을 위한 목적세로서 구빈세(or 빈민세)를 지방 교구단위의 지방세로 부과·징수
      → 정주법 제정의 원인이 됨

┌ **전국적 구빈행정구조 수립**  ᴄf **구빈행정 효율화 – 길버트법**
│ **구빈행정 통일 – 개정구빈법**
│ ├ 추밀원을 정점으로 하는 중앙집권적 빈민통제 실시
│ └ **구빈감독관**: 교구단위로 2~4명씩 임명되어 교구위원과 함께
│   구빈세 징수·빈민에 대한 급여지급 업무를 관장,
│   치안판사가 업무 감독
├ **지방행정의 원칙**: 직접적인 구빈업무는 교구(敎區, 지방정부)별
│   로 실행(→ 지방기금에 의한, 지방관리에 의한,
│   지방빈민에 대한 구빈행정)
└ **차별처우의 원칙(or 선별주의 원칙)**: 노동력의 유무에 따른 별도의 차별적 처우 실시
  ├ 노동력이 있는 빈민(or 가치 없는 빈민, 건강한 걸인) → 작업장(Workhouse)에서의 노역 강제 →
  │ (거부 시) 교정원(House of Correction)에 1년 감금하여 중노동 강제
  ├ 노동력이 없는 빈민(or 가치 있는 빈민) → 구빈원에 집단 수용하여 최저한의 구제 제공,
  │ but 거처할 집이 있는 빈민의 경우 경비를 줄이기 위해 **현물(예 의류, 난방 등) 제공을 통한 원외**
  │ **구호 실시**
  └ **요보호 아동** ┬ 양육을 원하는 가정에 무료 위탁(or 입양)
                   └ 위탁 가정이 없는 경우 ┬ 남아(8~24세까지) '도제(徒弟)'
                                           └ 여아(8~21세까지 or 결혼 전까지) '하녀'로

  23. 지방직) 길버트법 – 요보호빈곤아동에게 강제적으로 도제수습을 받도록 함(X) → 엘리자베스
  구빈법

┌ **경과** ┬ 지방정부의 의지 정도에 따라 운영
│   └ **재정여건이 좋아 구제가 좋은 교구로 빈민들이 이주하는 문제 발생**
└ **의의** ┬ 공공부조제도의 효시
           ├ **최초로 구빈에 관한 전국적 행정구조 수립**
           └ 당시까지의 빈민구제를 위한 제 법령을 집대성

중앙정부 → 추밀원
감독 │ 보고
지방정부(교구) → 치안판사
감독
구빈감독관

▎정주법(1662년, or 거주지제한법, 거주지법, 주소법, 이주금지법)
└ 빈민들을 육지(62)에 강제로 정주시킨 제도
[23. 국가직, 21. 지방직, 13·18·19. 서울시]

┌ **도입배경**: 빈민의 이주 → 농촌 교구의 노동력 상실 vs 도시 교구의 부담 증가
│   ├ 농촌교구 빈민들이 재정여건이 좋아 구제가 좋은 '도시 교구'로 이주
│   ├ 예비노동력과 저임금 노동력 확보가 필요한 농촌 교구 내 노동력 부족 현상 발생
│   └ 농촌 교구 내 부르주아들(or 상류층)의 '노동이 가능한 빈민'의 정주(定住) 요구 발생
├ **내용**: 교구가 새로운 이주자를 거부할 수 있는 권리 부여 → 농촌지역에 거주하는 '노동이 가능한 빈민'
│   의 도시로의 이주 제한
└ **의의** ┬ 빈민의 거주이전 자유를 침해한 악법(惡法)
           └ 아담 스미스(A. Smith): 『국부론』에서 정주법이 자유주의의 실현과 국부의 증가를 막는다
             고 비판

작업장테스트법(1722년, or 작업장조사법, 강제노역자법, 나치블법)

23. 국가직, 14·21. 지방직, 13·18·19. 서울시

> **PLUS+** 작업장(Workhouse, or 빈민공장)의 주요 역사
>
> 1. 1576년 법 제정: (작업장 개념의 등장) 노동 능력이 있는 빈민을 강제로 일하게 만드는 시설로 등장
> 2. 1696년 브리스톨(Bristol) 작업장법 제정
> 3. 1722년 작업장 테스트법(or 나치블법) 제정

- 도입배경
  - 17세기 후반, 빈민에 대한 구제비용의 증가 → 지방정부의 재정이 열악해짐
  - 중상주의 발달 → 수출용 생산품 생산을 위한 노동력 부족 현상 발생 → 노동력이 있는 빈민의 노동력 활용 방안에 대한 사회적 공감대 형성 → 수용된 빈민들에게 수출용 생산품을 생산하게 하는 당시 네덜란드의 구빈원을 모방하여 노동력은 있으나 비자발적인 빈민을 국가가 설립한 작업장에 직접 고용하고 기술을 가르쳐 소득창출의 기회를 제공하고 국가의 부를 증대 → 빈민에게 노동을 강제함으로써 구빈재정의 지출 감소

- 작업장법(1696년)
  - 브리스톨(Bristol)시에 작업장이 설립
  - 체계적으로 빈민의 노동력을 얻기 위해 작업장을 소녀공용(실 잣는 일)·노인용(쉬운 작업) 등으로 분리 → 근대적 작업장의 출현
  - (빈민들의 작업장 수용 거부) 빈민들이 숙련된 노동자가 되면 → 높은 임금을 주는 일자리를 찾아 도시로 떠남
    - → 고용주들: 숙련된 노동자를 구할 수 없게 됨
    - → 작업장: 빈민들을 교육시키는 데 든 비용과 그들에게 일을 시키는 데 든 작업도구와 원료를 유지하는 데 소요된 비용만을 떠안게 됨

- 나치블법(Sir Edward Knatchbull's Act, 1722년, 또는 나치블법, 작업장 심사법)
  - 1696년 작업장법의 실패 → 빈민에 대한 형벌적 태도의 새로운 작업장법이 공포
  - 작업장 내에서의 생활을 매우 열악하게 하여 빈민들로 하여금 구제 신청을 꺼리게 함 → 구빈세를 억제하려는 정책수단으로 작용됨
  - 구빈감독관(or 교구위원)에게 권한 부여
    - 교구의 동의를 얻어 작업장을 위한 건물의 건축(또는 임차)
    - 작업장의 건축(or 임차)을 위해 2개 이상의 교구 연합 허용
      - └→ 작업장 설립에 막대한 자금이 투여
    - 작업장의 민간 위탁 허용 ∴ 민간이 운영하는 작업장의 등장
      - └→ 1782년 길버트법 제정으로 폐지
    - (조건부 구제 실시) 작업장 수용을 거부하는 빈민은 구제등록부에서 이름을 삭제 → 구제 받을 자격 박탈 → 작업장에서의 수용을 꺼리는 빈민들이 구제 신청을 꺼림 → 구제 억제의 수단으로 변질
    - (작업장의 감옥화) 작업장 입소를 기피하도록 작업장에서의 생활을 매우 열악하고 처벌적인 것으로 만들어 구제신청자수와 구빈세를 감소시키려 함

21. 지방직) 나치블법은 빈민에게 노동을 강제함으로써 구빈에 소요되는 재정지출을 경감하기 위한 목적으로 제정(O)

23. 국가직) 나치블법은 구제를 원하는 사람에게 노동을 강제하였으며, 빈민에게 기술을 가르쳐 소득창출의 기회를 제공(O)

- 경과
  - 제도 시행 초기: 거리의 상습적인 걸인·난폭한 부랑자 등이 감소 → 구빈 비용 절감 효과 발생
  - 후기: 작업장에서 생산한 제품의 질이 낮아 시장에서의 경쟁력을 갖추지 못하는 등, 작업장 운영의 문제 발생 → 원재료비의 낭비 등으로 오히려 교구민의 구빈세 부담을 증가시킴
  - 민간에 의해서 운영되는 작업장은 '이윤 추구'의 목적만으로 운영 → 빈민착취 발생
  - 19세기 중반 이후 노동능력·연령·성별을 불문하고 모든 빈민을 집단수용하는 혼합시설로 변질

- 의의
  - 노동지향적: 과거 통제의 대상으로만 여기던 빈민을 국가 경제에 기여할 수 있는 노동력으로 변화 유도
  - 오늘날의 **직업보도프로그램** or 자활프로그램의 효시

■ 길버트법(Gilbert Act, 1782년) 09·13·21. 국가직, 21·23. 지방직, 11. 지방직 추가
└ 인도주의적인 길버트는 너무 좋은 사람, 길버트 빨리(82)와~~

- **도입배경**: 열악한 환경에서 운영되는 작업장에서의 빈민의 착취가 사회문제로 대두
- **내용**
  - 토마스 길버트(Thomas Gilbert) 당시 하원의원이 제안하여 의회에서 통과
  - **작업장 개선(or 완화) 조치**: 민간업자로 하여금 작업장에서 빈민을 고용하고 수용하도록 '위탁 계약'할 수 있는 권한 부여 조항(1722년법) 폐지
  - **교구 연합방식 채택**: 영세교구들이 **연합하여 공동으로 작업장(or 빈민공장)을 설립**하여 노인·병자·신체허약자 등만을 구제 대상으로 삼아 **구빈행정의 합리화와 빈민처우의 개선 시도** → 구빈의 조직화(구빈행정단위의 확대)를 통해 **구빈행정을 효율적으로 운영**
  - 13. 국가직) 길버트법 – 영세교구들이 연합한 빈민공장 설립이 허용되고 원외구호가 조장(O)
  - 21. 지방직) 길버트법 – 구빈을 조직화하여 구빈행정을 효율적으로 운영하기 위해 제정(O)
  - **원외구제(Outdoor Relief, or 원외구호) 허용**: 노동 능력이 있는 빈민을 작업장에 보내지 않고
    └ 빈민의 수용 구제를 원칙으로 하는 기존 작업장 제도를 완화
    자신의 가정에 머물게 하면서 구제하거나 인근에 있는 적당한 직장에 취업 알선
    처음으로 노동능력이 있는 빈민에 대한 원외구제가 가능해짐
    cf 엘리자베스 구빈법(1601) 원외구제 – 노동능력이 없는 빈민
  - 작업장에서의 빈민착취를 개선하고 원내외 구제를 관리하기 위해 **유급사무원을 채용**
- **경과**
  - 강제성보다는 임의성이 더 강하여 성과를 내지 못함
  - 빈민의 처우 개선으로 인해 **구빈비용이 증가** → 구빈세를 납부하는 **교구민의 불만이 크게 발생**
- **의의**
  - **인도주의적인 구빈제도**
  - 오늘날 **거택보호(居宅保護)제도의 효시**
    - 09. 국가직) 길버트법 – 거택보호를 처음으로 인정한 법(O)
  - 근현대적 의미의 고용 및 실업 대책의 시발점

■ 스핀햄랜드법(Speenhamland Act, 1795년) 13·15·23. 국가직, 11·13·16·19·21·24. 지방직, 11. 지방직 추가, 17·18·19. 서울시
└ 빈민들을 빵값으로 구호(95)한 제도

- **도입배경**: 극심한 경제 불황
  - 1790년대 프랑스와의 전쟁 → 인플레이션 발생
  - 산업혁명의 전개 → 수공업자와 농촌 가내공업의 몰락 → **대규모의 빈민 발생**
  - 인클로저운동의 확산과 지속적인 흉작 → 농민의 궁핍화 → 빈민의 혁명 등 **사회주의 운동의 진전 방지 필요**
- **내용**
  - **잉글랜드남부 버크셔주의 치안판사들**이 스핀햄랜드에서 임금노동자(or 노동빈민)를 대상으로 제정
  - 노동빈민을 작업장이 아니라 자택에서 거주하게 하면서 노동 유도
  - **임금보조제 채택**: 노동빈민의 임금이 가족의 생계유지에 필요한 '빵(or 식량)'의 구입에도 미치지 못하는 경우 → 그 부족분을 교구가 구빈세에서 지급
  - 임금의 액수는 **가족의 수와 '빵(or 식량)'의 가격에 연동**해서 정하도록 하여 → 빈민 개개인의 수입에 관계없이 최저소득 보장 가능
  - 11. 지방직 추가) 스핀햄랜드법 – 최저생계비는 가계부양자의 연령과 성에 따라 다르게 책정(X) → 가족의 수와 빵(or 식량)의 가격에 따라
- **경과**
  - **노동빈민에 대한 구제 허용** → 고용주가 기준 이하의 저임금만을 지불하려는 경향 발생 → **노동빈민의 임금수준 하락**
  - 부조금액의 증가 → **노동자의 노동의욕과 능률 저하**
  - 빈민들의 조혼(早婚)을 장려한 정책이 되어 → **인구과잉 초래**
  - **구빈비용 증가** → 구빈세를 납부하는 **교구민의 불만이 크게 발생** → 빈민에 대한 억압정책의 회귀인 개정구빈법이 제정되는 결정적인 계기가 됨
- **의의**
  - **인도주의적인 구빈제도**
  - 오늘날 **최저생활보장의 기반**
  - 오늘날 **가족수당제도의 효시**

▌공장법(1833년)

└→ 3×3=9세 미만 아동 노동 금지

├ 도입배경: 산업혁명으로 작업장이 기계화되면서 **아동 노동력의 가치가 평가절하**

│　　　　→ 공장에서 노동하는 아동의 **비인도적인 처우 개선에 대한 사회적 요구 발생**

├ 내용 ┬ 9세 미만 아동의 노동을 전면 금지(but, 견직공장은 제외)

│　　　├ 9~13세 아동의 노동시간 축소

│　　　└ 아동의 야간노동 금지

└ 의의: 아동의 노동여건 개선 → 오늘날 「아동복지법」의 시초

▌개정구빈법(1834년, or 신빈민법, 신구빈법)

`09·11·13·14·23. 국가직, 11·13·16·19·21. 지방직, 11·17. 지방직 추가, 13·18. 서울시`

├ 도입배경

│　├ 길버트법과 스핀햄랜드법의 집행에 따른 구빈비용 증가 → 교구의 구빈세 부담 증가 → 구빈비용
│　│　억제에 대한 사회적 요구 가속화

│　└ 자유주의자인 멜서스의 『인구론』 저술, 벤담의 공리주의와 리카도의 노동가치설 등장

├ 내용

│　├ 왕실위원회(1832년 발족)에서 현행 공적구빈제도에 대한 실태조사 실시
│　│　→ (결론) 빈곤문제 해결을 위한 **빈민의 자조(自助) 강조**

│　├ 구빈행정구조 통일　`cf` 1601년 엘리자베스 구빈법 → 구빈행정구조 수립

│　│　├ 행정단위인 여러 개의 교구를 하나로 묶어 교구연합으로 통합

│　│　└ 법의 시행을 감독하고 통제할 중앙기구인 **중앙통제위원회 설치**

│　└ 원칙 제시

│　　├ **열등처우의 원칙**: 빈민에게 제공되는 국가의 무상 부조
│　　　　　수준은 **개별 노동자가 노동을 통해
│　　　　　받는 최저 대우의 수준보다 열등**해
│　　　　야 함　└→ 노동능력이 있는 빈민에 대한
│　　　　　　　　　구제를 국가가 거절할 수 있는
│　　　　　　　　　법적 근거 제공

> **키워드 ✦ 열등처우의 원칙**
> 1. 개정구빈법의 주요 원칙 중 하나
> 2. 공공부조 제도 운영의 원칙
> 3. 비례적 평등(or 형평)의 가치가
> 　반영된 원칙

│　　├ **작업장제의 원칙(or 원내구제의 원칙)**

│　　│　├ (길버트법 폐지) 노동 가능한 빈민은 작업장에 배치

│　　│　└ 원칙적으로 원외구제는 배제하되 노유병자(老儒病者)를 부양하는 과부에게만 허용

│　　├ **균일처우의 원칙**: 빈민의 처우는 전국적으로 동등해야 함
│　　│　　　　　　∴ 각 교구가 각기 다르게 시행하고 있는 구빈 행정을 통일

│　　│　13. 지방직) 개정구빈법 – 지나치게 중앙집중화된 구빈행정을 교구 단위로 효율화(X)

│　　└ 이외에도 스핀햄랜드법의 임금보조제 폐지

├ 경과: 1948년 국민부조법의 제정으로 폐지

└ 의의

　├ 20세기 사회보장제도의 확립에 이르기까지 영국 공공부조제도의 기본원리로 적용

　├ 자유로운 노동시장의 확산에 기여

　└ 빈민에 대해 역사상 가장 가혹한 제도로 평가

▌차티스트운동(Chartist Movement, 1830~1840년대)

─ 등장배경: 노동자의 사회적(정치적, 경제적) 입지 전무(全無)

   ├ 1830년대 노동자와 중산층이 연대하여 의회에 보통선거권 부여 요구 → 의회에서 불승인
                 └→ 재산의 보유와 상관없이 성인남성 전부에게 선거권 부여
   └ 1834년 개정구빈법의 제정 → 노동빈민의 경제적 상황이 더욱 악화

─ 경과: 1836년 러베트(Lovett) 등이 '노동자협회'를 결성 → 1838년 인민헌장(People's Charter)을 통
    해 '**차티즘 6개 원칙**(성년남자의 보통선거권, 무기명 비밀투표, 의원의 매년 선거, 동등한 선거구
    설정, 하원의원의 봉급지불, 하원의원의 재산 자격 철폐)' 제시 → **의회에서 거부** → 이후 1918년
    까지 '차티즘 6개 원칙' 중 '**의원의 매년 선거**'만을 제외하고 모두 입법에 반영

─ 의의: **최초의 노동자운동**으로 평가

▌오웬(Owen)의 노동(or 협동)조합운동

─ 내용

   ├ 오웬은 면사 방적공장의 경영주
   └ **협동주의**(일일 10시간만 노동, 휴업 시에도 임금지불 등)와 **환경결정론**(노동자 교육)에 따라 자신
    의 공장을 운영

─ 경과

   ├ 1833년 공장법의 입법과 구빈법 개선 운동에 크게 기여
   └ 노동조합운동 및 협동조합운동에 영향

자선조직협회(COS, 1869년)

08·09·12·14·17·20·22·23. 국가직, 16·18·19·20·23. 지방직, 17. 지방직 추가, 19. 서울시

- 등장배경: 빈곤 등 사회문제가 대량으로 발생 → 국가가 운영하는 구빈법의 한계 발생 → 자본가와 종
  교인들을 중심으로 한 비체계적·비조직적 자선단체가 '난립' → 구제의 중복 및 누락으로 인
  한 낭비 현상 발생 → 자선의 동기 약화
- 내용
  - 목적: 민간 조직에 의해 수행되는 자선 활동의 '연락·조정'을 통해 구제의 중복과 누락으로 인한 재
    원 낭비를 방지(효율적 구제) └→ 자선단체 등록
  - 최초의 자선조직협회: 1869년에 영국 런던에서 창립
  - 인도주의와 사회진화론[또는 사회적 다윈주의(Social Darwinism)]에 영향을 받은 중산층 여성
    들의 주도로 시작
    09. 국가직) 인보관운동은 사회적 진화론에 기초(X) → 자선조직협회는
  - 개인주의와 구빈법의 영향 → 개인주의적 빈곤 죄악관 → 빈민 구제의 핵심은 빈민 개인에 대한 교
    화를 통한 자조와 이에 따른 빈민의 도덕적 변화 → 빈곤문제해결과 관련하여 공공차원의 개입을 반
    대하고 '공공지출의 삭감'을 주장 └→ ❶주의 사회개혁(X)
  - 토머스 찰머스(T. Chalmers) 목사의 이론에 근거
    └→ 빈곤의 책임은 빈민 개인에게, 구제를 받는 것은 빈민의 자기 존중 파괴와 의존 현상을 심화시킨다고 주장
  - (과학적 자선) 구빈법 상 조직인 구빈위원회와 업무를 협력하여 구제 신청자 접수 → 1:1 방문서비
    스를 원칙(개인이나 가족차원의 접근)으로, 접수된 구제 신청자의 가정별로 우애방문단 파견 → 수
    └→ 독일의 엘버펠트(Elberfeld, 1852년)제도에 영향 받음
    혜자격 심사(or 자산조사) 실시 → 빈민을 '도울 가치가 있는 빈민(Deserving Poor)'과 '도울 가치
    가 없는 빈민(Non-Deserving Poor)'으로 구분 → '도울 가치가 있는 빈민'에 대해서만 '조언 제
    공, 훈계 등'을 통한 교화 실시 └→ 기존의 구빈법에서 맡도록 함
  - 사회복지실천에 미친 영향: 개별사회사업 발전·지역사회복지 태동·사회조사기술 발전에 영향
    18. 지방직) 자선조직협회 - 지역사회복지의 기본적인 모형 제공(X)
- 미국으로의 전파
  - 1877년 거틴(Gurteen) 목사에 의해 뉴욕주 버팔로(Buffalo)에 최초의 자선조직협회창립
  - 전문사회사업가의 기틀 마련: 이후 1890년대 말 최초로 유급(有給) 우애방문단이 등장
    └→ 사회복지사의 기원

인보관운동(SM, 1884년)

08·09·12·17·23. 국가직, 11·14·16·20·21. 지방직, 17. 지방직 추가, 13·19. 서울시

- 등장배경: 자선조직협회의 개인주의적 빈곤죄악관에 기반한 자선활동의 한계 발생 → 빈곤과 소득불평
  등이 개인이 아닌 사회구조적 요인에 의해 발생한다는 인식 증대
- 내용
  ┌ 1854년 영국의 데니스(Edward Denison) 목사가 주축이 되어 시작 → 이후 바네트 목사가 계승
  - 성직자와 지식인 계층이 주도, 특히 바네트(Barnett) 목사가 주도하고 옥스퍼드대학교(University
    of Oxford) 학생과 교회청년들이 주축
    08. 국가직) 인보관 운동의 창시자인 토인비(A. Toynbee)를 기념하여 토인비홀 설립(X) → 헌신자
  - 민주주의, 기독교 사회주의 이데올로기에 기반
    → 빈곤의 원인을 '산업화'로 인해 형성된 '불평등한 사회구조'로 인식
  - 최초의 인보관: 1884년 최초의 인보관인 토인비 홀(Toynbee Hall)이 바네트(Barnett)목사에 의
    해 영국 런던 화이트채플 슬럼 지역에 설립
  - 거주(Residence), 연구·조사(Research), 개혁(Reform)의 3R을 강조

거주	빈민 지역의 주민들을 이웃으로 생각하여 그들과 함께 생활
연구·조사	연구 및 사회조사를 통해 빈민의 욕구를 파악
개혁	거주와 조사를 통해 얻은 지식으로 사회를 개혁

  - 인보관을 설립하여 주택, 도서관, 시민회관 등으로 활용
  - 환경개선 및 교육사업을 강조: 주택개량, 공중보건(예 아동위생, 보건교육), 여성 노동자의 노동력
    보호를 통한 권익 증진, 공공도서관·유치원·문맹퇴치를 위한 야간
    성인학교 운영, 소년소녀들에 대한 기술교육 등의 직접서비스 제공
    에 역점
  - '사회개혁'과 '사회적 옹호' → 빈민 개인이 아닌 사회구조의 변화를 주장
  - 사회조사를 통해 다수의 통계자료를 법률제정에 활용
  - 빈민의 역량강화를 통한 자립을 강조

- 사회복지실천에 미친 영향: 집단사회사업과 지역사회복지 태동·지역사회조직방법론·지역사회복지관 형성에 영향
- 미국으로의 전파
  - 1886년 코이트(Coit)가 뉴욕에 근린길드(Neighborhood Guild) 설립
  - 1889년 아담스(Addams)가 시카고에 헐하우스(Hull House) 설립

PLUS⁺ 자선조직협회와 인보관운동의 비교

구분	자선조직협회	인보관운동
주요 이념	인도주의, 사회진화론	민주주의, 기독교 사회주의
주체	중산층 여성(상류층)	교육을 받은 중류층
빈곤의 원인	개인적인 속성(개인주의적 빈곤 죄악관)	환경적인 속성
사회문제 접근방법	빈민개조 or 그들이 처한 상황의 역기능적 (or 도덕적인) 측면 수정	사회구조의 변화(or 사회개혁적 접근)

THEME 009 영국의 사회복지 역사(4) - 19세기 사회변동③ - 빈곤에 대한 사회조사 □□□

▍부스(Booth)의 런던시(London)에 대한 사회조사(1886년)

▍라운트리(Rowntree)의 요크시(York)에 대한 사회조사(1899년)

- 요크시의 중산층을 제외한 노동계층 4만 7천여 명을 대상으로 빈곤실태조사 실시
- 빈곤의 구분과 빈곤순환, 빈곤선 개념 등을 제시
  - 빈곤의 구분: 1차적 빈곤, 2차적 빈곤
  - 빈곤순환(Poverty Cycle): 빈곤의 대물림
  - 빈곤선(Poverty Line): 생물학적 욕구에 사용할 수 있는 최소 수입
- 자선조직협회 "나태한 노동자들을 창출해내는 장본인"이라며 비판

▍부스와 라운트리의 사회조사의 의의

- 개인주의적 빈곤죄악관 비판 → 빈곤문제에 대한 국가개입의 정당성 및 사회적 책임 인식
- 베버리지 보고서 발간(1942년)에 영향
- 빈곤순환 개념 → 가족수당과 노령연금제도의 필요성 인식에 영향

▌다수파 보고서와 소수파 보고서(1909년)

- 등장배경: 사회개량운동, 자선조직협회와 인보관운동, 부스와 라운트리의 사회조사 등으로 사회개량 (or 개혁)에 대한 국민적 요구 증대 → 현행 구빈법의 심각한 문제점에 대한 사회적 인식 확산

- 내용
  - 1905년에 구빈법 개혁을 목적으로 20명의 각기 다른 이념을 지닌 위원들로 '왕립구빈법위원회'가 설립 → 1909년에는 왕립구빈법위원회의 보고서(다수파 보고서 vs 소수파 보고서)를 정부에 제출
  - 다수파 보고서와 소수파 보고서의 주요 내용
    - 다수파 보고서: 빈곤의 원인을 개인적으로, 현행 구빈법 유지 주장
    - 소수파 보고서: 빈곤의 원인을 사회적으로, 현행 구빈법 폐지 주장

- 경과: 집권 자유당(or 보수당) 정부의 자체적인 구빈법 개혁 방안으로 인해 '다수파 보고서'와 '소수파 보고서' 모두가 채택 X

▌자유당정부의 개혁정책(1906~1914년) [13. 지방직]

- 1906년 총선에서 노동당과의 전략적 연합을 통해 집권에 성공한 자유당 정권은 노동당과 노동조합의 요구에 따라 구빈법과는 다른 사회복지 정책 도입 시도

  13. 지방직) 독일은 노동자 정당과 우호적 관계에 있던 자유당 정권에 의해 사회보험제도 도입(X) → 영국은

- 주요 정책
  - 노령연금법(1908년)
    - 중앙정부가 운영 주체가 된 무기여(or 무갹출) 방식의 정액급여 연금제도
    - 자산조사와 도덕성 조사 후 70세 이상의 저소득층 노인에게 지급, 급여액은 소득수준에 따라 감액
  - 국민보험법(1911년) [16. 국가직, 17. 서울시]
    └ 영국 최초의 사회보험 제도
    - 등장배경 ─ 노동자들의 자립적 상호부조조직인 공제조합에 재정적인 어려움 발생
    　　　　　└ 급진적 사회주의의 부활
    - 경과: 기득권 계층에 의한 사회안정의 필요성에 대한 인식 확산 → 집권 자유당의 주도 하에 사회보험제도를 통한 '강제된 기여'와 '강제된 자조(自助)'를 강조
    - 구성 ─ 제1부: 건강보험(or 질병보험)
    　　　　└ 제2부: 실업보험

08·11·16·22. 국가직, 15·23. 지방직, 06·09·10·11·17. 서울시

등장배경

— 세계 1차 대전(1914~1918년) 발발 → 전시물자 동원을 위한 시장 내 국가 개입

— 1930년대 세계경제대공황 발생 → 국가 중심의 경기 부양 정책 실시 → **야경국가론에 대한 국민적 신뢰 붕괴**

— **세계 2차 대전 발발(1939년)** → 처칠의 자유당, 전쟁으로 지친 국민들에게 '당근' 제시 필요성을 인정

— 1941년 6월에 발족한 '사회보험 및 관련 사업에 관한 각 부처의 연락위원회(후일 베버리지 위원회)'에 의해 1942년 12월 베버리지보고서 발간

베버리지의 사회보장계획의 3가지 기본 원칙

— 국가는 사회보장을 국민의 기본적인 권리로 제공해야 함

— 사회보장의 본질은 소득보장

— 국민최저수준 이상은 개인과 가족의 노력으로 해결해야 함

주요 내용

— 5대 사회악 ┬ 나태(Idleness) → 고용보장정책으로 제거

　　　　　├ 무지(Ignorance) → 교육보장정책으로 제거

　　　　　├ 결핍(Want, or 궁핍) → 소득보장정책으로 제거

　　　　　├ 불결(Squalor) → 주택보장정책으로 제거

　　　　　└ 질병(Disease) → 의료보장정책으로 제거

🔑 암기팁 나무를 베버리지, 그리고 나(태)무(지)결(핍)불(결)질(병)러

— **사회보장**: 국민최저수준 달성을 통해 사회악을 해결할 수 있는 수단으로 정의

— **사회보장의 3가지 방법**: 사회보험(국민 최저선 달성의 가장 중요한 수단), 공공부조, 임의보험

— 사회보장의 3대 전제조건

　├ 실업수당으로 인한 재정손실을 감안한 **완전고용**

　├ 가족의 크기와 소득을 고려하여 결정하는 **가족수당**

　└ 치료와 예방을 포괄적으로 제공하는 **포괄적 의료 및 보건 서비스**

사회보험의 운영원칙

— **포괄성(or 적용 포괄성)의 원칙**: 사회보험은 **일반적인 사회적 위험을 모두 포함**해야 하며, 적용대상이나 욕구보장에 있어서 그 범위가 포괄적이어야 함

— **급여적절성**: 사회보험의 급여수준과 기간은 일상생활을 영위하는 데 적절하고 충분해야 함

— **정액갹출(or 정액기여, 정액부담, 균등기여)의 원칙: 모든 사람은 소득수준이 다르더라도 동일한 액수의 보험료를 부담**해야 함

08. 국가직) 베버리지 보고서 - 차등기여의 원칙(X) → 균등

— **정액급여의 원칙**: 모든 사람은 소득이 다르더라도 동일한 수준의 급여를 수급받아야 함

— **행정통일(or 통합적 행정책임, 행정책임 통합성)의 원칙**: 노령·장애·실업·질병 등과 같은 사회적 위험에 대비하기 위한 사회보험은 기여금과 급여를 지방사무소를 둔 하나의 사회보험금고(or 사회보험기금)가 통합적으로 관리·운영하여 효율성을 제고해야 함

　당시까지 사회보험을 운영해 온 보험조합을 대신 ⌐→ 효율성을 제고해야 함

— **피보험자분류의 원칙**: 사회보험에 운영에 소요되는 재정은 피보험자, 고용주, 국가 3자가 부담

취업 연령 기준	자영자, 피용자, 전업주부, 무직자(or 임시직 노동자)
미취업 연령 기준	노인, 아동

경과

— '요람에서 무덤까지(From the Cradle to the Grave)'로 일컬어지는 경제적인 소득보장체계 마련

— **1945년 가족수당법 제정**: 2인 이상의 아동을 가진 가족에게 정부에서 수당 지급

— **1946년 국민보건 서비스법 제정(1948년 시행)**: 영국 내에 거주하는 모든 주민에게 정부에서 무료로 의료서비스를 제공

— **1948년 국민부조법 제정** → 구빈법 체제 종식

— 프랑스, 서독, 스웨덴 등 서유럽 복지 국가의 기틀 형성에도 큰 영향

▌등장배경

> **PLUS+** 유럽에서 사회보험이 등장하게 된 배경 [12. 지방직]
>
> 1. 자본주의의 발전 → 각종 사회문제의 심화
> 2. 가족 및 시장의 문제해결 능력 축소 → 국가 개입 기능의 확대
> 3. 산업화로 인한 노동자 계층의 확대 → 노동계의 정치세력화
> 12. 지방직) 유럽에서 사회보험이 등장하게 된 배경 - 가족 및 시장의 문제해결 기능의 확대(X) → 축소

— 융커(대지주, 기득권 세력), 신흥부르주아(의회 장악), 노동자 등 3개 사회계층 간 기득권 확보를 위한 사회적 갈등 발생

— 독일 내에 사회주의 사상 전파 → 노동자 계층, 기득권 확보를 위해 조직적인 노동운동 전개

— 재상이며 융커 출신인 비스마르크(Bismarck), 사회통합과 노동자 계층의 충성심을 국가로 유도하기 위해 노동자 계층에게 '당근과 채찍 정책'을 제시

　├ 당근: 사회보험 정책 실시
　└ 채찍: 1878년 노동탄압 정책인 「사회주의자 탄압법」 제정

▌온정주의적 개혁 [13. 지방직]

권위주의적 정치권력에 의해 사회통제의 성격을 띤 권위주의적 개혁 실시
　└▸ 위로부터 아래로의 개혁
13. 지방직) 영국은 사회통제의 성격을 띤 권위주의적 개혁을 거쳐 사회보험제도 도입(X) → 독일

▌비스마르크가 제시한 사회보험 입법 시 4가지 원칙

— 강제가입 원칙: 저소득 임금 노동자를 의무가입시킴

— 중앙집권식 운영 원칙: 보험 운영을 정부가 독점

— 사보험사(or 민간보험사) 배제 원칙: 사회보험제도 운영을 국가의 책임으로 인정
　　　　　　　　　　　　　　　　→ 이윤을 추구하는 사보험사의 제도 참여 배제

— 국가보조금 지급 원칙: 비용은 고용주가 부담, but 정부의 보조금 지급도 병행

▌사회보험 입법의 내용 [11·14·16·20·22·23. 국가직, 09·13. 지방직, 17. 서울시]

— 독일은 세계 최초로 사회보험 제도를 입법하고 시행한 국가

1883년 질병보험법	→	1884년 산업재해보험법	→	1889년 노령 및 폐질 보험법

— 질병(or 건강)보험법(1883년)

　├ 세계 최초의 사회보험

　│ 20. 국가직) 국가주도 사회보험제도는 20세기 초 영국에서 최초로 도입(X) → 19세기 말 독일

　├ 직역별·지역별 조합방식으로 관리되고 운영

　└ 강제가입 방식을 채택, 노동자와 사용자가 보험료 부담

— 산업재해보험법(1884년, or 재해보험법)

　├ 직업조합에서 관리 및 운영

　├ 자유주의자들과 사회주의자들 모두 도입 반대 → 중앙집권식 운영과 국가보조금 지급 포기

　└ 보험료: 무과실책임주의 원칙에 따라 → 사용자가 전액 부담

— 노령폐질연금(1889년)

　├ 국가보조금 지급의 원칙은 반영, but 중앙집권식 운영의 원칙은 미반영
　│　→ 고용주와 노동자 동수로 구성되는 '조합위원회'가 운영

　├ 가입대상: 저소득 노동자 → 전 국민 대상으로 한 사회보험 제도(X)

　└ 보험료: 노동자와 사용자 양측이 절반씩 부담

▌뉴딜정책(1933~1936년)

─ 도입배경: 경제대공황(1929년) → 케인즈식 국가개입주의(시장경제에 대한 국가개입)에 대한 사회
　　　　　　　　　　　　　　　적 요구 발생
　　　　　　　　　　　　　└→ 빈곤의 사회구조적 원인에 대한 인식 증가
└ 정부의 조치: 1935년 대기업으로부터 노동조합을 보호하기 위한 **와그너법(Wagner Act)**과 함께 사회
　　　　　　　　보장법 공포 → 사회보장에 대한 연방정부의 책임 확대
　　　　　　　∴ 세계 최초로 '사회보장'이란 용어를 공식화·입법화
　　　　　　　∴ 미국 최초로 전국적인 사회보장프로그램 운영

▌사회보장법(Social Security Act)의 구성 [16. 국가직, 13·17. 서울시]

사회보험 프로그램	노령연금	연방정부가 재정, 운영
	실업보험(or 실업급여)	
공공부조 프로그램		주정부가 운영, 연방정부는 재정 보조
보건 및 보건복지서비스 프로그램(or 공중보건서비스)		

▌1960~1990년대

─ AFDC와 TANF [14. 국가직]
│　├ AFDC(Aid to Families with Dependent Children, 1962년)
│　│　├ 기존의 요보호아동부조(Aid to Dependent Children, ADC)를 대체하여 등장
│　│　├ 연방정부와 주정부의 공동 프로그램
│　│　├ 자녀를 양육하는 여성은 자신의 가정을 지키면서 자녀를 양육할 수 있도록 도와야 한다는 취지
│　│　│　로 시작
│　│　└ 일정 자격 요건만 갖추면 기간의 제한 없이 수급권을 보장
│　└ TANF(The Temporary Assistance for Needy Families, 1996년)
│　　　├ 클린턴(B. Clinton) 행정부에 의해 종전의 AFDC를 대체하기 위해 제정
│　　　└ 수급자는 수급 개시일로부터 24개월 이내에 취업 강제
└ 빈곤과의 전쟁(War on Poverty) 선포(1960년대) [13. 서울시]
　├ 존슨(L. Johnson)에 의해 풍요속의 빈곤(Poverty In The Midst Of Plenty)에서의 빈곤과의 전
　│　쟁(War on Poverty) 선포 → 연방정부의 역할 증대
　└ 주요 내용
　　├ 메디케어(Medicare): 1965년부터 시작, 사회보장세를 20년 이상 납부한 65세 이상의 노인들
　　│　　　　　　　　　　　대상 **의료보험제도**
　　│　14. 국가직) 의료보험(Medicare)은 사회보장법이 제정된 1935년에 실시(X) → 이후에 실시
　　├ 메디케이드(Medicaid): 1965년부터 시작, **65세 미만의 저소득층 및 장애인들**을 대상으로 한
　　│　　　　　　　　　　　 **공적의료부조제도, 연방정부와 주정부가 공동으로 재정을 보조**하고 주
　　│　　　　　　　　　　　 정부가 운영
　　└ 헤드 스타트(Head Start): 저소득가정의 아동에게 조기 교육 프로그램 제공
　　　　　　　　　　　　　　　 → 취학준비를 목적, 기회의 평등 차원에서 제공, 연방정부가 주도
　　　　13. 서울시) 헤드스타트 - 미국의 1960년대에 기회평등의 차원에서 제공된 아동 보육프로그램(O)

▌구제사업　11. 지방직

- 관곡진급(官穀賑給): 재해를 당한 백성들에게 관곡을 배급하여 구제
- 사궁구휼(四窮救恤): 환과고독(鰥寡孤獨, 홀아비, 과부, 고아, 노인)을 구제
- 조조감면(租調減免): 재해를 당한 백성들에게 그 재해정도에 따라 조세를 감면
- 대곡자모구면(貸穀子母俱免)　11. 지방직 : 춘궁기에 백성들에게 대여한 관곡의 반납 때에 재해로 인해 흉작일 경우 빌려간 관곡 및 이자를 감면 or 면제

▌구빈제도

- 창제(倉制) ─┬─ 가장 오래된 삼국공통의 구제정책, 우리나라 최초의 상시 구빈제도
　　　　　　└─ 재난 시에 비축된 양곡을 백성들에게 방출하는 제도
- 진대법(賑貸法) ─┬─ 고구려 제9대 고국천왕 16년에 을파소의 제안으로 시행
　　　　　　　　└─ 춘궁기인 3월에서 7월 사이, or 흉년에 빈곤한 백성들에게 관곡을 대여했다가 추수 기인 10월에 환납하게 하는 제도

▌재해구제사업(고려시대의 5가지 진휼사업)　11·12. 지방직

- 은면지제(恩免之制): 개국, 국왕의 즉위, 불사(佛事), 국가적 경사 등의 시기에 백성들에게 부과되던 세금과 형벌을 면제
- 재면지제(災免之制)　12. 지방직 : 재난 시에 이재민들에게 조세와 부역을 감면하고 환곡의 반납을 면제하며, 경한 범죄에 대해서는 이에 대한 형벌 또한 면제
- 사궁(四窮) 보호
　└→ 환과고독(鰥寡孤獨) – 홀아비, 과부, 고아, 자식 없는 노인
- 수한역려진대지제(水旱疫癘賑貸之制)　12. 지방직 : 장마, 가뭄, 전염병의 창궐로 이재민이 된 백성들에게 쌀, 의류 등의 생필품 이외에도 의료나 주택 등을 무상으로 지급하거나 or 대여

12. 지방직) 수한질여진대지제는 고려시대 의료, 주택 등을 제공하는 사업(O)

- 납속보관지제(納贖補官之制)　12. 지방직 : 충렬왕 때에 시작, 처음에는 구휼 목적(X), but 이후 충목왕 때에 이르러 흉년이나 기근에 백성을 구조하기 위한 정책 집행 시 소요되는 국고의 부족분을 충당하려고 재민구휼(災民救恤)의 명목으로 거액의 기부를 행한 민간인에게 관직을 주어 자선을 장려　조선시대 원납(願納)과 유사 ←

▌상설구제기관

- 흑창(黑倉)　22. 지방직 : 태조 때에 설치, 고구려의 진대법을 발전 → 성종 때에 의창(義倉)으로 개명
- 상평창(常平倉): 물가조절 기능, 생활필수품 공급 조절 기능 등 백성의 일상적인 경제생활의 편의 도모
- 제위보(濟危寶)　22. 지방직 : 광종 때에 설치, 빈민(or 궁민)과 이재민(or 재민)에 대해 구호와 치료 제공
- 유비창(有備倉): 충선왕 때에 설치, 의창과 상평창의 기능을 담당하면서 재난에 대비

▌임시구제기관(or 비상설구제기관)

- 동서제위도감(東西濟危都監): 예종 때에 설치, 재난 시 빈민을 구휼하고 병자를 치료
- 구제도감(救濟都監): 예종 때에 설치, 중앙에 설치되어 구휼행정을 총괄
- 구급도감(救急都監): 고종 때에 설치, 기근에 대비
- 해아도감(孩兒都監)　11. 지방직 : 충목왕 때에 설치, 유아를 보호, 우리나라 최초의 관설 영아원으로 평가

▌의료구제사업

- 동서대비원(東西大悲院): 문종 때에 설치, 병약자·빈민·고아·노인·걸인 등을 치료하고 수용·보호한 대중적인 의료 및 구제기관
- 혜민국(惠民局)　22. 지방직 : 예종 때에 설치, 빈민을 치료하고 그들에게 약품을 제공한 국립 의료기관

공적구제제도(1) – 비황제도(3창 제도) [07. 국가직, 11·12·20. 지방직]

- 의창(義倉)
  - 고려시대의 의창을 전승
  - 비축된 곡물을 대부해 주었다가 다음 추수기에 **이식과 함께 환곡**
- 상평창(常平倉) [20. 지방직]
  - 고려시대의 상평창을 전승
  - 각 지방에 설치되어 **물가조절의 기능, 생활필수품의 공급 조절 기능** 등 수행
- 사창(社倉) [12·22. 지방직] : **민간에서 자치적으로 설치**하여 곡식을 저축했다가 재난이나 흉년이 발생하면 이를 빌려주고, 가을 추수기에 **이식과 함께** 환급
  - → 3창 제도 중 유일하게 민간에서 설립·운영

07. 국가직) 조선시대의 구제제도 – 상평창, 의창, 사창 등의 비황제도(O)

22. 지방직) 고려시대의 구빈제도 – 사창, 제위보, 혜민국, 흑창(X) – 사창은 조선시대

공적구제제도(2) – 구황제도

- 진휼(賑恤)
  - 이재민이나 빈민들에게 곡물 이외에도 소금, 간장, 의복, 베 등의 현물과 때에 따라서는 **현금을 베풀어** 굶주림과 추위를 구제한 제도
  - 진휼청:인조 때에 설치, 흉년에는 진대와 빈민구제를 담당·평상시에는 물가조절 업무를 담당 (인조 때에 상평창을 흡수)
- 진대(賑貸): 고구려 시대부터 전승
- 시식소(施食所) [11. 지방직] : 주로 춘궁기나 기근 때에 사원(寺院), 역원(驛院) 등에서 매일 취사장과 식탁을 마련하여 **빈민이나 걸인들에 음식을 제공**
  - ∴ 오늘날 노숙자 대상 무료급식소와 유사
- 원납(願納): 구제한 관곡의 부족분을 충당하기 위해서 **부유한 자가 곡물을 대납하면 그들에게 관직을 첩지하던 제도** → 고려시대 납속보관지제와 유사
- 구황방(救荒方): 관청에서 흉년 시 **대용식물을 선정하고 그 식용방법을 기재하여 백성에게 알리던 제도**

공적구제제도(3) – 구료제도

- 전의감(典醫監): 태조 때에 설치. 왕실과 관료들의 진료
- 혜민서(惠民署): 고려시대의 혜민국을 전승, 세조 때에 설치, **일반백성의 구료를 제공**
  - cf 혜민국은 고려시대
- 동서활인원(東西活人院): 일반백성을 대상으로 구료를 제공
- 제생원(濟生院): 고려시대의 제위보를 전승
- 대비원(大悲院): 고려시대의 동서대비원을 전승

기타 주요 공적구제제도

- 자휼전칙(字恤典則) [12. 지방직] : 정조 때에 흉년을 당해 걸식하거나 유기(遺棄)된 10세 이하의 요구호 아동들의 구호 방법을 규정한 법령집 ∴ 조선시대의 아동복지 관련법

12. 지방직) 자휼전칙 – 유기아 입양법으로 고려시대 대표적인 아동복지 관련법(X) – 조선시대

- 오가작통(五家作統)
  - 5개 가구를 1개 통(統)으로 묶은 행정자치조직
  - 농경 및 환난 시 상호부조, 강도와 절도방지, 풍속의 교화와 유민방지, 호적작성에 있어서의 탈루자(脫漏者) 방지 등을 목적으로 국가에 의해 강제적으로 시행

사적(or 자율적)구제조직

- 두레: 촌락단위로 조직된 농민들의 공동노동 제공을 위한 협동조직체
- 품앗이: 노동력의 차용 및 교환 형태
- 향약(鄕約): 지역주민의 순화·덕화·교화를 목적으로 한 촌락 단위의 자치규약
- 계(契): 현대의 조합 성격을 지닌 촌락단위의 자연발생적이며 자치적인 조직

연대	제정년도	주요 내용
1940년대	1944년	「조선구호령」 → 「생활보호법」 제정(1961)으로 폐지 [07. 국가직] └ 우리나라 공공부조 제도의 출발점, 「생활보호법」 제정 전까지 공공부조의 지침
1960년대	1960년	「공무원연금법」 [11. 국가직] : 직역연금(職域年金法) 중 최초, 사회보험 관련 법 중 최초, 공적연금법 중 최초
	1961년	① 「생활보호법」(1962년 시행) → 1999년 9월 7일 「국민기초생활보장법」(2000년 10월부터 시행) [11 · 21. 국가직, 15 · 22. 지방직] • 우리나라 최초의 공공부조 실정법 • 목적: 노령·질병·기타 근로능력 상실로 인해 생활유지 능력이 없는 자등에 대한 보호와 그 방법을 규정해 사회복지 향상에 기여 10. 지방직) 1971년에 「생활보호법」 제정으로 공공부조의 기틀을 마련(X) → 1961년 21. 국가직) 1961년 제정된 「생활보호법」의 목적으로 '사회복지'의 향상을 명시(O) ② 「아동복리법」 → 1981년 「아동복지법」 [11. 국가직]
	1962년	「재해구호법」 [11. 국가직] 　[암기팁] 육이(62년)오는 이 나라의 재해(구호법)다!
	1963년	① 「군인연금법」: 「공무원연금법」에서 분리되어 적용 [22. 지방직] ② 「사회보장에 관한 법률」 [22. 지방직] → 1995년 「사회보장기본법」 └ 사회보장과 관련된 기본법으로써의 기능을 수행하기 위한 목적으로 제정, but 시행령도 제정 못함 ③ 「산업재해보상보험법」(1964년부터 시행) [07. 국가직] : 우리나라 최초의 전 국민대상 사회보험 입법 ④ 「의료보험법」 → 1977년 전부개정으로 500인 이상 사업장 강제가입 → 1999년 「국민건강보험법」 └ 1963년 12월 제정, but 가입임의성 인정하여 사회보험으로써의 의의 상실

국민건강보험제도의 주요 연혁

1963년	「의료보험법」 제정
1977년	500인 이상 사업장 의료보험 강제가입
1988년	**농어촌 지역의료보험 확대 실시** [cf] 국민연금은 1995년
1989년	도시지역의료보험 실시 → 전국민 의료보험 실현
1999년	「국민건강보험법」 제정
2000년	국민의료보험관리공단과 직장의료보험조합 통합 → 국민건강보험공단 출범
2011년	**사회보험 징수통합(건강보험, 국민연금, 고용보험, 산재보험) 시행**
2012년	**포괄수가제 병·의원급 의료기관 당연적용이 7개 질병군 입원환자를 대상으로 시행**
2013년	중증질환 재난적 의료비 지원사업 실시

[암기팁] 육상(63년)선수 출신 군인이 사회보장에(관한 법률) 관한 일을 하다가 산업재해(보상보험법)를 당했지만 의료보험(법)을 받았다.

[cf] 우리나라 공적연금 입법 순서

[15. 국가직, 14·16. 지방직, 17. 지방직 추가]

공무원연금법(1960년) → 군인연금법(1963년) → 사립학교교원연금법(1973년) → 국민복지연금법(1973년)

[암기팁] 두문자) 공(무원) · 군(인) · 사(립학교) · 국(민복지연금)

17. 지방직 추가) 대표적인 4대 공적연금 중 가장 먼저 시행된 것은 군인연금(X) → 공무원연금

PLUS⁺ 우리나라 전국민 대상 사회보험 입법 순서

1. 산업재해보상보험법(1963년 11월 제정, 1964년 시행)
2. 의료보험법[1963년 12월 제정(가입임의성), 1977년 강제가입제 시행]
3. 국민복지연금법(1973년 제정, but 석유파동으로 시행(X)) → 1986년 국민연금법
4. 고용보험법(1993년 제정, 1995년 시행)
5. 노인장기요양보험법(2007년 제정, 2008년 시행)

[암기팁] 사회보험제도를 할 수 있는 부자나라의 국고를 산에다 숨기니 짱이다! - 산(재), 의(료), 국(민연금), 고(용), 짱(기요양)!

1970년대	1970년	**「사회복지사업법」** [07·20. 국가직, 09·10·15·22. 지방직, 13. 서울시] ① 70년대 외원기관 및 단체의 대단위 사업철수가 제정 계기 ② 민간사회복지서비스 분야 이외에 정부가 주관하는 공적 사회복지제도의 기틀 제공 ③ **목적**: 사회복지사업에 관한 기본적 사항을 규정하여 그 운영의 공정적절을 기함으로써 사회복지의 증진을 도모 ④ **주요 내용**: 사회복지서비스 조직에 대한 법적 근거 정비 　• 사회복지법인, 사회복지사업, 사회복지시설, 공동모금 등에 대해 정의 　　09. 지방직) 1970년대 사회복지법인에 대한 법적 근거 마련(O) 　• 사회복지시설의 설치·운영은 국가·지방자치단체 및 시·도지사의 허가를 받은 **사회복지법인 or 보건사회부장관의 허가를 받은 기타의 법인**에 한함 　• 사회복지사업종사자자격 제도 도입 → 1983년 법 개정으로 '사회복지사'로 변경 　• 보건사회부장관은 공동모금의 목적달성을 위하여 법인인 모금회의 설립을 허가
	1973년	① 「사립학교교원연금법」 → 2000년 「사립학교직원연금법」 ② 「국민복지연금법」 → 1986년 「국민연금법」(1988년 시행) [16·24. 국가직, 13. 서울시] 　└ 석유파동으로 시행(X) **국민연금제도의 주요 연혁** | 1973년	「국민복지연금법」 제정·공포, but 당시 석유파동으로 시행(X) 16. 국가직) 1980년대 초에 제정된 「국민복지연금법」으로 국민연금제도가 본격적으로 실행(X)
1986년	「국민연금법」 제정·공포 → 「국민복지연금법」 폐지
1995년	농어촌지역으로 확대 적용
1999년	도시지역으로 확대 적용 → 전국민 대상 연금제도 실현	
	1976년	「입양특례법」 → 1995년 「입양촉진 및 절차에 관한 법률」 → 2011년 「입양특례법」 → 2023년 「국내입양에 관한 특별법」
	1977년	① 「의료보호법」 → 2001년 「의료급여법」 ② 「공무원 및 사립학교 교직원 의료보험법」 → 1997년 「국민의료보험법」 제정으로 폐지
1980년대	1980년	「사회복지사업기금법」 → 1997년 「사회복지공동모금법」 → 1999년 「사회복지공동모금회법」 [22. 지방직]
	1981년	① 「노인복지법」 [10·22. 지방직, 13. 서울시] ② 「심신장애자 복지법」 → 1989년 「장애인복지법」 [10. 지방직, 13. 서울시] 💡**암기팁** 81년 아동복지법, 노인복지법, 심신장애자 복지법 → 91년 영유아보육법, 청소년기본법 81년엔 아동·노인·심신장애자, 91년엔 영유아·청소년을 위해
	1986년	「최저임금법」(1988년 시행) [16. 지방직, 17. 서울시] 💡**암기팁** 아시안 게임하던 해(1986년)에 국민(연금법)최저임금(법)을 보장하라!
	1987년	「남녀고용평등법」 → 2007년 「남녀고용평등과 일·가정 양립 지원에 관한 법률」

PLUS+ 「사회복지사업법」 주요 개정 연혁

1. 1983년 개정
   ① 사회복지사자격제도 도입, 자격등급 1·2·3등급 → '사회복지사업종사자'에서 '사회복지사'로 법적 명칭 변경
   ② 사회복지법인의 사회복지사 의무채용을 규정
   　09. 지방직) 1960년대에 사회복지사 자격증 제도가 최초로 도입(X) - 1980년대에
   ③ 사회복지관의 설립 및 운영에 대한 근거 규정 마련(→ 국고 지원의 법적 근거 마련)
2. 1992년 전부개정
   ① 사회복지전담공무원 제도 신설(→ 2000년부터 일반직 사회복지직렬로 전환)
   ② 필요한 경우 조례에 의해 시·군·구에 복지사무전담기구 설치 가능
3. 1997년 전부개정
   ① 사회복지사 1급 국가시험제도 도입(→ 2003년 제1회 시험 시행)
   ② 사회복지시설의 설치·운영의 허가제를 신고제로 전환, 개인도 사회복지시설 설치·운영 가능
   ③ 사회복지시설에 대한 평가제도를 도입(3년마다 1회 이상 의무적 평가, 1999~2001년 제1기 사회복지시설 평가 실시)
   　22. 국가직) 사회복지시설 평가 - 1997년 사회복지사업법을 개정하여 1998년 사회보장정보원어 평가를 실시(X) → 1999년 제1기 평가를 실시
4. 2003년 개정
   ① 시·구·청장 및 시·도지사의 4년 단위 지역사회복지계획 수립 의무화(→ 2005년부터 수립)
   ② 시·군·구 단위 지역사회복지협의체 설치의 법적 근거가 마련
5. 2017년 개정: 사회복지사의 자격등급을 기존 1·2·3등급에서 1·2등급으로 축소
6. 2018년 개정: 정신건강·의료·학교 등의 직무영역별 사회복지사를 신설

	1988년	「보호관찰법」 → 1995년 「보호관찰 등에 관한 법률」
	1989년	「모자복지법」 22. 지방직 → 2002년 「모·부자복지법」 → 2007년 「한부모가족지원법」 **암기팁** 모자(복지법)팔구(89년)와~

	1990년	「장애인고용촉진 등에 관한 법률」 → 2000년 「장애인고용촉진 및 직업재활법」
	1991년	① 「영유아보육법」 16. 국가직, 15. 지방직 ② 「청소년기본법」 ③ 「고령자고용촉진법」 → 2008년 「고용상 연령차별금지 및 고령자고용촉진에 관한 법률」 **암기팁** 배가 물에 잠길 때 구원(91년)할 사람 – 영(영유아~),청(청소년~),고(고령자~)
1990년대	1993년	「고용보험법」(1995년 시행) → 4대 사회보험 체제 완성 24. 국가직, 09. 지방직, 17. 서울시
	1994년	「성폭력범죄 처벌 및 피해자보호 등에 관한 법률」(2011년 폐지) → 2010년 「성폭력방지 및 피해자보호 등에 관한 법률」
	1995년	① 「사회보장기본법」 → 「사회보장에 관한 법률」(1963년) 폐지 07·21. 국가직, 15·22. 지방직, 13. 서울시 　→ 목적: 사회보장에 관한 국민의 권리와 국가 및 지방자치단체의 책임을 정하고 사회보장제도에 관한 기본적인 사항을 규정함으로써 국민의 복지증진에 기여함 ② 「정신보건법」 → 2016년 「정신건강증진 및 정신질환자 복지서비스 지원에 관한 법률」 15. 지방직 • 정신보건전문요원으로서 '정신보건사회복지사 자격증' 제도의 법적 근거가 마련 • 2017년부터 기존 '정신보건사회복지사' 대신 '정신건강사회복지사'로 그 명칭 변경 ③ 「여성발전기본법」 → 2014년 「양성평등기본법」
	1997년	① 「북한이탈주민의 보호 및 정착지원에 관한 법률」 ② 「청소년보호법」 ③ 「장애인·노인·임산부 등의 편의증진 보장에 관한 법률」 ④ 「국민의료보험법」 ⑤ 「가정폭력방지 및 피해자보호 등에 관한 법률」 **암기팁** (탈북 시) 구질구질(97년)했던 북한이탈(주민의 보호 및 ~) 청소년 보호(법)는 장로님(장애인, 노인 ~)인 국민의(료보험법) 가정에서 해야지, 자칫 (이상한 가정에서 하면) 가정폭력(방지 및 ~)을 당할 수 있다.
	1999년	① 「국민건강보험법」(2000년 7월부터 시행) → 「의료보험법」 및 「국민의료보험법」 폐지 15·16. 지방직 ② 「국민기초생활보장법」(2000년 10월부터 시행) 14. 국가직, 09·10·16. 지방직, 17. 서울시 　→ 목적: 생활이 어려운 자에게 필요한 급여를 행하여 이들의 최저생활을 보장하고 자활을 조성하는 것

청소년복지 관련법 제정 순서
1. 1991년 「청소년기본법」
2. 1997년 「청소년보호법」
3. 2000년 「청소년 성보호에 관한 법률」
4. 2004년 「청소년복지지원법」, 「청소년활동진흥법」

암기팁 두문자) 기·보·성·복·활

「국민기초생활보장법」 2014.12.30. 일부개정 내용
1. 맞춤형 급여체계 개편을 위하여 최저보장수준과 기준 중위소득 정의
2. 보건복지부장관 or 소관 중앙행정기관의 장은 급여의 종류별 수급자 선정기준 및 최저보장수준을 결정
3. 자활센터의 사업 수행기관에 사회적협동조합을 추가
4. 소관 중앙행정기관의 장은 3년마다 기초생활보장 기본계획을 수립하여 보건복지부장관에게 제출

2000년대	2000년	「청소년 성보호에 관한 법률」 → 2009년 「아동·청소년의 성보호에 관한 법률」
	2003년	「고용보험 및 산업재해보상보험의 보험료징수 등에 관한 법률」
	2004년	① 「학교폭력예방 및 대책에 관한 법률」 ② 「청소년복지지원법」 [18. 국가직] ③ 「청소년활동진흥법」 ④ 「건강가정지원법」 ⑤ 「성매매방지 및 피해자보호 등에 관한 법률」 ▽ **암기팁** 공사판(04년)에서 학교폭력(예방 및 대책~)을 당한 청소년의 복지와 활동(청소년 복지지원법, 청소년 활동지원법)을 위해서는 건강한 가정(지원법)에서 돌봐야지... 자칫 나중에 성매매 피해자(성매매 방지 및 피해자 보호 등에 관한 법률)도 될 수 있다.
	2005년	① 「저출산·고령사회 기본법」(같은 해 9월 시행) [12·21. 국가직, 17. 서울시] 　→ 저출산 고령사회기본계획 　　- 보건복지부장관 5년마다 기본계획안 작성 → 국무회의 심의 → 대통령 승인 → 확정 　　- 제1차 저출산 고령사회 기본계획 2006 ~ 2010년까지 수립 및 시행 ② 「자원봉사활동기본법」 ③ 「긴급복지지원법」 [11·12·14. 국가직] ▽ **암기팁** 이공오(2005년) 저(출산~)자(원봉사~)는 긴급복지(지원법)가 필요한 사람이다!
	2006년	「식품기부 활성화에 관한 법률」 → 2016년 「식품 등 기부 활성화에 관한 법률」
	2007년	① 「사회적 기업 육성법」 ② 「장애인차별금지 및 권리구제 등에 관한 법률」 [18. 국가직, 16. 지방직] ③ 「기초노령연금법」 → 2014년 「기초연금법」 [24. 국가직] ④ 「노인장기요양보험법」(2008년 7월부터 시행) [12·21·24. 국가직, 10·15. 지방직, 19. 서울시] ▽ **암기팁** 기업 면접장에서 면접 시간에 오래 기다리다가 – 공차고(2007년) 왔더니 기업(사회적기업육성법)에서 한(부모가족지원법)·장(애인차별~)·노(인장기~)를 벌써 채용했다! 이건 차별이다!
	2008년	「다문화가족지원법」 ▽ **암기팁** 공팔(08년)다(문화가족지원법)
	2009년	「국민연금과 직역연금의 연계에 관한 법률」

2010년대	**2010년**	「장애인연금법」 💡**암기팁** 내 010(2010년) 휴대폰에 장애(인연금법)가 왔다!
	2011년	① 「장애인활동지원에 관한 법률」 [12. 국가직] ② 「사회복지사 등의 처우 및 지위 향상을 위한 법률」 ③ 「자살예방 및 생명존중문화 조성을 위한 법률」 ④ 「노숙인 등의 복지 및 자립지원에 관한 법률」 ⑤ 「아동의 빈곤예방 및 지원 등에 관한 법률」 ⑥ 「치매관리법」 [20. 지방직] ⑦ 「사회서비스 이용 및 이용권 관리에 관한 법률」 [21. 국가직] ⑧ 「장애아동 복지지원법」 💡**암기팁** 마트 시식코너에서 - 젓가락(11년)도 안주고 어떻게 이용(사회서비스 이용~)하라구! 짱(장애인활동~, 장애아동복지~) 치(치매관리법)사(사회복지사~)하다!
	2012년	① 「협동조합기본법」 ② 「아이돌봄지원법」 💡**암기팁** 2012년(지구종말이 예언된 해) 지구가 망해도 협동(조합기본법)하고 아이(돌봄지원법)에게 희망(복지지원단)을 가지면 살 수 있다.
	2014년	① 「주거급여법」 ② 「아동학대범죄의 처벌 등에 관한 특례법」 ③ 「발달장애인 권리보장 및 지원에 관한 법률」 ④ 「학교 밖 청소년 지원에 관한 법률」 [18. 국가직] ⑤ 「사회보장급여 이용·제공 및 수급권자 발굴에 관한 법률」(2015년 7월부터 시행) [18. 국가직] 💡**암기팁** 14후퇴(2014년) 때 주거(급여법)는 없어도 아동(학대~) 발달(장애인~)을 위해 학교(밖~)는 운영했다. 이게 바로 사회보장(급여 이용·제공~)이지!
	2015년	① 「주거기본법」 ② 「노후준비지원법」 ③ 「장애인·노인 등을 위한 보조기기 지원 및 활용 촉진에 관한 법률」 ④ 「장애인 건강권 및 의료접근성 보장에 관한 법률」 💡**암기팁** 십오년(2015년)을 살면서 주거(기본법)도 없는데 노후(준비지원법)된 보조기기(장애인·노인 등을 위한 보조기기~)만 가지고 어떻게 건강(장애인 건강권~)하란 말이야!

	2018년	① 「재난적 의료비 지원에 관한 법률」 ② 「아동수당법」 우리나라 최초의 사회수당제도 관련 법 ▽ **암기팁** 아동복지법에서 아동은 18세(2018년) 미만, 그러니까 2018년 아동수당법! ③ 「여성폭력방지기본법」
2020년대	2020년	「고독사 예방 및 관리에 관한 법률」
	2021년	「사회서비스 지원 및 사회서비스원 설립·운영에 관한 법률」
	2023년	「국제입양에 관한 법률」, 「국내입양에 관한 특별법」

▎1906년, 원산에 기독교 감리교 여선교사인 메리놀즈(Mary Knowles)에 의해 반열방(班列房) 설립

여성 대상 계몽사업 실시

▎1921년, 서울에 태화여자관 설립

우리나라 최초의 사회복지관

▎1947년, 이화여자대학교에 기독교사회사업학과 설립

최초의 정규 사회복지교육 시작

▎1952년, 한국외원단체협의회(Korea Association of Voluntary Agencies, KAVA, or 외국민간원조단체 한국연합회) 설립

▎1980년대 초 재가복지서비스 도입 [11. 국가직]

- 1980년대 초 민간부문에서 자생적으로 노인복지분야부터 시작되어 장애인복지 분야의 지역사회 중심 재활 사업을 통해 확장

    [11. 국가직] 1970년대 중반에 지역사회 중심의 사회복지 서비스로서 재가복지가 도입(X) → 1980년대 초

- 1992년 전국단위의 복지관 부설 재가복지봉사센터 설치 및 운영 → 2010년 종합사회복지관의 재가복지봉사서비스에 흡수되어 통합

▎1985년, 시·도 단위 종합사회복지관 설립 시작

▎1995년, 지방자치제도의 전면적 실시(지방자치단체장 선거 실시)

1949년에 「지방자치법」이 제정되고 1952년 지방의회가 구성되면서 시작, but 1990년대에 들어와 비로소 본격화

▎1997년, 사회복지시설 신고제 전환·평가제(3년마다 1회 이상 의무) 실시
[10. 국가직, 19. 서울시]

- 1999 ~ 2001년, 제1기 사회복지시설 평가 시행
- 사회복지시설 신고제 전환 → 민간의 복지참여 활성화의 계기

▎2003년, 지역사회복지계획 수립 의무화 및 시·군·구 단위 지역사회복지협의체 설치의 법적 근거 마련 [11. 국가직, 19. 서울시]

- 2005년 제1기 4개년 지역사회복지계획이 수립되어, 2007~2010년까지 시행
- 2015년 7월 「사회보장급여 이용·제공 수급권자 발굴에 관한 법률」에서 '지역사회보장계획'으로 변경

▎2003년, 사회복지사1급 국가자격시험 최초 시행 [14. 국가직]

▎2004년, 국고보조사업을 지방으로 이양하는 '국고보조금 정비방안' 확정
[13·16. 국가직, 12. 지방직 추가]

- 2004년 「지방교부세법」 개정으로 한시적으로 지방교부세 내에 '분권교부세'가 도입 → 2005년부터 시행 → 재정분권이 본격화

    [16. 국가직] 1990년대 후반부터 분권교부세에 근거한 사회복지사업의 지방이양(X) - 2000년대 초반

- 사회복지관련 국고보조금 사업 127개 중 71개 사업은 중앙정부가 지속적으로 운영
- 사회복지관의 운영이 지방이양사업으로 선정 → 분권교부세로 재정지원, 법인의 자부담 20% 규정 폐지

    [13. 국가직] 사회복지관의 운영이 지방이양사업으로 바뀌고 법인의 자부담을 의무화(X) → 폐지

- 2015년부터 보통교부세로 전환

    - 재정수요액의 미달 부분에 대하여서만 국가가 지방자치단체에 지원

    - 정신요양시설, 장애인거주시설, 노인양로시설 운영사업은 국고보조사업으로 환원

▌2007년, 전자(사회서비스 이용권)바우처 사회서비스 사업 시행

장애인활동보조, 노인돌봄종합, 지역사회서비스 투자사업

▌2007년, 희망스타트 시범사업 → 2008년, 드림스타트 `17. 국가직, 13·22. 지방직`

- 빈곤 아동에 대한 사회투자 가치의 중요성 강조
- 사업대상
  - 만 12세(초등학생) 이하 취약계층 아동 및 가족·임산부
  - but 만 13세 이상의 초등학교 재학 아동 or 연령도래 종결시점(만 12세 이후)의 위기개입, 집중사례
    관리 아동 중 지속 사례관리가 필요한 아동의 경우
    → 사례회의 후 지방자치단체장의 승인하에 **최대 만 15세까지 연장 가능**
- 아동과 가족에 초점을 둔 **통합사례관리**
  └▸ 취약계층의 아동에게 건강, 기초학습, 사회성 함양, 부모 양육 지도 등 맞춤형 통합서비스 제공
  - → 모든 아동에게 공평한 출발기회 보장
    └▸ 기회의 평등 가치 실현
- 보건복지부가 사업 총괄, 시·군·구에서 사업 운영
- 2019년 아동권리보장원에 통합되어 **아동권리보장원에서 사업지원 업무 수행**

13. 지방직) 드림스타트는 보건복지부가 2006년부터 시행(X) → 2008년부터

▌2007년, 아동발달지원계좌(Child Development Account, CDA) 추진
→ 2009년, 디딤씨앗통장

- 사업대상
  - (보호대상아동) 만 18세 미만의 아동복지시설(아동양육시설, 공동생활가정) 보호아동, 가정위탁 보
    호아동, 장애인거주시설 아동, 소년소녀가정 아동
  - 기초생활수급 가구 아동
- 보호대상아동 및 기초생활수급가구 아동 가입 시부터 만 18세 미만까지 지원
- **(매칭펀드 방식)** 아동이 후원자 또는 보호자의 도움 등으로 적립 시 월 5만 원 내의 범위(최대 적립금액
  은 월 50만 원)에서 1:2로 매칭하여 국가(지자체)가 월 10만 원 내 지원
- 이후 학자금, 기술자격 및 취업훈련비용, 창업지원금, 주거마련 지원 등 자립을 위한 용도에 한하여 사
  용 가능

▌2019년, 시·도 단위 사회서비스원 개소(시·도지사가 공익법인 형태로 설립·
운영)와 커뮤니티 케어(Community Care, 지역사회통합돌봄 선도사업)

`22. 국가직`

▌1987년, (별정직)사회복지전문요원의 공공영역 배치 [15. 지방직]

1987년 사회복지전문요원제도가 신설되어 서울시 관악구에서 최초로 시범사업 차 배치

15. 지방직) 1980년대 사회복지전문요원제도가 시행(O)

▌1995 ~ 1999년, 보건복지사무소 시범사업 실시

▌2004 ~ 2006년, 사회복지사무소 시범사업 실시

▌2006년, 주민생활지원서비스 실시

기존의 읍·면·동사무소의 명칭 → 읍·면·동 주민센터로 변경(2007년부터)

▌2010년, 사회복지통합관리망(or 행복e음) 개통 → 2013년, 사회보장정보시스템 [14·22. 국가직, 18·19. 서울시]

─ 사회보장정보시스템의 도입배경
　├ 신속하고 정확한 소득 및 재산 조사와 업무처리 간소화 → 행정의 효율화 도모
　├ 사회복지급여의 부정 및 중복수급 차단 → 복지재정의 효율화 도모
　└ 사회복지서비스 통합신청과 찾아가는 복지서비스 확대에 기여
─ 사회보장정보원에서 시스템 관리
─ 사회보장정보시스템의 구성: 행복e음 + 범정부

▌2012년, 희망복지지원단 출범 [22. 국가직]

시·군·구 희망복지지원단 설치 → 복지상담 및 (공공)통합사례관리 사업 실시

▌2016 ~ 2017년, 읍·면·동 복지허브화 사업 실시 [22. 국가직]

2016년 기존 '읍·면·동 주민센터'가 '행정복지센터(약칭: 행복센터)'로 변경

▌2017년 ~, 주민자치형 공공서비스 실시

─ 찾아가는 보건·복지와 더불어 행정혁신, 마을 공동체 역량 강화 등 종합적 시각의 읍·면·동 기능개선 사업을 전담 수행
─ 업무: 찾아가는 보건·복지서비스 확대, 보건·복지 분야 통합사례관리, 주민 참여형 서비스 제공기반 마련

제헌헌법(1948년)

사회부조의 법적 근거 마련

> **제19조**
> 노령, 폐질, 기타 근로능력의 상실로 인하여 생활유지의 능력이 없는 자는 법률이 정하는 바에 의하여 국가의 보호를 받는다.

제3공화국 헌법(1962년)　16. 국가직

생존권 규정 신설 → 적극적·보편적 생존권 보장 명시

> **제30조**
> 모든 국민은 인간다운 생활을 할 권리를 가진다. 국가는 사회보장의 증진에 노력하여야 한다. 생활능력이 없는 국민은 법률이 정하는 바에 의하여 국가의 보호를 받는다.

제5공화국 헌법(1980년)

사회복지에 대한 국가 책임 명백

> **제32조**
> • 모든 국민은 인간다운 생활을 할 권리를 가진다.
> • 국가는 사회보장·사회복지의 증진에 노력할 의무를 진다.
> • 생활능력이 없는 국민은 법률이 정하는 바에 의하여 국가의 보호를 받는다.

▌사회양심론 [10. 국가직, 09. 지방직, 11. 서울시]

- 인도주의에 기초, 개인의 이타적 양심과 사회적 의무감을 국가가 사회복지정책을 통해 실현(or 제도화)
  - ∴ 사회복지정책을 국가의 자선활동으로 간주
- 가정(Baker, 1979년)
  - 이타주의의 제도화: 사회복지정책은 인간이라면 누구나 갖고 있는 이타심을 국가를 통해서 실현하는 것
  - 사회복지정책은 사회적 의무감의 확대와 욕구에 대한 국민들의 지식향상이라는 요인에 의해 변화
  - 사회복지정책의 변화는 누적적 → 개선(改善)의 역전(逆轉)은 불가능
  - 개선은 불가피, 현재의 서비스는 지금까지의 것 중 최선의 것
  - 낙관론적 관점: 현재의 서비스가 완전한 것은 아니라고 할지라도 **사회는 안정된 기반 위에 구축되어 있음** ∴ 지속적인 발전 기대 가능
- 한계
  - 정치·경제·사회적 맥락의 중요성을 간과
  - 사회복지정책의 **퇴보 현상을 설명(X)**
  - 사회복지정책을 직선적이고 낙관적으로 이해 → 자칫 수렴이론으로 비약될 가능성(O)

▌음모이론(or 사회통제이론) [09·21·24. 지방직, 11. 서울시]

- 피븐과 클로워드(Piven & Cloward)가 주장
- 사회양심론에 반대되는 입장
- 사회복지정책
  - 사회안정과 질서유지를 위한 통제수단
  - 기득권자(or 지배계층)들이 빈민들(or 소외계층)의 불만을 완화시키기 위해 사용하는 수단 → 기존의 자본주의 체제와 이에 따른 사회적 불평등을 그대로 유지 가능
- 한계
  - 정책결정자의 의도를 지나치게 중시 → 정치적 현실을 과소평가
  - 사회안정에 위협이 되지 않는 집단(예 노인, 아동 등)에게까지 사회복지정책이 확충되는 이유를 설명(X)

■ 시민권론 [18. 국가직, 15. 지방직, 11·19. 서울시]

- 마샬(T. Marshall)이 주장
- 시민: 사회 공동체의 완전한 자격을 지닌 구성원
- 시민권 ┬ 시민에게 부여되는 권리를 누릴 수 있는 일종의 지위
         └ 시민권의 발달로 국민의 복지욕구가 증대 → 국가가 이에 부응하기 위해 사회복지정책을 실시
- 시민권의 확대 과정: (진화론적 입장) 18세기의 공민권 → 19세기의 정치권 → 20세기의 사회권

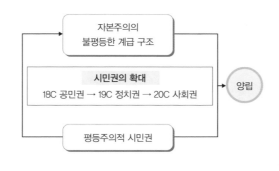

암기팁 두문자) 마샬의 공(민권)정(치권)사회(권)

18세기 공민권	• 18세기 시민혁명 과정을 통해 형성된 권리 • 자유적 권리: 법 앞에서의 자유와 평등에 관한 권리 • 종류: 개인의 자유(or 신체의 자유), 법 앞에서의 평등, 언론의 자유, 사상의 자유, 신앙의 자유, 재산소유의 자유, 계약의 자유 등

19세기 정치권 (or 참정권)	• 19세기 노동운동과 여성운동을 통해 형성된 권리 • 종류: 투표권, 정치과정에 참여할 수 있는 권리 18. 국가직) 시민권론 - 투표할 수 있는 권리와 정치과정에 참여할 수 있는 권리는 참정권에 해당(O)

20세기 사회권 (or 복지권)	• 20세기 세계대공황을 통해 형성된 권리 • 개인의 생존과 관련된 최소한의 경제적 복지를 국가로부터 보장받을 수 있는 권리 • 종류: 교육, 사회복지제도

- 20세기의 사회권의 실현 → 완전한 시민권 달성 가능
- 근대 자본주의 국가의 불평등한 현실과 평등주의적 시민권은 양립 가능

- 한계
  - 사회복지의 개념을 국가가 국민에게 허용하는 사회권(or 법으로 정한 사회복지)으로 제한
    → 기업복지나 민간복지, 자선사업과 같은 다양한 영역들을 포함시키기 어려움
  - 시민권의 발달을 영국의 사례에 맞추다 보니
    → 제3세계나 사회주의 국가 등 다른 국가에 적용하기에는 무리
  - 시민권의 발달을 지나치게 진화론적 입장으로 접근
    → 실질적으로 집단갈등이나 이로 인한 투쟁으로 획득할 수 있다는 사실을 간과

■ 수렴이론(or 산업화이론) [08·10. 국가직, 11·15·20·21·24. 지방직, 11. 지방직 추가, 13. 서울시]

- 윌렌스키와 르보(Wilensky & Lebeaux)가 주장
- 복지국가 간 차이점(or 다양성)보다는 유사성 강조: 서로 다른 유형의 복지국가라도 기술발전 등 산업화의 정도에 따라 시간이 지나면 동일한 유형으로 수렴

- 산업화는 병주고 약주고
  ┬ 복지국가는 산업화를 통해 경제성장을 달성하고, 이에 따른 재정적 능력이 향상되었을 경우에만 가능 → 경제발전 수준과 사회복지지출 수준 간의 강한 상관관계 주장
  └ 산업화로 인해 발생한 사회문제(예 주택, 교육, 고용 및 실업, 산업재해, 가족구조 및 인구·사회구조의 변화 등)의 해결이라는 사회적 욕구에 대한 대응으로 산업화를 통해 형성된 재원을 활용 → 사회복지 발달
- 경제적 시각: 자본주의의 산업화 → 산업인구집단의 노동력 상품화 → 노동력의 지속적인 공급이 중요 → 국가는 생산의 증가로 풍부해진 재원을 활용해서 질병·노령·산업재해 등으로 상품화 될 수 없는 노동력을 책임지는 방법으로 노동력을 보호
- 한계: 사회복지정책 발달을 지나치게 경제적 변수로만 설명 → 이데올로기나 정치적 변수 등의 기능 간과

제3장 복지국가에 대한 이해 **41**

▌독점자본이론(or 신마르크스주의) [08. 국가직, 20. 지방직]

— 전통적인 마르크스주의에 그 이론적 뿌리를 둔 갈등주의적 시각

— 자본주의가 고도화된 사회의 현상과 산업화가 무시한 계급문제 및 노동력 재생산을 독점자본주의의 속성과 관련시켜 복지국가 발전을 분석

— 전제: 복지국가는 ┬ 독점 자본의 지속적 축적을 위해 기능
                └ 자본축적의 위기를 해소하기 위해 사회복지를 증대

— 종류

  ┌ 도구주의적 관점: 국가는 자본가계급의 이익을 달성하는 도구 → 경제적 조직을 독점한 자본가계급이 정치적 조직에도 강력한 영향력을 발휘 ∴ 국가는 자본가계급의 요구에 피동적

  ├ 구조주의적 관점: 자본주의의 구조는 자본계급의 단기적인 이익추구로 분열될 가능성이 상존한다고 가정 → 국가는 자본계급이 구축한 현 경제구조를 장기적으로 안정·강화시키기 위해서 어쩔 수 없이 **자본가계급이 반대하는 복지정책(예 임금문제·실업문제에 대한 개입)**을 추진

  └ 정치적 계급투쟁의 관점: 국가는 자본가계급과 노동자계급 간의 정치적·계급적 투쟁에 의해서 그 성격이 결정되어진다고 주장하는 관점 → 노동자계급의 세력이 강력해질 경우에는 노동자계급의 이익에 부합되는 복지국가가 될 수도 있다고 가정 ∴ 사회민주주의

— 한계: 지나치게 계급 간 갈등 문제를 강조 → 민주정치에서의 다양한 행위자들의 역할을 무시

▌확산이론(or 근대화이론, 전파이론) [09·15·21·24. 지방직]

— 사회복지정책의 확대과정을 국제적인 모방과정으로 이해 → 한 국가의 사회복지정책이 다른 나라에 미치는 영향을 강조

— 종류(Collier & Messick)

  ┌ 위계적 확산: 새로운 제도나 기술혁신이 선진국에서 후진국으로 확산되는 경우(선진국 → 후진국)

  └ 공간적 확산: 한 국가에서 만들어진 사회복지정책이 지리적으로 가까운 국가들에 순서대로 확산되는 경우(인접 주변국)

    21. 지방직) 경제 수준이 낮은 국가가 선진 복지국가의 영향을 받아 사회보장을 확대한 경우, 이는 공간적 확산에 해당(X) - 위계적 확산

— 한계

  ┌ 후진국에서 선진국으로 확산되는 사례도 존재

  └ 국제적인 환경변수가 한 국가의 내부에서 **사회복지정책으로 전환 및 정착되어가는 과정**을 설명(X)

▌이익집단론(or 이익집단정치이론) [13·15. 국가직, 15·20·21·24. 지방직]

— 복지국가의 발달 원인을 국가의 정치적 역할에서 찾는 이론

— 사회복지정책을 정당이나 협회와 같은 이익집단들 간의 다양한 이익 추구와 이에 따라 발생하는 갈등과 타협(or 합의)의 산물로 간주

— 국가 ┬ 중립적이고 합리적인 집단
      └ 역할: 다양한 이익집단 간 경쟁과정에서 희소한 자원의 배분을 둘러싼 갈등이 발생할 경우 이를 중재. 정치적 힘이 강해진 이익집단의 요구를 수용 → 복지국가 발전

— 사회복지정책의 확대 과정에서 **자본 대 노동의 계급적 관계**를 넘어서 정당정치의 역할을 우선시

— 현대사회에서 **귀속적 차이(인종, 연령, 언어, 종교, 지역 등에서의 차이)**에 따른 이익집단들 간의 정치적 행위의 중요성이 확대
  → 정치적 이익집단인 정당들 간에도 이러한 이익집단들로부터 받는 정치적 지지와 득표가 중요

— 한계: 민주주의가 성숙되지 않은 남미국가들의 복지 정책 확대를 설명(X)

▌엘리트 이론

— 역사를 계급투쟁이 아닌 정부관료, 지식인, 부유층과 같은 엘리트의 교체과정으로 이해

— 사회복지정책은 엘리트로부터 대중에게 일방적이며 하향적으로 전달되고 집행

— 한계: 엘리트를 규정하는 것이 어려움

▌사회민주주의 이론(or 권력자원이론, 계급정치이론, 권력동원이론) [08. 국가직, 15·20. 지방직, 11·19. 서울시]

— 사회복지정책 발전을 노동자 계급의 정치적 세력 확대결과로 이해
  → 노동자 계급의 이익을 대변하는 좌파정당과 노동조합의 역할을 강조

— 국가를 민주주의에 의해 마련된 정치적 공간으로 전제

— 사회복지정책을 이미 자본에 의해 선점된 경제적 공간에 대해 **자본과 노동의 계급투쟁에서 사회의 다수를 점유하고 있는 노동계급이 획득한 전리품(戰利品)**으로 이해

— 한계: **순수 노동계급의 이익만을 대변하는 정당**은 현실적으로 집권이라는 정당의 궁극적인 목적 달성이 어려움

▌국가중심주의이론 `20·24. 지방직, 11. 서울시`

─ 사회복지정책을 사회복지를 제공하는 공급자인 자율적인 행위자인 국가가 스스로 문제를 인식하고 해
　결하려는 노력의 산물로 이해

─ 정부 관료들(or 관료기구)의 자기 이익 추구행위(자신이 소속된 조직의 생존과 발전을 위해 **예산과 인**
　력을 확대시키려는 행위) → **사회복지정책 확대**

─ 중앙집권적이고 조합주의적인 국가조직 형태(예 스웨덴 등)가 지방분권적이고 다원주의적인 국가조직
　형태(예 미국 등)에 비해 사회복지 추진이 용이

─ 한계: 지나치게 각 국가의 구조적 특성을 강조 → 복지국가 발전을 일반화시키는 것은 무리

THEME 022　복지국가 유형화이론 ★★★　□□□

▌티트머스(Titmuss)의 3분 모형 `12. 지방직`

─ 보충적(or 잔여적) 모형
　├ 윌렌스키와 르보의 잔여적 모형과 유사한 모형, **시장과 가족의 역할 강조**
　└ 대표적 사회보장 제도: 공공부조
─ 산업성취수행(or 산업업적, 시녀) 모형
　├ 사회복지를 경제 발전의 종속물로 이해: 경제발전으로 기업의 이윤과 노동자의 소득 증가 → 기업
　│　　　　　　　　　　　　　　　　과 노동자가 지불하는 **사회보험 부담금과 기여금 증가** →
　│　　　　　　　　　　　　　　　　사회복지 발전
　├ 업적·업무수행·생산성 등 **시장에서 개인의 성취(or 업적)에 따라 차별적으로 사회복지가 제공**
　│　→ 사회복지 급여는 시장에서 개인의 역할에 따라 달라져야 한다고 주장
　└ 대표적 사회보장 제도: 사회보험

─ 제도적 재분배 모형
　├ 윌렌스키와 르보의 제도적 모형과 유사한 모형
　├ **시장 밖에서 욕구 원칙에 입각하여 보편적 서비스를 제공**
　└ 대표적 사회보장 제도: 사회수당

12. 지방직) 티트머스(Titmuss) - 기능주의, 산업주의, 제도주의로 구분(X) → 보충적, 산업성취, 제
도적 재분배

PLUS⁺ 복지의 사회적 분화(Titmuss)

1. **사회복지**: 국가가 개인에게 직접적으로 제공하는 형태의 복지
　　　　　　→ 수급자는 수급을 **직접적으로 체감 가능**(예 국가에 의한 국민기초생활보장제도 운영 등)
2. **재정복지**: 국가가 개인에게 간접적으로 제공하는 형태의 복지
　　　　　　→ 수급자는 수급을 직접적으로 **체감할 수 없음**(예 소득공제와 같은 조세비용 등)
3. **기업(or 직업)복지**: 기업이 근로자에게 직접적으로 제공하는 **임금 이외의 다양한 부가적 혜택**(예 자
　　　　　　녀에 대한 학자금 융자, 무료 통근버스 운영 등)

▌퍼니스와 틸튼(Furniss & Tilton)의 3분 모형 19. 서울시

↳ 사회복지정책의 목적에 따른 분류

- 적극적 국가: 자본가의 이익 보호, 실용적·경제적 효율성에 기여할 수 있는 정책만 실시, 사회복지정책을 사회통제의 수단으로 사용, 완전고용정책을 최소화, 사회보험 제도를 강조, 대표국가로 미국
- 사회보장국가: 국민최저수준의 보장, 완전고용정책을 중요시, 사회보험 이외에도 공공부조(or 사회부조)와 보편적 제도 등도 함께 사용, 대표국가로 영국
- 사회복지국가: 국민최저수준 이상에 대한 보장, 완전고용정책의 극대화 강조, 사회수당 등의 보편적 제도를 사용, 대표국가로 스웨덴

▌미쉬라(Mishra)의 2분 모형 19. 서울시

↳ 성장(or 경제)정책과 분배(or 사회복지)정책의 분화 정도에 따른 분류

- 분화적 복지국가 ┬ 성장정책과 분배정책이 분화된 국가, 분배정책은 잔여적 기능
              └ 대표국가: 미국, 영국
- 통합적 복지국가 ┬ 성장정책과 분배정책이 상호 의존적인 국가, 분배정책은 집합적 책임을 강조
              └ 대표국가: 스웨덴, 오스트리아

> 🔖 **암기팁** 미숫가루(미쉬라)를 쏟아서 분(화)통(합)이 터진다.

▌조지와 윌딩(George & Wilding)의 이데올로기적 4분 모형과 6분 모형

10·11·14·15. 국가직, 11·12·14·16·19·22·24. 지방직, 11·13. 서울시

복지국가에 대한 관점	적극 반대	조건부 찬성	적극 찬성	적극 반대
정부의 개입	부정	조건부 인정	적극 인정	적극 인정

4분 모형	반집합주의	소극적 집합주의	페이비언 사회주의	마르크스 주의
	↓	↓	↓	↓

6분 모형	신우파	중도노선	사회민주주의	마르크스주의
				페미니즘
				녹색주의

- 반집합주의
  - 자유주의적 입장 → 복지국가를 자유로운 시장 활동의 걸림돌로 간주
  - 사회복지정책의 확대 ┬ 개인의 자유와 선택을 제한
                    └ 경제적 비효율성과 근로동기의 약화 발생
  - 비판   ↱ 시장 역할 강조, 단 국가의 최소한(or 부분적) 개입 인정
    - 시장에 대한 국가의 개입 → 경제적 비효율을 초래 ∴ 국가 개입 수준은 최소한에 그쳐야 함을 주장 → 노동 무능력자에 대한 국가의 책임은 인정, but 국가는 최저 생계비 이하의 빈곤계층에 대해서만 온정주의적으로 개입해야 한다고 주장
    - 전통적 가치, 국가 권위의 회복, 민영화를 통한 정부의 역할 축소 강조
    - 특히 현존하는 불평등은 경제성장에 기여하므로 정당화될 수 있다고 주장
    - 주요 사회적 가치: 소극적 자유, 개인주의, 가족, 시장, 불평등, 경쟁
      ↳ 소극적 집합주의와의 차이
    - 공공부조제도 중시
    - 대표적인 인물: 하이에크, 프리드만, 마우엘
    - 6분 모형에서는 신우파로 수정

─ 소극적 집합주의

　├ 수정자본주의적 입장 → 자본주의의 비효율성과 비공정성에 대해 **부분적으로 비판** → 이를 수정하
　│ 기 위한 **국가의 조건부 규제와 통제가 필요**하다고 주장 ∴ 복지국가에 대한 제한적 지지
　│ 　└ 반집합주의(or 신우파)의 가치가 절대적이라고는 믿지 않음
　├ 사회복지는 국민의 최저수준 보장에 그쳐야 하고, 그 이상의 문제는 개인의 책임에 맡겨야 한다고
　│ 주장
　├ 주요 사회적 가치: 소극적 자유, 개인주의, 실용주의, 경쟁, 합리주의
　├ 사회보험제도 중시
　├ 대표적인 인물: 베버리지, 케인즈, 갈브레이스
　└ 6분 모형에서는 중도노선(or 중도우파)로 수정

─ 페이비언사회주의(Fabiansocialism)

　├ 사회민주주의 입장 → 자본주의 시장 경제체제에 **국가의 적극적인 개입**을 강조
　├ 민주정치에 따라 노동자를 포함한 국민의 다수에 의한 지배를 강조
　├ 의회 민주주의를 통한 점진적인 사회주의화 주장
　├ 사회통합과 부(富)의 평등 추구를 위한 사회복지정책의 확대를 적극적으로 지지
　│ 　└ 소득의 평등보다 부의 평등을 더욱 추구
　├ 복지국가 구현을 통해 ┬ 사회조화와 평등한 사회의 구축 가능
　│ 　　　　　　　　　　　└ 궁극적으로 사회주의가 이루어진다고 이해
　├ 자본주의 시장경제체제를 인정하나 이를 보완하기 위해서 사회복지정책이 필요
　│ 　∴ 시장체제와 사회복지정책이 공존하는 시장사회주의를 지향
　├ 사회구성원들에게 공동체 의식 강화·이타주의 등을 유지·강화시키기 위해서 사회복지정책이 필요
　├ 사회복지정책은 ┬ 전 국민을 대상으로 차별 없이 보편적으로 시행되어야 함
　│ 　　　　　　　　└ 국민최저선의 설정과 이에 대한 국가의 책임 강조
　├ 기회의 평등 촉진, 사회적 취약계층에 대한 적극적 차별의 시행 강조
　│ 　└ 기회와 소득의 불평등 인정 → 결과의 평등 강조(X)
　├ 주요 사회적 가치: 적극적 자유, 우애(or 동포애), 기회의 평등
　├ 대표적인 인물: 토오니, 티트머스, 코로슬랜드
　└ 6분 모형에서는 사회민주주의(or 민주적 사회주의)로 수정

10. 국가직) 제3의 길 - 자유, 평등, 우애를 중심 가치로 하고 국민최저선의 설정, 기회평등의 촉진,
취약자에 대한 적극적 차별의 시행을 강조(X) → 페이비안 사회주의

─ 마르크스주의(Marxism)

　├ 급진적인 사회주의 입장 → 자본주의 체제의 계급 간 갈등의 원인은 자본주의 자체에 존재하며 이에
　│ 따른 빈곤은 필연적으로 발생할 수밖에 없다고 주장
　│ 　∴ 불평등은 자본주의 체제의 붕괴를 통해서만 해결 가능
　├ 복지국가 ┬ 자본주의 체제를 강화하기 위해서 자본가들이 활용하는 수단에 불과함
　│ 　　　　　└ 자본과 노동 간 갈등의 결과로 간주
　│ 　　　　　　→ 사회복지정책을 전면적으로 비판하고 반대
　├ 주요 사회적 가치: 적극적 자유, 우애, 결과의 평등
　├ 대표적인 인물: 밀리반드, 라스키, 스트라취
　└ 6분 모형에서는 마르크스주의, 페미니즘, 녹색주의로 수정

마르크스주의	자본주의 체제에서 노동계층과 빈민들에게 '평등'은 허구에 불과 → 국가의 적극적 개입을 강조	
페미니즘	복지국가에 대한 양면적 입장: 가부장적 복지국가를 비판, but 양성평등을 위한 사회 복지정책의 역할도 인정	
녹색주의	• 원칙: 복지국가가 추구하는 경제성장 → 환경문제가 유발 ∴ 반대 • 2가지 관점	
	밝고 약한 녹색주의	경제와 소비의 지속적인 성장은 인정, but 환경을 무질서 한 착취로부터 보호하고 방어해야 한다는 자각하에 친환 경적 경제성장과 소비를 주장
	어둡고 강한 녹색주의	과학기술로는 현재의 환경문제를 해결할 수 없음 → 유일한 대안은 경제와 소비를 줄이는 것이라고 주장

▌에스핑 앤더슨(Esping-Andersen)의 3분 모형

10·16·17·19·20·22·23. 국가직, 14·16·18·19·24. 지방직

┌ 탈상품화 정도, 계층화 정도, 국가와 시장 및 가족과의 역할관계(or 상대적 비중)의 기준에 따라 자유
│ 주의, 보수주의(or 조합주의), 사회민주주의로 유형화
│   ┌ 탈상품화 ┬ 복지정책의 시장영향력 완화 정도를 분석하기 위한 개념틀
│   │   ├ 노동자의 노동력의 상품화를 의미: 노동자가 자신의 노동력을 노동시장에 상품으로 내
│   │   │   다팔지 않고서도 국가가 제공하는 무상의 급여를
│   │   │   통해 기본적인 삶을 유지할 수 있는 정도
│   │   └ 그 정도가 높을수록 복지국가이며 권리로써 복지가 강조됨
│   └ 계층화 ┬ 사회적 희소가치가 불평등하게 배분됨에 따라 개인과 집단이 서열화되는 것
│   └ 시장체제나 사회복지정책을 통해 계층 구조가 유지되는 정도
├ 3분 모형

구분	탈상품화	계층화
자유주의 복지국가	낮음	높음 → 계층 간 대립
보수주의 복지국가	비교적 높음	유지
사회민주주의 복지국가	높음	낮음 → 계층 간 통합

├ 자유주의 복지국가
│   ┌ 낮은 탈상품화 정도, 시장에서 형성된 높은 수준의 계층화가 그대로 유지
│   │   → 다차원적인 계층체제가 발생하는 국가 ∴ 계층 간 대립 심화
│   ├ 개인의 책임, 선별주의와 자조의 원리, 시장의 효율성, 근로의욕의 고취 강조
│   ├ 시장체제가 제공하는 복지를 보완하는 낮은 수준의 국가복지만을 추구 → 노동시장에서 배제된 저
│   │   소득계층에게만 자산조사와 같이 엄격한 수준의 수급자격조사를 실시 ∴ 공공부조 프로그램 제공
│   └ 대표적인 국가: 미국, 영국, 캐나다, 호주, 우리나라 등

┌ 보수주의(or 조합주의) 복지국가
│   ┌ 비교적 높은 탈상품화 정도, 시장체제에서 형성된 계층화가 사회복지정책으로 인해 그대로 유지
│   │   → 계층 간 차이 유지
│   │   └ 특히 노동시장에 속해있는 남성노동자 간 계층화가 큼
│   ├ 남성생계부양자 모형
│   │   ┌ 가족의 중요성을 강조하는 종교와 문화적 신념의 영향력이 강함
│   │   ├ 전통적인 가부장적 가족 체제 중시
│   │   └ 조합단위의 제도 → 위험분산의 효과가 상대적으로 낮게 발생
│   ├ 주요 사회복지정책은 사회보험
│   │   ┌ 사회보험이 직역별·산업별(예 공적, 민간, 공무원 등)로 분절되어 구축 → 동일한 위험에 대해서
│   │   │   다수의 운영주체가 존재하고, 사회복지제도들은 위험별로 구분되어 각각 독립적인 제도로 운영
│   │   ├ 사회복지급여는 계급과 사회적 지위에 밀접하게 관련
│   │   └ 제도의 적용대상은 임금근로계층만을 원칙
│   └ 대표적인 국가: 독일, 네델란드, 오스트리아, 이탈리아, 프랑스 등

┌ 사회민주주의 복지국가
│   ┌ 높은 탈상품화 정도, 낮은 계층화 → 계층 간 통합 강화
│   ├ 국민의 사회권적 시민권을 강조 → 보편적이고 포괄적인 복지국가를 추구
│   │   ∴ 보편주의적 개입을 통해 가족과 시장을 대체
│   ├ 노동자와 중산층 계급의 정치적 동맹을 통해 보편적인 사회수당 제도를 안착
│   ├ 제도를 통해 제공되는 급여의 수준 역시 매우 높은 경향
│   ├ 여성의 노동시장 참여의 확대를 주요 정책으로 삼음
│   └ 대표적인 국가: 스웨덴, 노르웨이, 덴마크 등의 북유럽 국가들

23. 국가직) 사회민주주의 복지국가 – 사회정책이 계층화를 강화하는 방향으로 작용(X) → 완화

▌복지국가의 융성기(or 복지국가의 황금기, 1945년 제2차 세계대전의 종결 이후 1970년대 중반까지) 09·10·14·21. 지방직

— 마샬플랜(Marshall Plan, 유럽부흥계획, 1947-1951년)

　→ 제2차 세계대전으로 붕괴된 유럽의 경제체제가 급속히 회복

— 케인즈주의(Keynesianism) 10·14. 지방직

　├ 수정자본주의

　├ 시장실패를 전제로 시장체제에 대한 국가의 적절한 개입을 강조한 이념

　└ 국가의 사회복지 관련 재정 지출을 통해 국민의 유효수요 창출 → 완전고용과 경제발전

　14. 지방직) 케인즈주의는 국가의 개입을 긍정적으로 생각(O)

— 사회민주주의

　├ 점진적 사회주의: 민주주의 정치체계를 활용 → 자본주의 내 자체적인 개혁으로 사회주의 완성 추구

　└ 국가기간산업만을 사회화 지향

　　└→ 마르크스주의가 추구하는 모든 생산수단의 사회화(X)

— 코포라티즘(Corporatism, or 조합주의, 3자 협동주의) 09. 지방직

　├ 정부, 노동조합, 기업 3자의 협동체

　├ 독점자본에 대항하기 위해서 거대노동조합이 출현하여, 이들이 자본 및 정부와 대등한 수준으로 물가나 복지 등의 주요 현안과 관련된 사회정책을 협상을 통해 결정하는 구조

　└ 국가의 역할: 노동조합과 기업의 협상 중에서 중립적인 중재자 or 조정자

— 포디즘(Fordism) → 소품종 대량생산체제

　21. 지방직) 1940년대 이후 약 30년에 걸친 복지국가 황금기의 주요 기반으로는 장기호황(O)

▌복지국가의 위기와 재편기(1970년대 중반 이후) 21. 국가직, 14·19. 지방직, 13·19. 서울시

— 오일쇼크(or 석유파동) 발생: 1973년에 발발한 제1차 오일쇼크와 1979년에 발발한 제2차 오일쇼크 → 경기침체[or 스태그플레이션(Stagflation)] 현상을 심화 → 조세수입은 감소, but 재정 지출은 오히려 증가 → 국가재정위기 발생

— 국가-자본-노동 간의 화해적 정치구조 붕괴

— 신자유주의의 확산

　└ 신자유주의 10·15·20·21·22. 국가직, 14·19. 지방직, 13·19. 서울시

　　├ 시장의 자율적 경쟁 강조 → 시장체제에 대한 국가 개입의 최소화 주장

　　├ 케인즈주의와 복지국가 비판

　　├ 시장의 기능과 자본의 자유로운 활동 강조

　　├ 작은 정부 지향, 사회복지정책(or 복지국가)에 대해 부정적인 입장, but 사회복지가 사회의 불평등 감소에 일정부분 기여했다는 점 인정

　　　14. 지방직) 신자유주의는 복지국가에 대해 부정적(O)

　　　13. 서울시) 신자유주의는 복지국가가 불평등 감소에 실패하였다고 비판(X)

　　├ 시장개방, 노동 시장 유연화, 탈규제, 선별주의, 민영화 정책(→ 중앙·지방정부의 역할 축소), 지출구조 구성의 변화, 긴축재정, 근로연계복지(Workfare) 등 선호

　　　19. 서울시) 신자유주의에 기반한 복지국가의 변화 경향 - 공공부문의 민영화, 기업규제를 통해 정부의 역할을 축소(X) → 기업에 대한 탈규제를

　　　22. 국가직) 1980년대 이후 신자유주의의 영향으로 복지제도가 근로연계복지에서 공공급여를 중심으로 하는 복지서비스로 재편(X) → 공공급여 중심에서 근로연계복지를

　　└ 1979년 영국의 대처리즘(Thatcherism), 1981년 미국의 레이거노믹스(Reaganomics)

　　　19. 지방직) 1980년대 미국에서는 신자유주의 이념이 영향력을 발휘한 반면, 영국에서는 신자유주의보다는 제3의 길 노선이 강화(X)

— 냉전체제의 강화

— 네오포디즘(Neo-Fordism, or 포스트 포디즘) → 다품종 소량생산 체제

— 민영화: 국가가 직영하여 공급하던 사회복지서비스를 민간부문(Private Sector, 영리부문과 비영리부문 모두를 포함)에 전면 이양하거나 위탁하는 것

— 주기적인 스태그플레이션에 따른 고실업과 물가상승

— 관료 및 행정 기구의 팽창과 비효율성

— 이혼, 낮은 출산율, 인구 노령화

▌복지국가의 재편 10·13·15. 국가직, 16. 지방직

─ 슘페테리안 워크페어 복지국가(Schumpeterian Workfare State) 체제 구축
    └→ 제솝(Jessop)이 제시

복지국가 융성기 시기의 베버리지-케인지안 복지국가 체제	복지국가 재편기 시기의 슘페테리안 워크페어 국가 체제
포디즘적 경직체계	네오 포디즘적 유연체계
• 진보주의와 사회주의 • 소품종 대량생산 • 완전고용 • 유효수요 관리 • 기여에 기반한 사회보험 • 시민권에 기초한 소득이전 • 시장실패를 가정한 노동시장에 대한 국가의 적극적 개입 정책	• 신자유주의와 신보수주의 • 다품종 소량생산 • 혁신과 경쟁 강조 • **시장체제에 대한 국가개입 축소** • 노동과 복지 간의 연계 강조 • **노동의 유연성 강조**

─ 재편방식

  ┌ 신자유주의의 길

  │ ┌ 국가의 복지를 축소하고 탈규제(or 규제완화)를 활성화하는 방식

  │ └ 미국, 영국, 뉴질랜드 등이 채택

  ├ 노동 감축 방식의 길

  │ ┌ 내부 시장을 강화하는 노동감축 방식: 시간제 근로 확대·임금 피크제 활용 등으로 한정되어 있는 일자리 분배

  │ └ 독일, 프랑스, 이탈리아 등의 유럽국가들이 채택

  │   13. 국가직) 독일과 프랑스는 내부시장을 강화하는 노동감축 방식을 통해 성장을 유지(O)

  └ 생산주의적 복지정책 스칸디나비아의 길

     ┌ **적극적 노동시장 정책을 확대하는 방식: 공공부문의 고용 확대**

     └ 스웨덴, 노르웨이 등의 스칸디나비아 국가들이 채택

       13. 국가직) 스웨덴과 덴마크 – 지속적 경제침체와 고실업의 위험에 대응하기 위해 적극적으로 공공부문을 확대(O)

PLUS⁺ 우리나라의 복지재편

1. 자활사업 활성화, 근로장려세제 등을 통해 **생산적 복지국가와 근로연계 복지**를 강조
2. 프로그램 대상자 확대, 사회서비스 영역의 일자리 창출, 바우처 제도 활성화 등으로 **사회서비스를 확대**

▌복지다원주의(or 복지혼합, 복지혼합경제) 15. 국가직, 16. 지방직

─ 1980년대 복지국가 재편기 시 신자유주의 정권이 제시한 복지관련 이데올로기

─ 내용

  ┌ 사회복지서비스 공급 주체들의 다원화 주장

  │ ┌ 제3섹터의 강점을 살려가면서 부분적인 경쟁 상태 창출

  │ ├→ 서비스 공급의 다원화·효율화 도모, 서비스의 양적·질적확대

  │ └→ 기존 국가(or 중앙정부)의 역할 축소 → 제3섹터가 이를 대체

  │   15. 국가직) 복지다원주의 – 제3섹터를 배제(X) → 제3섹터로 대체

  └ 시민참여에 의한 정책 결정 주장

     ┌→ 이용자 중심의 공급체제 구축

     └→ 서비스 이용자의 선택권 확대

       15. 국가직) 복지다원주의 – 서비스 이용자의 선택권을 축소하고, 시민참여에 의한 정책결정을 강조(X) → 확대

▌제3의 길 10·12·13·19·22·23. 국가직, 10·19. 지방직

- 영국의 사회학자 기든스(Anthony Giddens, or 안토니 기든스)가 이론적으로 체계화
  - → 토니 블레어(Tony Blair)에 의해 새로운 복지국가 이데올로기로 채택
    - └ 영국 노동당의 당수이며 1997년에 총리가 됨
- 내용
  - ─ 인간의 얼굴을 한 시장경제(or 자본주의) 추구
  - └ 사회민주주의와 경제적 신자유주의를 조화한 중도적 이념
    - ─ 제1의 길: '고복지-고부담-저효율'의 사회민주주의적 복지국가
    - └ 제2의 길: '고효율-저부담-불평등'의 신자유주의적 시장경제 노선
    - → 장점 결합, 단점 시정 → 제3의 길
    - 10. 국가직) 제3의 길 - 사회민주주의와 신자유주의의 장점을 결합하고 단점을 시정한 것(O)
- 주요 개혁내용(or 적극적 복지 전략)
  - ─ 사회투자국가
    - ─ 기회의 평등 가치에 기초한 인적자본과 사회적 자본 등에 투자
      - └ 결과의 평등(X)   └ 국민들에게 경제적 혜택을 직접 제공(X)
    - 22. 국가직) 사회투자국가 - 기회의 평등보다는 결과의 평등을 중시(X) → 결과의 평등보다는 기회의 평등을
    - → 근로와 복지의 연계 → 국민들의 경제활동 참여기회 확대
    - → 경제성장(or 경제정책)과 사회통합(or 사회정책)의 병진(並進) 추구
    - → 권리와 의무의 균형과 조화 강조
    - → 투자지출 확대, but 소비지출 억제
    - 23. 국가직) 제3의 길 - 교육에 대한 투자보다 현금 지급을 통한 복지지출의 확대 주장(X)
    - └ 불평등의 해소보다는 사회적 배제 감소 중시 → 사회적 포섭정책 추진
  - ─ 복지다원주의
    - 10. 지방직) 제3의 길 - 제3섹터와 지역사회의 역할 강조(O)
    - 19. 국가직) 제3의 길 - 중앙정부의 역할 강화(X) → 축소
  - └ 의식(or 발상)의 전환(적극적인 복지시민의 위상 정립)
    - ─ 복지국가는 자원보다는 위험을 공동 부담하는 것
    - ─ 복지 개혁의 조건: 국민 개개인은 복지국가에 대한 의존성을 줄이고, 자립할 수 있어야 함
    - 19. 국가직) 제3의 길- 국가에 대한 경제적 의존을 줄여 위험은 공동 부담하는 의식 전환의 강조(O)
    - └ 베버리지 지양: 베버리지의 5대 악은 소극적인 것 ∴ 적극적인 것으로 대체
      - ─ 나태 → 진취성
      - ─ 무지 → 교육
      - ─ 결핍 → 자율성
      - ─ 불결 → 안녕
      - └ 질병 → 건강

제3장 복지국가에 대한 이해 **49**

제2부
사회복지기초

THEME 024 | 성격이론의 개관

- 정신역동이론 ─ 정신분석이론(프로이트, 안나 프로이트)
  - ├ 지향학적 모형(의식, 전의식, 무의식), 구조적 모형(원초아, 자아, 초자아), 리비도(성적에너지), 자아방어기제(억압, 퇴행, 취소, 투입, 반동형성), 정신결정론
  - └ 구강기 → 항문기 → 남근기 → 잠복기 → 생식기
    - └→ ❶주의 청소년기까지만 발달 제시
  - ├ 심리사회이론(에릭슨)
  - └ 자율적·창조적 자아, 점성원칙

유아기	초기아동기	유희기	학령기	청소년기	성인초기	성인기	노년기
신뢰감·불신감	자율성·수치심과 의심	주도성·죄의식	근면성·열등감	자아정체감·역할혼란	친밀감·고립감	생산성·침체	자아통합·절망(전생애 발달)
희망	의지	목적	능력	성실(or 충실)	사랑	배려	지혜

  - ├ 분석심리이론(융) ─ 원형, 정신의 구조(의식, 개인무의식, 집단무의식), 자아, 콤플렉스, 원형, 자기, 아니마와 아니무스, 리비도(생활에너지), 페르소나
    - └ 아동기 → 청년 및 성인초기 → 중년기 → 노년기
      - └→ ❶주의 전 생애 발달 제시
  - └ 개인심리이론(아들러) ─ 열등감, 보상, 우월성 추구, 사회적 관심, 생활양식(지배형, 획득형, 회피형, 사회적 유용형), 창조적 자기, 가상적 목표
    - └ 성격 발달단계 개념(X)

- 인지이론 ─ 인지발달이론(피아제) ─ 도식(스키마), 적응(동화, 조절 → 평형상태), 조직화
  - ├ 감각운동기 → 전조작기 → 구체적 조작기 → 형식적 조작기
    - └→ ❶주의 청소년기까지만 발달 제시
  - └ 타율적 도덕성(전조작기) & 자율적 도덕성(구체적 조작기)
  - └ 도덕성발달이론(콜버그): 전인습 − 인습 − 후인습

- 행동주의이론 ─ 고전적 조건화이론(파블로프): 무조건자극 → 무조건반응, 중성자극(조건자극) + 무조건자극 → 조건반응, 반응적 행동
  - ├ 조작적 조건화이론(스키너): 조작적 조건화 → 조작적 행동, 강화(정적 강화, 부적 강화), 처벌(정적 처벌, 부적 처벌), 소거, 강화계획, 행동조성, 토큰경제, 환경결정론
  - └ 사회학습이론(반두라): 모방, 관찰학습(주의 → 보존 → 운동재생 → 동기화), 자기강화, 자기효능감, 상호결정론

- 인본주의이론 ─ 욕구위계이론(매슬로우): 욕구(생리적 → 안전 → 소속과 사랑 → 자기존중 → 자아실현)
  - └ 현상학적이론(로저스): 자기, 자기실현 경향성, 현상학적 장, 가치의 조건화, 자기 경험과의 불일치, 긍정적 관심과 수용, 충분히 기능하는 사람

▌지형학적(or 공간적) 모형 〔17·23. 국가직, 17. 지방직〕

— 의식: 주의를 기울이는 순간 알아차릴 수 있는 정신공간

— 전의식: 이용가능한 기억, 무의식과 의식의 교량역할

— 무의식: 가장 중요한 인간 정신 공간, 자신이 전혀 의식하지 못하는 공간

23. 국가직) 프로이트 – 인간의 무의식을 강조(O)

▌구조적 모형

— 원초아(Id)

— 본능, 성격의 원형, 출생 시부터 타고남, 무의식에만 존재

— **쾌락원리**(원초아의 본능적인 욕구를 충족 → 긴장 감소) → **1차 사고과정**[욕구 충족의 대상을 심상 (Image)화]

— 자아(Ego)

— 이성, 조직적이고 구체적인 정신구조, 원초아에서 분화되어 형성, 의식·전의식·무의속에 존재

— 성격의 조정자·실행자(or 집행자), 성격의 중재자(원초아와 초자아 중재)

— **현실원리**(원초아의 1차 사고과정을 사회적으로 용납되는 대상의 발견 시까지 유보) → **2차 사고과정** (현실검증, 긴장 감소를 위해 세운 행동 계획의 실현 가능성 판단)

— 초자아(Superego)

— 양심, 자아로부터 분화되어 발달, 의식·전의식·무의식에 존재

— **도덕원리**(쾌락이나 현실보다는 이상과 완전함을 추구, 사회적 원칙 준수)

— 성격의 심판자

— 자아이상(Ego Ideal)과 양심(Conscience)으로 구성

▌리비도(Libido)

성적에너지 〔cf〕 융의 분석심리이론에서의 리비도 – 생활에너지

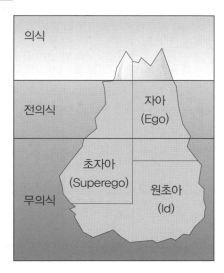

의식

전의식

무의식

자아 (Ego)

초자아 (Superego)

원초아 (Id)

▌심리성적 발달 5단계

리비도가 신체의 특정 부분에 집중되는 시기에 따른 구분

구강기 → 항문기 → 남근기 → 잠복기 → 생식기

 **암기팁** 두문자: 구(강기)·항(문기)·남(근기)·잠(복기)·생(식기)

— 구강기(0~18개월)

— 리비도가 구강(예 입술, 혀, 잇몸 등)에 집중되는 시기

— **최초의 양가감정(Ambivalence) 경험**

— 항문기(18개월~3세)

— 리비도가 구강 영역에서 항문에 집중되는 시기

— 부모로부터의 배변 훈련 → 생후 처음으로 본능적 충동이 외부로부터 통제받는 경험

— 남근기(3~6세)

— 리비도가 항문에서 성기(性器)로 집중되는 시기

— 남아: 오이디푸스(Oedipus) 콤플렉스 → 거세 불안

— 여아: 엘렉트라(Electra) 콤플렉스 → 남근 선망

→ 이성 부모에 대한 무의식적 성적 소망, 동성 부모와의 동일시

— 잠복기(6~12세)

— 리비도가 **무의식 속으로 잠복**하는 시기

— 동일시의 대상이 남근기의 **동성부모에서 친구로 전환**

— 생식기(12~20세)

— 사춘기와 더불어 시작, 성적 충동이 다시 증가하는 시기

— **이성에 대한 관심과 호기심이 급격히 증가**

자아방어기제 17. 서울시

- 개념: 원초아와 초자아 사이의 갈등으로 인한 불안과 긴장에서 **자아가 자신을 보호하기 위해 원천을 왜곡·대체·차단**하는 <u>무의식적 기제</u>
  - **➊주의** 의식적인 기제(X)
- 특징
  - 불안이나 긴장 감소뿐만 아니라 긍정적인 사회적 결과를 발생(→ 일반인들도 사용), but 지나친 방어기제의 사용은 병리적 증상 발생
  - 대부분의 경우 한 번에 **2가지 이상의 방어기제를 동시에 사용**
  - 주로 사용하는 방어기제를 통해 그 사람의 특성 파악 가능
- 방어기제의 병리성 판단 기준

강도	방어기제를 사용하는 총 횟수는 적절했는가?
균형	하나의 갈등과 불안 상황하에서 몇 가지 방어기제를 동시에 사용했는가?
연령의 적절성	방어기제가 사용자의 연령에 적합했는가?
철회 가능성	갈등과 불안이 사라진 후에도 혹 방어기제가 사용되고 있지는 않는가?

- 종류 15·18·20. 국가직
  - 억압 ┬ 용납하기 어려운 충동(or 욕망)·기억·사고 등을 무의식 속으로 추방시키는 무의식적 과정, 불안에 대한 1차 방어기제
    └ 예 자신의 애인을 빼앗아 결혼한 친구의 얼굴을 의식하지 못하는 경우
  - 퇴행 ┬ 잠재적 외상이나 실패가능성이 있는 상황에 처하게 될 때 해결책으로 초기의 발달단계로 후퇴하는 것
    └ 예 배변훈련이 충분히 된 아동이 동생이 태어난 후 부모의 관심이 동생에게 집중되자 대·소변을 가리지 못하는 경우
  - 격리 ┬ (기억은 남되 감정은 없는 상태) 과거의 고통스러운 기억과 연관된 감정을 의식에서 분리하여 무의식으로 보내는 것 → 강박장애 발생
    └ 예 어머니의 죽음을 이야기 하면서 마치 다른 사람의 이야기를 하듯이 감정을 섞지 않고 말하는 경우
  - 취소(or 원상복귀) ┬ 어떤 대상에게 피해를 주었을 경우 이로 인해 발생한 죄책감을 타인에 대한 보상을 통해 무효화(or 중화)하는 것(속죄행위)
    └ 예 다른 여자에게 관심을 가진 남편이 아내에게 줄 비싼 선물을 고르는 경우

- 투사와 투입
  - 투사 ┬ 용납하기 어려운 충동, 욕구, 감정 등을 타인에게 찾아 그에게 전가시키는 것으로, 일반적으로 남을 탓하는 형태(너 때문에)
    └ 예 우리 속담 중 "똥 묻은 개가 겨 묻은 개 나무란다.", "다 엄마 때문에 실패했잖아!"
  - 투입 ┬ 투사의 반대, 즉 외부 대상에 대한 적대적이거나 부정적인 감정을 자신에게 향하게 하는 것(나 때문에) → 우울증 발생
    └ 예 아버지를 미워하는 것이 자신의 자아에 수용될 수 없기 때문에 자기 자신을 미워하게 되는 경우
  - 반동형성 ┬ 용납하기 어려운 충동을 반대의 감정이나 행동으로 표현하는 것
    └ 예 우리 속담 중 "미운 놈 떡 하나 더 준다.", 남편이 바람피워 데려온 아이를 싫어함에도 오히려 과잉보호로 키우는 부인의 경우
  - 승화 ┬ 가장 성숙한 방어기제, 공격적·성적 성향의 리비도를 개인적으로나 사회적으로 용납될 수 있는 형태로 유용하게 전환하는 것
    └ 예 공격적 욕구를 가진 사람이 권투선수가 되는 경우
  - 동일시 ┬ 자신의 주위에 있는 주요 인물의 행동이나 성향을 닮아가는 것
    └ 예 부모의 가장 싫은 점을 자신이 닮아가며 그대로 따라하는 경우
  - 부정(or 부인) ┬ 가장 원초적인 방어기제, 용납하기 어려운 충동·욕구·감정 등에 대해 인정하기를 거부하는 것
    └ 예 불치병에 걸렸음을 알고도 미래 계획을 화려하게 세우는 환자의 경우

    > **키워드 ✦ 부정**
    > 죽음 수용(or 비애) 과정(K. Ross):
    > 부정 → 분노 → 타협 → 우울 → 수용

  - 합리화 ┬ 불합리한 태도·생각·행동을 정당한 것으로 그럴 듯한 이유를 붙이는 것, 신포도형, 달콤한 레몬형, 투사형, 망상형 등
    └ 예 공부를 전혀 하지 않아 시험에서 떨어진 학생이 시험 당일 컨디션이 좋지 않아서 그렇게 되었다고 주장하는 경우
  - 보상 ┬ 자신의 약점을 보충하고자 자신의 강점을 지나치게 부각시키는 것
    └ 예 우리 속담 중 "작은 고추가 맵다."

    > **키워드 ✦ 보상**
    > 아들러의 개인심리이론의 주요 개념

  - 상환 ┬ 죄책감에서 벗어나기 위해 스스로 고행을 택하는 것
    └ 예 효도를 다하지 못한 죄책감으로 독거노인을 극진히 부양하는 자식의 경우
  - 해리 ┬ 성격의 일부가 자아의 통제를 벗어나 하나의 독립된 기능을 수행하는 것(이중인격)
    └ 예 몽유병, 지킬박사와 하이드

├ 전치(or 치환) ─ 본능적 충동의 대상을 원래의 대상보다 덜 위협적인 대상으로 옮겨서 발산하
│   는 것
│   └ 예 우리 속담 중 "종로에서 뺨맞고 한강 가서 눈 흘긴다."
└ 전환과 신체화
   ├ 전환 ─ 심리적 갈등이 감각기관(눈, 코, 입, 귀 등) or 수의근계 기관(손이나 발처럼 자신의 의
   │   지로 움직일 수 있는 근육)의 증상으로 표출되는 것
   │   └ 예 시험을 치루는 수험생이 시험장에서 시험지를 받아 본 순간 아무 것도 보이지 않는
   │   경우
   └ 신체화 ─ 심리적 갈등이 감각기관이나 수의근 기관 이외(주로 복부)의 다른 신체증상으로 표출
              되는 것
           └ 예 우리 속담 중 "사촌이 땅을 사면 배가 아프다.", 실적이 낮은 영업사원이 실적 보고
                를 회피하고 싶을 때 배가 아픈 경우

▌특징

정신결정론(or 심리결정론, 무의식적 결정론), 무의식적 욕망과 충동 강조, 과거의 경험 강조
   └ cf 스키너의 환경결정론, 반두라의 상호결정론

THEME 026 **정신역동이론(2) – 에릭슨(E. Erickson)의 심리사회이론(자아심리이론 or 자아중심이론)** ★★★   □□□

▌자율적 자아

─ 인간 성격의 핵심이며 행동의 기초
─ 일생 동안의 심리사회적 발달과정에서 외부환경에 대처하고 적응하면서 형성되는 역동적인 힘
─ 인간행동은 의식수준에서 통제가 가능한 자아에 의해 동기화

▌자아정체감(Ego Identity)

─ 시간이 흘러가면서 변화하는 자기 자신을 지금까지의 자신과 같은 존재로 지각하고 수용하는 것
└ 자아정체감 형성은 청소년기의 주요 발달과업

▌점성원칙(Epigenetic Principle)

─ 인간은 유전적으로 이미 예정된 단계를 거치며 발달한다는 것
└ 심리사회적 자아발달은 점성원칙에 의해 진행

▌특징

전 생애적 발달 과정 제시, 사회환경의 중요성과 문화의 기여 강조

▌심리사회적 자아발달 8단계   23. 국가직, 19. 지방직, 17. 지방직 추가

단계	심리사회적 위기	자아특질 (or 강점)	주요 관계범위	심리성적발달 단계와 비교
유아기	기본적 신뢰감 vs 불신감	희망	어머니	구강기
초기아동기	자율성 vs 수치심과 의심	의지	부모	항문기
유희기	주도성(or 솔선성) vs 죄의식	목적	가족	남근기
학령기	근면성 vs 열등감	능력	학교, 교사, 급우	잠복기(or 잠재기)
청소년기	자아정체감 vs 역할혼란(or 혼미)	성실(or 충실)	또래집단	생식기
성인 초기	친밀감 vs 고립감	사랑	이성	–
성인기	생산성 vs 침체	배려	가족, 직장	–
노년기	자아통합 vs 절망	지혜	인류	–

🔻 **암기탑** 두문자) 유-초-유-학-청-성-성-노
              신-자-주-근-자-친-생-자
              희-의-목-능-성-사-배-지

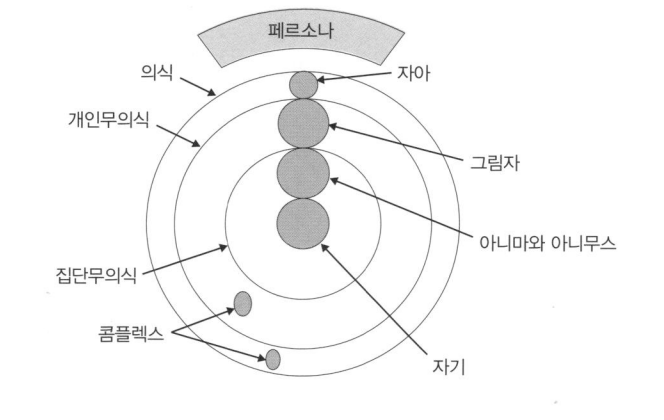

▎원형

┌ 표상 불가능한 무의식적이고 선험적인 이미지
└ 인간 정신에 존재하는 보편적이고 근원적인 핵

▎정신(융에게 있어서 성격) [23. 국가직] : 의식 + 무의식(개인무의식 + 집단무의식)으로 구성

┌ 의식 ┬ 경험의 공간, 자아가 지배
│　　　└ 자아(Ego) ┬ 사고, 감정, 감각, 직관으로 구성
│　　　　　　　　　└ 의식 속에 존재하는 유일한 원형 → 의식을 지배
├ 개인무의식 ┬ 개인적 경험으로 형성된 기억의 저장소
│　　　　　　└ 주요 원형 ┬ 콤플렉스: 무의식 속의 관념 덩어리
│　　　　　　　　　　　　└ 음영(or 그림자): (동물적 본성) 스스로 인식하기 싫은 어둡고 부정적인
│　　　　　　　　　　　　　　　　　　　　　측면
└ 집단무의식 ┬ 모든 개인(or 인류)의 정신이 공통으로 가지고 있는 하부구조
　　　　　　 └ 자기(Self)
　　　　　　　　　 ├ 중년기에 드러나는 집단무의식 내에 존재하는 타고난 핵심 원형
　　　　　　　　　 ├ 성격 전체의 일관성, 통일성, 전체성, 조화성을 무의식적으로 추구
　　　　　　　　　 └ 자기실현: 인간발달의 궁극적인 목표, 성격발달은 자기실현의 과정

23. 국가직) 프로이트 – 인간의 무의식을 개인 무의식과 집단 무의식으로 구분(X) → 융

└ 아니마(Anima)와 아니무스(Animus)
　 ├ 아니마: 무의식 속에 존재하는 **남성의 여성적인 면**
　 └ 아니무스: 무의식 속에 존재하는 **여성의 남성적인 면**

▎리비도(Libido)
　 └ cf 프로이트의 리비도 – 성적 에너지

(생활에너지) 전반적인 생명력(or 삶의 에너지, 창의적인 생활력)

▎페르소나(Persona)

(자아의 가면) 자아가 외부세계에 내보이는 적응적인 이미지

▎성격의 발달 4단계: 전생애적 발달 단계 제시

┌ 인생전반기(아동기 → 청년 및 성인초기) → 인생후반기(중년기 → 노년기)
└ 인생후반기인 중년기(or 장년기)와 노년기의 성격발달 강조

▎성격의 유형: 자아성향 + 심리적(or 정신적) 기능

┌ 자아의 성향 ┬ 외향성: 리비도가 외부세계 지향 → 사교적, 활동적
│　　　　　　 └ 내향성: 리비도가 내부세계 지향 → 조용, 신중
└ 자아의 심리적(or 정신적) 기능
　　 ├ 사고: 논리적·분석적·객관적 판단, 규범과 기준 중시
　　 ├ 감정: 감정에 따라 판단, 대인관계 중시
　　 ├ 감각: 감각적 경험에 따라 판단, 일관성 있는 현실수용 중시
　　 └ 직관: 육감이나 직관에 따라 판단, 미래지향적·신속한 문제해결

🔑 **암기팁** 두문자) 기숙사 사(고)감(정)이 깜(감각)직(관)하다.

열등감 → 보상 → 우월성 추구

열등감 [17. 국가직·지방직]

- 주관적인 자기평가
- 인간의 보편적인 감정이며 행동의 동기 → 개인의 성장과 발달은 열등감을 극복하는 시도에서 발생

보상

잠재력을 발휘하여 인간을 자극하는 무의식적이며 건전한 반응

우월성 추구(or 우월을 향한 노력)

- 열등감을 보상하려는 욕구에서 발생하는 개인적·사회적 수준에서 나타나는 실재적인 행위
- 선천적으로 존재
- 우월을 향한 목표: 긍정적 경향(이타적인 목표) or 부정적 경향(이기적인 목표)

주요 인생 과업

일, 우정, 사랑

사회적 관심(Social Interest)

- 각 개인이 이상적 공동사회의 목표를 달성하고자 사회에 공헌하려는 성향
- 선천적으로 존재, 아동기의 가족관계 특히 모자 관계에서 출발

생활양식(아들러에게 있어서 성격)

- 개인이 생의 목표에 도달하기 위하여 스스로 설계한 독특한 인생 좌표
- 인생 초기(4~5세경)에 기본적인 생활양식 형성 → 이후 안정적으로 거의 변화(X)
- 종류

생활양식		사회적 관심	활동수준
역기능적 생활양식	지배형	낮음	높음
	획득형(or 기생형)	낮음	중간
	회피형	낮음	낮음
기능적 생활양식	사회적 유용형	높음	높음

🔖 **암기팁** 두문자) 우리 아들(아들러) 지(배)획(득)회(피)사(회적 유용)에 취업했다!

창조적 자기(or 자아의 창조적 힘)

- 개인이 자신의 인생 목표를 직시·선택·결정하는 능력
- 각 개인이 스스로 그 자신의 성격을 만든다는 개념

가상적 목표

개인이 추구하는 현실에서는 검증되지 않는 가상의 목표 ∴ 일종의 미래에 대한 기대

특징

- 정신역동이론가들 중에 유일하게 성격구조나 발달단계의 개념(X) [14. 국가직]
- 출생순위에 따른 생활양식의 특징 제시
  - 맏이: 권위적, 규칙과 법 중시, 윗사람에게 동조
  - 중간아이: 경쟁적, 반항아
  - 막내: 응석받이
  - 독자: 자기중심적, 의존적, 소심

도식(Scheme, or 스키마) `18. 서울시`

- 주변 세계를 이해하고 그것에 대해 생각하는 **이해 or 인지의 준거틀**
- 사물이나 사건에 대한 **전체적인 윤곽이나 개념**
- 적응과정을 통해 **지속적으로 변화**

적응 `18. 서울시` : 동화 + 조절 → 평형상태(or 평형화)

- **동화**: 상황이나 환경의 변화를 개인이 지닌 **기존의 도식을 이용해 인지** → 인지를 양적으로 변화
- **조절**: 기존의 도식으로는 상황이나 환경의 변화를 인지할 수 없을 경우 **기존 도식을 수정하여 인지**
    - → 인지를 질적으로 변화
- **평형상태(or 평형화)**: 동화와 조절 과정을 통해 인지적 균형을 이룬 상태

조직화 `18. 서울시`

개인이 현재 가지고 있는 상이한 2가지 이상의 도식들을 자연스럽게 결합하는 과정

인지발달의 4단계: 성인기 이전까지만 제시

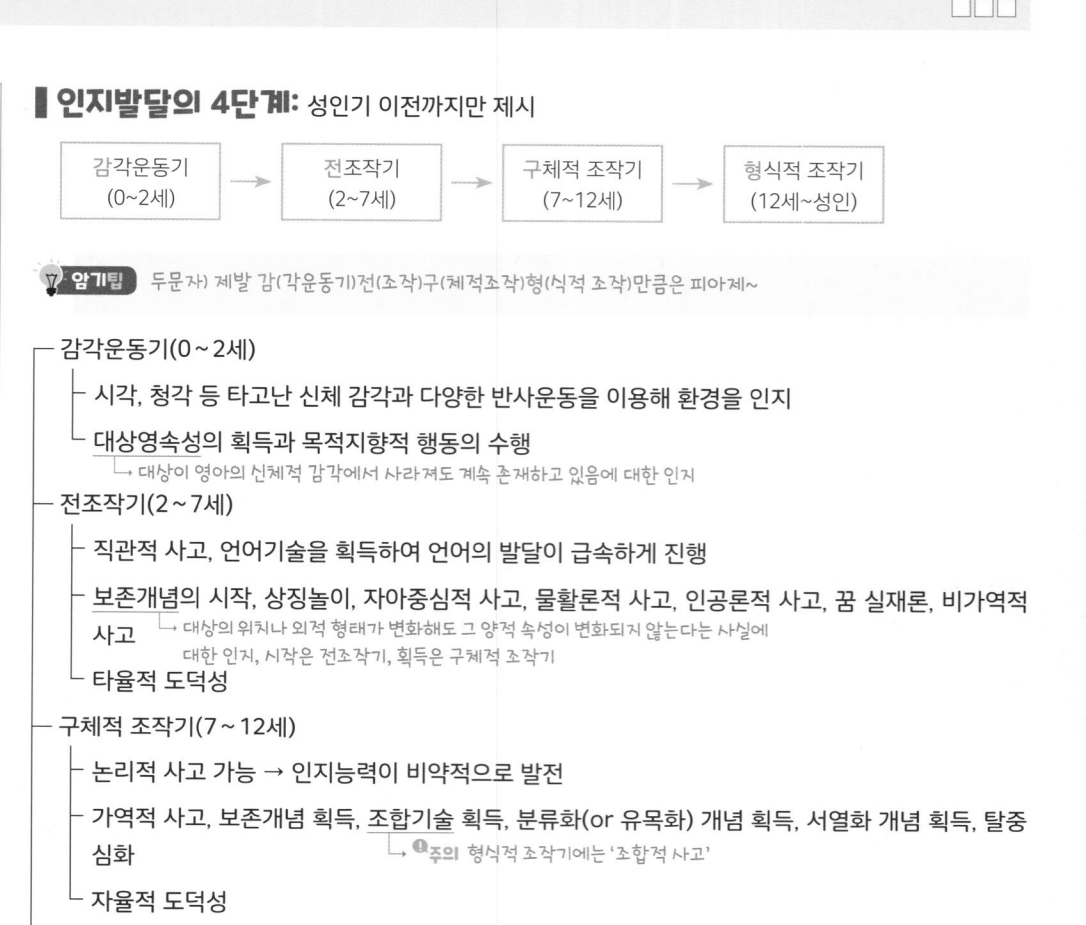

감각운동기 (0~2세) → 전조작기 (2~7세) → 구체적 조작기 (7~12세) → 형식적 조작기 (12세~성인)

💡 **암기팁** 두문자) 제발 감(각운동기)전(조작)구(체적조작)형(식적 조작)만큼은 피아제~

- 감각운동기(0~2세)
    - 시각, 청각 등 타고난 신체 감각과 다양한 반사운동을 이용해 환경을 인지
    - 대상영속성의 획득과 목적지향적 행동의 수행
        - → 대상이 영아의 신체적 감각에서 사라져도 계속 존재하고 있음에 대한 인지
- 전조작기(2~7세)
    - 직관적 사고, 언어기술을 획득하여 언어의 발달이 급속하게 진행
    - 보존개념의 시작, 상징놀이, 자아중심적 사고, 물활론적 사고, 인공론적 사고, 꿈 실재론, 비가역적 사고
        - → 대상의 위치나 외적 형태가 변화해도 그 양적 속성이 변화되지 않는다는 사실에 대한 인지, 시작은 전조작기, 획득은 구체적 조작기
    - 타율적 도덕성
- 구체적 조작기(7~12세)
    - 논리적 사고 가능 → 인지능력이 비약적으로 발전
    - 가역적 사고, 보존개념 획득, 조합기술 획득, 분류화(or 유목화) 개념 획득, 서열화 개념 획득, 탈중심화
        - ❶주의 형식적 조작기에는 '조합적 사고'
    - 자율적 도덕성
- 형식적 조작기(12세~성인기): 추상적 사고, 가설·연역적 사고, 조합적 사고, 자기중심적 사고
    - → 전조작기에 이어 다시 출현

▌도덕성 발달단계(전생애적): 전인습 → 인습 → 후인습

┌ 전인습적 단계(9세 이전 해당)

　├ 제1단계 타율적 도덕성: 처벌과 복종 지향

　└ 제2단계 개인적·도구적 도덕성: 도구적 쾌락 지향

├ 인습적 단계(10세 이상의 아동·청소년·성인의 대다수 해당)

　├ 제3단계 개인 상호 간의 규준적 도덕성: 대인관계와 사회적 지향 → 착한 아이

　└ 제4단계 사회체계 도덕성: 법과 질서 지향

└ 후인습적 단계(20세 이상의 소수만 해당)

　├ 제5단계 인권과 사회복지도덕성: 사회적 계약 지향 → 민주적 규범만 인정

　└ 제6단계 보편적 원리(일반윤리): 자율적·독립적·다양한 형태 지향

▌길리건(C. Gilligan)의 비판

남성과 여성의 도덕성 간 질적 차이 주장

┌ 남성의 도덕성: 권리와 책임을 중시하는 정의(Justice)적 도덕성

└ 여성의 도덕성: 배려·책임·관계·이타심 등을 중시하는 돌봄(Care)적 도덕성

고전적 조건형성(or 고전적 조건화)

조건형성 이전	조건형성 과정	조건형성 이후
• 음식: 무조건자극(US) → 침: 무조건반응(UR) • 종소리: 중성자극(NS)	US와 NS의 연합	조건 형성이 된 후 • 종소리 → 조건자극(CS) • 침 → 조건반응(CR)

반응적 행동

어떤 자극(Stimulous)에 의해서 직접적으로 유발된 수동적 반응(Response)

예 파블로프의 실험에서 개가 침을 흘리는 행동, 동공의 수축, 무릎 반사 등

변별자극

유기체에게 **어떤 반응이 보상될 것이라는 단서 혹은 신호로써 작용하는 자극**

예 아이가 벽에 낙서를 할 때 이를 본 어머니의 화난 얼굴은 아이에게 자신이 처벌을 받는다는 신호로 일종의 변별자극

조작적 조건화(or 도구적 조건화) [17. 국가직·지방직]

유기체가 체감하는 특정 행동의 결과가 **긍정적이면 해당 행동의 빈도수가 자발적(or 능동적)으로 증가하고, 부정적이면 감소하게 되는 현상**을 이용 → 제3자가 유기체에게 변별자극을 제공 → 유기체로 하여금 제3자가 원하는 방식의 행동을 하도록 만드는 것

조작적 행동

조작적 조건화를 통해 습득된 행동

강화

— 강화물 제시 → 유기체의 특정한 **행동의 빈도수를 증가시키는 것**

— 정적 강화: 유기체의 행동의 결과로 **유쾌한 자극 제시** → **특정 행동의 빈도수를 증가시키는 것**
　　　　　예 매일 늦잠을 자는 아이를 일찍 일어나게 하기 위해 아이가 아침 일찍 일어날 때마다 용돈을 주기로 약속한 경우

— 부적 강화: 유기체의 행동의 결과로 **불쾌한 자극 제거** → **특정 행동의 빈도수를 증가시키는 것**
　　　　　예 매일 늦잠을 자는 아이를 일찍 일어나게 하기 위해 아이의 침대 위에 자명종을 놓은 경우

▌처벌

- 강화의 반대 개념 ∴ 유기체의 특정한 행동의 빈도수를 감소시키는 것
- 정적 처벌: 유기체에게 불쾌한 자극을 주어 → 바람직하지 못한 행동의 빈도수를 감소시키는 것
  - 예 거짓말을 하는 학생을 선생님이 학교에서 공개적으로 창피를 주는 경우
- 부적 처벌: 유기체에게 정적강화물을 철회하여(or 빼앗아서) → 바람직하지 못한 행동의 빈도수를 감소시키는 것
  - 예 아버지가 공부하지 않는 아이의 게임이나 인터넷을 할 수 있는 시간을 줄이는 경우

PLUS⁺ 조작적 조건화의 원리

구분	행동(or 반응) 후 제시	행동(or 반응) 후 제거
유쾌한 자극	정적 강화	부적 처벌
불쾌한 자극	정적 처벌	부적 강화

▌소거

유기체의 어떤 반응에 대한 강화를 중지하는 것

▌강화계획

- 연속적 강화계획: 특정 행동을 할 때마다 매회 연속적으로 강화하는 것
- 간헐적 강화계획: 때에 따라 강화하는 것
  - 고정간격 강화계획: 일정한 시간마다 유기체의 반응과는 상관없이 강화물 제시
    - 예 월급, 주급, 일당, 정기적 용돈 등 ┌→ 유기체는 강화물이 제공되는 시간을 정확하게 인지하지 못하고, 대략 평균적으로만 확인 가능
  - 가변(or 변동)간격 강화계획: 일정한 시간간격 없이, but 유기체의 반응과 상관없이 강화물 제시
    - 예 간식을 10~11시 사이에 아무 때나 주는 경우 등
  - 고정비율 강화계획: 시간과는 관계없이 유기체의 반응에 따라 강화물 제시
    - 예 성과급 등
  - 가변(or 변동)비율 강화계획: 평균적으로 몇 번의 반응이 일어난 후 유기체에게 강화물 제시
    - 예 카지노의 슬롯머신, 복권 등

▌강화계획의 반응률

가변비율계획 > 고정비율계획 > 가변간격계획 > 고정간격계획

💡 **암기팁** 가비, 고비, 가간, 고간(비율이 먼저)

▌행동조성(Shaping, or 행동형성)

제3자가 정한 목표행동에 도달하기까지 유기체의 행동을 단계적으로 세분화하여 강화하는 방법

▌토큰경제(Token Economy)

유기체가 제3자가 정한 바람직한 행동을 할 때마다 보상으로 강화물인 토큰을 제공하여, 행동을 수정하는 방법

▌특징

환경결정론, 인간의 발달단계 개념(X)

▌모방 [17. 국가직·지방직]

─ 타인의 행동을 관찰한 후 그의 행동을 단순히 따라하는 것
─ 주로 타인의 공격적 행동, 이타적 행동, 불쾌감을 주는 행동이 관찰을 통해 학습

▌인지

─ 지식을 획득하고 사용하는 과정
─ 이를 통해 장래를 계획하고 내적 표준들에 의해 자신의 행동을 조절하며 행동의 결과 예상 가능
  ∴ 학습된 반응을 수행할 수 있는 의지는 인지적인 통제 하에 있음

▌관찰학습[or 모델링(Modeling)] [17. 국가직·지방직]

─ 타인의 행동을 모방하여 자신의 행동으로 동기화시키는 일련의 과정
─ 과정

제1단계: 주의 (or 주의집중) 과정	개인이 관찰학습의 모델이 되는 행동과 그 결과에 **주의를 기울이는 과정**
제2단계: 보존 (or 파지, 기억) 과정	관찰한 행동들을 심상이나 언어로 표상하여 기억하는 과정
제3단계: 운동재생 과정	기억되어 있는 모델의 행동을 행동적 전환, 즉 본인의 신체로 직접 재생산하는 과정
제4단계: 동기화 (or 동기유발) 과정	실제 행동으로 실현하고자 하는 동기나 욕구의 과정

🔑 **암기팁** 주(의)보(존)운(동재생)동(기화)(주보 나눠주는 운동) 관둬라(반두라)!

▌자기강화 [23. 국가직]

(자신의 행동을 강화) 자기 스스로 목표한 일을 달성하고 자신에게 강화물을 제공
→ 행동을 유지하고 변화해 나가는 과정

▌자기효능감(or 자기효율성, 자아효능감)

─ 성공적으로 완수하게 될 가능성에 대한 개인의 신념
─ 형성요인 ┬ 성취 경험: 그래, 그 때도 해냈으니 지금도 할 수 있어!
           ├ 대리경험: 저 사람도 해냈으니 나도 충분히 할 수 있어!
           ├ 언어적 격려: 타인으로부터 받은 긍정적인 언어적 원조
           └ 정서적 각성: 특정 행동에 대한 정서적·생리적인 반응

▌상호결정론(Reciprocal Determinism) [17. 국가직·지방직]

─ 인간행동에서 개인(내적 영향력)과 환경(외적 영향력)을 모두 강조하는 개념
─ 인간의 성격은 개인적·행동적·환경적 요소들 간의 지속적인 양방향적 상호작용에 의하여 발달한다는 것

개인적 요소
(인지적 능력, 신체적 특성, 신념 및 태도)

행동적 요소
(운동반응, 언어반응, 사회적 상호작용)

환경적 요소
(물리적 환경, 가족과 친구, 기타 사회적 영향)

▌특징

─ 성격 발달의 단계에 대한 개념(X)
─ 인지적 요인을 강조

23. 국가직) 반두라는 인지적 요인을 강조, 자기강화의 개념을 제시(O)

욕구

선천적, 인간으로 하여금 성장하도록 동기부여

특징

┌ 창조적 인간, 선한 인간(인간의 본성은 본질적으로 선하고 존경받을만 함), 자아실현의 경향은 인간의
│ 본성, 통합된 전체로서의 인간
└ 연령에 따른 구체적인 욕구발달단계 개념(X)

욕구의 위계

┌ 강도와 중요도(or 우선순위)에 따라
│ → 생리적 욕구 > 안전의 욕구 > 소속과 사랑(or 애정)의 욕구 > 자기존중의 욕구 > 자아실현의 욕구
├ 위계가 낮은 욕구일수록 강도와 중요도(or 우선순위)가 높음
└ 상위욕구는 하위욕구가 일정부분 충족되었을 때에 발현 ∴ 욕구는 동시에 발현 불가능

💡 **암기팁** 두문자) 생(리)안(전)소(속)존(중)실(현)!

└ 욕구의 종류 [15·23. 국가직]

제1위계	생리적 욕구	• 인간의 생존과 관련된 욕구, 인간의 모든 욕구 중에서 가장 기본적이며 강력하게 나타나는 욕구 • 음식, 공기, 물, 수면, 성(性)에 대한 욕구		하위욕구
제2위계	안전의 욕구	• 질서 있고, 안정적이며, 예언할 수 있는 세계에 대한 욕구 • 보호, 의존, 질서, 구조, 공포와 불안으로부터의 자유 등의 욕구 등	기본적 욕구, 결핍동기 (충족 시 동기(X))	
제3위계	소속과 사랑 (or 애정)의 욕구	• 타인과 친밀한 관계, 친구 관계, 사랑하는 관계를 맺기 위해 어떤 집단에 소속되려는 욕구 • 친분, 친목, 우정 등에 대한 욕구		
제4위계	자기존중(or 애정)의 욕구 (or 자존감의 욕구)	• 자신에게 or 타인에게 존경이나 존중을 받고 싶어 하는 욕구 • 능력, 신뢰감, 성취, 독립, 존경 등에 대한 욕구		
제5위계	자아실현의 욕구	• 자신의 잠재력과 능력을 인식하고, 이를 충족시키고자 하는 욕구 • 자아실현, 포부의 실현, 창조성 등에 대한 욕구	성장욕구, 성장동기 (충족 시 더욱 증대)	상위욕구

23. 국가직) 소속감과 사랑의 욕구는 충족된 직후에 욕구의 강도가 더 강해짐(X)

▌자기[Self, or 자아, 자기개념(Self-Concept, or 자아개념)]

─ 자신의 자아상(自我想)
└ 구성: 현재의 자기 + 이상적 자기(Ideal Self)

▌자기실현 경향성(or 자아실현 경향성)

─ 천부적, 인간행동의 근본적인 동기
└ 인간의 가능성과 잠재력 → 인간을 유지·발전시키는 방향으로 진행

▌현상학적 장

개인의 주관적인 경험의 현실세계 → 과거에 대한 개인의 현 시점에서의 주관적인 해석

▌가치의 조건화

아동이 부모와 같이 자신에게 의미 있는 대상이 자신에게 제공하는 태도에 따라 자신의 가치를 형성해 가는 현상 → 자기 경험과의 불일치 현상 제공

▌자기 경험과의 불일치

아동이 자신에게 의미 있는 대상의 가치 조건에 부합하는 방향으로 자기(Self)를 형성해나가는 것 → 자기실현 경향성의 성취 방해

▌긍정적 관심

자기실현경향성	→	무조건적 긍정적 관심(수용)	→	자기의 경험 간에 일치	→	자기실현
'긍정적 관심'에 관한 욕구	→	조건적 긍정적 관심	→	자기의 경험 간에 불일치	→	신경증적 증상 발생

▌충분히(or 완전히) 기능하는 사람(무조건적·긍정적 관심이 제공하는 결과)의 특징

─ 경험에 대한 개방성
─ 창조성
─ 선택과 행동의 자유의식
─ 실존적인 삶
└ 자신의 유기체에 대한 신뢰

▌특징

─ 비지시적 접근(or 상담)과 클라이언트의 능동적인 참여 강조
└ 연령에 따른 성격발달단계나 생애발달단계 제시(X)

23. 국가직, 19. 서울시

구분	프로이트	에릭슨	융	피아제	콜버그	주요 특징
태아기	-	-	-	-	-	┌ **구분**: 발생기(수정 후 2주까지) → 배아기(2-8주, 성장이 가장 활발한 시기) → 태아기(9주-출생, 인간의 모습을 갖춤) ├ **임신기간**: 임신초기(1-3개월, 가장 중요한 시기) → 임신중기(4-6개월, 16-20주부터 태동) → 임신말기(7-9개월, 210 　일부터 인큐베이터에서 조산아의 생존 가능) └ **유전 질환** 　├ **상염색체 이상**: 다운증후군(21번 상염색체 1개 더 → 총 47개), 페닐케톤뇨증(아미노산 결핍) 　└ **성염색체 이상**: 터너증후군(X염색체 1개 → 총 45개, 여성이 남성처럼), 클라인펠터증후군(X염색체 다수, 남성에게 　　만 발생), 혈우병(혈소판 부족, 남성에게만 발생)
영아기 (0-2세)	구강기	유아기(기본적 신뢰감 vs 불신감, 희망)	아동기	감각운동기	-	┌ **제1성장 급등기**(cf 청소년기는 제2성장 급등기) 23. 국가직 │ 23. 국가직) 6-12세 아동 – 제1차 신체적 성장 급등기(X) → 0-2세 영아 ├ **반사운동**: 생존반사(젖찾기, 빨기, 연하), 원시반사(모로, 걷기, 쥐기, 바빈스키) ├ 미각과 후각은 선천적, 시각이 가장 늦게 발달 ├ 하악 앞니가 가장 먼저 발달 ├ **대상영속성 획득**, 목적지향적 행동 수행, 상징적 표상의 시작 ├ 정서적 표현의 시작, 불완전한 언어의 시작, 자아개념의 발달 시작 └ **애착(낯가림, 분리불안)**, 대변훈련(→ 독립성과 자율성 발달)
유아기 (3-6세)	항문기	초기 아동기 (자율성 vs 수치심, 의지)		전조작기, 타율적 도덕성	전인습적 도덕성	┌ **제1의 반항기**(cf 청소년기는 제2의 반항기) ├ 영아기에 비해 성장 속도 완만 ├ 하악 앞니부터 빠지면서 영구치 발달 ├ 운동능력이 현저하게 발달, 급속한 언어능력 발달 및 사회적 언어 사용, 지능발달의 결정적 시기, 두드러진 정서분화 ├ 상징직 사고, 자기중심적 사고, 비가역적 사고, 물활론적 사고, 전환적 추론, 인공론적 사고, 꿈 실재론, 직관적 사고 └ **성개념의 발달**: 성역할 고정관념 확립, 성역할 기준 내면화, 성적 정체성 발달(cf 청년기는 사회적 성역할 정체감 확립)
	남근기(오이디 푸스·일렉트라 콤플렉스)	유희기 (주도성 vs 죄의식, 목적)				
아동기 (7-12세)	잠복기	학령기 (근면성 vs 열등감, 능력)		구체적 조작기, 자율적 도덕성	인습적 도덕성	┌ 영아기나 유아기에 비해 완만하나 지속적인 발달 ├ 11~12세 경에 여아가 남아보다 우월한 성장 ├ **보존개념 획득**, 조합기술 획득(cf 청소년기는 조합적 사고), 가역적 사고, 논리적 사고의 시작 ├ **분류화와 서열화 개념 획득** ├ 탈중심화 → 조망수용능력 획득 └ 학교생활: 또래집단의 승인 갈구, **단체놀이를 통해 협동·경쟁·협상·노동배분 등의 사회성 발달(→ 집단의 목표 우선 시)** 　23. 국가직 　23. 국가직) 6-12세 아동 – 단체놀이를 통해 개인의 목표가 집단의 목표보다 우선시됨을 학습(X) → 집단의 목표가 개 　인의 목표보다

청소년기 (13-18세)	생식기	청소년기 (자아정체감 vs 역할혼란, 충실)	청소년 및 성인 초기	형식적 조작기	인습적 도덕성	┌ 제2성장 급등기, 외형의 불균형, 남성은 체지방 감소, but 여성의 체지방 증가 ├ **사춘기(제2차 성징기)** ├ **자아정체감: (위기와 전념에 따라) 성취, 유실, 유예, 혼란** ├ 심리사회적 유예기, 주변인, 질풍노도의 시기, 여성의 섭식 장애, 심리적 이유기, **제2의 반항기** ├ 추상적 사고, 가설연역적 사고, 조합적 사고, 상대적 사고 ├ **자기중심성** → 상상적 청중, 개인적 우화 ├ 이상적 자아와 현실적 자아 간의 괴리 └ 애착대상이 부모에서 동성 또래 집단으로 이동
청년기 (19-34세)	-	성인초기 (친밀감 vs 고립감, 사랑)	-	-	-	┌ 신체적·인지적 기능 최고조 ├ 사랑과 일을 통해 자아실현 ├ 사회문화적인 요소가 중요한 시기, 직업의 준비와 선택, 결혼과 가족형성(사랑하고 보살피는 능력 심화) └ **사회적 성역할 정체감 확립**
장년기 (35-64세)	-	중년기 (생산성 vs 침체성, 배려)	중년기	-	-	┌ 인생의 황금기, 빈둥지 중후군의 시기, 위기의 시기 ├ 갱년기: 여성 호르몬인 에스트로겐 1/6로 감소·남성 호르몬인 테스토스테론 감소 ├ 개성화, 문제해결능력 증가, 단기기억능력 감퇴, but 장기기억능력은 불변 ├ 유동성 지능은 감소, but 결정성 지능은 지속적으로 발달 └ 어휘력·언어능력 최고조
노년기 (65세 이상)	-	노년기 (자아통합 vs 절망)	노년기	-	-	┌ 수면시간 감소, 원시현상 심화, 남성의 청력 저하 심화, 생식기능 및 성교능력 저하(but 남성이 덜함), 행동둔화 ├ 최근기억과 단기기억이 장기기억보다 더욱 심하게 감소 ├ 내향성 및 수동성 증가, 조심성 증가, 경직성 증가, 우울성향 증가, 생에 대한 회상 증가, 친근한 사물에 대한 애착 증가, │ 성역할 지각의 변화, 의존성 증가, 유산을 남기려는 경향, 시간 전망의 변화 └ **죽음 수용 과정(로스): 부정 → 분노 → 타협 → 우울 → 수용** 19. 서울시

THEME 037　사회복지조사의 논리　□□□

▌연역법 → 양적조사에서 주로 사용

- 일반적인 사실이나 법칙으로부터 특수한 사실이나 법칙을 추론하는 방법
- 가설을 수립하고 이를 검증하는 형태(이론 → 가설 → 조작화 → 관찰 → 검증)
- 예 (일반적인 사실이나 법칙) "모든 사람은 죽는다." → (특수한 사실이나 법칙) "소크라테스는 죽는다."

▌귀납법 → 질적조사에서 주로 사용

- 관찰된 사례의 공통적인 유형을 발견 → 이를 보편적인 원칙인 이론으로 확장시키는 추론 방법
- 주제선정 → 관찰 → 경험적 일반화(or 유형 발견) → 결론
- 예 "(개별적이나 특수한 사실에 대한 경험적 관찰) 소크라테스도 죽었다. 플라톤도 죽었다. ~ 죽었다…" 그러므로 "모든 사람은 다 죽는다."

▌연역법과 귀납법의 관계

상호 순환적(or 보완적) 관계

THEME 038　사회복지조사의 윤리　□□□

▌고지된 동의(Informed Consent)　18. 국가직

└→ 고지된 동의는 사회복지조사와 사회복지실천에서 중요시하는 절차

- 개념: 조사 시작 전(or 개입 전) 조사(or 개입)의 전반적인 내용과 과정을 조사대상자(or 클라이언트)에게 알려주는 절차
- 목적: 클라이언트의 자기결정권 가치 실현, 조사자를 보호하기 위해서도 활용 가능
- 전제
  - 클라이언트가 충분한 정보를 제공받아 → 지식을 갖춤
  - 자발적 형태로 동의
  - 동의를 구할 수 있는 판단능력 소유 주의 아동·장애인·노인 등 판단능력이 상실된 참여자에게는 그의 후견인에게 고지된 동의를 얻을 수 있음

- 동의 내용

사회복지조사	사회복지실천
• 조사의 목적 • 조사 완료까지 예상 되는 기간 및 절차 • 조사에 참여하거나 중간에 그만둘 수 있는 권리 • 조사 참여를 거부하거나 그만 두었을 때 예상 되는 결과 • 조사 과정 중 예측되는 위험, 고통, 불편 등 • 조사에 참여함으로써 얻을 수 있을 것으로 예상 되는 이득 • 비밀보장의 한계 • 참여에 대한 보상(or 혜택) 등	• 개입의 목적과 내용 • 개입 시 발생할 수 있는 위험 • 개입 시 소요되는 비용 • 개입의 다양한 대안들 • 개입의 한계 • 동의의 거부나 철회권 등

▌익명성과 비밀성의 보장

┌ 익명성
│ ├ 연구자가 조사대상자의 **신원을 알리지 않고 응답하게 하는 것**
│ └ 보장방법
│   ├ 설문조사 시에 조사대상자의 성명 등을 표기하지 않기
│   └ 조사대상자가 누구인지 식별할 수 있는 항목을 제거한 후 자료를 공개하기

└ 비밀성
   ├ 조사참여자의 응답 내용을 노출시키지 않는 것 → 연구자의 의지와 관련
   └ 비밀성이 보장된다고 익명성도 함께 보장(X)

THEME 039　증거기반실천(Evidence-Based Practice, EBP)　□□□

▌개념　21. 지방직

┌ 사회복지사가 클라이언트에게 사회복지실천을 하기 전에 가능한 모든 과학적 조사를 평가(or 검토)
│ **→ 이를 응용하여 사회복지실천의 효과성을 가장 높일 수 할 수 있는 개입방법을 선택**
└ 이를 적용하기 위해 이러한 평가와 적용의 기준과 절차에 대해 **체계적으로 접근을 할 수 있도록 원칙과 방식을 구조화해 놓은 것**

▌단계

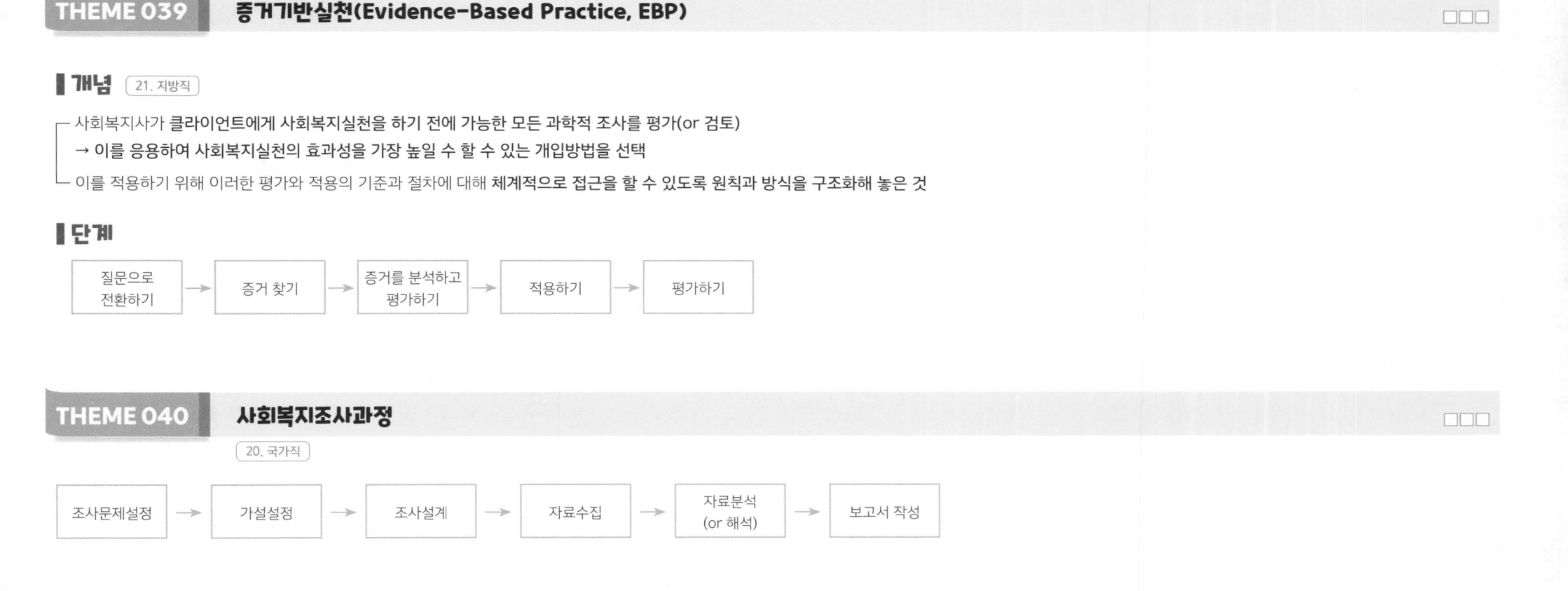

질문으로 전환하기 → 증거 찾기 → 증거를 분석하고 평가하기 → 적용하기 → 평가하기

THEME 040　사회복지조사과정　□□□

20. 국가직

조사문제설정 → 가설설정 → 조사설계 → 자료수집 → 자료분석(or 해석) → 보고서 작성

▌분석단위

— 연구자가 실제로 분석하려는 대상

— 종류 ┬ 개인: 클라이언트 개인

├ 집단: 인간 개개인이 모인 집합체(**예** 부부, 또래집단, 시·도 등의 행정구역, 국가 등)

├ 공식적 사회조직: 공식적 목표 수행을 위해 조직된 개개인이 모인 집합(**예** 사회복지기관, 시민단체, 기업 등)

└ 사회적 가공물: 인간에 의해 창조된 생성물(**예** 책, 그림, 신문사설, 결혼행위, 직업행위 등)

💡 암기팁 분석단위) 개(인)집(단)을 어떻게 공(식적 사회조직)사(회적 가공물)할까 분석하자!

▌분석단위의 3가지 오류 [21. 국가직, 19. 서울시]

— 자료분석 단계에서 분석단위를 적용하는 과정 중 발생할 수 있는 오류

— 종류

├ 생태학적 오류(집단 → 개인)

│ ├ 집단을 분석단위로 한 조사 결과에 기초하여 **개인에 대한 결론**을 내리는 오류

│ └ **예** 17개 시·도(집단)를 조사하여 대학 졸업 이상의 인구비율이 높은 지역이 낮은 지역에 비해 소득이 더 높음을 알게 되었고, 이를 통해 학력수준이 높은 사람(개인)이 낮은 사람에 비해 소득수준이 높다는 결론을 이끌어 내는 경우

├ 개인주의적(or 개체주의적) 오류(개인 → 집단)

│ ├ (생태학적 오류의 반대) 개인을 분석단위로 한 조사 결과에 기초하여 **집단에 대한 결론**을 내리는 오류

│ └ **예** 현 정부의 사회복지정책을 지지하는 부유한 유권자(개인)를 발견한 후, 이를 통해 부유한 유권자들(집단)은 현 정부의 사회복지정책을 지지한다는 결론을 내리는 경우

└ 환원주의(or 축소주의)적 오류

├ 연구자가 **자신이 지닌 개념의 범주 내에서만 현상을 지나치게 제한하거나 단순화해서 설명**하려고 하는 데에서 발생하는 오류

└ **예** 청소년 일탈의 원인을 밝히는 데 있어서 가족학자는 가족의 문제로만, 사회학자는 사회구조적 요인으로만 보려고 하는 경우

▌관찰단위

— 실질적 자료수집의 단위

└ **예** 김씨 가족의 연간 총소득을 알아보기 위해 가장인 김씨에게 소득과 관련하여 질문하여 가족의 소득 관련 자료를 수집한 경우 → 분석단위는 김씨 가족, 관찰단위는 가장인 김씨

▌인과관계

인과관계 모형 내에서 ┬ 원인이 되는 변수: 독립변수(X)

└ 결과가 되는 변수: 종속변수(Y)

▌인과관계 추론의 3가지 조건(J. Mill) [12. 국가직]

- 공변성: 독립변수(원인)와 종속변수(결과)가 일정한 방식으로 **함께 변해야** 함
- 시간적 우선성: 독립변수(원인)가 종속변수(결과)를 **시간적으로 앞서야** 함
- 통제성(or 외부설명의 배제): 결과의 변화가 추정된 원인이 아닌 **제3의 변수** 등에 의해 설명될 가능성이 **확률적으로 없어야** 함

12. 국가직) 인과관계 추론의 조건 - 연속성(continuity)(X)

> **PLUS⁺** 공변의 방향
>
> 1. 정(+)의 관계: 독립변수의 값이 증가(or 감소)할 때, 종속변수의 값도 증가(or 감소)하는 경우
>   예 교육수준이 높아지면(↑)은 소득수준도 높아진다.(↑)
> 2. 부(-)의 관계: 독립변수의 값이 증가(or 감소)할 때, 종속변수의 값은 감소(or 증가)하는 경우
>   예 교육수준이 높아지면(↑) 빈곤률은 감소한다.(↓)

THEME 043 　변수의 종류, 가설 　□□□

▌변수의 종류

- 매개변수
  - 독립변수(X)와 종속변수(Y)의 **중간에 놓여 두 변수 사이를 연계하는 변수**
  - **독립변수의 결과인 동시에 종속변수의 원인**
  - 예 "노인의 사회참여가 높을수록 자아존중감이 향상되고, 자아존중감의 향상으로 생활만족도가 높아진다." → 노인의 사회참여는 독립변수, 자아존중감은 매개변수, 생활만족도는 종속변수
- 조절변수
  - 독립변수(X)가 **종속변수(Y)에 미치는 효과의 강도를 중간에서 조절하는 변수**
  - 예 "연령의 많고 적음에 따라서 지역사회응집력에 거주기간이 미치는 영향력은 다를 것이다." → 연령은 조절변수, 거주기간은 독립변수, 지역사회응집력은 종속변수
- 외생변수
  - 개입 시 실제로는 인과관계가 없는 독립변수와 종속변수를 표면적으로 **마치 인과관계가 있는 것처럼 보여지게 만드는 변수** ∴ 외생변수를 통제할 경우 기존의 인과관계는 사라짐
  - **가식적 관계(or 허위적 관계, 의사관계)** 형성

- 억압변수
  - (외생변수의 반대) 개입 시 실제로는 인과관계가 성립하는 독립변수와 종속변수 간에 **마치 인과관계가 성립되지 않는 것처럼 보여지게 만드는 변수** ∴ 억압변수를 통제할 경우 성립되지 않았던 인과관계가 나타남
  - **가식적 영(0)관계** 형성
- 통제변수
  - 독립변수와 종속변수 간의 **명백한 인과관계를 조사하기 위해 의도적으로 도입하는 변수**
  - 독립변수와 종속변수에 직·간접적으로 영향을 미칠 수 있는 **매개변수, 조절변수, 외생변수** 등의 **제3의 변수가 조사설계에서 고려되어 통제되면 통제변수가 됨**

▌가설

- 독립변수와 종속변수를 포함한 **두 가지 이상의 변수 간의 관계에 대한 잠정적인 진술** ∴ 검증 가능한 형태로 서술한 문장
- 형식
  - **조건문**(만약 A하면 B할 것이다), **비교문**(A할수록, B하다)
  - 정(+) or 부(-)의 관계로 기술
- 예 교육 수준이 높아지면 소득수준도 높아진다.

▌목적에 따른 유형

- 탐색적 조사(예비조사)
  - 조사문제의 발견, 변수의 규명, 가설의 도출, 조사하려는 문제의 핵심적인 요소가 무엇인지를 확인하기 위해 실시하는 조사
  - 종류: 문헌조사, 경험자 조사, 특례조사
- 기술적 조사
  - 특정 현상에 대해 **정확하고 사실적인 기술(or 묘사)을 목적으로 수행하는 조사**
  - 6하 원칙 중 누가, 언제, 어디서, 무엇을, 어떻게 등 사실(예 현상의 분포, 비율, 크기 등)과 관련
  - 종류: 인주주택총조사, 여론조사 등
- 설명적 조사
  - 변수 간의 인과관계를 규명하여 가설을 검증하기 위한 조사
  - 6하 원칙 중 "왜(Why)"에 대한 해답을 얻는 것과 관련
  - 종류: 실험조사 등

▌시간에 따른 유형

- 횡단조사   12. 지방직 추가
  - 정태적(靜態的) 조사: 일정 시점에서 모든 표본(or 다수의 분석단위)을 반복 없이 단 1회에 한하여 조사하는 조사
  - 탐색, 기술, 설명의 목적
  - 예 여론기관의 여론조사, 인구·주택 센서스 조사와 같은 현황조사 등

12. 지방직 추가) 우리나라 인구센서스조사는 대표적인 횡단적 연구(O)

- 종단조사   14·15. 지방직, 19. 서울시
  - 동태적(動態的) 조사: 시간 간격을 두고 표본을 반복적, 즉 **2회 이상 조사하는 조사**
    - ∴ 일정기간 동안 시간의 흐름에 따른 **조사대상의 변화 추이 파악에 유리**
  - 종류: 패널조사, 경향성조사, 동년배 집단조사

구분	(반복적인 조사 시)	
	조사 주제	최초 조사 대상과 이후 조사 대상
패널조사	동일	동일한 대상
경향성 (or 추이, 추세) 조사		서로 다른 대상, but 특정연령 집단(예 1970년, 1980년에 20대 조사)
동년배 집단(or 코호트, 동류집단, 동년배) 조사		서로 다른 대상, but 동류집단(특정한 시기에 태어나 동일시점에 특정한 사건을 경험한 사람들, 예 1970년엔 20대 조사, 1980년엔 30대 조사)

- 유사종단조사   19. 서울시
  - 특정집단의 변화에 대한 **횡단조사 → 종단조사와 횡단조사를 결합**
  - 각 연령대별(예 10대, 20대, 30대, 40대, 50대, 60대 이상)로 한 시기에 조사 → 과거부터 오랜 시간에 걸친 의식의 변화 추론 가능

19. 서울시) 한 시기에 여러 연령집단을 조사하는 방법은 동류집단 조사(X) → 유사종단조사

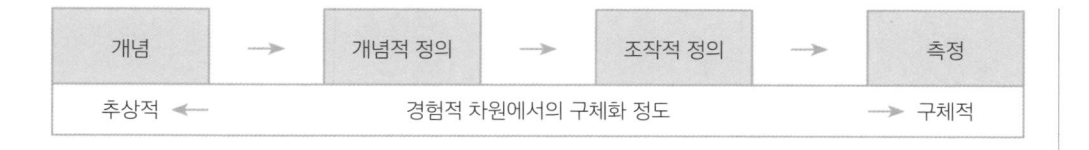

개념(Concept)

┌ 어떠한 대상, 대상의 속성, 현상에 대한 **추상적인 이미지, 인식, 기호, 상징 등**
│ 예 성(性), 빈곤, 평등, 사회복지 등
└ 구성 ┬ **변수**: 계량적으로 수치를 부여하여 **최소한 2가지 이상의 변수값(or 변량)을 갖는 경험적으로 측정 가능한 개념**
        └ **상수**: 변수의 **변수값(or 변량)은 상수로 구성**
          예 성(性)이라는 변수는 '남과 여'라는 상수로 구성

개념적 정의(or 명목적 정의, 개념화)

┌ 측정하고자 하는 개념을 **사전적(辭典的)으로 정의하는 과정**
└ 예 사랑은 "한 사람이 다른 사람을 좋아하는 마음"

조작적 정의(or 조작화)

측정하고자 하는 개념을 **수량화시켜 경험적·가시적으로 측정(or 관찰) 가능한 형태로 재정의하는 과정**

측정

일정한 규칙을 따라 **측정하고자 하는 대상에 수치나 상징을 부여하여 이들의 속성을 밝혀내는 일련의 과정**
∴ 양적 조사에서 활용

측정의 수준 [20·23. 국가직, 19·22. 지방직]

└▶ 시험에는 측정 대신 척도로도 출제 예 명목측정, 명목척도

구분	분류	서열	등간격	절대적 영	산술적 계산 범위	측정수준
명목측정	○	×	×	×	= ≠	낮음
서열측정	○	○	×	×	= ≠ > <	↕
등간측정	○	○	○	×	= ≠> < ±	
비율측정	○	○	○	○	= ≠> < ± × ÷	높음

┌ **명목측정** 예: 성별, 종교, 인종, 결혼 여부, 운동선수의 등 번호, 주민등록번호 등
├ **서열측정** 예: 학점(A, B, C D), 교육수준(중졸 이하, 고졸, 대졸 이상) 등
├ **등간측정** 예: 시험성적(or 점수), 지능지수, 섭씨온도 등
└ **비율측정** 예: 소득, 키, 몸무게 등

　* 측정의 서열: 명목측정 < 서열측정 < 등간측정 < 비율측정
　* 높은 수준의 척도는 낮은 수준의 변수를 측정 가능. 낮은 수준의 척도는 높은 수준의 변수 측정 불가능

19. 지방직) 비율측정은 명목, 서열, 등간측정의 특성을 모두 가짐(O)

22. 지방직) 등간척도 - 비수량적인 상호 배타적 속성을 나타낸 것(X)

23. 국가직) 서열척도는 속성 간의 거리나 간격을 동일한 것으로 보는 척도(X) → 등간척도

▌측정오류 [23. 국가직] : 측정대상의 실제 모습(참값) - 측정 결과(측정값)

- 체계적 오류
  - 측정대상에 어떠한 영향이 체계적으로 미쳐 측정 결과에 편향(Bias)을 발생시키는 오류
  - 발생 시 측정의 타당도를 낮춤(↓) └→ 측정 결과가 일정하게 모두 높거나 낮아지는 경향
  - 발생 원인
    - 고정반응에 의한 편향: 앞선 질문에 자신의 응답 유형을 고려 → 이후 응답을 쉽사리 결정
    - 사회적 적절성(or 바람직성의 편향)
    - 문화적 차이에 의한 편향(or 문화적 편견)
    - 인구통계학적·사회경제적 특성에 의한 오류: 선행효과, 후행효과
    - 개인적 성향에 의한 오류: 관용의 오류, 가혹의 오류, 대조의 오류

- 무작위 오류(or 비체계적 오류) [21·23. 국가직, 17. 지방직 추가]
  - 우연적 or 가변적인 원인들에 의해 일시적으로 발생 → 측정의 결과를 일정한 경향성(or 일관성) 없이 분산시키는 오류
  - 발생 시 측정의 신뢰도를 낮춤(↓)
  - 발생 원인
    - 측정자의 건강, 사명감, 컨디션, 관심사 등
    - 측정대상자의 긴장, 피로, 컨디션, 관심사 등
    - 측정장소, 측정시간, 소음, 좌석배치 등
    - 척도에 대한 사전 교육 부족, 척도의 문항이 지나치게 많은 경우 등

17. 지방직 추가) 무작위 오류는 내적 타당도 저해요인(X) → 측정의 오류

21. 국가직) 생태학적 오류 - 측정 환경의 불안정으로 수집된 자료값이 일관성을 보이지 못하는 것(X) → 무작위 오류

THEME 047 측정의 타당도와 신뢰도 ★★★ □□□

▌타당도와 신뢰도 [23. 국가직, 16. 지방직]

- 타당도: 척도가 측정하고자 의도한 것을 얼마나 정확히(or 제대로) 측정하고 있는가의 정도
- 신뢰도: 척도를 가지고 동일한 대상에게 반복하여 측정하여도 동일한(or 일관된) 결과가 나오는 정도
  - ∴ 측정결과의 일관성, 안정성, 예측가능성 정도

23. 국가직) 신뢰도 검사 - 측정도구가 일관성 있는 결과를 도출하는지를 확인하는 것(O)

▌타당도 평가 방법

- 내용타당도(or 액면타당도, 논리적 타당도)
  - 척도가 가지고 있는 적절성과 대표성의 정도
  - 주관적 타당도: 주로 전문가의 판단이나 합의에 근거하여 결정
  - 예 A초등학교는 4학년 수학능력시험의 내용타당도를 확보하기 위해 수학교사들의 회의를 통해 연산, 논리, 기하 등을 포함하기로 결정

- 기준타당도(or 실용적 타당도)
  - 기준이 되는 타당도가 확보된 척도가 필요한 타당도 평가방법
  - 종류

동시타당도	• 기준이 되는 척도가 타당도를 평가하려는 척도와 현재 상태나 상황에 어느 정도 부합되는지의 정도 • 타당도 평가를 원하는 척도를 기준이 되는 척도와 동시에 적용 → 두 척도 사이의 결과를 비교한 후 상호 동일한 결과치가 발생하면 동시타당도가 있다고 추정
예측(or 예언) 타당도	• 동시타당도와는 달리 기준이 되는 척도가 타당도를 평가하려는 척도와 미래 상태나 상황에 어느 정도 부합되는 지의 정도 • 타당도 평가를 원하는 척도를 기준이 되는 척도보다 먼저 적용 → 시차를 두고 기준이 되는 척도와의 결과를 비교한 후 상호 동일한 결과치가 발생하면 예측타당도가 있다고 추정

└ 구성타당도(or 개념타당도, 구성체타당도, 개념구성타당도)

　├ 척도가 측정하고자 하는 개념과 관련이 있는 **특정한 이론(Theory)으로부터 도출된 구성체(Construct)**가 그 척도를 사용하여 측정한 실제 측정값과 어느 정도 연관이 있는지를 판단하는
　│ **방법**
　│　└ 간접적인 관찰에 근거하여 이론적으로 만들어진 추상적인 개념
　│　　(예) 지능, 우울, 이타심, 적개심, 친밀도, 욕구 등
　└ **종류**

수렴타당도	서로 다른 방법으로 동일한 개념을 측정 → 높은 상관관계가 발생하면 수렴타당도가 있다고 추정
판별타당도	서로 다른 개념을 동일한 방법으로 측정 → 높은 상관관계가 발생하면 판별타당도가 없거나 적다라고 추정
이해타당도	척도가 이미 검증되어진 보편적인 이론이나 모델의 체계적인 법칙에 부합하는 정도

▎신뢰도 평가 방법 [22. 국가직]

─ **검사 – 재검사법(or 재검사법)**: 동일한 대상에게 동일한 척도를 가지고 시차를 두고 두 번을 반복하여 측정 → 검사효과 발생

─ **복수양식법(대안법, 유사양식법, 평행양식법)**: 평가하고자 하는 척도와 동등한 것으로 추정되는 매우 유사한 척도를 개발 → 동일한 대상에게 거의 시차를 두지 않고 측정 → 도구효과 발생

─ **내적일관성법(or 내적일관성 분석법)**: 1개의 척도를 1회에 적용

　├ **반분법**: 동질성의 원리에 입각, 척도의 문항을 임의로 반분 → 동일한 시간에 동일한 대상에게 적용하여 상관관계 정도로 신뢰도 파악

　│　22. 국가직) 상호관찰자 기법 - 동질성의 원리에 입각해서 신뢰도를 평가하는 방법(X) → 반분법

　└ **크롬바하 알파계수법**: 반분하여 산출한 모든 조합들의 상관관계의 평균값으로 신뢰도 파악, 0~1 사이의 값(→1에 가까울수록 높은 신뢰도)

─ **조사자(or 상호관찰자)간 신뢰도**: 복수의 조사자가 측정한 측정값을 상호 비교하여 그 일치정도 평가

▎신뢰도 제고 방안 [19·24. 국가직]

─ 척도를 구성하는 문항을 분명하게 작성

─ 측정항목(or 하위변수)을 늘리고(↑) 항목의 선택범위(or 값)를 넓힘(↑)

　19. 국가직) 측정의 신뢰도를 높이는 방법 - 측정항목(하위변수) 수를 줄이고 항목의 선택범위(값)는 좁힘(X) → 넓힘

─ 측정자의 태도와 측정방식의 일관성 유지

─ 조사대상자가 **무관심하거나 잘 모르는 내용**은 측정하지 않음

─ 사전에 검증된 (신뢰도와 타당도가 확보된) **표준화된 척도**를 사용

─ **동일하거나 유사한 질문을 2회 이상 실시**

▎타당도와 신뢰도의 관계 [23. 국가직, 19. 서울시]

─ **비대칭적 관계**: 타당도가 높으면(↑) 신뢰도도 높음(↑), but 신뢰도가 높으면서(↑) 타당도가 낮은(↓) 경우도 있음 → 타당도가 높으면서 신뢰도가 낮은 경우는 없음

　19. 서울시) 신뢰도와 타당도는 상관성이 없음(X) → 비대칭적 관계

─ 타당도는 신뢰도의 충분조건, 신뢰도는 타당도의 필요조건

─ 아무리 좋은 척도라도 완벽한 타당도와 신뢰도를 가질 수 없음

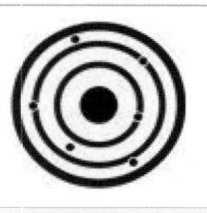

타당도와 신뢰도가 모두 높은 경우	타당도는 낮고, 신뢰도만 높은 경우	타당도와 신뢰도가 모두 낮은 경우

▌리커트(Likert Type) 척도(or 총화평정척도) [17. 서울시]

- 특정한 대상이나 상황에 대해 **개인의 태도나 가치의 강도를 서열화된 다수의 문항으로 측정하는 방법**
- **각 항목의 측정값을 총합하여 계산** ∴ **단순합계척도**
- **예** 프로그램 참여 후 생활 태도 변화에 관한 당신의 생각에 V표 해주세요.

번호	문항	매우 아니다	아니다	보통이다	매우 그렇다	그렇다
1	하루의 삶을 매우 활기차게 시작한다.	①	②	③	④	⑤
2	타인과의 교류로 보내는 시간이 많아졌다.	①	②	③	④	⑤
3	삶의 의미를 찾았다.	①	②	③	④	⑤
총계						

▌거트만(Guttman) 척도 [17. 서울시]

- **문항 간 서열성 존재:** 강도가 다양한 어떤 가치나 태도를 가장 약한 것으로부터 가장 강한 것에 이르기까지 **누적적으로 서열적 순서를 부여하여 구성**한 척도
- **예** 장애인복지시설 건립에 관한 의견조사입니다. 해당되는 것에 V표 해주세요.

질문문항	그렇다	아니다
1. 장애인복지시설을 우리 시에 짓는 것은 괜찮다.		
2. 장애인복지시설을 우리 구에 짓는 것은 괜찮다.		
3. 장애인복지시설을 우리 동네에 짓는 것은 괜찮다.		
4. 장애인복지시설을 우리 옆집에 짓는 것은 괜찮다.		

▌보가더스(Bogardus)의 사회적 거리 척도 [17. 서울시]

- 인종 및 민족, 사회계급, 직업형태, 사회적 가치 등에 대한 사회적 거리감(**예** 친밀감, 무관심, 혐오감)의 정도를 측정하기 위해 **하나의 연속성을 가진 문항들로 구성된 척도**
- 거트만 척도와 유사, but **마지막 가장 극단적인 문항의 경우에는 누적(X)**
- **예** 각 집단(이주노동자, 북한이탈주민)에 대해 귀하는 어느 수준까지 받아들일 수 있는지 제시된 7가지 문항 중 최고수준에 'O' 표 해 주시기 바랍니다.

수준		문항	이주노동자	북한 이탈주민
최고수준	7	결혼하여 가족으로 받아들이겠다.		
	6	친구로서 받아들이겠다.		
		…		
최저수준	2	방문객으로만 받아들이겠다.		
	1	우리나라에서 추방한다.		

▌의미분화 척도(or 어의변별척도, 어의차별척도)

- 일직선으로 도표화된 척도의 **양극에 서로 상반되는 형용사를 배열하고 양극단 사이에서 5~7점의 척도를 배치하여 해당 속성을 평가하는 척도**
- **예** 우리 복지관의 장애인편의시설과 관련하여 귀하의 생각을 조사하고자 합니다. 해당하는 것에 V표 해주세요.

안전하다	1 ------- 2 ------- 3 ------- 4 ------- 5 ------- 6 ------- 7	위험하다
편리하다	1 ------- 2 ------- 3 ------- 4 ------- 5 ------- 6 ------- 7	불편하다
좋다	1 ------- 2 ------- 3 ------- 4 ------- 5 ------- 6 ------- 7	나쁘다

▌서스톤(Thurstone) 척도(or 유사등간척도, 등현등간척도법) 17. 서울시

─ 어떤 사실에 대해 가장 우호적인 태도와 가장 비우호적인 태도를 나타내는 양 극단을 등간격으로 구분
하여 여기에 수치(가중치)를 부여한 척도
─ 예 사형제도에 관한 당신의 의식을 조사하고자 합니다. 해당하는 것에 V표 해주세요.

가중치	문항	찬성	반대
0.0	1. 사형제도는 전면 폐지되어야 한다.		
1.5	2. 사형제도는 문명화된 국가의 형벌제도가 아니다.		
2.4	3. 사형제도는 범죄를 다루는 데 합리적인 방법이 아니다.		
3.4	4. 사형제도는 필요는 하지만 없애야 할 제도이다.		
4.9	5. 사형제도는 정당하고 또한 필요하다.		

THEME 049　내적타당도와 외적타당도 ★★★

▌내적타당도

─ 변수 간의 인과관계 정도
─ 사회복지실천과 관련해서는 개입의 효과성을 확인하기 위해 확보해야 하는 요소

▌외적타당도 14·22. 국가직

조사(인과관계) 결과의 일반화 정도

22. 국가직) 외적타당도 - 서술된 인과관계가 그 연구의 조건을 넘어서서 일반화될 수 있는 정도(O)

▌내적타당도와 외적타당도와의 관계

─ 일반적으로 상호 상충관계(or 부적관계)
─ 내적타당도는 외적타당도를 위한 필요조건 ∴ 충분조건(x)

▌외부 사건(or 역사적 요인, 역사, 우연한 사건) [16. 국가직, 17. 지방직 추가]

┌ 실험 진행 중에 연구자가 전혀 의도하지 않았던 사건이 우연히 발생 → 종속변수에 영향

└ 예 우울증 치료를 받던 남성 노인이 여성 노인을 만나면서 우울증 치료 프로그램 없이도 우울증이 개선된 경우, 이 경우 여성 노인과의 만남이 우연한 사건

▌성숙(or 성장효과, 시간적 경과) [16. 국가직]

┌ 단순한 시간의 경과에 따른 인간의 성장과 변화 → 종속변수에 영향

└ 예 초고령 노인들이 요양원에서 서비스를 받은 후에 육체적으로 약해짐 → 분명 서비스는 효과가 있지만 노인이라는 특수성이 마치 효과가 없는 것처럼 만들 수 있음

▌검사효과(or 테스트효과, 측정효과, 검사요인) [18. 서울시]

┌ 동일한 척도로 사전검사와 사후검사를 할 경우에 발생

└ 내적타당도와 외적타당도를 모두 위협

　┌ 주시험효과: 사전검사가 사후검사에 영향을 미치는 경우 → 내적타당도 위협

　└ 상호작용시험 효과: 사전검사가 독립변수에 영향을 미치는 경우 → 외적타당도 위협

18. 서울시) 사전검사는 내적타당도를 위협하는 요인이면서 외적타당도를 위협(O)

▌도구효과 [16. 국가직, 17. 지방직 추가]

사전검사와 사후검사의 ┬ 척도

　　　　　　　　　　　└ 검사자(or 연구자) ┐ 다를 경우에 발생

▌통계적 회귀 [17. 지방직 추가, 18. 서울시]

┌ 극단적 성향(너무 낮거나 반대로 너무 높은 측정값)의 집단을 조사의 대상으로 선정할 경우에 발생

│ → 이들 집단이 독립변수의 조작과는 상관없이 시간이 지날수록 모집단의 평균값으로 수렴하는 경향을 보이는 것

└ 예 사전검사에서 우울점수가 지나치게 높은 5명의 노인을 선정하여 우울감소 프로그램을 제공한 후 사후검사를 실시 → 우울점수 감소

▌실험대상의 상실(or 실험대상의 변동, 중도탈락, 연구대상의 상실) [16. 국가직]

실험과정 중에 참여하고 있던 대상자가 조사 과정에서 탈락하여 종속변수에 영향을 주는 경우

▌개입의 확산(or 모방)

통제 부재하에 발생하는 실험집단과 통제집단 간의 상호교류 현상 → 통제집단에 실험집단의 개입이 확산

▌선택의 편향(or 선정편향, 선택의 편의)

실험 전 잘못된 할당으로 실험집단과 통제집단이 서로 이질적인 경우

▌선택과의 상호작용(or 선발과 성숙의 상호작용)

선택의 편향 + 성숙효과 간의 상호작용이 종속변수에 영향을 주는 경우

▌내적타당도 저해요인 통제방법

┌ 무작위 할당[or 난선화(亂選化)]

│　┌ 가장 효과적인 내적타당도 저해요인 통제방법

│　└ 제비뽑기, 컴퓨터 난수 발생프로그램 등을 활용 → 실험집단과 통제집단으로 하여금 동질적 속성을 갖추도록 할당

├ 배합(Matching, or 짝짓기)

│　┌ 사전에 집단의 속성을 파악하여 실험집단과 통제집단 할당 시 두 집단의 이질적 구성요소를 최소화시켜 이들을 균등하게(or 동일비율로 할당) 하는 방법

│　└ 일반적으로 무작위할당과 병행하여 사용

└ 기타

　┌ 실험 기간의 단축 → 역사, 성장, 선택과의 상호작용 등을 통제

　├ (사전검사와 사후검사) 측정도구 변경 → 검사효과 통제

　└ 극단적인 측정값을 보이는 조사대상자를 표본에서 제외 → 통계적 회귀 통제

▌표본의 대표성

▌상호작용시험효과(or 검사와 개입의 상호작용 효과)

─ 사전검사가 독립변수에 영향을 미치는 경우 → 개입의 효과성은 사전검사를 받은 사람에게만 발생
└ 예 청소년의 사회복지인식도 조사를 실시할 경우 사전 인식도 조사가 이후 진행되어지는 조사에 영향
　　을 미칠 수 있음

▌조사의 반응성(or 연구대상자의 반응성)　14. 국가직

─ 개입으로 인해 일상적인 조사대상자의 행동이 변화되는 현상
　14. 국가직) 조사 반응성이 높을수록 외적 타당성이 높음(X) → 낮음
└ 종류
　├ 플라시보효과(Placebo Effects, or 위약효과): 조사대상자가 자신에게 개입이 주어지지 않았음
　　　　　　　　　　　　　　　　　　　　　　에도 불구하고 마치 개입을 받고 있는 것처럼 행
　　　　　　　　　　　　　　　　　　　　　　동하는 현상
　　14. 국가직) 외적 타당성을 확보하기 위해서는 플라시보 효과를 통제해야 함(O)
　└ 호손효과(Hawthorne Effect): 조사대상자가 자신이 개입을 받고 있다는 사실을 인지하여 일상과
　　　　　　　　　　　　　　　　는 다르게 행동하는 현상

▌외적타당도 저해요인 통제방법

─ 표본의 대표성 확보　14. 국가직
　├ 확률표집이나 무작위표집 실시
　└ 표본의 크기를 크게 하기
─ 플라시보 효과(Placebo Effect) 통제　14. 국가직
　├ 조사대상자에게 조사상황을 미리 알려주지 않음
　└ 플라시보 통제집단설계(or 가실험 통제집단설계)를 적용
└ 호손효과 통제 − 3진단법: 통제집단을 하나 더 추가하여 두 개의 통제집단을 구성
　　　　　　　　　　　　　　→ 하나의 통제집단에는 실험을 전혀 경험하지 못하도록 전면 통제
　　　　　　　　　　　　　　→ 다른 하나의 통제집단에는 위약(僞藥)으로 개입

▌개념　[11. 국가직, 12. 지방직 추가, 18. 서울시]

┌→ 단순한 기술보다는 설명이 목적

(내적타당도가 높은 설계) 특정한 변수 간의 인과관계를 규명하기 위해서 의도적으로 실험환경을 조성하여 조사(or 원하는 변수를 미리 설정하여 측정)하는 방법

18. 서울시) 실험설계는 외적타당도가 높음(X) → 내적타당도

▌실험요소

─ (종속변수의) 비교
─ (독립변수의) 조작: 실험집단에만 독립변수 제공
─ (외생변수의) 통제
└ 무작위 할당: 단순무작위 방법으로 실험집단과 통제집단 할당

▌실험설계의 종류(실험요소의 적용 여부에 따라)

┌ 순수실험설계(or 진실험설계)
│ ┌ 비교, 조작, 통제, 무작위 할당을 모두 갖춘 실험설계
│ │ └→ ❶주의 무작위 할당을 하는 것은 only 순수실험설계
│ ├ 내적타당도가 가장 높은 설계 → 인과관계 입증에 가장 적합
│ └ 종류
│ 　 ┌ 통제집단사전사후검사설계
│ 　 ├ 통제집단사후검사설계
│ 　 ├ 솔로몬4집단설계
│ 　 └ 요인설계

┌ 유사실험설계(or 준실험설계, 의사실험설계)　[11·22. 국가직, 14. 지방직, 18. 서울시]
│ ┌ 무작위 할당(X), 이외에도 일부 요소가 추가로 제외된 실험설계
│ │ 　18. 서울시) 유사실험설계에는 무작위할당이 시행됨(X) → 시행되지 않음
│ └ 종류
│ 　 ┌ 단순시계열설계
│ 　 ├ 복수시계열설계
│ 　 └ 비동일통제집단설계
│ 　 　22. 국가직) 유사실험설계 - 독립변수의 조작은 가능하지만 무작위할 수는 없고, 독립적 관찰을
│ 　 　여러 번 할 수 있을 때에 적용 가능(O)
└ 원시실험설계(or 전실험설계)
　 ┌ 실험설계의 4가지 요소 대부분이 제외된 실험설계
　 └ 종류
　 　 ┌ 1회 사례설계
　 　 ├ 단일집단 사전사후검사설계
　 　 └ 정태적집단비교설계

▌실험설계에서 사용하는 기호

─ X: 실험집단에 대한 처치(Treatment), 개입(Intervention)의 조작
─ R: 무작위할당에 의한 실험집단과 통제집단의 할당
└ O: 검사를 통해 얻은 관찰값 or 측정값

■ 순수실험설계(or 진실험설계) [23. 국가직]

─ 통제집단사전사후검사설계(or 통제집단전후비교설계)

R	O	X	O
R	O		O

→ 특징: 사전검사 실시 → 검사효과 발생 → 주시험효과(내적타당도 저해)와 상호작용시험효과(외
적타당도 저해) 발생

─ 통제집단사후검사설계(or 통제집단후비교설계)

R		X	O
R			O

→ 특징 ┬ 사전검사(X) → 검사효과 통제(O)
　　　　└ 최초 실험집단과 통제집단의 동질성을 확인(X) → 선택의 편향 발생 가능

─ 솔로몬 4집단 설계(or 솔로몬설계연구)

R	O	X	O
R	O		O
R		X	O
R			O

→ 특징
　├ 통제집단사전사후검사설계 + 통제집단사후검사설계 ∴ 4개 집단으로 구성
　├ 검사효과·외부사건·성숙 통제 가능
　│　∴ 실험설계 중 내적타당도와 외적타당도가 가장 높아 가장 이상적인 설계유형
　└ 집단 구성의 복잡성·비용의 소요 ∴ 실제 적용에는 한계 발생

─ 요인설계
　├ 독립변수가 복수인 경우에 활용하는 실험설계
　└ 독립변수의 속성에 따라 행렬을 만들고 행렬의 각 범주에 따라 집단을 구성

■ 유사실험설계(or 의사실험설계, 준실험설계, 반실험설계)

─ 단순시계열설계(or 시간연속설계)

O O O O	X	O O O O

→ 특징: 통제집단 없이 실험집단만 있는 실험설계

─ 복수시계열설계(or 다중시계열 설계, 복수시간연속설계)

O O O O	X	O O O O
O O O O		O O O O

─ 비동일통제집단설계(or 비동일비교집단설계)

O	X	O
O		O

→ 특징: 통제집단사전사후검사설계에서 작위적(or 임의적)으로 할당

■ 전실험설계(or 선실험설계, 원시실험설계)

─ 1회 사례설계(or 일회검사 사례설계, 단일집단 사후검사설계)

	X	O

─ 단일집단 사전사후검사설계

O	X	O

─ 정태적집단비교설계(or 고정집단비교설계, 비동일집단 사후검사설계)

	X	O
		O

→ 특징: 통제집단사후검사설계에서 작위적으로 할당

▌개념

조사의 대상	개인·가족·소집단(or 단체)·조직·지역사회 등을 대상으로
조사의 크기	1개의 사례(표본의 크기 '1', 분석단위 '1', 표집요소의 수 '1')의 '행동'에 대한
조사의 목적	개입의 효과성(or 유의성)을
조사의 시점	시계열적으로
조사의 횟수	반복적으로 관찰하여
조사의 방법	시각적·통계학적·임상적·이론적 유의성 등을 이용해 분석하는 조사기법

▌특징 [11·18. 국가직, 12. 지방직 추가]

- 사회복지실천에서 단일사례에 대한 개입 전과 후의 비교 → 개입의 효과성 평가
  - ∴ 조사과정과 실천과정을 통합 가능
  - 11. 국가직) 델파이기법은 단일한 사례를 대상으로 개입의 효과성을 측정하는데 유용(X) → 단일사례분석
- 개입 중간에(or 도중에) 문제 점검 ∴ 즉각적인 피드백 교환 가능
- 통제집단을 구하기 어려운 경우에 사용
- 높은 내적타당도, but 낮은 외적타당도
  - └ 단 반복적인 시행과 관찰 → 통제집단의 효과 → 개입효과성의 일반화 가능

▌기본구조 [18. 국가직]

- 표적행동: 개입을 통해 변화가 기대되는 조사대상자의 관찰 가능한 행동 → 종속변수에 해당
- 기초선 국면 ┬ A로 표시
  - └ 측정을 위한 비관여적 관찰 기간
- 개입 국면 ┬ B로 표시
  - └ 표적행동에 대한 개입 기간, 독립변수에 해당

▌설계유형

- ABAB 설계(or 반전설계, 철회설계)
  - ├ 개입의 효과를 가장 크게 확신할 수 있는 설계
  - └ 두 번째 기초선 설정 → 윤리적 문제 발생 가능
- BAB 설계(or 선개입 설계) [11. 지방직 추가]
  - ├ 개입 이후에 기초선을 설정하는 설계
  - └ 위기적 상황(or 응급상황)·초기 기초선 측정이 어려운 상황에서 활용
  - 11. 지방직 추가) BAB 설계는 응급상황에 놓여 개입이 우선적으로 필요한 클라이언트에게 개입을 먼저 시작(O)
- ABCD 설계(or 복수요인설계, 다중요소설계)
  - ├ 하나의 기초선에 다수의 각기 다른 개입방법들을 연속적(or 순차적)으로 도입하는 설계
  - └ 순서효과·이월효과·우연한 사건 발생 가능
- 복수기초선 설계(or 다중기초선설계, 중다기초선설계): 동일한 개입방법을 각자 다른 여러 문제· 상황·대상자에게 적용하여 개입의 효과성을 파악하는 설계

▌개입의 평가

── 시각적 유의성(or 시각적 분석) 18. 국가직 : 기초선단계와 개입단계에 그려진 그래프에 나타난 파동,
　　　　　　　　　　　　　　　　　　　　　　수준, 경향의 변화를 통해 개입의 효과를 확인하는 방식

　18. 국가직) 시각적 분석은 기초선단계와 개입단계에 그려진 그래프를 보면서 개입변화 여부를 확인하
　는 방식(O)

── 통계학적 유의성(or 통계학적 분석) 18. 국가직

　├ 평균비교법

　│　├ 기초선 국면과 개입 국면의 평균을 산정하여 비교하여 검토하는 방식

　│　└ 주로 기초선 국면이 안정적일 경우에 사용

　│　18. 국가직) 경향선 접근은 기초선이 안정적일 때 사용(X) → 평균비교

　└ 경향선접근법

　　├ 기초선의 변화의 폭과 기울기로 검토하는 방식

　　└ 주로 기초선 국면이 불안정적일 경우에 사용

　💡 암기팁 　저 사람 매우 불안한(불안정적일 경우) 경향(경향성 접근)이 있어!

── 임상적 유의성(or 실질적 유의성 분석, 임상적 분석): 클라이언트의 문제에 얼마나 의미 있는 변화가 일
　　　　　　　　　　　　　　　　　　　　　　　　　　어났는지에 대한 검토

── 이론적 유의성(or 이론적 분석): 개입의 근거가 되는 이론에서 제시하는 변화의 방향과 일치하는지
　　　　　　　　　　　　　　　　에 대한 검토

THEME 055　표집의 개관　□□□

▌표집(or 표본추출)의 개념

모집단 내에서 모집단을 대표할 표본을 추출하는 과정

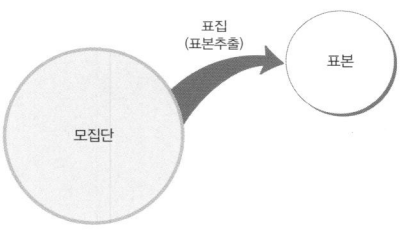

▌표집 관련 주요 용어

── 모집단: 연구자가 관심을 가지고 조사하고자 하는 전체
　　　　　집단 → 모든 분석단위의 집합

── 표집틀(or 표집프레임): 모집단의 명단 → 표본으로 추출된 요소들의 전체 명단

── 표집간격 ┬ 모집단의 크기 ÷ 표본의 크기

　　　　　　└ 체계적 표집(or 계통표집)에서 활용

── 모수(or 모수치, 모치수): 모집단의 속성에 대한 대푯값

── 통계치: 표본의 속성에 대한 대푯값

▌표집절차

| 모집단 확정 | → | 표집틀 선정 | → | 표집방법 결정 | → | 표본의
크기 결정 | → | 표집 |

💡 암기팁 　두문자) 모집단 확정 → 표집틀 선정 → 표집방법 결정 → 표본의 크기 결정 → 표집

▌확률표집 [17·22. 국가직, 13. 지방직]

- 표집 시 무작위방법 사용(O)
  - → 모집단 내의 표집단위 각각이 표본으로 추출 될 확률은 동일, 또한 알려져 있음
- 표본분석결과의 일반화가 가능 → 주로 양적연구에서 사용
- 표본의 대표성(O), 표집오차의 추정 가능
- 표집틀이 있어야 함
- 표본의 크기가 같은 경우 표집오차의 크기: 층화표집 < 단순무작위 표집 < 집락표집
- 22. 국가직) 단순무작위 표집에 비해 층화표집은 표집오류를 줄일 가능성이 큼(O)
- 종류: 단순무작위표집, 계통표집, 층화표집, 집락표집

> **암기팁** 두문자) 무(작위) · 계(통) · 층(화) · 집(락)

▌비확률표집

- 표집 시 무작위방법 사용(X)
  - → 모집단 내의 표집단위 각각이 표본으로 추출될 가능성은 연구자의 주관성 등에 의존
- 표본분석의 일반화가 어려움 → 주로 질적연구에서 사용
- 표집오차 추정이 어려움
- 표집틀이 없는 경우에도 사용 가능
- 종류: 임의표집, 유의표집, 할당표집, 눈덩이표집

> **암기팁** 두문자) 임(의) · 유(의) · 할(당) · 눈(덩이)

- 13. 지방직) 확률표집방법에는 할당표집, 층화표집, 군집표집, 체계표집(X) → 할당표집은 비확률표집
- 17. 국가직) 단순무작위표집, 체계적표집, 집락표집, 할당표집, 층화표집은 확률표집에 해당(X) → 할당표집은 비확률표집

▌단순무작위표집

- 모집단에서 각 표집단위가 표본으로 추출될 확률을 동일하게 하는 표집방법
- 모집단과 표집틀 작성 → 각 요소에 고유번호 부여 → 표본의 크기 결정 → 무작위방법(예 난수표, 제비
  └ 완전한 표집틀 필요
  뽑기 등)으로 정해진 표본의 크기만큼 표집단위 추출

▌체계적표집(or 계통표집) [24. 지방직]

- 첫 번째 표본은 표집틀 내 요소 중 무작위방법을 통해서 표집
  - → 이후 표본은 표집간격에 따라 표집하는 방법
- 표집간격(k) 확정 → 최초의 표본을 무작위로 추출 → 표집간격에 맞추어 매 k번째마다 표본 추출
- 예 인사혁신처에서 공무원시험 합격자 명단 중 수험번호가 가장 앞 쪽인 10명 중 무작위로 첫 번째 요소를 추출한 후, 첫 번째 요소로부터 매 10번째 요소를 추출하여 합격자들의 특성을 파악한 경우

▌층화표집(or 유층표집) 15. 국가직

— 모집단을 어떤 기준에 따른 보다 **동질적인 몇 개의 층**(Strata, or 하위집단)으로 나눈 후
→ 각 층에서 단순무작위 방법을 이용해 표집하는 방법

— 하위집단 내 동질적, 하위집단 간 이질적

15. 국가직) 층화표집 - 성인의 정치의식을 조사하기 위하여 소득을 기준으로 최상, 상, 하, 최하로 구분한 다음, 각각의 계층이 모집단에서 차지하고 있는 비율에 맞추어 1,000명의 표본을 4개의 소득계층별로 무작위 표집(O)

— 종류

   — 비례층화표집: 모집단에서 각층이 차지하는 비율에 따라 각 층별 표본의 크기를 정해 표집하는 방법

   — 비비례층화표집(or 가중표집, 불비례층화표집): 모집단에서 각층이 차지하는 비율과는 상관없이 동일한 표본의 크기를 정하여 표집하는 방법

   — 최적분할 비비례층화표집: 층의 크기가 매우 작은 경우 동질적인 층에서는 비교적 적은 수의 표본을, 다소 이질적인 층에서는 보다 많은 수의 표본을 선정하는 방법

▌집락(Cluster)표집(or 군집표집) 21. 국가직

— 모집단을 이질적인 요소를 포함하는 몇 개의 집락으로 나눈 후 → 집락을 표집단위로 하여 단순무작위로 몇 개의 집락을 표집한 후 → 최종적으로 표집된 집락에 대해 그 요소를 전수조사하는 방법

— 하위집단 내 이질적, 하위집단 간 동질적

— 대규모 조사에서 활용

21. 국가직) 집락표집법은 모집단에서 다수의 하위집단을 먼저 무작위 추출한 뒤, 하위집단별로 최종 자료수집의 표본 단위를 무작위로 추출하는 것(O)

THEME 058 **비확률표집의 종류** ☐☐☐

▌임의표집(or 편의표집, 우발적표집, 가용표집)

— 표집의 편리성, 즉 조사 시간·편의성·경제성만을 염두
→ 정해진 표본의 크기의 범위 내에서 연구자가 작위적으로 표집하는 방법

— 주로 **탐색적 조사, 설문지의 사전검사, 질적조사**에서만 부분적으로 활용

— 예 시민들의 사회복지 관련 인식도를 조사하기 위해서 길거리에서 아무나 붙잡고 인터뷰하는 경우

▌유의표집(or 의도적표집, 판단표집, 목적표집)

— 연구자가 **조사목적에 부합되는 대상**을 주관적으로 판단하여 작위적으로 표집하는 방법

— 예 국민기초생활보장 제도의 개선과 관련된 의견을 조사하기 위해서 해당 분야의 전문가인 사회복지학과 교수를 대상으로 인터뷰하는 경우

▌할당표집 24. 지방직

— 층화표집에서 무작위가 아닌 작위적(or 임의적) 방법으로 표집하는 방법

— 예 초·중·고등학생의 행복도를 조사하기 위해 모집단에서 차지하는 비율에 맞춰 조사대상자를 작위적으로 표집하는 경우

▌눈덩이표집(or 누적표집) 24. 지방직

— 연구자가 **모집단을 잘 모르거나 조사대상자가 눈에 띄지 않았을 때**에 활용하는 표집방법

— 조사 과정 중에 최초 표본과의 라포를 통한 제보나 소개를 통해 **표본의 크기를 점차 늘려 나가는 방법**

▌전체오차 = 표집오차 + 비표집오차

▌표집오차(or 표본오차) = 통계치 - 모수치

- 표집과정에서 발생하는 오차
- 표본조사에서만 발생 ∵ 전수조사에서는 발생(X)
- 확률표집에서만 추정이 가능

▌비표집오차

- 표집과정 이외의 과정에서 발생하는 오차(예 조사설계 상의 오류, 무응답, 연구자의 착오나 편견 등)
- 표본조사와 전수조사에서 모두 발생

▌표본의 크기와의 관계

다른 조건이 모두 일정하다고 가정할 때

- 표본의 크기가 커지면(↑) → 표집오차는 감소(↓), but 비표집오차는 증가(↑)
- 표본의 크기가 작아지면(↓) → 표집오차는 증가(↑), but 비표집오차는 감소(↓)

▌1차 자료

- 연구자가 조사 목적을 달성하기 위해서 **직접 수집한 자료[or 원자료(Raw Data)]**
- 설문지를 기초로 한 우편조사, 면접조사, 전화조사, 관찰 등의 방법으로 수집

▌2차 자료

- 현재의 조사목적에 도움을 받을 목적으로 수집한 **1차 자료를 제외한 기존의 모든 자료**
- 주로 **정부나 공공기관 or 산하연구기관들에서 제공하는 통계자료**

▌개념 [12. 국가직]

- 주로 현상의 기술(Description)을 목적 → 모집단의 속성을 파악하기 위해서 모집단에서 모집단을 대표할 수 있는 표본을 표집하여 이들을 대상으로 문서화된 설문지를 통해 설문조사를 하는 방법
- 주로 **확률표집을 사용**

12. 국가직) 델파이 기법은 지역사회의 잠재적 서비스 대상자들에 대해 확률표집을 적용한 설문 자료를 수집(X) → 서베이

- 조사 결과를 일반화시키는 유용 → 높은 외적타당도
  - 인과관계를 규명 어려움 → 낮은 내적타당도
- 종류: 우편조사, 온라인조사(or 인터넷조사), 면접조사, 전화조사 등

▌기입주체에 따른 유형

┌ 자기 기입식 ┬ 조사 시 응답자가 직접 질문에 응답하여 기록
│　　　　　　└ 우편조사, 온라인조사(or 인터넷조사) 등
└ 조사자 기입식 ┬ 조사 시 조사자가 응답자에게 질문 → 해당 응답을 조사자가 기록
　　　　　　　　└ 면접조사, 전화조사 등

▌우편조사 　[10. 지방직]

┌ 조사자가 응답자에게 설문지를 우편으로 발송 → 응답자가 이를 완성하여 조사자에게 다시 반송하게
│ 하여 회수하는 방법
└ 장단점

장점	단점
• 대면면접 조사에 비해 **비용 절약** • 응답자가 편리할 때 응답 가능 　→ 응답자의 편의 보장 • 응답자의 **익명성** 　보장에 유리	• **낮은 응답률과 회수율** • **대리응답** 가능 • 오기(誤記)나 불기(不記) 발생

키워드 ❖ 익명성
1. 사회복지조사 윤리
2. 우편조사
3. 델파이기법

10. 지방직) 우편설문 방법은 민감한 질문에 대한 익명성 보장에 유리(O)

▌면접조사(or 대면면접조사, 대인면접)

┌ 조사자가 응답자를 대면하여 구두로 질문 → 응답자가 응답하면 이를 조사자가 기록하는 방법
└ 구조화에 따른 종류
　┌ 구조화(or 표준화) 면접: 질문의 내용, 순서 등이 **구체적으로 규정된 면접표**에 따라 면접을 진행하
　│ 　　　　　　　　　　　　는 방식
　├ 비구조화(or 비표준화) 면접: 구체적인 **면접표 없이** 면접 시 조사자가 상황에 맞게 질문하고 응답
　│ 　　　　　　　　　　　　　자가 이에 응답하게 하는 방식
　└ 반구조화(or 반표준화) 면접: 구조화 면접 + 비구조화 면접

└ 장단점

장점	단점
• 재질문이나 추가질문 가능 • 설문조사 중 가장 높은 응답률 • 면접상황에 대한 통제 가능 • 비언어적 행위 등 보충적인 정보 수집 가능 　└ 어린이나 노인 등 의사소통이 어려운 대상에게 적절	• 높은 1인당 비용 • 익명성 보장의 어려움 　→ 개인의 민감한 문제를 다루는 데 불리

▌전화조사

┌ 조사자가 응답자에게 전화하여 질문 → 응답자가 응답하면 이를 조사자가 기록하는 방법
└ 장단점

장점	단점
• 신속한 조사 가능 • 용이한 접근성 • 익명성 보장 가능	• 응답자의 응답동기가 약할 경우 → 응답 거부 • 전화기를 사용하는 사람들만을 조사 대상 　→ 표본의 대표성 문제 발생

▌온라인조사(or 인터넷조사)

┌ 인터넷과 같은 컴퓨터 네트워크를 매체로 활용해서 자료를 수집하는 방법
└ 장단점

장점	단점
• 조사의 시간과 공간에 대한 제약이 적음 • **전자메일을 통한 후속 독촉 용이**	인터넷을 사용하는 사람만을 조사 대상 → 표본의 대표성 문제 발생

▌심층규명(Probing, or 심층탐구) [10. 지방직]

─ 면접 중 응답자의 응답이 완전하지 않거나 불명확할 때에 다시 질문하는 것

─ 조사자가 응답자에 보다 많은 정보를 획득하기 위해 사용

─ 덜 구조화된 대면 면접이나 질적조사에서 많이 활용

10. 지방직) 대면 면접 방법은 심층탐구(probing)를 수행하는데 유리(O)

▌투사법(Projective Techniques)

비구조화된 애매한 자극물을 응답자에게 제시한 후 그 반응을 분석 → 응답자 스스로도 잘 인식하지 못 하는 개인적인 욕구, 감정, 동기, 가치관 등이 밖으로 표출될 수 있도록 유도하는 심리학적 기법

▌지역사회 서베이 [22. 국가직]

지역사회 주민들 중 표본을 추출하여 설문조사(예 대면면접, 우편, 전화, 인터넷 등)를 통해 욕구를 조사하는 방법

▌델파이기법(Delphi Technique) [11·12·22. 국가직, 10·14·15. 지방직, 11. 지방직 추가, 13. 서울시]

→ 참여자들의 직접적 대면관계(X) → 익명성 보장에 유리

─ 전문적인 주요 주제에 관한 설문을 작성 → 우편(or 전자메일)을 통해 전문가들(or 전문가 집단)에게
발송 → 설문 회수 후 합의되지 않은 부분 발생 시 첫 설문의 결과가 포함된 두 번째 설문을 작성하여
전문가들에게 우편을 통해 재발송 → 전문가들의 합의(or 의견일치)에 이를 때까지 반복적으로 실시

─ 용도 ┬ 집단적 의사결정 기법

       ├ 지역사회 욕구조사 방법

       └ 미래예측 방법: 정책대안의 예측도구로 사용

11. 국가직) 델파이기법은 불명확한 미래 사건에 대한 예측도구로서는 유용성이 낮음(X) → 높음

▌명목집단기법(NGT, 소집단 투표의사결정방법) [18. 국가직, 13. 서울시]

─ 집단성원들로 하여금 각자 자신들의 의견을 서면으로 작성하여 제출 → 집단성원 전체 의견을 기록 및
게시 → 제시된 의견을 집단 내에서 다시 투표로 최종 결정하는 방법

─ 용도 ┬ 집단적 의사결정 방법   └ 집단 성원 간에 일체의 토론과 같은 의사소통

       └ 지역사회 욕구조사 방법   (or 상호작용)을 제한 → 소수의 지배 통제 가능

▌초점집단기법(FGI) [18·22. 국가직, 15. 지방직, 11. 지방직 추가]

─ 지역사회의 문제와 관련된 정보를 제공할 수 있는 초점집단을 12~15명 정도의 인원으로 구성 → 이
들을 한자리에 모아 조사자가 주제를 제시한 후, 약 2시간 전후로 자유로운 대면(Face to Face) 의사
소통(or 상호작용) 유도 → 이 과정에서 조사자의 주관적인 판단에 근거하여 욕구를 조사하는 질적자
료수집 방법   └ 명목집단기법과의 차이점

─ 비구조적 성격 → 응답자 통제 및 자료의 분석과 해석이 어려움

─ 소수의 인원만을 대상 → 일반화하기 어려움 ∴ 낮은 외적타당도

15. 지방직) 초점집단 인터뷰는 집단구성원 간의 활발한 토의와 상호작용을 의도적으로 강조(O)

15. 지방직) 초점집단 인터뷰는 조사결과의 외적 타당도가 높음(X) → 낮음

▌지역사회공개토론회(or 공청회, 포럼)

— 주민들을 한 자리에 참여시킨 후 → 소수의 전문가인 발표자가 화제를 제시 → 주민들이 청중이 되어
  토론에 참석하는 방법
— 시간과 비용 측면에서 효율적 → 높은 실행가능성
— 광범위한 계층 및 집단의 의견과 태도를 자유롭게 청취 가능
— 소수의 인원만 참여할 경우 → 표본편의현상 발생 → 표본의 대표성 저하

▌주요 정보제공자 조사

유의표집으로 주요 정보제공자(예 공무원, 조직의 서비스 제공자 등) 선정 → 그들의 의견을 직접 청취하
거나 자문을 구해 욕구를 조사하는 방법

▌사회지표분석(or 조사) 〔22. 국가직, 11. 지방직 추가〕

공신력 있는 정부기관이나 연구기관을 통해 발표된 기존 통계자료(예 빈곤률, 실업률, 주택보급률 등)를 활
용하여 지역사회욕구를 파악하는 방법

▌행정자료조사(or 2차적 자료분석)

지역사회 내 사회복지기관, 협회, 연구소 등의 조직에서 **조직의 행정과정 중 생산된 자료**[예 서비스 대기
자 명단, 서비스 이용 현황, 서비스 만족도 현황, 백서(白書) 등]를 수집 및 분석하여 지역사회욕구를 파악
하는 방법

THEME 065 평가조사 □□□

▌평가조사의 목적 〔10. 국가직〕

— 프로그램 과정상 환류 → 프로그램의 지속여부 등을 판단
— 사회복지조직의 대사회적인 책임성 이행
— 사회복지실천 관련 이론형성에 기여
— 프로그램 진행과정 및 서비스 전달체계의 개선
— 프로그램 계획이나 운영에 필요한 정보 제공
— 합리적인 자원배분: 평가 결과에 따라 차등적인 방법으로 자원을 할당

10. 국가직) 사회복지 평가의 목적 – 역기능적 상호작용 수정(X)

▌평가주체에 따른 분류

— 자체평가: 프로그램 운영 담당자가 자신이 제공한 프로그램을 스스로 평가
— 내부평가: 프로그램 운영 담당자가 속한 조직의 내부자에 의해 이루어지는 평가
— 외부평가: 프로그램을 제공한 조직 밖의 외부자에 의해 이루어지는 평가

▌의미

인간의 감각기관을 이용하여 조사대상자의 언어적 or 비언어적 행동 등에 대해 관찰하여 자료를 수집하는 귀납적인 방법

▌장점 `09·10. 지방직, 18. 서울시`

— 질문을 통해 자기보고가 어려운 조사대상자(예 노인, 장애인, 아동 등)를 대상으로 하는 조사에 적합

  18. 서울시) 관찰조사법은 대상자에게 질문을 통해 자료를 얻을 수 없을 때 가능(O)

— 조사대상자의 무의식적인 행동도 조사 가능

— 조사대상자가 조사에 비협조적이거나 면접을 거부하는 경우에 효과적

— 조사대상자의 비언어적인 행동에 관한 자료수집이 용이

— 장기간의 종단분석이 가능

— 조사환경의 인위성 감소 가능

— 조사대상자의 행동에 대해 현장에서 즉각적인 자료수집이 가능

  18. 서울시) 관찰조사법은 대상자의 행동을 현장에서 직접 포착할 수 있음(O)

— 응답과정 중에 발생할 수 있는 오류를 줄일 수 있음

— 질적연구나 탐색적 조사에 활용 가능

▌단점

— 관찰자의 주관이나 편견의 개입 가능성

— 외생변수를 거의 통제하기 어려움

— 표본의 크기 제한

— 조사대상자의 익명성 보장이 어려움

  → 관찰을 꺼리는 사회적 행동(예 범죄행위, 매춘, 부부관계 등)에 대해서는 적용이 어려움

— 시간, 비용, 노력이 많이 소요

▌내용분석법

조사 대상	인간의 모든 의사소통 기록물(예 신문, 잡지, 도서, 연설, 논문, 일기, 영상, 방송 등)에
조사 목적	담긴 표면적인 내용(or 드러난·현재적 내용)뿐만 아니라 숨은 내용(or 잠재적 내용)을 '양적자료'로 전환하기 위해
조사 방법	이를 객관적·체계적·수량적으로 분석하는 간접적·비관여적인 조사방법

▌2차 자료분석법 `12. 국가직`

2차 자료를 이용하여 조사문제의 검증에 활용하는 조사방법

  └→ 정부나 공공기관 or 산하연구기관들에서 제공하는 공인된 통계자료

12. 국가직) 델파이 기법은 기존의 공인된 이차적 자료들의 소재를 파악하고, 접근성을 확보한 후 자료를 수집(X) → 2차 자료분석법

양적연구와 질적연구의 비교 ★★★

23. 국가직, 18. 지방직

기준	양적연구	질적연구
이론적 배경	(논리)실증주의	해석주의 18. 지방직) 질적연구는 과학적 실증주의를 기반(X) → 해석주의
조사체계	제한된 체계	개방적인 체계
세계관	객관성	주관성
조사자의 관점	외부자적 관점(Etic): 조사자와 조사대상을 분리시킴	내부자적 관점(Emic): 조사자와 조사대상은 상호작용하는 존재
조사의 목적	• 일반화 • 인과관계 규명(or **가설의 계량적 검증**) 18. 지방직) 질적연구는 인과관계의 법칙과 작용을 밝혀내며 가치 중립적(X) → 양적연구	• 현상의 탐색, 발견, 해석 • 새로운 이론의 창출
표본의 크기	일반화가 조사의 목적이기 때문에 질적조사에 비해 상대적으로 큼	양적조사에 비해 상대적으로 작음
조사자의 자질	조사자의 자질보다 조사 과정이 중요	중요
신뢰도와 타당도	일반적으로 신뢰도가 더 높음	일반적으로 타당도가 더 높음
다른 연구자에 의한 재연 가능성	높음	낮음
조사사와 조사대상의 교체	조사 중 조사자와 조사대상의 교체가 가능하다고 인식	• 조사자 자신이 조사의 도구 → **조사도구로서 조사자가 가진 자질이 중요** • 조사 중 조사자와 조사대상의 교체가 어렵다고 인식
초기 분석틀(or 조사절차)의 변경 여부	어려움(or 경직)	가능함(or 유동)
평가 시 활용	정량적 평가	정성적 평가
조사자의 가치 반영	가치중립적	가치지향적
방법론	**연역적 방법**을 주로 사용	**귀납적 방법**을 주로 사용 18. 지방직) 질적연구는 귀납적 논리방법 대부분 사용(O)
주요 자료수집 방법	**실험, 구조화 면접 및 관찰** 등	**참여관찰, 심층면접, 사례연구, 초점집단면접, 생활사 조사, 현장연 구조사, 개방형 질문, 비구조화 면접** 등
자료수집과 자료분석 단계의 구분	명확한 구분	비교적 명확하지 않은 구분
주요 조사방법	실험설계, 서베이 등	문화기술지, 내러티브 연구, 사례연구, 현상학, 근거이론 등

참여관찰법

┌ 연구자가 조사대상이 속한 집단의 구성원이 되어 그들과 함께 생활하거나 or 활동하면서 관찰하는
│ 방법
└ 유형

완전 참여자	연구자가 자신의 신분 공개(X), 활동 참여(O)
완전 관찰자	연구자가 자신의 신분 공개(X), 활동 참여(X) only 관찰(O)
관찰자적 참여자	연구자가 자신의 신분 공개(O), 활동 참여(O)
참여자적 관찰자	연구자가 자신의 신분 공개(O), 활동 참여(X) only 관찰(O)

심층면접법(or 질적면접법)

조사대상의 언어적인 표현뿐만 아니라 몸짓이나 표정 등의 비언어적 반응까지 관찰하는 면접법

생활사조사(or 생애사조사)

개인적 기록물(예 편지, 일기, 자필자전(自筆自傳), 전기 등)을 수집 및 분석 → 한 개인 삶의 역사를 분석하는 방법

참여행동조사(or 실행조사)

조사보다는 조사대상자가 경험하고 있는 문제해결에 초점을 둔 실천지향적인 조사방법

문화기술지[or 민족지학(民族誌學)]

동일한 문화를 공유하는 집단을 대상으로 하여 그 집단이 공유하는 가치·행동·언어·상호작용 등 문화의 유형을 해석 → 특정 문화를 이해하기 위한 질적연구방법

내러티브연구(or 서사학)

개인의 인생경험에 내재되어 있는 이야기인 내러티브를 조사 → 인간의 주관적인 경험을 이해하고자 하는 질적연구방법

사례조사

특정 사례에 대한 장기간에 걸친 깊이 있는 탐색을 통해 → 이론을 확장 및 일반화시키고자 하는 질적연구방법

현상학

인간의 주관적인 경험을 있는 그대로 관찰하고 그 구성요소를 파악하여 → 경험의 본질과 의미를 탐구하는 질적연구방법

근거이론 [12. 지방직 추가]

개인들로부터 수집한 자료를 가공하여 상호 관련된 범주를 설정하고 이를 통해 → 인간과 사건 및 현상에 대한 새로운 이론을 창출하는 것을 목적으로 하는 질적연구방법

12. 지방직 추가) 근거이론은 자료에서 이론을 도출하는 데 주된 초점을 둠(O)

해커스공무원 학원·인강
gosi.Hackers.com

제3부
사회복지방법

THEME 071 | 사회복지실천의 개념, 목적, 기능 □□□

▍사회복지실천의 개념

> 누가 ― 사회복지사

> 누구에게 ― 클라이언트, 즉 개인·가족·집단·지역사회의 역량을 강화하고,

  ― 사회복지 관련 조직, 지역사회, 그리고 사회제도가 개인의 욕구와 사회문제에 대한 책임성을 증진하도록

> 무엇을 가지고 ― 사회복지실천 이념과 가치, 관점, 방법론을 적용하는

  ― 일련의 **전문적 활동**

▍목적

― 전미사회복지사협회(NASW, 2017년)
  ├ 모든 개인의 복지를 향상시키고 기본적인 인간의 욕구를 충족시키며 그들에게 권한을 부여하는 것
  └ 이를 위해 사회복지는 **이중적 초점**, 즉 개인과 사회환경에 초점을 갖는 통합적 특성을 가짐
― 핀커스와 미나한(Pincus & Minahan, 1973년) → 궁극적: 인간의 삶의 질 향상 [10. 국가직]
  ├ 개인의 문제 해결 및 대처능력 향상
  ├ 개인을 사회적 자원과 서비스 및 기회를 제공하는 체계들과 연결시키며, 이러한 체계들의 효과적·효율적이며 인도적인 운영을 장려하고 촉진
  └ 사회정책의 개발과 개선에 공헌(or 기여)

▍기능[전미사회복지사협회(NASW, 1981년)]

― 개인의 자신감을 높여주고, 문제해결 및 대처능력을 향상시키도록 원조
― 개인이 자원을 획득하도록 원조
― **조직이 개인의 요구에 반응(or 부응)하도록 원조**
― 개인과 환경 내의 다른 사람 및 조직과의 상호관계 촉진
― 조직과 제도 간의 상호관계에 영향력 행사
― 사회정책과 환경정책에 영향력 행사

▌ct와의 대면적인 접촉 유무에 따른 분류 [24. 국가직, 20. 지방직, 18. 서울시]

- 직접적 실천(or 직접적 개입)
  - ct와의 대면적인 접촉을 통해 개입하는 것
  - 형태: 상담, 방문, 정보 제공, 교육 및 훈련, 서비스 및 프로그램(예 인지행동모델, 심리사회모델 등) 제공 등
- 간접적 실천(or 간접적 개입)
  - ct가 속한 환경에 개입하는 것 → 사회적 지지체계의 개발
  - 형태: 공청회 개최, 홍보, 제안서 신청, 모집, 모금, 자원개발, 서비스 조정 및 연계, 정책 개발, 서비스 및 프로그램 개발, 옹호, 조직화 등
    - └→ cf 서비스 및 프로그램 제공은 직접적 실천

▌ 사회복지사가 개입하는 ct체계의 수준에 따른 분류

- 미시적(Micro) 수준
  - 주로 개인이나 가족체계에 대한 개입 ∴ 직접적 실천에 해당
  - 형태: 방문, 상담, 치료 프로그램 제공, 교육 및 훈련, 구체적인 자원제공 등
- 중범위적(Mezzo, or 중시적) 수준
  - 미시와 거시의 중간수준, 주로 집단이나 조직 수준에 대한 개입
  - 형태: 자조집단 및 치료집단의 운영 등
- 거시적(Macro) 수준
  - 주로 ct의 삶에 영향을 미치는 지역사회 or 국가 복지체계를 대상으로 한 개입
  - 형태: 사회정책의 대안 개발·분석·평가, 자원 개발 및 관리, 모금, 행사, 서비스 조정, 서비스 및 프로그램 개발 등

인도주의[or 박애(博愛)사상]

→ 인간(人)으로서 마땅히 가야할 길(道)

- 부자는 빈자를 도와야만 한다는 당위성 제시 → 부자의 사회적 책임 강조
- 자선조직협회(COS) 우애방문단의 주요 이념

사회진화론(社會進化論, Social Darwinism, or 사회적 다윈주의) [12. 국가직]

- 생물학적 적자생존(適者生存)의 원리를 사회에 적용
  - 부자(사회적합계층)는 빈자(or 부적합계층)에 비해 우월
  - **→ 부자는 살아남는 반면 게으르고 비도덕적인 빈자는 스스로 소멸**
  - 부자에 의한 빈자의 통제 당위성 ∴ 사회통제적 성격
- 인도주의와 결합 → 빈자를 '도울 가치가 있는 빈자(Deserving Poor)'와 '도울 가치가 없는 빈자(Non-Deserving Poor)'로 구분 → '도울 가치가 있는 빈자'에 대해서만 원조
- 자선조직협회(COS) 우애방문단의 주요 이념

개인주의(個人主義) [16. 국가직]

- 타인의 권리와 사회적 가치를 침해하지만 않는다면 개인은 자신이 가진 자유를 통해 자신과 관련된 이익을 극대화시키는 것이 바람직
- 사회복지실천과 관련해서 **개별화와 수혜자격 축소에 영향**

이타주의[利他主義, or 애타주의(愛他主義)]

- 사회복지실천의 근본적 이념
- 인간 행위의 목적은 자신의 희생을 통해 타인의 이익이나 행복을 추구하는 것
  → 타인을 위해 봉사하는 정신으로 실천

민주주의(民主主義)

- 사회적 의사결정 권한은 이해 당사자 모두의 보편적 권리임을 주장
- 사회복지실천과 관련해서 **사회정책 결정 시 빈자의 참여권을 강조**
  → 빈자와 관련된 사회적 의사결정에서 부자만이 아닌 빈자의 의사 역시 포함되어야 함을 주장
  - 영향 ─ 서비스 제공자와 소비자의 동등한 관계 형성
    - 수혜자의 자기결정권 의식 향상
      → 주는 자 중심에서 받는 자 중심의 서비스로 전환하는 데에 기여
    - 사회개혁과 시민의식 확산
- 인보관운동의 주요 이념

다양화(多樣化) 경향

- 사회적 의사결정이 다양하고 독립적인 가치를 지닌 이익집단들 간의 다양한 상호작용에 의해 이루어진다고 보는 것
- 사회복지실천과 관련해서 sw로 하여금 다양한 실천 대상·문제·문제해결 방법 등을 수용(or 인정)하는 데 영향

다문화주의(Multi-Culturalism)

- 문화상대주의에 기반한 사상·정책·운동
- 상호 이질적인 문화를 단일의 문화로 동화시키지 않고 한 사회 내에 공존시켜 상호 승인하고 존중하는 것
- 예 결혼이주민, 이주노동자, 새터민 등에 대한 다문화 정책 등

문화적 다양성(Cultural Diversity)

- 다양한 문화의 공존을 지향하는 점에서는 다문화주의와 같지만, 이를 '**개인이나 소수자의 문화적 권리**'라는 인권 측면으로 확대
- 다양한 문화가 동화되거나 약소 문화가 존중·보호받지 못하는 것을 경계하는 '문화주권'을 강조

1900~1920년대 사회복지실천의 전문화기	1920~1950년대 사회복지실천의 전문적 분화기	1950~1970년대 사회복지실천 방법의 통합기

전문화를 위한 노력

- 전문적 교육체계 등장: 1898년 여름자선학교
  → 1904년 뉴욕자선학교
- 유급 우애방문자 등장
- 우애방문자 관리원 고용 → 우애방문자 교육
  └→ 슈퍼바이저의 기원
- 1915년 플렉스너(A. Flexner)의 비판: 사회복지직의
  비전문성 지적 └→ 사회복지전문직에 대한 도전
- 1917년 메리 리치몬드(M. Richimond)의 『사회진단』
  출간

21. 국가직) 미국에서 사회사업은 19세기 전반부터
전문직화되는 경향(X) → 20세기

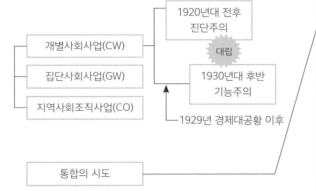

개별사회사업(CW)

집단사회사업(GW)

지역사회조직사업(CO)

1920년대 전후
진단주의

대립

1930년대 후반
기능주의

1929년 경제대공황 이후

통합의 시도

1929년 밀포드 회의: 개별사회사업의 통합과 공통적
인 지식과 기술의 기반 마련을 위
한 논의

통합

1957년 펄만(Perlman) 문제해결모델

1970년대
통합모델들이
본격적으로
등장

- 1970년 저매인과 기터만(Germain & Gitterman)의 생활모델
- 1973년 핀커스와 미나한(Pincus & Minahan)의 4체계 모델
- 1973년 골드스타인(Goldstein)의 단일화 모델
- 1975년 콤튼과 갤러웨이(Compton & Galaway)의 6체계 모델
  (or 문제해결과정모델)

1957년 그린우드(Greenwood)의 선포

- 기술통합: CW + GW + CO
- 1955년 전미사회복지사협회가 단일 전문직 단체로 출범

1920~1950년대 개별사회사업(Case Work)의 분화

진단주의와 기능주의로 나뉘어져서 발전

진단주의	구분	기능주의
1920년대 전후	등장	1930년대 후반(1929년 경제대공황 이후)
• 프로이트의 정신분석이론(의료모델) • 질병의 심리학	이론적 배경	성장의 심리학(생활모델)
• 병리적, 소극적, 수동적, 질병적, 기계론적 • 심리(or 정신)결정론	인간관	낙관적, 성장 잠재력을 가진 인간 → 인간의 창조성(or 성장가능성)과 자유의지 강조
• 자아의 기능 회복 및 강화 • 환경에 대한 적응력 강화	개입의 목표	ct 스스로 자신의 자아를 회복하도록 원조
치료자로서 sw의 역할 강조	개입시 주체	ct
• '진단과 치료'의 과정 중시 • ct의 생활력(Life History) 중시	특징	• 시간 제한적·과제중심적인 단기개입선호 • 사회사업기관의 기능과 서비스를 최대한 활용하여 ct의 문제를 해결하는 것을 선호 • sw와 ct의 수평적(or 파트너) 관계 중시
리치몬드(M. Richmond)와 홀리스(F. Hollis)의 「심리사회모델」의 개발과 발전에 영향	발전	펄만(H. Perlman)의 '문제해결모델', 로저스(C. Rogers)의 '클라이언트중심모델' 등으로 발전

1929년 밀포드(Milford) 회의

최초로 개별사회사업의 통합과 공통적인 지식과 기술의 기반 마련을 위한 논의
→ 개별사회사업의 공통요소가 정리되어 발표

1957년 그린우드(Greenwood)의 선포

- 「전문직의 속성(Attributes of a Profession)」에서 전문직의 속성을 5가지로 규정
- '사회복지직은 이미 전문직'이며, 계속적으로 전문직화를 추구해 나가는 과정 속에 있다고 선포

> **PLUS+** 그린우드가 제시한 전문직의 5가지 속성
>
> 1. 체계적인 이론
> 2. 전문적 권위와 신뢰
> 3. 사회적 인가(or 승인)
> 4. 윤리강령
> 5. 전문직의 교유문화

▋사회복지사 자격제도의 연혁

— 1970년 「사회복지사업법」에서 '사회복지사업종사자격'제도 도입
— 1983년 「사회복지사업법」 개정으로 사회복지사자격제도 신설, 자격등급 1·2·3등급 〔09. 지방직〕
— 1997년 「사회복지사업법」 개정으로 사회복지사1급 국가시험제도 도입
　　→ 2003년 제1회 사회복지사1급 국가시험 실시 〔14. 국가직〕

▋현행 사회복지사 자격제도(「사회복지사업법」 제11조) 〔14·20. 국가직〕

— 보건복지부장관, 사회복지에 관한 전문지식과 기술을 가진 사람에게 자격증 발급
— 등급: 1급·2급
　　└→ 2017년 10월 「사회복지사업법」 개정으로 2018년 4월부터 3급 자격증 폐지
— 사회복지사 1급 자격: 국가시험에 합격한 사람에게 부여
— 전문사회복지사
　　└→ 2018년 12월 「사회복지사업법」 개정으로 2020년 12월부터 시행
　├ 분류 ┬ 정신건강사회복지사
　│　　　├ 학교사회복지사
　│　　　└ 의료사회복지사 ❶주의 20. 국가직) 교정사회복지사(X)
　└ 부여 조건: 1급 사회복지사 자격 + 보건복지부령으로 정하는 수련기관에서 수련

PLUS⁺ 정신건강사회복지사의 연혁

1. 1995년 「정신보건법」 제정
　　→ 정신보건전문요원으로서 정신보건임상심리사, 정신보건간호사, 정신보건사회복지사 규정
2. 1997년 정신보건사회복지사 자격 제도 신설 〔14. 국가직〕
　　14. 국가직) 1990년대 정신보건전문요원으로서 정신보건사회복지사 자격제도를 도입(O)
3. 2016년 「정신보건법」이 「정신건강증진 및 정신질환자 복지서비스 지원에 관한 법률」로 변경
　　→ 2017년부터 기존 '정신보건사회복지사' 대신 '정신건강사회복지사'로 그 명칭 변경

PLUS⁺ 현행 「정신건강증진 및 정신질환자 복지서비스 지원에 관한 법률」

1. 보건복지부장관, 보건복지부령으로 정하는 수련기관에서 수련을 받은 사람에게 정신건강전문요원
　 의 자격 발급

2. 정신건강사회복지사의 자격등급 〔14. 국가직〕 ┬ 1등급
　　　　　　　　　　　　　　　　　　　　　　　　└ 2등급: 사회복지사 1급 자격 + 1년 이상 수련

가치(Value)　[24. 국가직]

― 개인적인 신념 or 믿음
　└→ 사회복지전문직의 가치는 sw의 올바른 판단과 결정을 위한 방향성을 제시하는 **믿음체계**
― 일반적으로 "좋다·싫다, 바람직하다·나쁘다."로 표현
― 사회복지실천의 3대 축(지식, 기술, 가치) 중의 하나

사회복지실천의 본질적 가치

인간의 존엄성, 사회적 배분정의

사회복지전문직의 가치(Levy)

― 사람우선 가치(인간에 대해 선호하는 믿음): 인간의 존엄성, 건설적 변화에 대한 능력과 열망, 상호 책임
　　　　　　　　　　　　　　　　　성, 소속의 욕구, 인간의 공통되지만 독특한 욕구
― 결과우선 가치(인간에 대해 선호하는 결과): 기회의 제공, 사회적 책임(**에** 인간의 욕구 충족, 사회적 문
　　　　　　　　　　　　　　　　　제 해결 등)
― 수단우선 가치(인간을 다루는 데 있어서 선호하는 수단): 존엄과 존중으로, 자기결정권 존중, 사회변화
　　　　　　　　　　　　　　　　　에 참여, 개별화

> 💡 **암기팁**　항상 애비(Levy, 레비)가 우선! – 사(람) · 결(과) · 수(단)

사회복지의 기본 가치(Friedlander)　[16. 국가직]

― 개인 존중의 원리(or 인간의 존엄성, 인간존중): 모든 사람은 인간으로서의 가치·품위·존엄을 소유
　├ 개인은 그 이용가치와는 상관없이 존중되어야 함 → 인간으로서의 존엄과 기회의 균등을 보장
　└ 공평하고 동등한 대우 보장
― 자발성 존중의 원리(or 자기결정 원칙): 모든 사람은 타인의 권리를 침해하지 않는 한 자신과 관련된 것
　　　　　　　　　　　　　　　을 스스로 결정할 자유를 가짐
― 기회균등의 원리: 사회는 여러 계층에 속한 개인들에게 아무런 차별 없이 균등한 기회를 제공해야 함
― 사회적 책임성 원리(or 사회연대의 원리, 상부상조의 원리): 현대사회에서 인간이 겪는 고통과 괴로움
　　　　　　　　　　　　　　　은 한 개인의 책임으로만 돌릴 수 없는 것
　　　　　　　　　　　　　　　으로 이에 대해 연대적인(or 상호적인) 책
　　　　　　　　　　　　　　　임, 공동의 과제로 임해야 함

> 💡 **암기팁**　프(리드랜더)촌(중)자(기결정)균(등)책(임성)!

윤리(Ethics)　[24. 국가직]

― 사회복지 전문가 집단의 '일반화된 가치'
― 윤리적 기준의 판별에 따라 '옳다' or '그르
　다'로 표현
― 전문적 실천활동(or 행동)의 도덕적 지침으
　로 **행동을 규제하는 기준이나 원칙을 포함**

▌가치갈등 [15. 국가직, 21. 지방직]

- 가치상충
  - sw 자신이 지닌 **2개 이상의 경쟁적인 가치**와 직면했을 때 발생하는 가치갈등
  - 예 자살을 계획하며 sw에게 이를 고백한 ct에 대해 생명보호, 자기결정권 중 어느 가치를 우선해야 할지 갈등
- 의무상충(or 충성심과 역할 상충)
  - sw 자신이 속한 기관의 정책을 준수할 의무와 ct의 기대에 대한 의무 간의 상충으로 인한 가치갈등
  - 예 기관에서 정한 수급자격이 되지 못하는 ct가 찾아와 수급품을 요구할 때 양자에 대한 의무로 인해 갈등
- 클라이언트체계의 다중성(or 다중 클라이언트체계의 문제)
  - "누가 클라이언트인가?", "누구의 이익이 최우선인가?", "어떤 문제에 우선성이 있는가?", "개입의 초점은 무엇인가?"에 대한 혼란으로 발생하는 가치갈등
  - 예 종합사회복지관에 근무하는 사회복지사 A는 방과 후 프로그램을 이용하는 아동 B의 결석이 잦아 이 문제에 대한 상담을 위해 가정방문을 실시, A는 가정방문을 통해 아동 B의 실직한 아버지와 도박중독인 어머니, 그리고 치매 증상을 보이는 할아버지를 만남. A는 이러한 상황 속에서 어떠한 문제에 먼저 개입해야 할지 결정하기가 쉽지 않은 상황에 직면
- 결과의 모호성
  - 미래를 알 수 없는 sw가 ct를 대신해서 결정을 내려야 하는 상황에서 어떤 결정이 최선책인가 하는 의구심이 생길 경우에 발생하는 가치갈등
  - 예 유아를 ct로 보고 개입할 경우, 어떻게 결정하는 것이 유아를 위해서 최선인지, 앞으로 5~10년 후에도 이 결정으로 인한 결과가 최선일 수 있는지에 대해 갈등
- 능력 or 권력의 불균형(or 힘과 권력의 불균형)
  - sw와 ct의 관계에서 권력 배분의 불균형으로 인해 발생하는 가치갈등
  - 예 원조과정에서 ct는 sw에게 실질적으로 의존할 수밖에 없는 위치 → ct의 자기결정권 등의 가치를 실재로 적용하는 것은 현실적으로 한계

▌사회복지실천의 주요 윤리적 쟁점 [17. 지방직 추가]

- 클라이언트의 자기결정권: ct의 자기결정이 자신이나 or 타인에게 해(害)를 입힐 가능성이 높다고 판단될 경우 → 그 결정을 어느 정도까지 제한해야 하는 가에 대해 발생하는 윤리적 갈등
- 클라이언트의 비밀보장: ct의 비밀을 어느 수준까지 보장해야 할 것인가에 대해 윤리적 갈등
- 진실성 고수와 알 권리: sw의 진실을 말할 의무 vs 이러한 진실한 정보가 오히려 ct에게 해가 된다고 판단될 때에 발생하는 윤리적 갈등
- 제한된 자원의 공정한 분배: 제한된 자원을 형평적으로 분배하는 데 필요한 기준을 찾는 데에서의 윤리적 갈등
- 전문적 관계 유지: 원조과정 중 sw의 지지적 태도를 ct가 사적관계로 오해 → 공식적인 원조관계의 유지를 어렵게 만들 때 발생하는 윤리적 갈등
- 클라이언트의 이익과 사회복지사의 이익: 원조과정 중 ct가 sw를 위태롭게 하거나 or 희생을 강요할 경우에 발생하는 윤리적 갈등
- 전문적 동료관계
  - ct나 기관에 대한 동료의 부당한 행위에 대해 동료를 존중할 것인지, 아니면 ct를 보호하거나 기관에 해당 부당한 사실을 보고할 것인지를 놓고 발생하는 윤리적 갈등
  - 예 동료사회복지사 C가 신입사회복지사 B에게 자신의 프로그램 운영에 필요한 자료 제작을 지시하였을 뿐만 아니라, 개인적인 대학원 과제도 시키는 일이 있어 어떻게 해야 할지 난감하다고 하였기 때문에 사회복지사 A는 신입사회복지사 B의 이야기를 듣고 상사에게 보고해야 하는지에 대한 고민이 발생
- 규칙과 정책 준수: ct를 위한 개입활동이 기관의 규칙과 정책에 어긋날 때에 발생하는 윤리적 갈등

▌로웬버그와 돌고프(Loewenberg & Dolgoff)의 윤리적 원칙 심사표 (or 일반결정모델) 16·23. 국가직, 21. 지방직, 11·17. 지방직 추가, 18. 서울시

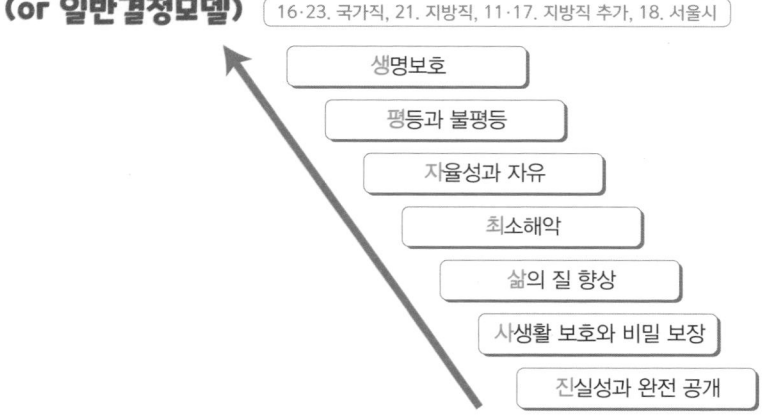

생명보호

평등과 불평등

자율성과 자유

최소해악

삶의 질 향상

사생활 보호와 비밀 보장

진실성과 완전 공개

암기팁 두문자) 생(명보호)·평(등과 불평등)·자(율성과 자유)·최(소해악)·삶(의 질)·사(생활보호)·진(실성)

─ **생명보호의 원칙**

─ **평등과 불평등의 원칙**

　─ (공정하고 평등한 결과의 유도) 인간은 자신의 능력이나 욕구에 따라 다른 사람과 동일하게 or 동일 하지 않게 취급받을 권리가 있음

　└ 예) 아동을 학대하는 계모와 아동은 힘과 권위 면에서 불평등한 상태 ∴ sw는 아동을 계모와 불평등 하게 취급하여 아동의 편에서 개입해야 함

─ **자율성과 자유의 원칙**

─ **최소 해악의 원칙**

　─ 인간은 자신의 문제 해결과 관련하여 발생할 수 있는 위해(危害)를 최소한으로 겪거나 혹은 겪지 않 을 권리가 있음 ∴ 다양한 대안 중 선택되는 것은 해악을 최소한으로 주는 것이어야 함

　└ 예) 자신의 요구 관철을 위해 '단식 농성'에 들어간 ct에게 sw는 그보다는 위험부담이 덜한 대안들 을 먼저 제시해야 함

─ **삶의 질 향상의 원칙:** 모든 사람들의 생활의 질을 보다 향상시키는 기회를 선택해야 함

─ **사생활 보호와 비밀보장의 원칙(비밀보장)**

─ **진실성과 완전공개(or 정보개방, 성실)의 원칙:** 모든 정보의 충분한 개방을 허용하는 결정을 해야 함

▌리머(Reamer)의 윤리적 의사결정의 지침 17·21. 국가직

─ **윤리원칙1: (인간행위에 필수적 전제조건 > 위해를 막는 규칙)** 인간행위의 필수적 전제조건(예) 생명, 건강, 음식, 주거, 정신적 균형)에 대한 기본적인 위해를 막는 규칙은 거짓말, 비밀정보 누설, 오락, 교육, 재산과 같은 부가재를 위협하는 것과 같은 위해를 막는 규칙에 우선

─ **윤리원칙2: (기본적 복지권 > 타인의 자기결정권)** 개인의 기본적 복지권, 즉 인간행위의 필수적인 조건 을 포함한 자기결정권은 타인의 자기결정권에 우선

　17. 국가직) 타인의 자기결정권은 개인의 기본적인 복지권보다 우선(X)

─ **윤리원칙3: (자기결정권 > 기본적 복지권)** 개인의 자기결정권은 그 자신의 기본적 복지권에 우선

　21. 국가직) 개인의 기본적 복지권은 그 자신의 자기결정권에 우선(X)

─ **윤리원칙4: (개인의 의무 > 개인의 권리)** 개인이 자발적으로 동의한 법률, 규칙, 규정을 준수해야 하는 개인의 의무는 이들을 위반할 개인의 권리보다 통상적으로 우선

─ **윤리원칙5: (개인의 복지권 > 협정)** 개인의 복지권은 그와 갈등을 일으키는 법률, 규칙, 규정 및 지원단 체들의 협정에 우선

─ **윤리원칙6: (공공재를 증진시킬 의무 > 개인의 완전한 재산관리권)** 기아와 같은 기본적 위해를 예방 하고 주택(or 주거), 교육, 공공부조와 같은 공공재를 증진시킬 의무는 개인의 완전한 재산 관리권에 우선

▌사회복지사 윤리강령의 개념과 기능

개념 [09·23. 지방직]
- 윤리강령은 대부분의 전문직들이 가지고 있는 윤리적 지침
- 사회복지사 윤리강령은 **sw들이 준수해야 할 전문적 행동기준과 원칙을 명시한 규정**
  - 09. 지방직) 사회복지사 윤리강령은 모든 우리나라에서 유일한 전문직 윤리강령(X)
  - 09. 지방직) 사회복지사 윤리강령은 다른 사람을 원조하기 위한 전문적인 활동과 기술을 제시(X)
- 사회적·윤리적 제재력은 일정 정도 가지고 있음, **but 법적 구속력(or 제재력)(X)**

기능 [13. 지방직]
- 사회복지실천 현장에서 윤리적 갈등(or 윤리적 딜레마) 시 지침과 원칙을 제공
  - 13. 지방직) 사회복지사 윤리강령은 동료나 기관과 갈등이 생길 때 사회복지사를 법적으로 보호(X)
- sw의 비윤리적 실천으로부터 ct를 보호
- sw 스스로 자기규제를 갖게 하여 → 외부(or 정부)의 통제로부터 사회복지 전문직의 전문성을 보호
- 일반 대중에게 전문가로서의 sw의 기본 업무 및 자세를 알리는 1차적 수단
- 기관 내부의 다툼이나 분열로 인한 자기 파멸을 미연에 방지 → 전문직 동료 간에 조화로운 화합을 도움
- 선언적 선서를 통해 사회복지 전문가들의 윤리적 민감화를 고양 → 윤리적 실천의 재고를 유도
- 이를 준수한 **sw를 실천오류(Malpractice) 소송으로부터 보호**

PLUS⁺ 실천오류(Malpractice)

1. sw의 우발적인 실수, 다양한 ct 체계와 가치체계 간 상충으로 윤리원칙을 준수하지 못하여 발생하는 문제, 고의적인 부정행위 등의 통칭
2. 로웬버그(Loewenberg)는 윤리강령을 준수한 sw는 ct나 or 다른 이해관계 관계인의 소송으로부터 민사·형사상의 소송에서 보호받을 수 있다고 봄

한국사회복지사 윤리강령(1982년 한국사회복지사협회 제정, 2023년 5차 개정)

08·09·11·13·17·20·24. 국가직, 09·10·11·14·15·16·17·20·23. 지방직, 11. 지방직 추가, 13·19·20. 서울시

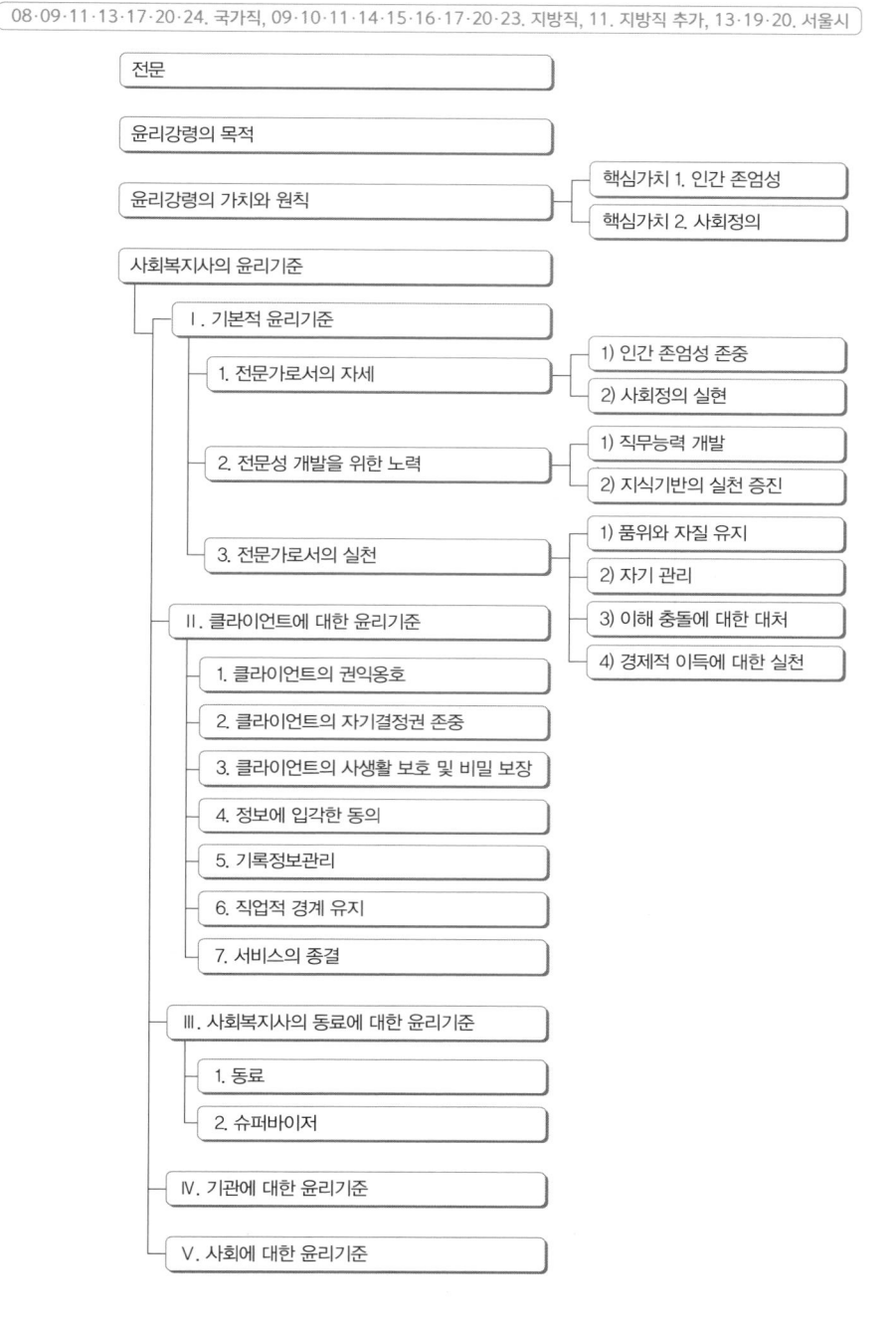

[전문]

사회복지사는 인본주의·평등주의 사상에 기초하여, 모든 인간의 존엄성과 가치를 존중하고 천부의 자유권과 생존권의 보장 활동에 헌신한다.

특히 사회적·경제적 약자들의 편에 서서 사회정의와 평등·자유와 민주주의 가치를 실현하는 데 앞장선다. 또한, 도움을 필요로 하는 사람들의 사회적 지위와 기능을 향상시키기 위해 저들과 함께 일하며, 사회제도 개선과 관련된 제반 활동에 주도적으로 참여한다. 사회복지사는 개인의 주체성과 자기 결정권을 보장하는 데 최선을 다하고, 어떠한 여건에서도 개인이 부당하게 희생되는 일이 없도록 한다.

이러한 사명을 실천하기 위하여 전문적 지식과 기술을 개발하고, 사회적 가치를 실현하는 전문가로서의 능력과 품위를 유지하기 위해 노력한다. 이에 우리는 클라이언트·동료·기관 그리고, 지역사회 및 전체 사회와 관련된 사회복지사의 행위와 활동을 판단·평가하며 인도하는 윤리기준을 다음과 같이 선언하고 이를 준수할 것을 다짐한다.

[윤리강령의 목적]

한국사회복지사 윤리강령은 사회복지 전문직의 가치와 윤리적 실천을 위한 기준을 안내하고, 윤리적 이해가 충돌할 때 고려해야 할 사항을 제시하고자 한다.

한국사회복지사 윤리강령의 목적은 다음과 같다.

1. 윤리강령은 사회복지 전문직의 사명과 사회복지 실천의 기반이 되는 핵심 가치를 제시한다.
2. 윤리강령은 사회복지 전문직의 핵심 가치를 실현하기 위한 윤리적 원칙을 제시하고, 사회복지 실천의 지침으로 사용될 윤리기준을 제시한다.
3. 윤리강령은 사회복지 실천 현장에서 발생하는 윤리적 갈등 상황에서 의사 결정에 필요한 사항을 확인하고 판단하는 데 필요한 윤리 기준을 제시한다.
4. 윤리강령은 사회복지사가 전문가로서 품위와 자질을 유지하고, 자기 관리를 통해 클라이언트를 보호할 수 있도록 안내한다.
5. 윤리강령은 사회복지의 전문성을 확보하고 외부 통제로부터 전문직을 보호할 수 있는 기준을 제공한다.
6. 윤리강령은 시민에게 전문가로서 사회복지사의 역할과 태도를 알리는 수단으로 작용한다.

[윤리강령의 가치와 원칙]

사회복지사는 인간 존엄성과 사회정의라는 사회복지의 핵심 가치에 기반을 두고 사회복지 전문직의 사명을 다하기 위해 노력해야 한다. 이러한 핵심 가치와 관련해 사회복지 전문직이 준수해야 할 윤리적 원칙을 제시한다.

핵심 가치 1. 인간 존엄성

윤리적 원칙: 사회복지사는 인간의 존엄성과 가치를 인정하고 존중한다.

- 사회복지사는 개인적·사회적·문화적·정치적·종교적 다양성을 고려하며 개인의 인권을 보호하고 존중한다.
- 사회복지사는 클라이언트의 자율성을 존중하고, 자기 결정을 지원한다.

- 사회복지사는 클라이언트가 역량을 강화하고, 자신과 환경을 변화시킬 수 있도록 지원한다.
- 사회복지사는 사회복지 실천 과정에서 클라이언트의 개입과 참여를 보장한다.

핵심 가치 2. 사회정의

윤리적 원칙: 사회복지사는 사회정의 실현을 위해 앞장선다.

- 사회복지사는 개인적·집단적·사회적·문화적·정치적·종교적 차별에 도전하여 사회정의를 촉진한다.
- 사회복지사는 개인, 가족, 집단, 지역사회의 다양성을 존중하는 포용적 지역사회를 만들기 위해 노력한다.
- 사회복지사는 부적절하고 억압이며 불공정한 사회제도와 관행을 변화시키기 위해 사회의 다양한 구성원들과 협력한다.
- 사회복지사는 포용적이고 책임 있는 사회를 만들어 가기 위해 연대 활동을 한다.

[사회복지사의 윤리기준]

I. 기본적 윤리기준

1. 전문가로서의 자세

1) 인간 존엄성 존중

가. 사회복지사는 모든 인간의 존엄, 자유, 평등을 위해 헌신해야 하며, 사회적 약자를 옹호하고 대변하는 일을 주도해야 한다.

나. 사회복지사는 모든 인간의 고유한 존엄성과 가치를 인정하고 존중하며, 이를 기반으로 사회복지를 실천한다.

다. 사회복지사는 클라이언트의 성, 연령, 정신·신체적 장애, 경제적 지위, 정치적 신념, 종교, 인종, 국적, 결혼 상태, 임신 또는 출산, 가족 형태 또는 가족 상황, 성적 지향, 젠더정체성, 기타 개인적 선호·특징·조건·지위 등을 이유로 차별을 하지 않는다.

라. 사회복지사는 다양한 문화의 강점을 인식하고 존중하며, 문화적 역량을 바탕으로 사회복지를 실천한다.

마. 사회복지사는 문화적으로 민감한 실천을 제공하기 위해, 사회복지 실천 과정에서 자신의 개인적·사회적·문화적·정치적·종교적 가치, 신념과 편견이 클라이언트와 동료 사회복지사에게 미칠 수 있는 영향을 고려하여 자기 인식을 증진하기 위해 힘쓴다.

2) 사회정의 실현

가. 사회복지사는 사회정의 실현과 클라이언트의 복지 증진에 헌신하며, 이를 위한 국가와 사회의 환경 변화를 위해 노력한다.

나. 사회복지사는 사회, 경제, 환경, 정치적 자원에 대한 평등한 접근과 공평한 분배가 이루어지도록 노력한다.

다. 사회복지사는 개인적·집단적·사회적·문화적·정치적·종교적 특성에 근거해 개인이나 집단을 차별·억압하는 것을 인식하고, 이를 해결 또는 예방하기 위해 노력해야 한다.

2. 전문성 개발을 위한 노력

1) 직무 능력 개발

가. 사회복지사는 클라이언트에게 최상의 서비스를 제공하기 위해, 지식과 기술을 개발하는 데 최선을 다하며 이를 활용하고 공유할 책임이 있다.

나. 사회복지사는 사회적 다양성의 특징(성, 연령, 정신·신체적 장애, 경제적 지위, 정치적 신념, 종교, 인종, 국적, 결혼 상태, 임신 또는 출산, 가족 형태 또는 가족 상황, 성적 지향, 젠더 정체성, 기타 개인적 선호·특징·조건·지위 등), 차별, 억압 등에 대해 교육을 받고 이에 대한 이해를 증진하기 위해 노력한다.

다. 사회복지사는 변화하는 사회복지 관련 쟁점에 대응할 수 있도록 실천 기술을 향상하고, 새로운 실천 기술이나 접근법을 적용하기 위해 적절한 교육, 훈련, 연수, 자문, 슈퍼비전 등을 받도록 노력한다.

라. 사회복지사는 사회복지 실천에 필요한 정보통신 관련 지식과 기술을 습득하기 위해 노력하며, 이를 사용하는 과정에서 발생할 수 있는 윤리적 문제를 인식하고 정보통신 관련 지식과 기술을 활용하도록 한다.

2) 지식기반의 실천 증진

가. 사회복지사는 사회복지 실천 과정에서 평가와 연구 조사를 함으로써, 사회복지 실천의 지식 기반 형성에 기여하고, 궁극적으로 사회복지 실천의 질적 향상을 위해 노력한다.

나. 사회복지사는 평가나 연구 조사를 할 때, 연구 참여자의 권리를 보장하기 위해, 연구 관련 사항을 충분히 안내하고 자발적인 동의를 얻어야 한다.

다. 사회복지사는 연구 과정에서 얻은 정보를 비밀 보장의 원칙에서 다루며, 비밀 보장의 한계, 비밀 보장을 위한 조치, 조사 자료 폐기 등을 연구 참여자에게 알려야 한다.

라. 사회복지사는 평가나 연구 조사를 할 때, 연구 참여자의 보호와 이익, 존엄성, 자기 결정권, 자발적 동의, 비밀 보장 등을 고려하며, 「생명윤리 및 안전에 관한 법률」 등 관련 법령과 규정에 따라 연구 윤리를 준수한다.

3. 전문가로서의 실천

1) 품위와 자질 유지

가. 사회복지사는 전문가로서의 품위와 자질을 유지하고, 자신이 맡고 있는 업무에 대해 책임을 진다.

나. 사회복지사는 자신의 이익을 위해 사회복지 전문직의 가치와 권위를 훼손해서는 안 된다.

다. 사회복지사는 전문가로서 성실하고 공정하게 업무를 수행한다.

라. 사회복지사는 부정직한 행위, 범죄행위, 사기, 기만행위, 차별, 학대, 따돌림, 괴롭힘 등 불법적이고 부당한 일을 행하거나 묵인해서는 안 된다.

마. 사회복지사는 자신의 소속, 전문 자격이나 역량 등을 클라이언트에게 정직하고 정확하게 알려야 한다.

바. 사회복지사는 클라이언트, 학생, 훈련생, 실습생, 슈퍼바이지, 직장 내 위계적 권력 관계에 있는 동료와 성적 관계를 형성해서는 안 되며, 이들에게 성추행과 성희롱을 포함한 성폭력, 성적·인격적 수치심을 주는 행위를 해서는 안 된다.

사. 사회복지사는 한국사회복지사협회등 전문가 단체의 활동에 적극적으로 참여하여, 사회정의 실현과 사회복지사의 권익옹호를 위해 노력한다.

2) 자기 관리

가. 사회복지사는 정신적·신체적 건강 문제, 법적 문제 등이 사회복지 실천 과정에서의 전문적 판단이나 실천에 부정적 영향을 주거나 클라이언트의 이익을 저해하지 않도록, 동료, 기관과 함께 적절한 조치를 하도록 노력한다.

나. 사회복지사는 클라이언트에게 최상의 사회복지서비스를 제공하기 위해 사회복지사 자신의 정신적·신체적 건강, 안전을 유지·보호·관리하도록 노력한다.

3) 이해 충돌에 대한 대처

가. 사회복지사는 클라이언트의 이익을 우선으로 고려하고, 이해 충돌이 있을 때는 아동, 소수자 등 취약한 자의 이해와 권리를 우선시한다.

나. 사회복지사의 개인적 신념과 사회복지사로서 직업적 의무 사이에 이해 충돌이 발생할 때 동료, 슈퍼바이저와 논의하고, 부득이한 경우 클라이언트가 적절한 지원을 받을 수 있도록 클라이언트를 다른 사회복지사에게 의뢰하거나 다른 사회복지서비스로 연결한다.

다. 사회복지사는 전문적 가치와 판단에 따라 업무를 수행하는 과정에서, 기관 내외로부터 부당한 간섭이나 압력을 받아서는 안 된다.

4) 경제적 이득에 대한 실천

가. 사회복지사는 클라이언트의 지불 능력에 상관없이 복지 서비스를 제공해야 하며, 이를 이유로 차별해서는 안 된다.

24. 국가직) 사회복지사는 클라이언트의 지불 능력을 고려하여 그에 합당한 복지 서비스를 제공해야 하며, 이를 이유로 차별해서는 안 된다.(X) → 상관없이

나. 사회복지사는 필요한 경우에 제공된 서비스에 대해 공정하고 합리적으로 이용료를 책정할 수 있다.

23. 지방직) 우리나라 사회복지사 윤리강령에서는 사회복지 서비스에 대한 이용료 부과를 금지(X)

다. 사회복지사는 업무와 관련해 정당하지 않은 방법으로 경제적 이득을 취해서는 안 된다.

II. 클라이언트에 대한 윤리기준

1. 클라이언트의 권익옹호

사회복지사는 클라이언트의 이익을 최우선의 가치로 삼고 이를 실천하며, 클라이언트의 권리를 존중하고 옹호한다.

2. 클라이언트의 자기 결정권 존중

1) 사회복지사는 사회복지 실천 과정에서 클라이언트의 자기 결정을 존중하고, 클라이언트를 사회복지 실천의 주체로 인식하여 클라이언트가 자기 결정권을 최대한 행사할 수 있도록 돕는다.

2) 사회복지사는 의사 결정이 어려운 클라이언트에 대해서는 클라이언트의 이익과 권리를 보장하기 위한 적절한 조치를 취해야 한다.

3. 클라이언트의 사생활 보호 및 비밀 보장

사회복지사는 클라이언트의 사생활을 존중하고 보호하며, 전문적 관계에서 얻은 클라이언트 관련 정보에 대해 비밀을 유지한다. 그러나 클라이언트 자신과 타인에게 해를 입히거나 범죄행위와 관련된 경우에는 예외로 할 수 있다.

4. 정보에 입각한 동의

사회복지사는 클라이언트의 알 권리를 인정하고 동의를 얻어야 하며, 클라이언트가 받는 서비스의 목적과 내용, 범위, 합리적 대안, 위험, 서비스의 제한, 동의를 거절 또는 철회할 수 있는 클라이언트의 권리 등에 대해 정확하고 충분한 정보를 제공한다.

5. 기록·정보 관리

1) 클라이언트에 대한 사회복지 실천 기록은 사회복지사의 윤리적 실천의 근거이자 평가·점검의 도구이기 때문에 중립적이고 객관적으로 작성해야 한다.

2) 사회복지사는 클라이언트가 자신과 관련된 기록의 공개를 요구하면 정당한 비공개 사유가 없는 한 정보에 접근할 수 있도록 해야 한다.

3) 사회복지사는 클라이언트에 대한 문서 정보, 전자 정보, 기타 민감한 개인 정보를 보호해야 한다.

4) 사회복지사가 획득한 클라이언트 관련 정보나 기록을 법적 사유 또는 기타 사유로 제3자에게 공개할 때는 클라이언트에게 안내하고 동의를 얻어야 한다.

6. 직업적 경계 유지

1) 사회복지사는 클라이언트와의 전문적 관계를 자신의 개인적 이익을 위해 이용해서는 안 된다.

2) 사회복지사는 업무 외의 목적으로 정보통신기술을 사용해 클라이언트와 의사소통을 해서는 안 된다.

3) 사회복지사는 어떠한 상황에서도 클라이언트와 사적 금전 거래, 성적 관계 등 부적절한 행동을 해서는 안 된다.

4) 동료의 클라이언트를 의뢰받을 때는 기관 및 슈퍼바이저와 논의하는 과정을 거쳐야 하며, 클라이언트에게 설명하고 동의를 얻은 후 서비스를 제공한다.

5) 사회복지사는 정보처리기술을 이용하는 것이 클라이언트의 권리를 침해할 위험성이 있다는 사실을 인식하고 직업적 범위 안에서 활용한다.

7. 서비스의 종결

1) 사회복지사는 클라이언트에게 제공되는 서비스가 더 이상 클라이언트의 이해나 욕구에 부합하지 않으면 업무상 관계와 서비스를 종결한다.

2) 사회복지사는 개인적 또는 직업적 이유로 클라이언트와의 전문적 관계를 중단하거나 종결할 때 사전에 클라이언트에게 충분히 설명하고, 다른 기관 또는 다른 전문가에게 의뢰하는 등 필요한 조치를 취한다.

3) 사회복지사는 클라이언트의 고의적·악의적·상습적 민원 제기에 대해 소속 기관, 슈퍼바이저, 전문가 자문 등의 논의 과정을 거쳐 서비스를 중단하거나 거부권을 행사할 수 있다.

Ⅲ. 사회복지사의 동료에 대한 윤리기준

1. 동료

1) 사회복지사는 존중과 신뢰를 기반으로 동료를 대하며, 전문가로서의 지위와 인격을 훼손하는 언행을 하지 않는다.
2) 사회복지사는 사회복지 전문직의 권익 증진을 위해 동료와 다른 전문직 동료와도 협력하고 협업한다.
3) 사회복지사는 동료의 윤리적이고 전문적인 행위를 촉진해야 하며, 동료가 전문적인 판단과 실천이 미흡하여 문제를 발생시켰을 때 윤리강령과 제반 법령에 따라 대처한다.
4) 사회복지사는 다른 전문직의 동료가 행한 비윤리적 행위에 대한 윤리강령과 제반 법령에 따라 대처한다.
5) 사회복지사는 동료의 직무 가치와 내용을 인정하고 이해하며, 상호 간에 민주적인 직무 관계를 이루도록 노력해야 한다.
6) 사회복지사는 동료들에게 정보통신기술을 사용한 비윤리적 행위를 하지 않는다.
7) 사회복지사는 동료가 적법하게 업무를 수행하는 과정에서 부당한 조치를 당하면 동료를 변호하고 원조해 주어야 한다.
8) 사회복지사는 동료에게 행해지는 어떤 형태의 차별, 학대, 따돌림 또는 괴롭힘과 자신의 전문적 권위를 행사하는 다른 동료와의 부적절한 성적 행동에 가담하거나 이를 용인해서는 안 된다.
9) 사회복지사는 슈퍼바이지, 학생, 훈련생, 실습생, 자신의 전문적 권위를 행사하는 다른 동료와의 성적 행위나 성적 접촉과 성적 관계에 관여해서는 안 된다.

2. 슈퍼바이저

1) 슈퍼바이저는 슈퍼바이지가 전문적 업무 수행을 할 수 있도록 지원하고 슈퍼바이지는 슈퍼바이저의 전문적 지도와 조언을 존중해야 한다.
2) 슈퍼바이저는 전문적 기준에 따라 슈퍼비전을 수행하며, 공정하게 평가하고 평가 결과를 슈퍼바이지와 공유한다.
3) 슈퍼바이저는 개인적인 이익 추구를 위해 자신의 지위를 이용해서는 안 된다.
4) 슈퍼바이저는 사회복지사 수련생과 실습생에게 인격적·성적으로 수치심을 주는 행위를 해서는 안 된다.

Ⅳ. 기관에 대한 윤리기준

1) 사회복지사는 기관의 사명과 비전을 확인하고, 정책과 사업 목표를 달성하기 위해 노력해야 한다.
2) 사회복지사는 소속 기관의 활동에 적극적으로 참여함으로써 기관의 성장과 발전을 위해 노력해야 한다.
3) 사회복지사는 기관의 부당한 정책이나 요구에 대해 전문직의 가치와 지식을 근거로 대응하고, 제반 법령과 규정에 따라 해결하도록 노력해야 한다.

Ⅴ. 사회에 대한 윤리기준

1) 사회복지사는 자신이 일하는 지역사회를 이해하고, 클라이언트가 지역사회에서 서로 도우며 함께 살아가도록 지원해야 한다.
2) 사회복지사는 정치적 영역이 클라이언트의 권익과 사회복지 실천에 미치는 영향을 인식하여 사회정의 실현을 위한 사회정책의 수립과 법령 제·개정을 지원·옹호해야 한다.
3) 사회복지사는 사회재난과 국가 위급 상황에서 문제를 해결하기 위해 적극적으로 활동해야 한다.
4) 사회복지사는 지역사회, 국가, 나아가 전 세계와 그 구성원의 복지 증진, 삶의 질 향상을 위해 적극적으로 노력해야 한다.
5) 사회복지사는 인간과 자연이 서로 떨어져 살 수 없음을 깨닫고, 인간과 자연환경, 생명 등 생태에 미칠 영향을 생각하며 실천해야 한다.

[사회복지사 선서문]

나는 모든 사람들이 인간다운 삶을 누릴 수 있도록, 인간존엄성과 사회정의의 신념을 바탕으로, 개인·가족·집단·조직·지역사회·전체사회와 함께 한다.
나는 언제나 소외되고 고통받는 사람들의 편에 서서, 저들의 인권과 권익을 지키며, 사회의 불의와 부정을 거부하고, 개인이익보다 공공이익을 앞세운다.
나는 사회복지사 윤리강령을 준수함으로써, 도덕성과 책임성을 갖춘 사회복지사로 헌신한다.
나는 나의 자유의지에 따라 명예를 걸고 이를 엄숙하게 선서합니다.

▌조력자(or 조성자) [17. 국가직, 10·11. 지방직]

- ct가 자신의 욕구와 문제를 깨닫고 **스스로 문제를 해결할 수 있는 능력(or 강점)을 개발·향상**하며, 이에 필요한 자원을 찾거나 해결방안을 탐색하도록 돕는 역할
  - ∴ ct가 자신의 노력으로 변화되는 경험을 하도록 원조하는 것이 중요
- 예 알코올중독자가 자신의 문제를 깨닫고 금주방법을 찾도록 도와주는 것
  - cf 중재자

▌중개자 [12. 국가직, 11·16. 지방직]

- ct의 문제해결에 도움을 줄 수 있는 **지역사회의 자원이나 서비스를 그들에게 연결(or 소개, 연계)**하는 역할
- 예 아동학대 피해아동의 가족에게 아동보호전문기관을 소개해 주는 것

▌옹호자(or 대변자, 변호자) [11·22. 지방직, 11. 지방직 추가, 11·19. 서울시]

- 소외된 ct의 사회적 권리 확보를 위해 그들의 입장을 대변하고 변호하는 역할
- sw는 대중의 입장이 아닌 ct의 입장만을 대변하고 변호
- 궁극적으로는 **사회제도와 정책의 변화를 추구 → 사회정의 실현**
- 예 중소기업에서 경영상의 악화를 이유로 장애인 근로자를 전원 해고했고, 이에 sw는 상담을 요청한 해고 장애인들과 함께 협력하여 기업을 대상으로 법적 대응방안을 강구하고, 집단행동을 통해 부당한 해고방침이 철회되도록 노력

▌교사(or 교육자, 정보제공자) [20·22. 지방직]

- 개별 ct에게 문제해결과 관련된 **정보, 지식, 기술을 그가 이해할 수 있는 방법으로 가르치는 역할**
- 예 지적장애인에게 일상생활기술 훈련을 실시

▌촉진자

효과적인 조직의 서비스 전달체계 강화를 위해서 조직 내에서는 조직 구성원 간 상호작용과 정보교환을 강화, 조직 간에는 연결망을 강화시키는 역할

▌중재자 [11·13·22. 지방직]

- 분쟁 발생 시 **중립적 입장으로 개입하여 협상 or 타협을 이끌 수 있도록 원조하는 역할**
  - 11. 지방직) 중재자의 역할은 사회복지실천의 목표를 달성하기(X)
- 예 장기간의 무단결석과 비행으로 학교에서 퇴학 위기에 처한 학생의 선처에 관한 의견 차이로 부모와 학교 당국 간에 갈등을 빚고 있을 때, 양자 간의 타협 or 문제의 해결을 위해 중립을 유지하며 돕기

▌훈련가

집단이나 조직 구성원의 전문성 or 리더십 개발을 위해 그들을 대상으로 세미나, 워크숍, 슈퍼비전 등을 실시하여 **교육 및 훈련을 시키는 역할**

▌계획가(or 기획가)

지역사회 주민들의 욕구를 파악하여 그 욕구 충족과 관련된 기존 서비스의 개선 및 새로운 서비스의 개발에 필요한 **정책이나 프로그램을 계획하는 역할**

▌행동가 [22. 지방직]

지역사회를 포함한 거시적 체계 내의 사회정의와 평등실현을 위해 **소외된 구성원들이 경험하는 부정의와 불평등에 맞서 사회적 행동을 하는 역할**

▌현장개입가

지역사회 내에서 잠재적 욕구를 지닌 주민들을 대상으로 **서비스에 대한 홍보 및 교육 등을 실시**하여 지역 주민들의 서비스에 대한 접근성을 향상시키는 역할

▌동료

다른 sw를 협력자로 인식, 전문가 협회 등과 같은 조직에 참여하여 **상호지지를 제공하는 역할**
  - cf 촉진자

▌촉매자

국내 or 국제적인 해당 분야 or 타직종의 전문가 간 협조 체제 안에서의 활동을 통해 보다 **효과적인 서비스 전달체계를 개발하는 역할**

▌연구자(or 학자)　[19. 서울시]

과학적 방법을 통한 지식체계의 개발, 개입효과의 평가 등을 수행하고, 그 결과를 동료들과 공유하여 전문적 사회복지실천 이론의 발전과 프로그램을 향상시키는 역할

▌조정자(or 사례관리자)　[11. 지방직, 19. 서울시]

재화와 서비스 전달의 중복이나 누락을 조정하는 등 ct가 시의적절(時宜適切)한 방식으로 서비스를 제공받도록 서비스를 연결·조정하는 역할

THEME 081　사회복지실천 현장　□□□

▌기관의 기능 or 목적에 따른 분류　[18. 서울시]

- 1차 현장: 기관의 일차적 기능과 목적이 **사회복지서비스를 제공하기 위해 존재하는 현장**
  - 예 종합사회복지관, 노인복지관, 사회복귀시설, 아동양육시설, 정신건강복지센터 등의 사회복지시설
- 2차 현장: 기관의 일차적 기능은 별도로 있고, **필요에 의해 부가적으로 사회복지서비스를 제공하는 현장**
  - 예 병원, 학교, 교도소, 행정복지센터, 보건소, 보호관찰소 등

▌사회복지기관의 설립주체와 재원의 조달방식에 따른 분류

- 공공기관: 정부의 지원으로 운영되는 기관
  - 예 행정복지센터 등
- 민간기관: 사회복지 관련 사업을 목적으로 설립된 **비영리 기관**
  - 예 사회복지법인, 사회복지시설, 사회복지공동모금회, 한국사회복지사협회, 종교단체, 시민사회단체 등

▌서비스 제공방식에 따른 분류

- 행정기관: 사회복지서비스 전달체계 간 업무 협의 및 조정 등의 행정 업무를 수행하는 기관
  - ∴ 주로 간접서비스만을 제공
  - 예 보건복지부, 한국사회복지사협회, 한국사회복지협의회, 사회복지공동모금회 등
- 서비스 기관: ct를 대면하여 직접 서비스를 제공하는 기관
  - 예 지역사회복지관, 노인복지시설 등의 사회복지시설

▌주거서비스 제공여부에 따른 분류　[18. 국가직·서울시]

- 생활시설: 주거서비스를 포함한 사회복지서비스를 제공하는 기관
  - 예 아동양육시설, 장애인거주시설, 모자가족복지시설, 청소년 쉼터, 아동보호치료시설, 자립지원시설 등

  18. 국가직·서울시) 장애인거주시설은 생활시설(O)

- 이용시설: 주거서비스 제공을 하지 않고 사회복지서비스만 제공하는 기관
  - 예 노인주야간보호센터, 노인여가복지시설(경로당, 노인복지관, 노인교실), 쪽방상담소, 노인복지관, 영유아보육시설, 지역아동센터, 가정위탁지원센터, 아동보호전문기관 등

▌체계(System)　[11. 지방직 추가]

상호의존적이며 상호작용하는 부분으로 구성되어 있으며, 기능적으로 전체를 구성하는 요소들의 집합체

11. 지방직 추가) 경계는 질서 있고 상호 관련되며 기능적으로 전체를 구성하는 요소들의 집합체(X) → 체계

▌주요 개념

- 개방체계
  - 반투과성 경계 → 외부체계와 상호작용이 자유로운 기능적인 체계
  - 넥엔트로피(Negentropy, or 역엔트로피) 현상
- 폐쇄체계
  - 비투과성 경계 → 외부체계와 상호작용이 없음 → 투입·산출이 없는 역기능적인 체계
  - 엔트로피(Entropy) 현상
- 경계　[24. 지방직] : 하나의 체계를 다른 외부 체계와 구분하는 보이지 않는 가상의 테두리 → 체계의 정체성 유지
- 공유영역
  - 서로 다른 두 개 이상의 체계가 공존하여 공통적으로 추구하는 관심이나 이익이 형성되는 공간
    → 체계 간의 교류가 일어나는 장소
  - 결혼 이후 형성된 가족과 배우자의 원가족과의 관계에서 치루어지는 행사 등(예 환갑잔치 등)
- 엔트로피(Entropy)　[22. 지방직]
  - 비투과적 경계를 가진 폐쇄체계의 속성
  - 외부체계와의 상호작용이 감소하거나 or 중단되어 체계 내에 외부체계로부터 유용한 에너지 유입 없이 체계 내부의 유용한 에너지가 소모 및 감소되는 현상 → 체계는 해체
- 넥엔트로피(Negentropy, or 역엔트로피)　[11. 지방직 추가, 22. 지방직]
  - 반투과적 경계를 가진 개방체계의 속성
  - 외부체계와의 상호작용이 자유로워 체계 내에 유용한 에너지가 지속적으로 유입
    → 체계가 정교(or 질서)·세분(or 분화)·성장·발달
- 시너지(Synergy)　[24. 지방직] : 체계 내·외부와의 상호작용 증가(상승효과)
    → 체계 내에 유용한 에너지가 증가 ∴ 개방체계의 속성

- 홀론(Holon)　[22·24. 지방직] : 모든 체계는 다른 체계의 상위체계(or 큰 체계)이면서, 동시에 다른 상위체계에 있어서는 하위체계(or 작은 체계)로 존재하는 현상
- 균형(or 평형상태)　[24. 지방직] : 체계가 다른 체계와 수평적 상호작용만을 하며 교류하지 않고 현상을 유지하려는 것(변화보다는 유지) ∴ 폐쇄체계의 특성
- 항상성　[22. 지방직] : 체계가 균형을 위협받았을 때에 다른 체계와의 상호작용을 통해 비교적 지속적으로 안정적이지만 역동적인 균형 상태를 유지 및 회복하려는 경향(유지를 위한 일정한 범위, 즉 항상성의 범주 내에서의 변화) ∴ 일정한 수준의 개방체계의 특성
- 안정상태　[24. 지방직] : 체계가 에너지를 지속적으로 사용하는 상태(유지를 넘어선 변화) ∴ 개방체계의 특성
- 호혜성(or 상관성)　[22. 지방직] : 한 체계의 일부 변화가 모든 다른 부분들과 상호작용하여 나머지 부분들(or 전체체계)에도 파급되는 현상 ∴ 순환적 인과성에 적용 가능
- 동등결과성(or 동귀결성)과 다중결과성(or 다중귀결성)
  - 동등결과성 : 다른 원인을 투입, but 각 체계에 동일하거나 유사한 결과가 발생할 수 있다는 가정
  - 다중결과성 : 동일하거나 유사한 투입 제공, but 각각 체계에게는 다른 결과가 발생할 수 있다는 가정
- 환류(Feedback, or 피드백)
  - 산출을 다시 체계로 투입하는 과정 ∴ 일종의 적응기제
  - 종류

정적 환류	• 체계로 하여금 현재의 행동을 유지시키거나 강화(or 증폭)시키는 환류 • 체계의 일탈이나 위기상황을 확장(↑)
부적 환류	• 체계로 하여금 현재의 행동을 수정하거나 중단시키는 환류 • 체계의 일탈이나 위기상황을 감소(↓)

- 생태학이론의 주요 개념
  - 적합성 : 개인의 욕구와 환경적 자원 간에 조화(or 균형)를 이루는 상태(or 부합되는 정도)
  - 적응 : 개인과 환경이 상호 적합해져 가는 과정
  - 스트레스(Stress) : 개인과 환경 사이의 상호교류 중 내·외적 자극에서 지각한 요구와 그 요구를 충족시킬 수 있는 자원을 동원할 수 있는 능력 사이의 불균형에 의해 야기되는 생리적·심리적·사회적 상태

브론펜브레너(Bronfenbrenner)의 생태적 체계

- 미시체계: 개인이 일상생활에서 **직접적으로 상호작용하는 사회적·물리적 환경**(예 가족, 친구, 학교 등)
- 중간체계
  - 개인이 참여하는 2개 이상의 **미시체계 간 상호 작용(or 관계)**
  - 예 부부 간의 불화(不和)한 관계는 아동에게 부정적인 영향을 미침
- 외체계(or 외부체계)
  - 개인과 직접적인 상호작용은 없음, but **개인에게 간접적으로 영향을 미치는 사회적 환경**
  - 예 아동의 아버지가 직장에서 받은 스트레스 → 아동에게 영향을 미침
    - └ 외체계

- 거시체계: 개인이 속한 사회(or 국가)의 이념이나 제도, 구조, 문화 등
  - → 간접적으로 강력한 영향력을 미침
- 시간체계
  - 개인의 생애 기간 동안 **시간의 흐름에 따라 변화하는 환경적 요인**
  - 예 아동에게 부모 이혼의 부정적인 영향은 이혼한 첫 해에 최고조에 달하며, 이혼 후 2년쯤 되면 가족 간의 상호작용은 안정을 되찾음

THEME 083 사회복지실천의 관점(1) – 생태체계적 관점 ★★★ □□□

개관 [09·11. 지방직]

- 일반체계이론 + 생태학이론 → 다양한 이론들을 통합적으로 결합할 수 있는 시각 or 관점
  - ∴ 변화를 위한 방법으로 다양한 이론(or 모델)과 전략을 수용하고 이를 선택하여 활용할 수 있어야 함
  - 11. 지방직) 생태체계론은 체계론과 심리사회적 모델을 결합한 것(X) → 생태학이론
- 환경 속의 인간(Person in Environment, PIE) → 이중초점(Dual Focus)
- 인간관
  - 인간은 관찰 가능한 행동을 하는 생물학적·심리적·영적·사회적·문화적인 존재 ∴ **총체적 인간**
  - 인간과 환경은 지속적으로 상호작용하는 호혜적 관계를 유지
  - 09. 지방직) 생태체계적 관점에서는 체계간의 상호교류와 상호연관성을 중시(O)

기본가정 [09·11. 지방직]

- 개인이 환경과 상호작용 및 상호교류하고 타인과 관계를 맺는 능력은 **천부적**
- 개인은 자신의 요구에 맞게 환경을 만들어내기도 함
- 성격은 개인과 환경 간의 **상호작용(or 상호교류)의 산물**

- 개인은 생활 경험에 따라 긍정적인 변화와 적응을 수행할 수 있는 **적극적인 참여자**
  - 09. 지방직) 생태체계적 관점에서는 개인을 환경 안에서 변화와 적응을 수행할 수 있는 적극적인 참여자로 간주(O)
- **순환적 인과관계론에 따라 개인과 환경을 이해**
  - 11. 지방직) 생태체계론에서는 단선적 인과론에 입각하여 문제의 원인을 찾음(X)

사회복지실천에 미친 영향 [09. 지방직]

- ct의 문제에 대한 포괄적인 이해의 틀 제공
- 전체체계를 고려해서 ct의 문제를 총체적으로 이해
- ct의 현재 행동을 '**적합성**'과 '**적응과정**'으로 설명
- 개인뿐만 아니라 집단이나 지역사회 등 다양한 체계에 적용 가능
- 사회복지실천의 사정(Assessment)단계에서 가계도, 생태도, 사회관계망 등을 유용하게 활용 가능
  - 09. 지방직) 생태체계적 관점은 개인 클라이언트 체계에는 적용이 가능하나 집단과 공동체 수준의 클라이언트 체계에는 적용이 부적합(X)

개관　20. 지방직

- 병리관점에 대비되는 사회복지실전관점
  → ct의 강점과 자원을 발견하고 드러내어 묘사·탐색·활용하려는 총체적인 노력
- ct의 잠재역량을 인정 ∴ ct 스스로 자신의 삶을 통제할 수 있도록 권한을 부여하는 것이 중요
- 대표적인 학자: 샐리비(D. Saleebey), 밀리(K. Miley)
- 반영된 실천모델: 권한부여모델, 해결중심모델 등

실천원칙　08. 국가직, 20·23. 지방직, 12·17. 지방직 추가

- 모든 개인, 집단, 지역사회는 강점을 가지고 있음
- 외상(or 트라우마), 학대, 질병 등 문제는 고통을 주지만 **동시에 도전, 전환점, 성장 기회가 될 수 있음**
- 개인, 집단, 지역사회의 성장과 변화에는 제한이 없음
- sw와의 협동 작업을 통해 ct는 최선의 원조를 받을 수 있음 ∴ 파트너십 관계를 맺고 원조
  12. 지방직 추가) 강점관점의 원리에 따르면 사회복지사는 문제 원인을 파악하고 해결하는 데 주도적으로 개입(X)
- 모든 환경은 활용 가능한 자원들로 가득 차 있음
  ∴ ct의 내적·외적자원을 세심하게 사정하고 이를 활용해야 함
- 보호와 환경 강조

병리관점과 강점관점의 비교　08·23. 국가직, 12·20·21·23. 지방직, 17. 지방직 추가

병리(Pathology) 관점	구분	강점(Strength) 관점
• 환자, 즉 진단에 따른 증상을 가진 사례 (Case) • 비도덕적인 존재나 희생자	ct에 대한 규정	• 독특한 존재, 즉 강점(기질, 재능, 자원)을 가진 자 • 변화할 수 있는 능력을 가진 자 • 희생자가 아닌 승리자(or 생존자)
ct의 문제와 병리	개입의 초점	ct의 희망과 가능성
ct의 진술은 회의적일 수밖에 없으므로 전문가인 sw에 의해 재해석되어 진단에 활용될 때에만 의미가 있음	ct의 진술	ct의 진술은 그 사람을 알아가고 평가하는 중요한 방법 중 하나이므로 sw는 ct의 진술을 인정해야 함
성인기의 병리를 예측할 수 있는 전조(前兆)	유년기의 외상경험	개인을 약하게도 or 강하게도 할 수 있음
(과거) 왜, 언제, 어떻게 ct 체계가 잘못되었는지에 대한 것을 조사하기 위해서 과거에 대한 탐색이 필요	지향점	(현재와 미래) 현재 시점에서 ct 체계가 가지고 있는 자원을 발견하고자 함
sw에 의해 고안된 치료 계획	치료의 핵심	개인, 가족, 지역사회의 참여
sw가 ct 삶의 전문가	전문가	개인, 가족, 지역사회가 ct 삶의 전문가
병리에 의해 제한됨	개인적 발전	항상 개방되어 있음
전문가인 sw의 지식과 기술	변화를 위한 자원	개인, 가족, 지역사회와 같은 ct 체계의 강점, 능력, 적응 기술
ct의 역기능과 증상의 영향을 감소시키기	원조목적	ct의 삶에 함께하며 가치를 확고히 하기

▌강점 확인을 위해 사용될 수 있는 질문 13. 국가직, 18. 지방직

- **생존질문**: 역경속에서도 당신이 이를 믿고 의지할 수 있는 당신만의 특별한 자질은 무엇인가?
- **지지질문**: 누가 당신에게 도움이(or 지지가) 되었는가?
- **예외질문**: 과거를 회상했을 때에 당신의 삶이 안정되었을 때가 있었는가? 그렇다면 그때는 지금과 어떻게 다르고 특별했는가?
- **존중질문**: 어떠한 상황 or 행동에서의 당신의 삶이 당신으로 하여금 진정으로 자긍심을 느끼게 하는가?
- **장래질문**: 당신이 최근 겪은 최근 경험과 역경이 왜 발생했으며, 이러한 것들이 장래에 어떻게 진행될 것이라고 생각하는가?
- **변화질문**: 당신이 지닌 생각·감정·행동·사회관계 등은 앞으로 어떻게 변화될 것이라고 생각하는가?
- **의미질문**: 당신의 주된 생각의 틀이나 가치체계는 무엇인가?

13. 국가직) 샐리베이(Saleebey)가 소개한 강점관점 실천을 위한 유용한 질문 – 훈습질문(X)

THEME 085 │ 사회복지실천의 관점(3) – 사회구성주의 관점 □□□

▌개관

논리실증주의를 거부하여 등장

▌가정 22. 지방직

      ┌ 논리실증주의의 입장
- 개인이 항상 마주하는 현상들의 속성은 객관적 실체와 사실관계로 발견되는 것이 아닌 **개인이 창조(또는 구성)하는 것** ∴ 사회현상과 관련된 **절대적인 진리나 객관적 실체의 존재 부정**

  22. 지방직) 사회구성주의에 기반한 사회복지실천 – 객관적 실체와 사실관계 파악이 문제 해결의 기초라고 전제(X)
- 겉보기에 같은 현상이라도 개인의 믿음·전통·관습 등에 따라 각기 다르게 인식되고 해석 가능
- **(사회적 구성)** 현실은 타인과의 사회적 관계와 상호작용 및 교류를 통해 구성 및 재창조
- 현실에 대한 사회적 구성은 주로 대화를 통해 형성
- 개인이 창조하는 현실과 자기 자신에 대한 이해는 언어를 통해 중재

▌사회복지실천에의 적용

문제를 클라이언트의 관점에 따라 파악하고 대처

▌개념　[11. 지방직]

전통적 방법의 일부 or 전부를 조합 → 실천현장에서 통합적으로 활용하는 방법

▌등장배경　[16. 국가직, 24. 지방직]

— 사회복지실천 현장의 변화와 전통적 방법의 한계

　├ 1960~70년대, ct의 문제와 욕구가 복잡·다양화 → 맞춤형 원조의 필요성 대두,
　　└ ❶주의 16. 국가직) 표준화(X)

　│ but 전통적 방법의 고분화·고전문화 경향 → 서비스 파편화 현상 초래 → ct가 다양한 기관이나 sw
　│ 들을 찾아 다녀야 하는 부담 발생

　├ 특정 지식과 기술만을 가르치는 전문화된 교육 및 훈련 → sw들의 분야별 직장 이동의 어려움 발생

　└ 공통기반을 전제로 하지 않는 분화와 전문화 → 사회복지실천 현장에서 각기 다른 사고·언어·과정
　　 발생 → 전문직 간 의사소통을 어렵게 함 ∴ 사회복지 전문직의 정체성 확립에 장애

— 다양한 실천방법에 공통기반이 존재한다는 인식이 확산

— 사회복지 지식체계에 '(사회)체계이론적 관점과 생태학적 관점'이 도입

　└ → ct의 문제 발생의 원인을 다양한 체계의 상호작용의 결과라고 인식하기 시작

　16. 국가직) 통합적 접근방법이 등장하게 된 배경 – 체계이론적 관점과 생태학적 관점을 활용하면서 이
　론적 기반이 형성(O)

▌특징　[11. 지방직]

— 사회복지실천의 공통기반 존재 인정

— 체계이론과 생태학적 관점의 활용 → 환경 속의 인간(Person in Environment, PIE)관

— 다중체계적 개입(Multi-Level Intervention)

— 순환적 원인론에 따른 개입

— ct의 잠재성과 개발 가능성 인정 → ct의 병리성보다 강점을 강조 → 원조관계에서 수평적 관계 중시

— 일반주의적 접근(Generalist Approach)

　├ 전문사회복지사(Specialist)에서 일반사회복지사(Generalist)로 변화

　└ 이미 검증된 다양한 이론과 개입방법(예 정신역동이론, 행동주의 이론 등)을 개방적으로 선택하고
　　 활용

　　11. 지방직) 통합적 접근은 정신 역동적 측면의 이해를 포함(O)

　　11. 지방직) 통합적 접근에서는 개인의 심리역동을 설명하는 행동주의 이론도 적용됨(X)
　　→ 정신역동 이론

— 다양성, 인권, 사회정의 등의 다양한 가치 강조

▌펄만(Perlman)의 문제해결모델　[10. 서울시]

— 미국 시카고 대학의 교수였던 펄만(H. Perlman)이 1957년에 처음으로 소개

— **최초로 진단주의 + 기능주의 → 통합모델**

— **개입목표**: 인생은 지속적인 문제해결 과정(Ongoing Problem Solving Process) → 치료가 아닌 ct가
　사용하는 **자아방어기제를 억제하여 문제해결능력과 대처능력을 향상시키는 것**

└ 4P 이론: 개별사회사업의 문제해결과정

　├ 문제(Problem)

　├ 사람(Person)

　├ 기관(Place, or 장소)

　└ 과정(Process)

> **PLUS⁺** 펄만의 6P
>
> 4P + 전문가(Professional Person),
> 제공(Provision)

■ 핀커스와 미나한(Pincus & Minahan)의 4체계 모델

- 일반체계이론을 사회복지실천에 응용한 모델
- 핀커스와 미나한(Pincus & Minahan)에 의해 1973년에 처음 소개
- 체계의 구성 [14·22. 국가직, 10·11·17. 지방직, 11·17. 지방직 추가, 17. 서울시]
  - 클라이언트체계: 서비스나 도움을 필요로 하는 체계 or 사람
  - 변화매개체계: sw와 이들이 소속되어 일하는 조직이나 기관
    - 10. 지방직) 변화매개 체계에는 사회복지사뿐만 아니라 사회복지사를 고용한 기관도 해당(O)
  - 표적체계
    - 목표달성을 위해 영향을 미치거나 변화시킬 필요가 있는 대상
    - 때에 따라서는 클라이언트 체계와 같을 수도 있음
    - 10. 지방직) 클라이언트 체계와 표적 체계는 경우에 따라 동일할 수도 있음(O)
  - 행동체계
    - 변화매개체계가 변화노력을 달성하기 위해 **서로 상호작용하는(or 공동으로 노력하는) 모든 사람**
    - 때에 따라서는 **클라이언트 체계의 구성요소가 중첩될 수 있음**
    - 10. 지방직) 행동 체계의 구성요소와 클라이언트 체계의 구성요소는 중첩되지 않음(X)
      → 중첩될 수 있음
- 사회복지실천 자원체계의 유형(자원체계의 형성된 특성에 따른 구분) [11. 지방직]
  - 비공식적 자원체계: 가족, 친구, 이웃, 동료 등
  - 공식적 자원체계: 회원제로 운영되는 공식협의체나 조직 등
  - 사회적 자원체계: 병원, 법률 상담소, 학교 등

■ 콤튼과 갤러웨이(Compton & Galaway)의 6체계 모델 [14·18·22. 국가직]

- 전문가(or 전문)체계
  - 변화매개체계의 행동과 사고를 형성 및 발전시키는 체계
  - 예 한국사회복지사협회, 사회복지사의 보수교육 체제, 사회복지사를 준비시키는 학교 등
- 의뢰 - 응답체계(or 문제인식체계)
  - 의뢰체계: 서비스를 요청한 사람(예 법원, 경찰, 외부 전문가 등)
  - 응답체계: 의뢰 체계에 의해 강제로 의뢰가 이루어진 사람
- 예 알코올중독자인 남편 '갑'은 술만 먹으면 배우자인 '을'에게 폭력을 행사함. 이를 견디다 못한 '을'은 사회복지사 '병'을 찾아가 '갑'의 알코올중독에 따른 가정폭력 문제를 호소함. '병'은 '을'의 문제를 함께 해결해 가기 위해 계약을 맺고, '갑'의 가정폭력을 해결할 수 있는 방안을 찾기로 함. 한편, '갑'과 '을'의 고등학생 아들인 '정'은 비행을 저질러 법원으로부터 보호관찰처분에 따른 부가 처분으로 상담을 명받아 병을 찾아옴. → 사회복지사 '병': 변화매개체계, 배우자 '을': 클라이언트체계, 남편 '갑': 표적체계, 법원: 의뢰체계, 아들 '정': 응답체계

■ 저매인과 기터만(Germain & Gitterman)의 생활모델 [10·11. 국가직]

- 생태체계적 관점을 사회복지실천 분야에 도입하여 형성
- 개입 목표: 인간의 욕구와 환경 간의 '적응' 수준을 향상시켜 '적합' 상태에 놓이게 함
  → 생활 과정 안에서 자신의 문제를 해결하게 하기

■ 골드스타인(Goldstein)의 단일화모델

- 사회체계 모델, 문제해결 모델, 과정 모델을 결합한 형태
- 유기체로서의 개인과 역동적인 사회관계 및 양자 간의 상호관계에 초점을 둔 모델
- sw가 자원을 확보하고 활용하는 능력으로 사회가 변할 수 있음을 강조

▌개념 　07·08·11·12. 국가직, 11·12·14·16·19·20. 지방직, 11. 지방직 추가

클라이언트	─ **만성적이고 복합적인 문제와 욕구를 지닌 클라이언트**(예 아동, 노인, 장애인, 정신장애인 등)에게
사례관리자	─ 전문적인 지식과 기술을 가진 사례관리자가
사회적 자원체계	─ 클라이언트의 문제해결 및 욕구충족을 시킬 수 있는 공식적(예 정부를 통해 제공되는 공적프로그램)·비공식적(예 가족, 친구, 이웃 등) 사회적 자원체계(or 지역사회자원)를
사례관리 과정	─ 사례관리 과정을 통해
	─ 클라이언트에게 연계·조정·유지시켜서
	─ 클라이언트의 복지추구·기능의 강화를 통한 자립의 극대화·서비스의 효과성 증진을 하는 **통합적인 서비스 전달방법**

12. 지방직) 사례관리는 고도의 전문성을 필요로 하는 새로운 사회복지 실천 방법(X)

▌목적(or 목표) 　17. 국가직, 16·17. 지방직

─ 보호의 연속성 보장

─ 비용 - 효과성의 증대

─ 모든 영역에 대한 보장

─ 접근성과 책임성의 증대

─ 일차집단의 보호능력의 향상 및 사회적 기능의 향상

16. 지방직) 사례관리의 목표는 클라이언트의 무의식을 분석하여 자신의 문제를 깨닫도록 돕는 것(X)
→ 정신역동모델

▌등장 배경 　07·09·15·20·24. 국가직, 11·17·19. 지방직, 08·11·17. 서울시

─ **탈시설화**: 미국 정부가 1950년대 이후 정신장애인들을 병원이나 시설에 수용하지 않고 지역사회 내에서 치료하고 관리하는 정책 실시 → **지역사회 보호의 중요성이 강조** → 지역사회에 복잡하고 분산되어 있는 서비스체계를 통합적으로 관리해야 할 필요성 인식

19. 지방직) 사례관리는 시설보호를 통한 집중적인 관리를 강조(X) → 지역사회보호

─ **ct와 그 가족에게 부과되는 과도한 책임**

─ **다양한 문제와 욕구를 가진 ct의 증가**

─ 만성적이고 복합적인 문제를 지닌 ct의 증가 → 기존의 단기적인 임상적 치료 모델의 한계 인식
　　→ 지역사회를 중심으로 한 장기보호의 필요성 대두

─ **정부의 재정적 위기**: 1970년대 중반 이후 시작된 정부의 재정위기(복지국가의 위기)
　　　　　　　　→ 공공지출의 삭감과 이를 통한 정부의 역할 축소

─ **서비스 비용 억제의 필요성 대두**: 중복서비스를 제공하는 시설이나 병원 등의 전문기관 확대
　　　　　　　　→ 서비스 비용의 중복이나 낭비를 억제해야 하는 전문적인 기술의 필요성이 요구

─ 사회적 지지체계(비공식적 자원체계)의 중요성에 대한 인식 확산

▌개입의 원칙 　11·12·17·19. 국가직, 12·16·17·19·20. 지방직, 11. 지방직 추가

─ **ct의 문제나 욕구 중심적 개입**

─ **개별화**: ct의 신체적·정서적·사회적 상황과 욕구에 따라 개별화된 '맞춤형 서비스' 제공

─ **포괄적 서비스 제공**: 기관의 네트워크 활용을 통해 ct의 복합적인 문제나 욕구가 충족될 수 있는 수준의 서비스 제공

─ **통합성의 원칙 준수**: 복잡하고 분산된 서비스 체계에서 서비스 전달체계(or 공식적·비공식적 자원) 간의 연계 및 조정 → 서비스 제공의 중복을 방지하여 서비스의 효율성을 높여야 하며, 이를 위해 개별적인 실천기술과 지역사회 실천기술을 통합

11. 지방직 추가) 사례관리 결과 서비스의 파편화가 초래(X) → 해결

─ **자기결정권 보장**: ct로 하여금 선택에 대한 자율권을 보장 → 개입과정에서 ct의 참여와 자기결정을 촉진

20. 지방직) 사례개입의 목표달성을 위해서라면 언제든 클라이언트의 자기결정을 제한하는 것이 정당(X)

- 서비스 접근성 향상
  - '아웃리치'를 활용한 서비스 사각지대의 발굴
  - ct가 서비스를 이용하는 데 존재하는 장애물(예 인종, 성별, 계층 등)을 최소화
- ct의 자립성 강화
- 지속적인 서비스 제공
- 체계성 원칙의 준수
  - 체계이론과 생태체계적 관점이 주요 기반
  - 공식적 자원 이외에 비공식적 자원 역시 적극적으로 개발하고 활용 → 체계적인 지지망 구축
    → 공적부담 축소
  - 17. 국가직) 사례관리는 서비스 비용의 증대를 추구(X) → 절감을
- ct 개인 및 환경의 변화를 위한 노력
- 투입 및 과정에 대한 평가 실시

▌과정 [11·12·23. 지방직, 11. 지방직 추가, 19. 서울시]

기관접촉 → 접수 → 사정 → 계획 → 개입 →
점검 → 재사정 → 결과평가

- 기관접촉
  - ct와 사례관리 기관 간에 접촉이 이루어지는 과정
  - 의뢰, 스스로의 방문, 아웃리치(Out Reach)를 통해 기관과 접촉
    → 서비스에 대한 욕구는 가지고 있지만, 그 욕구 충족을 위해 기관을 찾지 않는 잠재적 ct들의 서비스 접근성을 높이고자 사례관리자가 직접 기관 밖으로 ct를 찾아나서는 방법
- 접수(Intake): ct의 문제와 상황에 대한 파악이 이루어지는 과정
- 사정
  - ct의 현재 기능에 대한 광범위하고 구조화된 평가가 이루어지는 과정
  - 면담이나 다양한 사정도구를 활용하여 **ct의 욕구와 자원, 외부자원, 장애물 등을 파악하는 단계**
    23. 지방직) 사정의 영역에는 욕구, 자원, 장애물 등이 포함(O)
- **계획**: 포괄적이고 구체적인 목표, 서비스 제공방침, 제공과정을 설정하는 과정

- 개입 [11·12·17·19·24. 국가직, 11·14·19·20·23. 지방직, 11. 지방직 추가, 17. 서울시]
  - **직접적인 개입과 간접적인 개입(연계 및 조정하기)이 이루어지는 과정**
    11. 지방직 추가) 사례관리의 실천 과정 중 개입 - 내부자원 획득을 통해 직접적 서비스를 제공하고, 외부자원 획득을 위한 간접적 서비스를 제공하는 과정(O)
  - 개입 시 사례관리자의 역할(Moxley) - 복합적 역할 수행
    - **직접적 개입**: 이행자, 상담가, 교육자, 안내자, 협조자, 진행자, 정보제공자, 지원자
    - **간접적 개입**: 중개자, 연결자, 조정자, 옹호자, 협동가, 협의자
    - 기타: 사정자, 계획자, 평가자
      11. 지방직 추가) 사례관리자는 조정자, 중개자, 평가자, 옹호자 등 복합적인 기능을 수행(O)
      20. 지방직) 사례관리자는 사정자, 조정자, 중개자, 평가자, 옹호자 등 복합적 기능을 수행(O)
      12. 국가직) 사례관리자는 클라이언트를 직접 상담하는 치료자 역할을 수행하자 않음(X)
        → 수행함
- 점검(Monitoring) [12·16. 지방직]: ct를 위해 수립된 계획에서 정해진 서비스 전달과정을 지속적으로 추적해서 감시하고 감독하는 과정
- 재사정 [19. 국가직]: ct에 대해 반복적인 평가를 실시하는 과정
- 결과평가: 개입의 최종적인 효과를 평가하는 과정

▌사례관리자의 기술 [11·19. 국가직, 11·17. 지방직]: 직접적·간접적 개입에 모두 초점

- 직접적인 개입기술
  - **의사소통기술**: 말하기, 비언어적 의사소통, 질문, 경청, 적절한 반응 등
  - **상담 및 치료기술**: 비지시적·지시적 상담, 관계형성, 동기·참여증진, 교육·훈련, 위기개입 등
- 간접적인 개입기술
  - **연계기술**: ct를 서비스나 자원에 연결하는 것
  - **옹호기술**
  - **협력 및 조정기술**: 다양한 서비스 제공주체와 협력체계를 구축하고 협상 or 합의하는 것
    11. 국가직) 사례관리자의 직접적 개입에는 클라이언트와 서비스 제공자의 연결, 기관 간의 조정 등(X)
      → 간접적 개입
    17. 지방직) 사례관리자는 클라이언트 개인을 변화시키기 위한 직접적 서비스 제공에 초점을 두고 활동(X) → 직접적 서비스와 간접적 서비스 모두에 초점

전문적 관계(or 원조관계)

- sw가 ct와 맺는 계약적 관계
- 특징(Perlman, 1979년)
  - **의도적인 목적성**: ct의 환경 적응과 문제해결이라는 상호 합의된 목적이 존재
  - **시간제한적**: 구체적으로 한정된 기간을 갖고 관계를 가짐
  - **ct에 대한 헌신**: sw는 자신의 이익보다 ct의 이익을 위해 자신을 헌신
  - **권위성**: sw는 전문성에 기반 한 지식, 기술, 윤리강령에서 비롯되는 권위와 권한을 소유
  - **통제적 관계**: sw는 객관성을 유지하고 자기 자신의 감정, 반응, 정서를 자각하고 그 책임을 져야 함

비에스텍(Biestek)의 관계형성의 7가지 원칙(1957년)

> 15·17·19·23. 국가직, 10·11·13·17·18. 지방직, 11. 지방직 하반기

- 개별화
  - **ct의 욕구**: 타인에게 개별적인(or 고유한) 존재로 인정받고 싶어 함
  - **sw의 과업**: ct를 각각 개별적인 특징과 자질을 가진 존재로 인정 → 원조방법과 과정 등에서 각기 다른 원리나 방법을 활용
    10. 지방직) 클라이언트의 문제를 표준화하기 위해 노력(X) → 개별화
  - ct에 대한 편견, 고정관념, 선입관(예 성별, 연령, 출신지역, 교육정도, 경제계층 등)에서 벗어나 그의 개인적 경험을 존중
- 의도적 감정표현
  - **ct의 욕구**: 타인에게 비난받을 수도 있는 자신의 감정을 표현하고 싶어 함
  - **sw의 과업**
    - **ct가 자신의 감정을 자유롭게 표현하도록 의도적인 환경을 제공**
      ❶주의 감정표현은 ct가, 환경제공은 sw가
    - ct로 하여금 자신의 감정을 표현하도록 장려, 이러한 감정표현을 경청

- 수용
  - **ct의 욕구**: 타인에게 가치 있는(or 존엄한) 한 인간으로 인정받고 싶어 함
  - **sw의 과업**
    - ct를 '있는 그대로 인정' → ct의 강점(or 장점)과 약점, 바람직한 자질과 바람직하지 못한 자질, 긍정적인 감정과 부정적인 감정, 건설적인 태도와 행동 or 파괴적인 태도와 행동을 있는 그대로 받아들임
    - but 일탈(逸脫)된 행동(or 문제행동)에 동의하는 것은 아님
      19. 국가직) 수용 - 클라이언트를 있는 그대로 받아들여 문제행동도 옳다고 인정하고 받아들이는 것을 의미(X)
- 통제된 정서적 관여
  - **ct의 욕구**: 타인에게 자신의 감정을 공감받고 싶어 함
  - **sw의 과업**: 자신의 감정을 통제하는 범위 내에서 ct의 감정에 관여
    13. 지방직) 통제된 정서적 관여 - 클라이언트의 감정을 통제(X) → 사회복지사의
- 비심판적인 태도
  - **ct의 욕구**: 타인에게 심판받고 싶어 하지 않음
  - **sw의 과업**
    - ct를 심판하거나 비난하지 말아야 하며, 더 나아가 그의 특성이나 가치관을 비난하지 말아야 함
    - ct의 행동, 태도 등을 객관적으로 평가하고 판단
- 자기결정권 보장
  - **ct의 욕구**: 자신과 관련된 의사결정의 주체가 되고 싶어 함
  - **sw의 과업**: ct에게 유리한 대안을 제시
    → ct의 능력이나 상황을 고려해서 그가 스스로 선택하고 결정하게 원조
    11. 지방직) 클라이언트의 자기결정 원리에 따르면 사회복지사는 의견이나 제안을 피력하지 않음(X) → 피력하여야 함
    18. 지방직) 자기결정 - 클라이언트의 능력에 상관없이 클라이언트 스스로 모든 사항을 직접 결정할 수 있도록 원조(X)

└ 비밀보장
  ├ **ct의 욕구**: 자신의 비밀이 지켜지기를 원함
  └ **sw의 과업**: 전문적 관계를 통해 알게 된 ct의 비밀을 치료의 목적 이외에는 누설하지 말아야 함

> **PLUS⁺** 비밀보장의 예외 상황 [19. 국가직]
>
> 1. ct의 문제 해결과 관련하여 타 전문가와 필요한 정보를 공유해야 할 경우
> 2. 지도감독을 받기 위해 슈퍼바이저에게 보고 해야 하는 경우
> 3. ct의 치료를 위해 전문가 회의를 할 경우
> 4. 비밀보장이 타인이나 ct 자신의 생명을 위협하는 경우
> 5. 법정으로부터 ct의 정보공개 명령을 받았을 경우
> 19. 국가직) 비밀보장 - 원조관계에서 알게 된 클라이언트에 대한 정보는 반드시 비밀을 보호(X)

▌관계형성의 장애요인 – 변화를 방해하는 관계 [16. 국가직, 11. 지방직 추가]

├ **불신**: ct가 sw를 신뢰하지 않는 현상

├ **비자발성**: 개입에 대한 ct의 자발적인 참여 의지가 없는 현상

├ **양가감정**: ct가 변화를 이루고자 하는 감정과 변화하는 것에 대한 두려움 때문에 개입에 참여하기를 거부하는 두 가지 감정이 혼재되는 현상 ∴ 매우 자연스러운 현상

11. 지방직 추가) 클라이언트가 개입목표와 반대되는 행동을 보이는 원인 중 하나는 양가감정(O)

└ 저항
  ├ ct가 개입목표와 반대되는 행동을 보이는 현상
  └ **유형**: 침묵, 핵심에서 벗어난 주제를 말하기, 무력함 표현, 문제의 축소, 마술적 해법 기대, 행동으로 저항 심리 표현 등

> **PLUS⁺** 침묵
>
> 1. 침묵은 ct의 창조적 의지가 반영된 행동 → ct에게 매우 유익한 활동이 될 수 있음
> 2. ct의 침묵 시 sw의 대처 방법
>   ① 침묵의 이유를 파악
>   ② 조용한 관찰자가 되어 섣부르게 침묵을 깨지 말고 어느 정도 기다리면서 침묵의 의도를 탐색
>   ③ 침묵이 계속될 때에는 면접 중단 가능

┌ 전이
│ ├ ct가 어린 시절 누군가에게 지녔던 무의식적 감정(예 사랑, 원망, 두려움 등)을 sw에게 보이는 현상
│ │ (ct → sw)
│ └ **sw의 대처 방법**: ct의 반응이 비현실적임을 지적하고 현실적인 관점을 갖도록 원조
└ 역전이
  ├ sw가 어린 시절 누군가에게 지녔던 무의식적 감정을 ct에게 보이는 현상(sw → ct)
  │ 16. 국가직) 역전이란 사회복지사가 과거에 다른 사람에게 가졌던 감정을 현재의 클라이언트에게서 느끼는 현상(O)
  └ **sw의 대처 방법**: 전문적인 관계가 지속되기 어려울 것으로 판단될 경우 다른 sw에게 '의뢰'

▌특성(Compton & Galaway) [16. 국가직]

— **세팅과 맥락**: 면접은 기관의 상황[or 세팅(Setting), 장]이 있고, 면접 내용은 특정상황(or 맥락)에 한정

— **목적과 방향**: 면접은 ct의 문제 해결이라는 구체적인 목적을 달성하기 위한 목적지향적인 활동
∴ 의사소통은 개입목적에 관련된 내용들로 제한

— **한정적·계약적**: 면접은 sw와 ct가 계약에 따라 상호 합의된 상태로 진행, sw와 ct가 목적달성을 위해
제한된 시간 내에서 함께 활동

— 16. 국가직) 콤튼과 갤러웨이에 따른 사회복지실천의 면접에 대한 특성에는 자유로운 분위기를 위해 계
약을 지양(X) → 목적 달성을 위해서 계약을 지향

— **특정한 역할관계**: 면접 시 sw와 ct는 각각 특정한 역할관계를 규정하고 그 역할에 따라 상호작용

— **공식적인 활동**: 면접은 공식적이고 의도적인 활동

▌유형

— **구조화 정도에 따라**

— **구조화된 면접(or 표준화 면접)**: 사전에 준비한 동일한 순서나 내용으로 질문 → 면접상황에 관계
없이 **모든 피면접자에게 동일한 절차와 방법으로 수행되는 면접**

— **반구조화된 면접**: 미리 결정된 질문이 있으나 피면접자의 반응에 따라 **적절한 시점에서 개방형의
질문을 하는 면접**

— **비구조화된 면접(or 비표준화 면접, 개방형 면접)**: 면접자의 의도와 즉시적인 **질문 창출로 진행되
는 면접**

— **목적에 따라(Zastrow)**

— **정보수집면접**: ct와 그의 상황을 이해하는 데 필요한 다분히 객관적인 정보(예 나이, 성별, 학력, 직
업, 원가족 등)를 수집하는 면접

— **사정면접** ┬ 서비스에 대한 의사결정을 하기 위한 면접

└ 문제와 욕구 상황에 대한 이해, ct의 강점 파악, 문제해결과정의 장애물 파악, ct의 욕
구의 우선순위 설정

— **치료면접** ┬ ct의 변화 촉진을 위한 치료적 면접

└ 환경의 변화 촉진을 위한 치료적 면접

일반적인 사회복지실천 과정 [19. 국가직, 18. 서울시]

접수(Intake) → 자료수집 → 사정 → 계획수립 → 계약 → 개입 → 평가 및 종결 → 사후관리

접수 [07·09·20. 국가직]

- 개념: ct의 문제와 욕구를 확인하여 기관의 정책과 서비스에 부합되는 지를 판단
  - → 기관에서 제공하는 서비스를 받을 수 있는 지의 여부를 결정[적격판단(適格判斷)과정]
- 주요 과업
  - 참여유도: ct와 긍정적인 원조관계를 수립·상호신뢰(相互信賴)를 확보하기
    - → ct의 저항감 해소 및 동기화
  - 20. 국가직) 접수단계에서는 클라이언트와 긍정적 관계조성 및 상호신뢰를 확보(O)
  - ct의 문제, 욕구, 기대 확인하기
  - ct에게 원조과정(예 자격요건, 이용절차, 비용 등)에 대해 안내하기
  - 자료수집하기, but ct의 문제와 기관의 서비스 간 부합 여부를 판단하는 데 필요한 정도로만 수집
  - 서비스 제공여부를 결정하기 → 의뢰(Referral)하기
  - 초기 면접지(Intake Sheet), 정보 제공동의서 등 서비스 제공과정에 대한 안내 및 관련 서식을 작성하기

자료수집

- ct의 문제 파악과 관련된 '사실적 자료(or 정보)'를 수집하는 과정
- 사정과 더불어 실천의 전과정에서 이루어지는 지속적인 과정

→ 조사와 진단을 포괄하는 개념으로, 진단주의자들의 의료모델에서 사용하던 용어인 진단(Diagnosis)을 대신해서 1970년대 이후 사정(Assessment)이 사회복지실천 분야에서 주류화되기 시작

사정 [11·13·20. 국가직, 14·23. 지방직]

- 개념: 다양한 사정도구(예 가계도, 생태도 등)를 활용하여 수집된 '사실적 자료'를 분석하는 과정
- 과업
  - 생태체계적 관점 → 이중초점[Dual Focus, 상황(or 환경) 속의 인간관] 유지 → ct의 문제와 그들 둘러싼 환경의 부정적·긍정적 측면을 함께 다룸
  - 13. 국가직) 사정에서는 클라이언트와 그를 둘러싼 환경의 부정적 측면뿐만 아니라 긍정적 측면도 고려(O)
  - sw와 ct의 쌍방향적 상호작용과정 → ct와 함께 진행
  - ct의 문제와 욕구에 따라 개별화
  - 사정을 통해 ct를 완전한 이해하는 데에는 한계가 있다는 것 인정

가족 사정도구

사회적 관계망 표(Social Network Grid, or 사회적 관계망 그리드)

- 휘태커와 트레이시(Whitaker & Tracy)에 의해 개발된 **개인 및 가족 사정도구**
- 사회적 관계에서의 개인이나 가족의 사회적 지지체계를 사정
- 제공정보: 사회적 관계망의 중요한 인물, 사회적 지지를 받는 생활영역, 사회적 지지의 강도 및 유형, 소속감, 유대감, 접촉빈도, 관계기간 등

예

클라이언트	생활영역	물질적 지지	정서적 지지	정보·충고	비판	원조의 방향	친밀성	얼마나 자주 보는가?	얼마나 오래 알았는가?
	1.동거가족 2.다른가족 3.직장·학교 4.조직들 5.친구 6.이웃 7.전문가 8.기타	1.거의 없음 2.간혹 있음 3.항상 있음	1.거의 없음 2.간혹 있음 3.항상 있음	1.거의 없음 2.간혹 있음 3.항상 있음	1.거의 없음 2.간혹 있음 3.항상 있음	1.양방향 2.당신이 그들에게 3.그들이 당신에게 4.없음	1.거의 없음 2.간혹 있음 3.매우 친밀	0.보지 않음 1.년 몇 회 2.매달 3.주별 4.매일	1.1년 미만 2.1~5년 3.5년 이상
전종선(남편)	1	1	1	1	1	1	1	1	1
전수진(딸)	2	2	2	2	2	2	2	2	2
전인제(아들)	2	2	2	2	2	2	2	2	2

가계도(Genogram) `15. 국가직, 13·15·18·24. 지방직`

- 보웬(Bowen)이 자신의 다세대전수 가족치료모델에서 활용하기 위해 개발
- **일반적으로 2~3세대 이상 가족의 정보를 다양한 상징(or 그림)을 통해 보여주는 가족 사정도구**

  15. 국가직) 가계도란 2~3세대까지 확장해서 가족구성원에 관한 정보와 그들 간의 관계를 상징으로 작성하는 방법(O)

- 제공정보: 일반적으로 2~3대에 걸친 가족의 구성 및 구조 및 변화, 가족 내 하위체계 간 경계의 속성, 종단 및 횡단·종합 및 통합적인 가족의 속성, 가족의 생애주기, 출생·질병·사망·결혼·이혼·재혼 등의 생활사건, 성별·나이·직업·종교 등의 사회·인구학적 특성, 가족규칙, 세대 간의 반복적인 정서적·행동적 유형·사건·특징, 가족성원의 역할과 기능의 균형상태, 가족의 지배적 주제, 가족 내 삼각관계 유형 등

생태도(Ecomap) `21. 국가직, 13·18·24. 지방직`

- 하트만(Hartman)에 의해 고안된 가족 사정도구
- **생태체계적 관점(환경 속의 인간관)이 반영**
- **다양한 상징(or 그림)을 활용하여 가족과 그들에게 있어서 의미 있는 환경체계들과의 역동적인 상호작용을 시각적으로 제시**
- 제공정보: 가족의 환경체계(예 가족이 이용하는 서비스 기관의 종류, 가족의 여가활동, 이웃주민들과의 친밀도, 확대가족의 관계 등), 각 가족성원과 자원체계 간의 에너지 흐름, 각 가족성원과 자원체계 간의 관계의 양과 질, 가족의 환경체계에 변화가 필요한 내용, 가족에게 부족한 자원과 보충되어야 할 자원 등
- 작성방법: 중앙에 가족체계를 나타내는 원을 표시 → 원 내부에 가족원들을 가계도의 상징에 맞추어 표시 → 가족과 상호작용하는 다른 체계들은 원 외부에 작은 원으로 표시(이때 원의 크기는 자원의 양을 의미) → 가족과 상호작용하는 체계의 관계를 선으로 표시(이때 선의 모양은 관계의 정도를 의미)

생활력도표(Life History Grid, or 생활력표, 사회력표, 가족생활력표) `24. 지방직`

- 가족 기간(or 생애) 동안 가족에게 발생한 주요 사건(or 문제)의 발전과정에 관한 정보를 특별한 상징 없이 표를 이용하여 시계열적(or 종단적)으로 전개한 가족 사정도구
- 제공정보: 가족 기간 동안 가족성원에게 발생한 중요한 생활사건이나 문제, 특정 가족 발달단계에서의 생활경험 등

예

연도	장소	가족	주요 사건	주요 문제
1979	대구	장녀	출생	미숙아로 출생함
1997	대구	남편	실직	가족의 생계에 큰 문제가 발생함
2005	대구	장녀	사망	교통사고로 사망함
2020	대구	남편	사회복지학과 입학	사회복지사가 되기 위해 만학의 길을 선택함

가족생활주기표(Family life Cycle Matrix)

- 남녀 간의 결혼으로 가족이 형성되는 시점부터 배우자의 사망으로 가족이 해체되는 시점까지 가족의 변화와 발달 과정을 구조화시킨 것
- 제공정보: 가족구조와 발달과업 파악, 가족이 발달하면서 경험하게 될 사건이나 위기 예측

▍집단 사정도구

- 소시오메트리(Sociometry)
  - 모레노와 제닝스(Moreno & Jennings)가 개발
  - 집단성원 간 '사회적 거리'를 점수로 측정하여 집단성원 간 대인관계(or 정서적 관계)의 질적 정도를 평가하는 사정도구
  - **작성방법**: 집단성원에게 각 성원의 이름을 적은 후 각 성원에 대한 호감도를 1점(가장 선호하지 않음)에서 5점(가장 선호함)으로 평가하도록 요청 → 집단 내 각 성원이 집단성원들로부터 얻은 총점을 획득 가능한 최고점수로 나누어 집단성원의 호감도 점수를 계산
- 소시오그램(Sociogram) `15·24. 지방직`
  - 모레노와 제닝스(Moreno & Jennings)가 개발
  - 집단 내 성원 간의 상호작용의 질적인 관계를 이해하기 위해 상징(주로 '선')을 이용하여 그리는 집단 사정도구
    - cf 숫자를 이용하면 소시오메트리
  - 제공정보: 집단성원 간의 응집력, 집단성원의 지위(예 소외자, 주도자 등), 집단성원 간 대인관계 (예 선호도, 적대감, 무관심, 갈등, 거부, 수용 등), 집단 내 하위집단(or 결탁)의 유무 등
  - 15. 지방직) 소시오그램(socio-gram)은 집단 내 성원들 간의 상호작용을 상징을 사용하여 그림으로 나타냄으로써 집단 내 소외자, 하위집단, 연합 등을 파악할 수 있게함(O)
- 상호작용차트(Interaction Chart): 집단성원들 간의 or 집단성원과 sw 간의 상호작용과 관련된 특정 행동의 '빈도수'를 측정하여 상호작용 정도를 파악하는 사정도구
- 의의차별척도(Semantic Differential Scale)
  - 일직선으로 도표화된 척도의 양극단에 서로 상반되는 형용사를 배열하고 양극단 사이 5~7개의 범주 내에서 집단성원이 집단 내 자신의 동료에 대한 인식 정도를 평가하는 척도
  - 제공정보: 동료성원에 대한 평가, 동료 성원의 잠재력 및 활동력에 대한 인식 평가 등
    - 예 집단성원 최성혜에 대한 당신의 감정에 V표 해주세요.

| 불쾌한 | -- 1 -- -- 2 -- -- 3 -- -- 4 -- -- 5 -- -- 6 -- -- 7 -- | 유쾌한 |
| 두려운 | -- 1 -- -- 2 -- -- 3 -- -- 4 -- -- 5 -- -- 6 -- -- 7 -- | 편안한 |

▍계획수립 `07·09·13. 국가직` ❶주의 사후관리계획은 종결단계에서

- 개입의 장단기 목표에 대한 sw와 ct의 합의 과정
- 단계
  - ct를 동기화시키기
  - 표적문제와 문제해결의 우선순위 정하기
    - 긴급성·대표성·현실적 변화 및 해결 가능성이 높은 것부터 고려, sw와 ct 간의 합의 하에 최대 3개 정도
  - **목적 정하기**: 개입을 통해 얻고자 하는 장기적이고 궁극적인 결과. 추상적으로 기술
  - **목표 정하기**
    - **목표**: 목적을 달성하기 위해서 구체적으로 수행해야 할 과업
    - **목표 설정 시 고려해야 할 사항**
      - 단기적 과제를 제시
      - 기관의 가치나 기능에 부합
      - 하나의 표적문제에 대해 하나의 목표 설정
      - ct가 바라는 바와 연결
      - 동기부여보다 달성가능성을 더 중요하게 고려
      - ct와 sw가 합의하여 설정
  - 13. 국가직) 클라이언트와 함께 문제해결을 위한 목표를 설정(O)

> **PLUS⁺** 에간(Egan)의 목표 설정의 SMART 원칙
>
> 1. Specific(구체성)
> 2. Measurable(측정 가능성)
> 3. Attainable(달성 가능성)
> 4. Realistic(현실성)
> 5. Time-Bounded(시간 제한성)
> 예 일주일에 2번 이상 아내와 외식하기

▌계약

— 목표 달성을 위한 과제와 관련하여 sw와 ct 간에 맺은 합의

— 계약 시 sw는 개입에 소요되는 시간, 사회복지 윤리, 사용이 가능한 기술 등에 대해 고려 `13. 국가직`

  `13. 국가직) 클라이언트와 계약을 할 때는 시간, 기술, 윤리 등을 고려함(O)`

— 형식: 서면계약, 구두계약, 암묵적 계약

▌개입 `20. 국가직`

(목표 달성을 위한 실천의 단계) ct의 문제해결을 위해 상담, 자원연계, 교육 등 다양한 실천기술을 활용하는 단계

`20. 국가직) 종결단계 – 클라이언트의 문제해결을 위해 상담, 자원연계, 교육 등 다양한 실천기술 활용(X)`
→ 개입단계

▌개입 시 주요 기술

— 관찰 `09. 지방직` : ct의 말과 행동에 주의를 기울이는 기술

— 경청: (잘 들어 주는 기술) ct의 언어적·비언어적 의사표현에 집중
    → ct의 감정과 사고가 무엇인지를 이해하며 파악하고 듣는 기술

— 질문 `22. 국가직`

  — 응답범주 부여 여부에 따른 유형

    — 개방적(or 개방형) 질문

      — ct에게 응답범주를 부여하지 않아 ct 자신이 원하는 대로 응답할 수 있는 여지가 있는 질문

      — 예 "어제 댁에 따님이 방문하셨을 때 무슨 일이 있었나요?"

    — 폐쇄적(or 폐쇄형) 질문

      — ct에게 응답범주를 제시하는 질문

      — 예 "오늘 면접 참여를 남편분이 동의하셨나요?, 어르신은 현재 혼자 사세요?"

  — 면접 시 삼가야 할 부적절한 질문 유형

    — 유도형 질문

      — sw의 편견이 담긴 제안에 ct의 동의를 구하는 식의 질문

      — 예 "아드님과 평소에 관계가 좋지 못하시죠. 그렇지요, 아드님을 원망하고 계시지요?"

    — 중첩형 질문(or 복합형 질문, 폭탄형 질문)

      — ct가 대답하기 전에 한꺼번에 여러 개의 질문을 쏟아놓는 질문

      — 예 "폭력을 당하신 부위는 어디였고, 그 때 옆에 누가 계셨나요?"

    — '왜?'라는 식의 질문

      — ct로 하여금 자기 자신을 분석하고 비판하도록 요구하는 질문 → ct에게 위협감 형성

      — 예 "아들을 왜 때렸죠? 아들이 집 밖으로 나가지 않겠다고 약속했는데도 불구하고, 아들을 방에 가둔 이유가 뭐죠?"

    — 모호한 질문

      — ct로 하여금 질문의 내용을 명확하게 이해할 수 없게 하는 질문

      — 예 "그 사람의 그런 행동이 당신에게 무슨 문제가 되었나요?"

— 분위기 조성: ct에게 심리적으로 편안한 분위기를 제공하는 기술 → 주로 면접의 초기단계에서 사용

— 명료화 `11. 국가직, 15·20·24. 지방직`

  — **ct의 메시지가 추상적이거나 혼란스러운 경우 이를 보다 구체적으로 표현할 수 있게 유도**하는 기술

  — 때로는 **ct가 말한 내용을 sw가 잘 이해했는지 확인**하기 위해서도 사용

  — 예 ct: 내가 매일 주민센터에 가서 아무리 얘기해도 듣는 건지, 안 듣는 건지 … 공무원들한테는 얘기해도 소용없어.
      sw: 여러 번 주민센터에 가서 얘기하셨는데, 그곳의 공무원들이 잘 들어주지 않는다는 것인가요?

— 해석 `13·23. 국가직, 15·23. 지방직`

  — ct의 통찰력 향상을 위해 ct의 행동(또는 제공된 정보) 속에 내포된 저변의 단서를 발견한 후 이론에 근거하여 **sw 자신의 지식과 직관력에 근거하여 이에 대한 가설을 제시하고 설명하는 기술** → ct의 '무의식 세계'를 분석 → ct 자신의 상황을 보는 대안적 준거를 제공

  — ct가 거부하는 경우에는 이를 수용하고 즉시 멈추어야 함

  — 예 "제 생각에는 … 라고 생각하는데, ○○님은 어떻게 생각하는지요?"

— 요약 `15·23. 지방직`

  — ct가 생각나는 대로 두서없이 말한 경우

    → 말한 내용을 간결·정확하게 적절한 시기에 축약해서 정리하는 기술

  — 예 "지난 모임 때 김선생님께서는 아버지와 어머니가 너무 싫고, 그래서 가족과도 현재 연락을 끊고 지내신다고 하셨습니다. 이 내용이 맞지요?"

- 피드백(Feedback) [11. 서울시]
  - sw가 ct의 말과 행동 등을 파악하여 이를 진솔하게 알려주는 기술
  - ct에게 목표를 향해 성공적으로 이동하고 있다는 것을 알려줄 때(확인 목적), ct가 목표와 어긋난 방향으로 나갈 경우 이에 대한 수정에 필요한 정보를 알려줄 때(교정적 목적), 적절하거나 부적절한 프로그램의 결과의 내용을 알려 줄때(동기부여 목적)에 사용
- 지지하기
  - 격려 [19. 서울시]
    - ct의 행동이나 태도를 인정하거나 칭찬해서 긍정적인 행동을 취하도록 동기화시키는 기술
    - 예 "이번에도 잘 감당할 수 있을 것이라 믿어요."
  - 인정
    - ct가 어떤 행동을 하거나 중단한 이후 이에 대해 긍정적으로 평가해주는 기술
    - 예 "남편에게 자신의 의사표현을 정확히 하셨군요. 정말 잘 하셨습니다."
  - 재보증(or 안심) cf 재명명 [07. 국가직, 23. 지방직]
    - ct에게 신뢰를 표현해 주어 불안과 불확실성을 제거하여 위안을 주고 자신감과 희망을 갖게 하는 기술
    - 예 "염려하지 마세요. 상황이 더 좋아질 거예요."
- 일반화(or 보편화)
  - ct가 현재 경험하는 고통스러워하는 문제를 자신과 비슷한 상황에 놓인 다른 사람들과 보편화시켜 불안감을 줄이는 기술
  - 예 "이전에도 당신과 같은 상황에 계신 분을 치료해 본 적이 있지요. 그 당시 정말 좋은 결과를 얻었습니다."
- 환기(or 정화법) [13. 국가직, 16. 지방직]
  - ct로 하여금 자신이 경험하는 문제와 관련된 억압되고 부정적인 감정(예 분노, 증오, 고통, 좌절, 슬픔, 불안 등)을 스스로 표출하게 하는 기술 → 감정의 강도를 약화 or 해소
  - 예 "힘드셨을 것 같네요. 그 때 기분이 어떠셨나요?"
- 공감(or 감정이입) [24. 국가직, 18. 지방직]
  - sw가 ct의 입장에서 그의 감정·의미·경험 등을 민감하고 주의 깊게 파악하고 이해하는 기술
  - 예 청소년: 우리 부모님은 폭군이에요, 항상 자기들 마음대로 해요, 나를 미워하고 내가 불행해 지기를 바라는 것 같아요. 가출하고 싶을 때가 한두 번이 아니에요.
    사회복지사: 부모님 때문에 숨이 막히는 것처럼 느끼는구나.

- 재명명 [18·23. 지방직, 11. 서울시]
  - **ct가 자신이 경험하는 문제에 대해 스스로 부여한 부정적인 의미를 긍정적으로 수정하여 sw가 재진술해주는 기술** → ct의 관점이나 인식의 변화
  - 예 아들의 과잉행동이 심하다고 사회복지사에게 호소하는 어머니에게 사회복지사가 "아드님이 적극적이고 활동적이네요"라고 말하는 경우
- 초점화(or 초점제공)
  - ct가 경험하는 문제가 다양하거나 불확실할 경우 **특정한 문제에만 초점을 맞추는 기술**
    → ct로 하여금 자신의 사고과정을 명확히 인지할 수 있도록 하는 데에 유용
  - 예 "당신은 이중에서 가장 중요한 부분이 무엇이라고 생각하시나요?"
- 도전
  - ct가 자신의 문제에 대해 부정, 회피, 합리화할 경우 이를 현실 상황에서 문제로 인정하게 하여 의지와 관심을 가지고 해결하도록 유도하는 기술
  - 예 "당신과 제 노력으로 얼마든지 해결할 수 있는 상황입니다! 한 번 해봅시다."
- 직면 [11·13·23. 국가직, 15. 지방직, 11. 서울시]
  - ct의 말과 행동이 불일치하거나, ct가 자신의 문제를 부정·회피하는 경우 등 ct의 모순적 행동을 지적하는 기술
  - ct와 충분한 신뢰관계가 형성된 후에 사용
  - 예 "시어머니가 돌아가셔서 슬프다고 하셨지만 표정은 그렇게 보이지 않습니다."
- 정보제공 [11. 서울시]
  - ct의 의사결정이나 과업수행에 필요한 최신의 객관적인 정보를 제공해주는 기술
  - 예 국민기초생활보장 제도의 수급자격이나 노인장기요양보험 제도의 수급자격 요건 등과 같은 구체적이고 정확한 정보를 알려주는 경우
- 조언 [11. 서울시]
  - ct가 수행해야 할 행동 등을 sw의 주관적 판단에 의해 추천하거나 제안하는 기술
  - 예 "내가 당신이라면 ~ 이렇게 할 수도 있을 것입니다.", "제 생각에는 담임 선생님을 만나보시는 것이 좋은 거 같아요."
- 지시
  - 조언 기술의 효과가 미약할 경우 sw가 부여받은 권위를 이용해 ct에게 구체적인 과업 행동을 지시하는 기술
  - 예 "이렇게 하세요!"

└ 환언(or 바꾸어 말하기) [23. 국가직, 15. 지방직] [cf] 환기

    ├ ct가 한 말의 내용을 말의 뜻에 맞추어 **sw가 ct의 말과는 다른 말로 바꾸어 부연(or 재진술)**해 주는 기술

    └ **[예] ct:** 아버지께 화내서 너무 죄송해요. 왜냐하면 아버지께서 당뇨를 앓고 계시거든요. 더구나 당뇨 관리가 제대로 안되어 다리 절단의 위기에 처해 있는 데도 술을 계속 드실 때에는 화를 내게 돼요. 나는 왜 우리가 잘 지내지 못하는지 모르겠어요.

           sw: 아버지를 걱정하고 관계가 향상되길 바라지만 때때로 아버지와 함께하는 것이 매우 어려운 것 같군요.

└ 자기노출(Self-Disclosure) [11. 국가직]

    ├ sw가 원조 상황에 도움이 될 수 있다고 판단할 경우 언어적 표현 or 비언어적 행동을 통해 **ct에게 자신의 감정·생각·경험을 자연스럽게, 개방적으로, 또한 순수하게 드러낼 수 있는 기술**

    └ ct로 하여금 sw를 진실하고 진솔한 인간으로 받아들이게 하여 신뢰감과 상호이해가 증진될 수 있으며, ct의 표현을 촉진하는 데 유용

PLUS⁺ 자기노출 시 주의 사항

1. 자기노출의 내용과 감정은 일치
2. 지나치게 솔직한 자기노출은 자제
3. ct의 반응에 따라 적절한 수준의 자기노출 실시
4. ct의 반응에 따라 자기노출의 양과 형태를 조절
5. 자기노출의 긍정적인 측면과 부정적인 측면을 균형 있게 사용

▌평가 [23. 지방직]

├ sw의 개입노력을 사정하는 단계, 개입의 성과 확인

└ 평가목적에 따른 분류

    ├ **형성평가**: 개입과정에 대한 평가
           → 개입과정에서 부분적으로 수정·개선·보완하는 데 필요한 정보를 얻기 위하여 실시

    ├ **총괄 평가**: 종결 시 산출된 성과와 효율성에 대해 종합적인 가치판단을 하는 평가
           → 효율성과 효과성을 평가

    └ **통합평가**: 형성평가 + 총괄평가

▌종결 [13·20. 국가직, 13·14·24. 지방직]

├ 개입으로 ct가 변화하고 그에게 미친 영향을 마무리 하는 단계

└ 과업

    ├ 적절한 종결시기 결정하기

    ├ **정서적 반응다루기**: 부정적 감정 유도, 부정적·긍정적인 모든 감정표현 허용, 비언어적 메시지에 민감하게 반응

    ├ 효과의 유지와 강화하기(or 결과의 안정화)

        20. 국가직) 사정단계 - 개입을 통해 획득한 효과의 유지와 강화(X)

    ├ 의뢰하기

    └ 사후관리(Follow-Up Service) 계획 수립하기

아동의 연령 규범

구분	관련 법률 용어	연령규범
유엔아동권리협약 (1989년 11월 20일 제정)	아동	18세 미만
아동복지법	아동	18세 미만
영유아보육법	영유아	7세 이하
청소년기본법	청소년	9세 이상 24세 이하
청소년보호법	청소년	19세 미만
소년법	소년	19세 미만
한부모가족지원법	아동	18세 미만
입양특례법	아동	18세 미만

아동복지의 원칙

- 권리와 책임의 원칙: 아동-부모-사회(or 국가)라는 3주체의 권리와 책임에 기반
- 보편성과 선별성의 원칙 〔18. 지방직〕
  - 보편성: 전체(or 일반) 아동을 대상(예 아동수당, 가족수당, 무상의무교육 등)
  - 선별성: 요보호 아동만을 대상
  - 18. 지방직) 선별주의 원칙에 따라 보호가 필요한 아동으로, 보편주의 원칙에 따라 일반 아동으로 구분(O)
- 개발성의 원칙: 아동의 능력을 최대한 발휘할 수 있도록 개입
- 전문성의 원칙: 전문기구와 전문적 인력에 의해 수행
- 포괄성과 통합성의 원칙
- 예방성과 치료성의 원칙

아동복지서비스의 분류 〔07·09·13·17. 국가직, 09·11·13·18·22. 지방직, 11. 지방직 추가, 11. 서울시〕

서비스 제공 장소에 따라	재가서비스(In-Home Service)		가정 외 서비스(Out of Home Service)
	지지적 서비스	보충적 서비스(or 보조적 서비스, 보완적 서비스)	대리적 서비스

서비스 기능에 따라
(Kadushin)
	• 부모의 역할 대신(X), 부모가 부모로서의 기능을 제대로 수행할 수 있도록 외부에서 원조 → 제1차 방어선 역할(가장 예방적, 약한 단계, 초기문제에 개입)
	• 대표적 서비스 종류
	  – 가족치료 – 부모교육
	  – 아동·가족·집단 상담 – 개별사회사업서비스
	  – 지역사회프로그램 – 미혼부모복지사업
	  – 학교사회사업 – 빈곤아동지원사업
	18. 지방직) 가장 예방적 서비스인 대리적 서비스(X)
	→ 지지적 서비스
		• 부모의 실업·질병·장애·재정적 곤란 등으로 인해 발생하는 부적절한 보호에 대해 부모의 역할을 일부 대행
		• 대표적 서비스 종류
		  – 보육사업
		  – 가사조력서비스(or 가정봉사원 파견 서비스)
		  – 아동보호사업(or 프로텍티브 서비스)
		  – 장애아동보호사업
		22. 지방직) 보충적 서비스 - 사회가 부모의 역할을 일부분 대행함으로써 부모 역할이 충족되도록 돕는 서비스(O)
			• 부모의 역할이 상실되었을 경우
			→ 아동을 원가정에서 분리한 후 부모의 역할을 전부 대신
			• 대표적 서비스 종류
			  – 입양사업
			  – 가정위탁사업(or 위탁가정사업)
			  – 시설보호사업
			  – 일시보호소
			  – 쉼터
			17. 국가직) 가정위탁 - 지지적 서비스(X) → 대리적 서비스

▌주커만(Zukerman)의 방어선의 위치에 따른 분류

분류	내용	Kadushin과의 비교
제1차 방어선으로서 가정 내 서비스	• 방어선의 위치: 출생가정(or 원가정) • 가정의 사회적 기능을 회복·유지·강화하기 위해 제공	지지적 서비스, 보충적(or 보조적) 서비스
제2차 방어선으로서 대리가정 서비스	• 방어선의 위치: 대리가정 • 최소 침해 대안의 원칙: 가정과 가장 유사한 자연스러운 보호의 장을 마련 • 종류: 보육서비스, 가정위탁서비스, 입양서비스	대리적 서비스
제3차 방어선으로서 수용시설 서비스	• 방어선의 위치: 수용시설 • 시설에 수용하여 집단적인 보호서비스를 제공 • 종류: 수용시설	

11. 서울시) 가정과 유사한 곳에서 생활하는 것이 주커만의 방어선에 분류에 의한 3차 방어선(X)
→ 2차 방어선

▌유엔 아동권리에 관한 국제협약 12·24. 국가직, 19. 서울시

─ 18세 미만 아동의 생존·보호·발달·참여의 권리 등을 담은 국제협약
─ 1989년 11월 20일 유엔총회에서 만장일치로 채택 → 1990년 9월 2일에 발효
   　cf 우리나라는 1991년 12월 20일에 비준
─ 전문, 제3부, 총 54개 조항으로 구성
─ 아동의 4가지 기본적인 권리: 생존권, 보호권, 발달권, 참여권
─ 아동의 권리와 관련된 4가지 기본원칙
   ├ 무차별의 원칙
   ├ 아동 최선의 이익 원칙   💡암기팁 두문자) 무(차별)·이(익)·보(장)·참(여)
   ├ 생존 및 발달 보장의 원칙
   └ 참여의 원칙

THEME 093 사회복지실천의 분야(2) - 장애인복지 ★★★ □□□

▌세계보건기구(WHO)의 장애 개념 11. 지방직, 12. 국가직

─ ICIDH(1980년)
   ├ 손상(Impairment): 1차 장애, 신체적 차원
   ├ 능력(or 기능)장애(Disability): 2차 장애, 개인적 차원, 손상으로 인해 개인의 활동수행 능력이 감소된 상태
   └ 사회적 불리(Social Handicap)
       ├ 3차 장애, 사회적 차원, 능력(or 기능)장애로 인해 '사회적 참여의 제한' 발생 → 교육, 취직 등이 저해되고 있는 상태
       └ 예 암벽등반을 하다가 사고를 당해 하반신 마비가 되어(손상), 걷지 못하게 되었고(능력장애), 이로 인해 취업이 어려워졌다(사회적 불리).

─ ICIDH-2(1997년): ICIDH를 보완
   ├ 손상(Impairment)
   ├ 활동(Activity): 개인적 수준에서 일상생활과 관련된 개인의 활동
   └ 참여(Participation): 개인의 참여 정도, 참여를 촉진하게 하거나 or 방해하는 환경 등

└ ICF(2001년): ICIDH—2가 근간, 세계보건위원회에서 승인

구분	영역1: 기능과 장애		영역2: 상황적 요인	
구성요소	신체기능과 구조	활동과 참여	환경적 요소	개별적 요소
영역	• 신체기능 • 신체구조	생활영역 (과업, 활동 등)	기능과 장애에 영향을 미치는 외적 영향력	기능과 장애에 영향을 미치는 내적 영향력
구성	• 신체기능의 변화 (생리학) • 신체구조의 변화 (해부학)	• 표준환경에서의 과제 수행 능력 • 현재 환경에서의 과제수행정도	물리적·사회적·인지 적 측면에서 촉진 or 방해하는 힘 (예 사회인식, 건축물 의 장애요소 등)	개별적인 특성에 의한 영향 (예 성, 연령, 인종, 습 관, 대처방식 등)

12. 국가직) 세계보건기구(WHO)가 2001년에 발표한 새로운 국제장애분류체계는 ICF(O)

▌장애인복지의 주요 이념 [20·23. 국가직, 17. 지방직 추가]

─ 인간의 존엄성(or 인권보장)
─ 정상화(Normalization)
  ├ 강조점
  │ ├ 장애인만의 정상적이고 일상적인 생활의 리듬
  │ ├ 개인의 성장과 발달에서 정상적인 발달경험
  │ ├ 생의 주기에서 자기 선택의 자유
  │ └ 정상적인 가정과 지역사회에 통합된 삶을 강조
  └ 지역사회 내 강제적이며 폐쇄적인 장애인 생활시설 집중화(or 확충)에 반대 ∴ **지역사회보호 강조**
    17. 지방직 추가) 정상화는 장애인만의 생활방식과 리듬을 강조하면서 장애인이 정상적인 발달경험
    을 할 수 있도록 시설에 보호하는 것(X) → 지역사회에서 보호
─ 사회통합(Social Integration)
  ├ 사회적 자원의 분배를 통해 사회전반의 불평등을 감소시키고자하는 이념
  └ 장애인 역시 자신이 가지고 있는 불리를 경감하고 해소하여 의미 있는 사회참여를 할 수 있어야 함
─ 자립생활
  └ 자신의 삶과 관련된 여러 가지 이슈에 대해 스스로 판단하고 결정해서 자신의 삶을 스스로 통제할
    수 있는 능력이나 가능성

└ 장애인 역시 자기결정권을 행사하여 타인에게 의존하는 것이 아니라 자신이 자신의 삶의 주체가 되
  어 자신이 바라는 생활목표나 생활양식을 선택하며 살아가야 함
└ 사회책임: 인간의 존엄성과 생존권 훼손의 위협에 대응하기 위해서 국가는 장애인복지 정책을 통해 이
  에 적극적으로 개입해야 함

▌장애인복지 패러다임의 변화 [15·21·23. 국가직] : 재활모델 → 자립생활모델

구분	재활모델	자립생활모델
문제의 정의	신체적·정신적 손상, 직업기술이나 능력의 부족	누군가(예 전문가, 가족, 친척 등)에 대한 의존, 자립을 막는 사회적 장애(예 장애인에게 불리한 건물·교통·경제상황 등)
문제의 원인	장애인 개인	사회환경, 재활과정
장애인에 대한 시각	환자나 클라이언트	소비자
문제의 해결 방법	의사 등의 전문가의 전문적 개입	옹호, 자조, 소비자 주권, 사회적 장애 제거, 자기결정, 참여
개입의 목표	최대한의 일상생활 능력(ADL) 회복, 취업	자립생활

23. 국가직) 자립생활모델 - 삶의 선택에 있어서 장애인 당사자의 참여와 선택 강조(O)

▌장애인복지모델 [11. 지방직] : 복지모델과 시민권모델

구분	복지모델	시민권모델
장애인에 대한 관점	일반인들이 충분히 수행하는 일상생활을 수행할 수 없게 만드는 신체적·정신적 손상을 가진 사람	사회적 배제로 공민권, 참정권, 사회권 등의 시민권의 행사에 있어서 불이익을 당하는 사람
문제의 소재	개인적 문제(or 손상)	사회적 문제(or 차별)
해결책	개별적 치료	사회적 행동
기본적 시각	분리, 보호	통합, 권리
해결방안	개별적인 적용	사회변화
서비스 주체	전문적 권위자	집합적 사회
장애인의 역할	통제대상	선택주체
권리구제방법	행정규제	개별소송

▌여성불평등(or 여성문제)의 기원   [11. 지방직]

가부장제, 자본주의, 가족이데올로기

11. 지방직) 여성주의 사회복지실천에서는 여성문제의 원인을 남성의 가부장적 특성과 여성의 권력 결핍에서만 기인하는 것으로 봄(X) → 여성의 권력 결핍에서

▌여성주의 사회복지실천의 원칙   [11. 지방직]

- **여성문제에 관한 인식**: 사회구조적으로 제도화된 성차별(or 남성의 가부장적 특성과 여성의 권력 결핍)에 근거하여 발생한다는 인식
- **사회복지사의 클라이언트와의 관계**: 사회복지사와 클라이언트는 평등한 관계
- **권한부여(or 역량강화)**: 여성 자신의 가능성과 능력을 발견하고 키워 나가도록 동기화
- **실천의 목표**: 기존의 고정 관념을 벗어나 여성 특유의 관점에서 클라이언트에게 가치를 부여하고 문제에 접근하는 창의적이고 개방적인 여성을 형성

▌성 인지적 관점(性認知的觀點, Gender Perspective)   [20. 지방직]

각종 제도나 정책 등에 포함된 어떠한 개념이 특정한 성에게 유·불리(有·不利)한지 or 성역할 고정관념 (or 성역할 분업)이 반영되었는지를 확인 → 성차별로 인한 문제를 분석하거나 개입할 때에 사용할 수 있는 관점

20. 지방직) 사회복지실천에서 성인지관점은 가족 내 성역할 분업을 강조하는 관점(X)

▌페미니즘의 유형   [23. 국가직, 11. 지방직]

- 자유주의 페미니즘
  - **여성억압의 원인**: 남성이 구축한 제도 및 관습(예 정치적 참여, 입법체계, 사회적 지위, 직업 등) 상의 차별과 교육의 불평등
  - 제도·관습·교육기회를 여성에게도 동등하게 확대할 것을 주장 ∴ 기회의 평등 추구
  - 11. 지방직) 자유주의적 페미니즘 – 교육, 직업, 사회적 지위 등에서 남성과 동등한 권리를 획득하는 데 관심을 둠(O)
- 급진주의 페미니즘
  - **여성 억압의 원인**: 가부장제 가정(or 사회)에서의 여성차별과 억압에 초점 ∴ 여성의 생물학적 특성인 출산(또는 재생산)과 이에 따른 남성에 대한 의존
  - 가부장적인 사회적·문화적 제도들(예 가족, 교회, 학교 등)의 소멸 주장
- 마르크스주의 페미니즘
  - **여성억압의 원인**: 자본주의의 본질인 계급 지배(또는 억압)적인 생활양식, 자본주의가 낳은 불평등으로 남성에게 경제적으로 종속된 여성
  - **자본주의 타파와 가사노동의 사회화·여성의 생산노동 참여 주장**
- 사회주의 페미니즘
  - **여성억압의 원인**: (가부장제 + 자본주의) 가부장제의 여성차별과 억압 + 자본주의의 본질인 계급 지배적인 생활양식
  - 남성이 담당하는 유급의 생산노동과 여성의 담당하는 무급의 가사노동의 사회구조 타파(예 보살핌 노동과 가사노동을 사회가 분담, 지불노동과 부불노동의 분리 철폐, 남성부양자-여성 의존자라는 통념 철폐) 주장
  - 11. 지방직) 교육, 직업, 사회적 지위 등에서 남성과 동등한 권리를 획득하는데 관심을 두는 것은 자유주의적 페미니즘(O)

▌노화의 유형 [11. 지방직]

- 생물학적 노화: 점진적으로 이루어지는 신체적 변화
- 심리학적 노화: 노년기의 감각, 지각, 학습, 성격, 태도 등의 행동 유형의 변화
- 사회학적 노화: 노인의 사회적 지위와 역할의 변화

  11. 지방직) 사회학적 노화 – 한 개인이 사회에서 자신의 연령에 맞게 역할을 얼마나 잘 수행하는지를 말하며, 사회적 기대나 규범이 반영된 연령을 의미(O)

▌노화이론 [14. 지방직]

- 분리이론: 노인과 사회의 유리(遊離)는 사회와 노인 모두에 유리(有利)하다고 주장
- 활동이론: 노인은 사회참여를 하고 싶어한다고 주장
- 지속성이론: 노년기의 성격 변화를 부정
- 사회교환이론: 사회적 교환관계에서 불리한 노인의 상호작용 감소를 주장
- 연령문화이론: 노인 역시 사회에서 부여한 연령에 합당한 지위에 따라 적합한 수준의 역할을 담당해야 한다고 주장
- 현대화이론
  - 현대사회에서의 노인의 소외 현상을 설명
  - 현대사회의 전문화·분업화 → 노인 소외 현상

▌노인의 사고(四苦)

병고(病苦), 빈고(貧苦), 고독고(孤獨苦), 무위고(無爲苦)

[22. 국가직]

▌목적

정신건강증진을 통해 삶의 질을 향상할 뿐만 아니라 정신적으로 건강한 지역사회를 위한 제반 서비스를 제공하는 것

▌주체

- 전문가(정신건강의학과 의사, 정신건강사회복지사, 정신건강임상심리사, 정신건강간호사, 작업치료사)
- 클라이언트 개인 ❶주의 클라이언트는 서비스를 받는 대상이면서 동시에 서비스를 행하는 주체임

▌대상

- 1차적 대상: 정신적·정서적 장애를 가진 클라이언트와 그 가족

  22. 국가직) 정신건강사회복지에서 가족은 1차적인 대상에 포함되지 않음(X) → 포함됨
- 정신건강의 예방이나 정신건강의 증진을 원하는 일반시민도 포함

▌장소

- 정신건강시설(정신의료기관, 정신재활시설, 정신건강복지센터, 정신요양시설, 자살예방센터, 중독관리통합지원센터 등)
- 학교정신건강시설, 치매노인보호전문기관, 아동 관련 전문기관으로 범위가 확대

▌개입방법

- 정신건강팀의 협력하에 사회복지실천방법론을 활용하여 개별수준 뿐만 아니라, 집단·가족·지역사회 개입 등 통합적인 접근
- 클라이언트의 기본적 욕구 충족, 사회화 과정에서 결핍된 생활학습의 기회, 책임분담을 통한 사회적 역할 수행의 훈련, 퇴행된 행동의 억제, 규범 내에 활동할 수 있는 민주적 태도 양성 등
- 현실지향적·인본주의적·민주적인 생활을 통한 학습활동에 중점

11. 국가직, 12·18. 지방직

▌엘더슨(Alderson)의 모델

— 전통적 임상모델

　　— 문제의 원인: 가족, 특히 부모-자녀 간의 역기능적인 갈등 관계

　　— 개입목표: 학생의 행동 수정, 학생이나 부모의 특성 변화

— 학교변화 모델(or 제도적 변화모델)

　　— 문제의 원인: 학교의 제도나 환경

　　— 개입목표: 역기능적인 학교규범과 제도의 변화

— 지역사회-학교 모델

　　— 문제의 원인: 빈곤을 포함한 지역사회의 사회적 조건과 지역사회의 문화적 차이에 대한 학교의 이
　　　　　　　　　해 부족

　　— 개입목표(지역사회와 학교에 모두 개입)

　　　　— 지역사회가 학교의 역할을 이해·지지

　　　　— 학교가 취약지역의 학생들을 위한 프로그램을 개발할 수 있도록 원조

— 사회적 상호작용 모델

　　— 문제의 원인: 학생 개인과 다양한 체계들(예 학교, 지역사회 등) 간의 역기능적인 상호작용

　　— 개입목표: 학교·학생·지역사회 간 기능적인 상호작용을 방해하는 장애물 제거

▌코스틴(Costin)의 모델(학교-지역사회-학생 관계 모델)

— 문제의 원인: 학교와 지역사회의 결함 및 학생들이 생활주기상의 다양한 스트레스 시점에 있을 때에 학
　　　　　　　생집단의 특성과 상호작용하는 특정 체계의 특성

— 개입목표: 학교-지역사회-학생 관계체계의 변화

THEME 098 | 사회복지실천모델(1) – 정신역동모델 □□□

▌개입목표 `13·17. 국가직, 17. 지방직`

(통찰력 강화) 과거의 경험에서 형성된 무의식적 갈등과 이로 인한 <u>불안을 표현하도록 하여</u> 의식화 → 현재
ct 자신의 행동이나 감정에 어떤 영향을 주는지 통찰 → 성격변화 → 사회적 기능 향상 └→ 진단주의: 문제의
원인 파악, 진단, 치료
13. 국가직) 위기개입 – ct의 통찰력 강화, 성격변화에 초점(X) → 정신역동

▌개입기법

┌ **전이 활용**
│ ┌ **전이**: ct가 과거 자신이 경험한 부정적인 대인관계에서 형성된 감정을 sw에게 무의식적으로 투사
│ │   하는 것
│ └ 치료 과정 중 **의도적으로 전이를 유도** → ct에게 전이로 인한 행동과 정서적 반응을 해석하는 기법
├ **자유연상** `17. 지방직 추가` : ct에게 눈을 감게 한 후 마음속에 떠오른 감정이나 기억 등을 자유롭게 말하
│   게 하여 → 무의식을 의식 수준으로 전환할 수 있도록 돕는 기법
│ 17. 지방직 추가) 자유연상은 행동주의치료모델의 치료기법(X) → 정신역동모델
├ **직면**: ct의 언어와 행동 간의 불일치 등을 발견 → 이를 지적하여 교정하게 하는 기법
├ **훈습** `13. 국가직` : 저항이나 전이에 대한 이해를 반복하여 심화하고 확장시키는 기법
│ 13. 국가직) 샐리베이(Saleebey)가 소개한 강점관점 실천을 위한 유용한 질문 - 훈습질문(X)
├ **꿈의 해석**: 꿈을 통해 나타나는 무의식적 소망, 욕구 등을 해석하는 기법
└ **해석**: ct의 행동 속에 내포된 의미에 대해 sw가 자신의 지식과 직관력에 근거하여 가설을 제시하고 이
        를 설명하는 기법
        예 "제 생각에는 … 라고 생각하는데, ○○님은 어떻게 생각하는지요?"

▌특징

자기분석과 자기성장에 대한 의지나 욕구가 있는 ct에게만 효과적

▌발전과정

> 창시자: 메리 리치몬드(M. Richmond)
> 1917년 저서 『사회진단』을 통해 '상황 속의 인간' 개념 도입

↓

> 고든 해밀튼(G. Hamilton)
> '심리사회모델' 용어 사용

↓

> 플로렌스 홀리스(F. Hollis)
> 이론의 체계화

▌이론적 기반 [10. 국가직]

정신분석이론, 대상관계이론, 체계이론, 생태체계적 관점, 자아심리이론, 역할이론, 의사소통이론 등이 절충되어 형성

10. 국가직) 심리사회모델은 정신분석이론, 생태체계론 등을 이론적 기반으로(O)

▌개입목표 [17. 국가직·지방직, 17·19. 서울시]

심리사회적 문제해결
　↳ 개인의 내적 요소와 사회환경적 요소 모두 중시
─ 심리적 부분(개인 내적 요소)에 대한 개입— 직접적 개입
└ 사회환경적(사회적 요소) 부분에 대한 개입— 간접적 개입

19. 서울시) 심리사회모델은 개인의 내적 요소와 사회적 요소를 모두 중시(O)

▌개입 시 대원칙 [14. 국가직, 10. 지방직]

ct와 sw 간의 관계를 중시

─ ct가 있는 곳에서 출발하기
─ ct를 개별화하기
─ ct를 수용하기
─ ct의 자기결정을 존중하기

─ 상황(or 환경) 속의 인간(Person-in-Environment) 관점을 유지하기

14. 국가직) 심리사회모델은 ct의 개별성을 강조(O)

17. 국가직·지방직) 심리사회모델 - 상황 속의 인간 강조(O)

10. 지방직) 심리사회 모델 - ct를 '상황 속의 인간'으로 이해하며 과거 경험이 현재 상태에 미치는 영향을 중시(O)

▌개입 기술 [10·18. 국가직, 19. 서울시] **암기팁** 두문자) 지(지)직(접영향)탐(색)개(인)유(형)발(달)

─ 직접적 개입 기술
　─ **지**지하기: ct의 불안 감소, 원조관계 수립, 동기화 촉진
　─ **직**접영향주기: ct에게 sw의 의견을 제시하고 이를 관철
　─ **탐**색-기술(or 묘사)-환기: ct의 내적 긴장을 완화시켜 감정의 전환을 도모
　─ **개**인-환경에 관한 고찰: 사건에 대한 ct의 지각방식 및 행동에 대한 자신의 신념이나 외적 영향력
　　　↳ 인간-상황에 대한 고찰　등을 평가
　─ **유**형-역동성 고찰: ct에게 ct 자신의 심리적 기능(**예** 성격유형, 특징, 행동유형, 방어기제 등)을 이해시키기
　└ **발**달적 고찰: ct에게 자신의 성인기 이전의 생애(or 유년기) 경험이 현재의 자신의 성격이나 기능에
　　　↳ 발달과정의 반영적 고찰, 개인이 가진 현재의 기능은 과거의 사건(or 경험)에 영향을 받음
　　　　어떤 영향을 미치는가를 이해시키기

10. 국가직) 심리사회적모델의 주된 기법: 직접 영향주기, 탐색 – 기술 – 환기기법, 유형 – 역동성 고찰 등(O)

19. 서울시) 심리사회모델 - 개인이 가진 현재의 기능은 과거의 사건에 영향을 받는다는 입장(O)

─ 간접적 개입 기술(or 환경 조성하기): ct에게 필요한 인적·물적 자원을 제공·발굴·옹호하기

▌특징 [11. 국가직]

직접적 개입에 치중하다 보니 **간접적 개입을 등한시 하는 경향**
→ ct의 환경보다는 ct의 내적갈등만을 더욱 강조

11. 국가직) 심리사회모델은 환경적 요소에 치중(X) → ct의 내적갈등

▌기본 가정 `18. 국가직, 21. 지방직`

─ 인간행동은 전 생애에 걸쳐서 학습

┌ 인간행동은 자기의지에 의해 결정
─ 인간은 개인적·환경적·인지적 영향력 사이에서 끊임없이 상호작용하는 존재

 18. 국가직) 인지행동모델 - 인간은 개인적·환경적·인지적 영향력 사이에서 끊임없이 상호작용하면서 행동하는 존재(O)

└ 개인의 심리적 장애 - 경험에 대한 개인의 독특한 주관적 해석에 근거

 → 인지 및 행동 수정을 위한 훈련 강조

▌특징 `10. 국가직·지방직`

─ ct의 주관적 경험의 독특성(문제 및 상황에 대한 주관적인 인식)을 중시

─ ct와 sw의 협조적인 노력 강조
 └ 특히 sw의 적극적인 역할 수행을 요구

─ 개입 과정 중 ct의 능동적인(or 적극적인) 참여 요구

─ 구조화되고 방향적(or 직접적)인 접근을 강조

─ 교육적 접근 중시 `cf` 인지행동모델 - 구조화·교육적 접근, 과제 중심 모델 - 구조화 접근

 10. 국가직) 심리사회적 모델 - 개입에 있어 구조화된 절차를 가지고 교육적 접근을 강조(X) → 인지행동모델

 10. 지방직) 인지행동 모델 - ct의 주관적 경험의 독특성을 중시하고, 구조화되고 교육적인 접근을 강조(O)

─ 다양한 개입방법을 활용 `예` 설득, 논쟁, 행동과제 부여 등

└ 시간제한적인 단기개입
 └ `cf` 단기개입: 과제중심모델, 위기개입모델, 인지행동모델, 행동수정모델, 해결중심모델, 동기강화모델

▌이론적 기반

인지이론과 행동주의이론(고전적 조건화이론, 조작적 조건화이론, 사회학습이론 등)이 절충되어 형성

▌엘리스(A. Ellis)의 합리적 정서행동치료모델(REBT) `09·10·23. 국가직, 17. 국가직·지방직`

─ 개입목표: ct의 비합리적 신념을 수정할 수 있도록 원조하기

 10. 국가직) 심리사회적 모델 - 인간의 비합리적 신념을 합리적으로 바꾸는 것에 초점(X) → 인지행동모델

 23. 국가직) 로저스 - 비합리적 신념을 제거하는 것을 개입의 목표로 제시(X) → 엘리스

└ 개입과정(ABCDE 모델): B(신념체계)가 인지적 요인으로서 가장 중요

A: 선행사건(Activating Event)	B: 신념체계(Belief System)	C: 결과(Consequence)
ct의 정서를 유발시키는 사건	특정 사건에 대해 ct가 지닌 신념이나 생각	선행사건에 대해 ct가 경험하는 정서적·행동적 결과

D: 논박(Disputing)
ct가 지닌 비합리적 신념에 대해 sw가 시도하는 논박 과정으로, 개입을 실시하는 단계

E: 효과(Effect)
논박과정을 통해 비합리적 신념체계가 합리적 신념체계로 전환되어진 상태

▌벡(A. Beck)의 인지치료모델

─ 개입목표 `17. 국가직·지방직` : 생활사건에 대한 인지적 오류(or 왜곡)의 변화

 17. 국가직·지방직) 과제중심모델 - 개인의 비합리적 신념이나 인지적 오류를 변화시킴으로써 부정적 감정을 극복하고 긍정적인 행동 변화를 이끔(X) → 인지행동모델

└ 인지적 오류(or 왜곡)

 ┌ 임의적 추론(or 자의적 추론): 결론을 지지하는 증거가 부족하거나 부적절함에도 불구하고 부정적인 결론을 내려버리는 자동적 사고
  `예` "내가 너무 못생겨서 남자친구가 떠났어.", "선생님은 나를 미워해."

 ├ 과잉(or 과도한) 일반화: 유사하지 않은 사건이나 장면에 부적절하게 확대하여 적용하는 자동적 사고
  `예` "남자친구가 떠났으니 결혼도 하기 어렵겠지!"

 ├ 선택적 요약: 전체적인 사건 가운데에서 부정적인 부분만을 가지고 전체적인 사건에 적용하는 자동적 사고

 └ 극대화와 극소화(or 과장과 축소): 부정적인 부분은 극대화시키고 긍정적인 부분은 극소화시키는 자동적 사고

- **개인화(or 잘못된 귀인)**: 자신과 관련시킬 근거가 없는 부정적인 외부사건을 자신과 관련시켜 자신이 원인이라고 인지하는 자동적 사고
  - 예 "내가 신고만 빨리 했어도 지하철 화재로 사람이 죽지 않았을 텐데."
- **이분법적 사고**: 흑백논리(黑白論理)에 근거한 사고로, 완벽주의를 추구
  - 예 "최고가 아니면 모두 실패자인 거야."

▌인지행동모델의 개입 기법: 행동주의모델과 병용

- **경험적 학습**: 인지적 불일치(or 부조화) 원리를 적용. ct로 하여금 자신의 인지적 왜곡에 부합하지 않는 특정한 행동을 하도록 지시
- **인지 재구조화** 18. 국가직 : 개인이 가지고 있는 비합리적 신념을 재구성하여 현실에 맞는 행동의 변화로 대치 or 인도
- **모델링**
  - sw의 관점에서 ct에게 바라거나 필요로 하는 절차에 대해 시범을 보이는 기법
  (주의과정 → 보존과정 → 운동재생과정 → 동기화과정)
  - 예 ct에게 친구들과 다정하게 이야기하는 장면을 보여주고 역할연습을 하게 하는 경우
- **시연** 19. 국가직
  - ct가 습득한 새로운 행동기술을 현실에서 직접 실행하기 이전에 sw앞에서 반복적으로 연습하도록 지시하는 기법
  - 예 대인기피증이 있는 ct에게 sw앞에서 간단한 발표를 반복적으로 연습하도록 지시하는 경우

- **체계적 둔감화(or 체계적 탈감법)** 19. 국가직, 17. 지방직 추가
  - 고전적 조건화 이론에 근거한 기법
  - ct로 하여금 불안자극과 불안반응 간의 연결이 없어질 때까지 불안감을 경험하는 상황에 의도적으로 노출시키는 것 → 가장 덜 위협적인 상황에서 가장 위협적인 상황까지 상황들을 순서대로 제시
    └→ 반대: 홍수법
  - 17. 지방직 추가) 행동주의모델의 치료기법에는 체계적 둔감화, 자기주장훈련, 자유연상, 이완훈련이 있음(X) → 자유연상은 정신역동모델의 치료기법
- **타임아웃(or 격리법)**
  - 부적처벌의 원리를 활용한 기법
  - ct에게 문제 행동을 발생시키는 상황으로부터 그를 일시적으로 분리시킴으로서 문제행동을 감소시키는 방법
- **이완훈련** 17. 지방직 추가
  - ct에게 근육의 수축과 이완, 복식호흡, 즐거운 사건에 대한 상상 or 연상 등을 하게 하여 → 일상생활의 스트레스에 대처할 수 있도록 유도하는 기법
  - 예 대인기피증이 있는 ct에게 발표에 앞서 sw가 20초 동안의 복식호흡과 함께 평화로운 하늘의 구름을 연상하도록 지시하는 경우
- **자기주장훈련** 17. 지방직 추가 : ct로 하여금 대인관계에서 억제된 생각이나 감정을 솔직하게 표현하고, 자신의 이익대로 행동하도록 유도하는 기법

▌특징

지적능력이나 새로운 시도에 대한 의지가 낮은 ct에게는 효과가 제한적

THEME 101 　사회복지실천모델(4) - 과제(or 과업)중심모델 ★★★ □□□

▌개관 08. 국가직, 17. 국가직·지방직, 11. 지방직 추가

- 1970년대 미국 시카고 대학의 리드와 엡스타인(Reid & Epstein)이 제안
  17. 국가직·지방직) 과제중심모델 - 리드(Reid)와 엡스타인(Epstein)이 대표적 학자(O)
- 당시 장기개입 모델의 비효과성에 대한 비판 → 실천의 효과성 제고를 위한 대안으로 등장
  └→ sw가 효율적으로 활용 가능

▌개입목표

ct가 문제해결에 필요한 기술이나 자원을 얻게 하여 자신이 호소(or 인식)하는 문제를 해결하기
17. 국가직·지방직) 과제중심모델 - ct가 인식한 문제에 초점을 둔 단기개입(O)

█ 특징 08·11·12·15. 국가직, 10·12·13. 지방직, 11. 지방직 추가, 17. 서울시

- **단기치료의 영향**: 1960년대 본격화된 단기치료의 영향으로 생성
  - 시간제한
  - 제한된 목표
  - 초점화된 면접
  - 현재에의 집중
  - 활동과 지시
  - 신속한 초기사정
  - 치료(or 개입)의 융통성
- **경험적 기초** → 경험적인 연구에 의해 검증된 방법 선호
- **절충적(or 종합적, 통합적) 접근**: 체계이론, 의사소통이론, 인지이론, 정신분석이론, 학습이론의 기본 원칙들이 통합되어 형성
- **ct가 인식한 문제에 초점**
- **문제해결활동 강조**: ct와 sw 간 동의한 문제해결 활동 강조
  - 12. 국가직) ct와 sw 간 동의에 의한 문제해결 활동을 강조(O)
- **단기개입**
- **ct와 sw 간의 협조적 관계 중시**
- **구조화된 접근**: 시작 - 문제규명 - 계약 - 실행 - 종결 **cf** 인지행동모델 - 구조화·교육적 접근
- **ct의 자기결정권 존중**
- **ct의 환경에 대한 개입 강조**
- **sw의 개입의 책무성 강조**

█ 주요 개념

- **표적문제** ─ ct가 해결을 호소하는 심리사회적 문제
  - ct와 sw 간의 합의에 의해 3개 이내로 선정
- **과제**: ct의 과제 + sw의 과제

█ 개입과정 12·15. 국가직

시작		초기		중간(or 중기)		종결
시작	→	문제규명 → 계약	→	실행	→	종결

▽ 암기팁 아저씨(시작)~~ 문(계규명)이 열려서 개(계약)가 실(행)종(결)됐어요! 지금부터 개 찾는 것이 과제!

- **시작**
  - **자발적으로 찾아온 ct**: ct가 호소하는 문제와 그 문제의 우선순위를 확인
  - **의뢰되어 온 ct**: 의뢰경위, 의뢰를 통해 달성하고자 하는 문제와 목표, ct가 생각하는 문제와 목표 등을 확인
- **문제규명**
  - 표적문제와 그 우선순위를 구체적으로 설정
  - 이후 계약을 위한 예비적인 초기 사정을 신속하게 실시
    - **cf** 실행(중간)단계에서 정교한 사정 실시 → 사정 2번 실시: 문제규명, 실행
  - 15. 국가직) 문제규명단계 - 표적문제를 구체적으로 설정(O)
- **계약**: 서면이나 구두로 ct와 sw가 동의
- **실행(or 수행) or 중간(or 중기)**
  - 표적문제에 대한 집중적으로 (정교한) 사정
  - ct와 sw의 수행과제를 개발하고 수립
  - 수립된 수행과제를 수행(or 이행)
  - 과제수행의 정도를 점검 → 필요에 따라 과제를 수정·보완
  - 실질적인 장애물(예) ct의 기술부족, 타인과의 협력과 지지 부족, 자원 부족 등)을 규명하고 제거(or 해결)
    - 12. 국가직) 중기 단계 - 장애물의 규명과 해결, 문제 초점화 등(O)
    - 15. 국가직) 실행단계 - 매 회기마다 ct가 수행한 과제의 내용을 점검하고 상황에 따라 과제를 수정 보완(O)
- **종결**: sw가 ct에게 피드백 요청 or 자신의 활동에 대해 스스로 평가

▌위기　18. 국가직

자신이 가진 현재의 자원과 대처기제로는 감당하기 어려운 사건이나 상황을 **주관적으로 지각하거나 경험**

→ 균형상태 붕괴 → 혼란상태

18. 국가직) 위기개입모델 – 인간은 감당하기 어려운 상황에 직면하게 되면 균형상태가 깨져 혼란 상태에 놓임(O)

▌종류

- **발달적 위기**: 현재의 발단단계에서 다음 발달단계로 넘어갈 때 자연스럽게 발생하는 위기
  - 예 청소년의 정체성 위기, 중년의 위기 등
- **상황적(or 우발적) 위기**: 예기하지 않는 가운데 발생하는 위기
  - 예 실직, 사고, 가족의 사망, 성폭행 피해, 이혼 등
- **실존적 위기**: 인간적 이슈(예 삶의 의미 등)에 동반되는 갈등이나 불안과 관련된 위기
  - 예 인생이 덧없다고 느끼는 허무감 등
- **환경적 위기**: 자연이나 인간이 일으킨 재해를 당했을 때 발생하는 위기

▌위기반응 단계(Golan)　13. 국가직

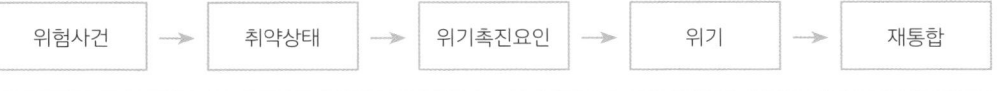

| 위험사건 | → | 취약상태 | → | 위기촉진요인 | → | 위기 | → | 재통합 |

13. 국가직) 위기개입모델 – 특정 위기상황은 예측할 수 있는 단계를 거치며 단계마다 사람들이 예측할 수 있는 정서적 반응과 행동을 드러낸다고 전제(O)

▌개입목표(제한된 목표)　11·13·17·24. 국가직, 10·17. 지방직

- 위기로 인한 증상 제거(or 완화)하기
- 위기 이전의 기능 수준으로 회복하기
- 촉발사건 이해하기
- ct나 가족이 이용할 수 있는 지역사회의 자원이나 치료기제를 규명하기

11. 국가직) 위기개입모델은 ct의 인격성장과 변화에 목표(X)

13. 국가직) 위기개입모델 – ct가 최소한 위기 이전의 기능수준으로 회복하도록 도움(O)

▌개입원칙　11·13·14·17·24. 국가직, 10·17. 지방직

- **신속한 개입**: 개입은 가능한 한 즉시 제공 ∴ 단기개입모델에 해당

  11. 국가직, 10. 지방직) 위기개입 모델은 단기적 접근(O)

- **희망과 기대 고취**
- **지지체계의 구성**: 실용적인 정보와 확실한 지지, 사회적 지지체계 제공
- **초점적 문제해결**: 구체적인 표적문제 파악과 해결에 초점

  11. 국가직) 위기개입모델 – 과거탐색에 초점(X)

  13. 국가직) 위기개입모델 – 정확한 문제의 원인을 파악하고 진단하는 데 초점(X)

- **자기상의 보호와 확립**: ct의 자기상 보호, 건전한 자기상 확립
- **자립**: 사정하고 개입을 계획함에 있어서 ct가 함께 참여할 기회 제공
- **행동기술**: sw의 역할은 지시적이고 적극적, 주로 행동기술에 초점 ❶주의 ct의 자기결정권 강조(X)

  14. 국가직) 위기개입모델 – ct 스스로 문제를 인식하게 하고 ct의 자기결정권을 강조(X)

▌역량강화　[09. 국가직]

무기력한 상태에 놓여 있는 ct의 역량을 강화시켜 → 스스로 자신의 삶에 대한 통제력을 갖게 하는 것

▌역량강화의 관점　[07. 국가직, 16. 지방직]

생태체계적 관점 + 강점관점
└→ ct의 강점과 자원에 초점

▌시각　[07·14·17. 국가직, 17. 지방직]

— 전문적 관계에 대한 시각: 협력과 파트너십
└ ct에 대한 시각: 개입의 주체, 자신의 문제에 대한 전문가, 변화과정에 능동적으로 참여하는 파트너, 소비자, 문제해결을 위한 자원

　07. 국가직) 역량강화모델 - ct는 자신이 필요로 하는 정보와 서비스를 스스로 선택하고 결정하는 소비자(O)

▌개입목표　[6. 지방직]

자아효능감 증진, 자신의 강점 발견 원조 → ct가 자신의 삶과 상황에 대해 더 많은 통제력을 갖도록 원조
16. 지방직) 권한부여모델 - 사회적, 조직적 환경에 대한 ct의 통제력을 증가(O)

▌특징

— 소외계층(or 다양한 계층, 억압받는 집단)에 대해 관심을 가지고 이들을 수용
— ct의 자기결정권과 개별화 강조
└ 개인적 차원, 대인관계 차원, 구조적 차원 등 사회체계의 모든 수준에 적용 가능

▌개입과정　[14. 국가직] : 대화 → 발견 → 발전(or 발달)

— 대화(Dialogue)단계
　├ 파트너십(or 협력관계) 형성하기
　├ 현재 상황의 명확화(or 상황 이해하기)
　└ 방향 정하기(or 방향설정)
　　14. 국가직) 권한부여모델 - sw는 대화를 통해 장애인의 상황, 욕구 및 강점 등을 파악(O)
— 발견(Discovery)단계
　├ 강점 확인(or 규명)하기
　├ 자원 역량(or 능력) 사정하기
　└ 해결방안 수립하기
— 발전(Development)단계
　├ 자원 활성화하기
　├ 결연(or 동맹)관계 창출하기
　├ 기회 확장하기
　├ 성공 확인·인정하기
　└ 종결하기

└→ 가족치료모델로도 활용

▌이론적 배경

체계이론, 사회구성주의, 강점관점에 영향을 받아 개발
└→ **cf** 사회구성주의 – 해결중심모델, 이야기가족치료모델에 영향

▌sw의 역할

- 해결과제 수립 시 sw보다 ct의 견해를 존중하고 우선시 ∴ sw는 주로 자문가
- 치료의 기본 도구로 주로 '다양한 질문'을 사용 ∴ sw는 변화촉진을 위한 질문자

▌개입의 목표

ct의 현재 문제해결

▌개입원칙　17·18. 국가직, 17·21. 지방직

- **강점관점**: 문제자체나 문제의 원인규명보다 성공경험과 강점 강화
  21. 지방직) 해결중심 접근법 – ct의 문제에 초점을 맞춰 과거, 현재, 미래에 영향을 미치는 모든 요인들의 상호작용을 분석함으로써 문제를 해결(X)
- **활용**: ct의 과거 성공했던 경험과 장점에 개입의 1차적인 초점
- **탈 이론적, 비규범적, ct의 견해 중시**
- **변화의 불가피성**: ct의 갑작스럽고 심도 있는 변화의 가능성을 인정
  └→ 시간이 약
- **현재와 미래 지향**
  18. 국가직) 해결중심모델 – 인간은 문제해결능력을 가지고 있으며, 변화는 불가피(O)

▌특징

단기개입모델

▌해결 지향적 질문　18·22. 국가직

- **상담 전 변화질문**
  - ct가 면접을 약속한 후 현재 면접 당시 그동안 일어났던 변화에 대해 질문하는 기법
  - **예** "상담예약을 하신 후부터 지금까지 시간이 좀 지났는데 그동안 상황이 좀 바뀌었나요?"
- **예외질문**
  - ct가 문제로 생각하고 있는 행동이 일어나지 않았던 경우나 우연적인 성공은 있기 마련이라는 가정 하에 실시하는 질문 기법 ❶**주의** 시점은 과거
  - **예** "두 분이 매일 싸우신다고 말씀하셨는데, 혹시 싸우지 않은 날은 없었나요?"
  22. 국가직) 예외질문 – "딸의 가출 횟수가 지금보다 조금이라도 줄었을 때는 언제였나요?"(O)
- **기적질문**
  - ct로 하여금 문제가 해결된 미래의 상태를 상상해보게 하는 질문 기법 ❶**주의** 시점은 미래
  - **예** "간밤에 기적이 일어나 걱정하던 문제가 해결되었다고 생각해보세요. 당신은 주변에 무엇을 보고 기적이 일어난 것을 알 수 있을까요?"
- **척도질문**
  - ct에게 자신의 문제 등의 수준을 '수치'로 표현하도록 하는 기법
  - **예** "처음 상담에 오셨을 때가 0점이고 개입목표가 달성된 상태를 10점이라고 한다면, 지금 당신의 상태는 몇 점입니까?"
- **대처질문**
  - 과거 ct가 수행한 문제의 대처 경험에 대해 질문하여 ct 스스로 자신이 대처기술을 가졌다는 것을 깨닫게 하는 기법 ❶**주의** 시점은 과거
  - **예** "어려운 상황 속에서도 더 나빠지지 않고 견뎌낼 수 있었던 것은 무엇 때문이라고 생각하십니까?"
- **관계성 질문**
  - ct에게 중요한 타인(**예** 부모, 아내, 남편 등)의 관점으로 ct가 처한 현 상황을 바라보도록 질문하는 기법
  - **예** "당신의 어머니는 이 상황에서 당신이 무엇을 해야 문제해결에 도움이 된다고 말씀하실까요?"
- **보람질문**
  - ct에게 치료의 결과로서 어떠한 긍정적 변화를 원하는지 질문하는 기법
  - **예** "무엇이 달라지면 오늘 복지관에 와서 상담하기를 잘했구나 하는 생각이 드실까요?"

기본가정(W. Miller & S. Rollnick)

- 변화의 동기는 ct에게 내재되어 있는 신념이나 가치관 등에서 발생
- **양가감정을 인식하고 해결하는 것은 sw가 아닌 ct의 과업**
- sw와 ct는 파트너십 or 동반자 관계

개입목표

ct의 양가감정을 탐색하고 해결 → 변화에 대한 내적 동기를 증진

주요 적용대상

중독증상과 관련된 행동의 변화가 요구되는 사람들

특징 15. 국가직

- ct가 자신의 문제를 수용(or 인정)하지 않아도 변화는 가능
- ct 개인의 선택과 책임 강조
- **로저스(Rogers)의 인본주의 철학에 기반**
- 단기개입 모델

15. 국가직) 과제중심모델의 이론적 관점은 인본주의 철학이 중심(X) → 동기강화모델

기본원리

- 공감 표현하기
- **불일치감 만들기**: ct의 신념과 가치에 현재 행동이 불일치하는 것을 깨닫게 하기
- **저항과 함께 구르기**: ct의 저항에 직접적으로 맞서서 반박하거나 직면하지 말고, 그대로 인정하고 존중
- 자기효능감 지지하기

기본개입기법

- 개방형(or 열린) 질문하기
- **인정하기**: ct의 강점, 변화를 위한 노력, 변화된 점 등을 칭찬하거나 이해함을 표현함으로써 지지
- **반영하기(or 반영적 경청)**: ct의 진술을 경청
- **요약하기**: sw와 ct 간에 오간 대화 내용을 sw가 일목요연하게 요약해서 전달

가족의 개념

혼인·혈연·입양 등을 통해 형성된 부부 또는 친족 관계에 있는 사람들이 생계 또는 주거를 함께 하는 생활공동체

전통적인 가족의 기능

- 제도적 기능(또는 사회구성원의 재생산 기능)
- 성적욕구 및 규제 기능
- 구성원의 양육과 보호 기능
- 사회화(또는 교육기능) 기능
- 정서적 안정 제공(또는 정서적 교류) 기능
- 경제적(또는 생산 및 소비) 기능

현대 우리나라 가족의 변화 [18·19. 국가직]

- 저출산, 핵가족화 → **가족구조가 단순화되고 가족규모가 축소**
  - ∴ **단독가구와 무자녀가구를 포함한 비전통적인 가구 유형인 1·2인 가구의 비율이 꾸준히 증가**
- 다문화 가족이 급속하게 증가
- 초혼연령의 증가(또는 만혼 경향)
  - → **가족생활주기가 시작되는 시기(자녀가 원가족에서 독립하여 가족을 형성하는 시기)가 늦어짐**
  - → 결혼부터 첫 자녀를 출산하는 기간과 첫 자녀 출산에서부터 막내 자녀 출산까지의 기간이 단축
- 평균 수명 연장 → **빈둥지(Empty Nest, 자녀의 출가 후 노부부만 남아 이후 배우자 사망까지의 기간)** 기간 증가
- 청년실업 증가 → 자녀가 독립하는 시기가 늦어짐 → **빈둥지 시기가 늦게 찾아옴**
- **출산 하는 자녀수의 감소 → 첫 자녀부터 막내 자녀까지 결혼 완료까지의 기간이 짧아짐**
- 시대와 문화의 변화에 따라 **다양한 가족개념 등장**(예 단독가구, 한부모가족, 동성애가족, 다문화가족, 무자녀 가족 등) → **가족생활주기별 구분이 모호해짐**
- **부부관계가 기존의 권위적인 지배관계에서 민주적인 상호의논 관계, 남편 주도형에서 부부의논형, 더 나아가 아내주도형 등 가족의 권력구조가 평등화** → 가족 내 다양한 갈등 발생의 원인이 됨
- 자녀에게 있어서 부모의 권위는 낮아지고 오히려 부모가 자녀의 눈치를 보는 **역수직 관계가 발생**
- 평균수명의 연장
  - → 가족의 생애주기가 길어짐
  - → 노부모와 성인자녀의 관계 기간이 더욱 길어짐 ∴ 성인자녀가 노부모를 부양해야 하는 기간 증가
- 가족의 정서적 기능은 현대 가족에서 더욱 중요시, but 약화

가족생활주기

남녀 간의 결혼으로 가족이 형성되는 시점부터 배우자의 사망에 이르기까지 가족의 변화와 발달 과정을 구조화시킨 것

가족항상성

체계로서의 가족이 그 구조와 기능에 균형을 유지하려는 속성

∴ 가족이 위기상황 이후에 예전의 정상적인 기능수행으로 되돌아가려는 경향성

가족규칙

가족이 가족항상성을 유지하기 위해서 가족성원들에게 부여한 '지켜야 할 의무나 태도에 대한 지침이나 권리' 등(예 "우리 집 딸들은 반드시 저녁 9시까지는 귀가해야 돼!")

가족신화

가족성원 모두에게 받아들여지고 아무런 의심이나 비판 없이 공유하고 지지되는 가족의 믿음이나 신념 (예 "형은 항상 동생에게 양보해야 한다.") ∴ 일종의 왜곡현상

순환적 인과관계(또는 순환적 인과성, 상호적 인과관계) [22. 국가직]

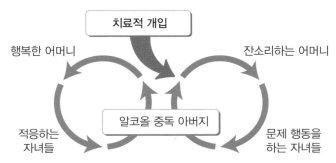

- 직선적 원인론과 대비
- 가족 내 한 성원의 변화는 다른 가족 성원을 반응하게 하는 자극이 되고 **이러한 자극은 다른 가족에게 상호 영향을 미쳐 결국 전체에 영향을 주게 되며** 이 영향은 처음에 변화를 유발하게 한 성원에게 다시 순환적으로 영향을 미친다고 가정하는 것
- 가족 내 한 성원의 변화 → 가족 내 다른 성원의 변화 → 가족 전체의 변화

22. 국가직) 개인의 문제를 해결하기 위해 가족 단위의 개입 시행 가능(O)

비총합성

가족이라는 전체 체계는 **가족 내 하위체계의 각 부분의 합 이상의 의미를 갖는다는** 개념

사이버네틱스

- 1차적 사이버네틱스
  - 사회복지사의 가족 밖 객관적 입장 강조
  - 사회복지사와 클라이언트의 관계: 전문가와 비전문가의 관계. **수직적·일방적인 원조관계**
- 2차적 사이버네틱스
  - 사회복지사와 클라이언트의 한 체계 내에서의 상호작용 강조
  - 사회복지사와 클라이언트의 관계: **협력적·수평적·쌍방적 관계**

12·22. 국가직

▌가족관

┌ 가족을 '다세대적 현상'으로 이해
│ → 다세대에 걸친 가족체계의 분석을 통해 현재 가족이 겪는 문제의 원인을 탐구
└ 기능적인 가족과 역기능적인 가족
    ┌ **기능적인 가족**: 자아분화 수준이 높은 가족
    └ **역기능적인 가족**: 자아분화 수준이 낮은 가족 → 삼각관계 형성

▌치료목표

(탈삼각화) 삼각관계에서 제3자를 분리시켜 미분화된 자아의 분화를 촉진

22. 국가직) 탈삼각화 - 아내가 자신에게서 멀어지는 남편을 대신하여 딸이 자신을 편들도록 할 때, 딸을 끌어들이지 않고 당사자끼리 갈등을 해결할 수 있도록 함으로써 딸이 부모의 갈등에서 자유롭게 하는 기법(O)

▌주요 개념

┌ 자아분화 ┬ 개인이 원가족의 정서적 융합에서 벗어나 자주적으로 행동하게 되는 것
│　　　　　 └ 수준이 높을수록 기능적
├ 삼각관계: 자아분화 수준이 낮은 부부가 이로 인해서 발생하는 불안이나 갈등을 회피하기 위하여 제3자
│　　　　　　(예 텔레비전, 애완동물, 취미활동 등)를 끌어들이는 현상
└ 다세대전수과정: 자아분화수준이나 삼각관계와 같은 가족의 정서적 과정이 여러 세대에 걸쳐 이어지
　　　　　　　　 는 과정

▌치료기법

┌ **가계도**: 가족의 속성을 종단·횡단으로 파악 → 다세대 전수과정 이해
├ **치료적 삼각관계**: 가족의 삼각관계에 sw가 대신 들어가 개입하는 기법
├ **코칭(Coaching)**: 가족성원이 능력과 기능을 최대한 발휘하여 스스로 문제를 해결할 수 있도록 돕는 기법
│　　　　　　　　　예 도전, 직면, 설명, 과제부여 등
└ **나 - 입장 취하기(I-Position)**: 상대방의 행동을 비난하는 대신 그 행동에 대한 본인의 입장을 상대방
　　　　　　　　　　　　　　　에게 표현하게 하는 기법

12. 국가직. 10·12·22. 지방직, 11. 지방직 추가

가족관

— 가족을 체계이론적 관점으로 이해

— 가족은 일관성 있고 예측 가능한 행동유형을 보인다고 가정

기능적인 가족과 역기능적 가족

— **기능적인 가족**: 하위체계 간 명확한 경계, 가족 하위체계의 위계가 부부 중심으로 구성

　　└→ 권위적인 부부하위체계가 이상적 가족

— **역기능적인 가족**: 하위체계 간 유리 or 밀착된 경계, 부부하위체계 중심의 위계가 없는 가족

11. 지방직 추가) 구조적 가족치료 - 극단적인 가족문제는 가족 하위체계들의 경계가 지나치게 유리되거나 밀착된 경우(O)

치료목표

가족구조의 재구조화, 힘의 불균형 상태의 균형화

주요 개념

— **가족하위체계**: 부부, 부모, 부모-자녀, 형제자매

— 경계

　├ 역기능적인 경계: 경직된(or 유리된) 경계, 모호한(or 밀착된) 경계

　└ 기능적인 경계: 명확한 경계

치료기법

— **합류하기(Joining)**: sw가 가족 상호작용의 일원이 되어 가족 정서체계에 적응하여 관계를 맺고, 신뢰 관계를 형성하는 기법

— **실연**: 가족성원으로 하여금 자신들의 역기능적인 패턴(or 상호교류)을 sw 앞에서 행동으로 재현(or 재구성)시켜 보게 하는 기법 **cf** 경험적 모델의 역할극

— 긴장고조시키기

　├ 가족들의 긴장을 고조시켜 → 가족구조를 재구조화하는 기법

　└ **예** 평소의 의사소통 유형 방해하기, 가족 갈등을 공개적으로 토론하게 하여 갈등을 표면화시키기 등

— 경계만들기

　├ 밀착된 경계를 가진 가족 → 개인의 독립심과 자율성 증진

　└ 유리된 경계를 가진 가족 → 상호교류 촉진

— 과제부여(or 과제주기)

　├ 과거 가족의 상호교류에서 자연스럽게 이루어질 수 없었던, 그러나 '터득해야 할 기능적인 패턴'을 실연해 보도록 지시하는 기법

　└ **예** "남편께서는 아내가 힘들어 할 때마다 아내를 안아주세요."

— **균형 깨기(or 균형 깨뜨리기, 탈균형화)**: 가족 내 하위체계 간 역기능적인 위계의 균형을 깨뜨리기 위해서 활용하는 기법(**예** 일부 가족성원의 편 들어주기)

12·22. 국가직, 10·12. 지방직, 11. 지방직 추가

가족관

- 가족은 충분한 성장 가능성 소유 → sw는 가족의 병리적 측면보다 성장 가능성에 더욱 초점
- 기능적인 가족과 역기능적인 가족
  - 기능적인 가족: 일치형 의사소통이 가능한 가족, 서로의 성장을 돕는 가족
  - 역기능적인 가족: 비난·회유·초이성(or 계산)·혼란 등의 역기능적인 의사소통이 일상화된 가족

이론적 배경

체계이론, 정신분석이론, 대화이론, 교류분석이론, 세대이론, ct 중심이론, 게슈탈트이론, 행동주의이론, 학습이론, 의사소통이론 등

치료목표

가족성원 개인의 자아존중감(or 자존감)이 향상되는 경험 제공 → 단순한 안정이 아닌 성장

12. 국가직) 경험적 모델 - 행동이론, 학습이론, 의사소통이론을 기초, 직접적이고 분명한 의사소통과 개인·가족의 성장을 치료 목표(O)

주요 개념

- 자아존중감(or 자존감)
  - 인간의 기본적인 욕구, 자기평가를 통해 갖게 되는 개인적인 신념
  - 문제 대처의 근원적인 에너지이며 생존을 위해서 유지·발전시켜야 할 것
  - 자기, 타인, 상황으로 구성
- 가족규칙: 가족이 가족항상성을 유지하기 위해서 가족성원들에게 부여한 '지켜야 할 의무나 태도에 대한 지침이나 권리

자아존중감과 의사소통 유형

구분	유형	중요(O)와 무시(X)의 대상			내용
		자기	타인	상황	
역기능적	회유형 (or 아첨형)	X	O	O	타인과 상황의 요구에 부응하기 위해 자기를 무시
	비난형 (or 공격형)	O	X	O	생존을 위해 타인을 무시하고 탓하며, 타인에게 자신만의 방식을 강요
	계산형 (or 초이성형)	X	X	O	상황을 위해 자기와 타인을 무시하는 유형 → 오직 객관적 사실과 정확한 논리에 기초한 의사소통만을 추구
	산만형 (or 혼란형)	X	X	X	맥락 없이 이야기를 하며 초점과 주제(X)
기능적	일치형	O	O	O	높은 수준의 자아존중감, 직접적이고 분명한 의사소통

> **암기팁** 비싼 거 먹을 땐 선생님께 사달라고 하고, 싼거(싸티어) 먹을 땐 회(유형)비(난형)로 계(산형)산(만형)하자!

치료기법   22·23. 국가직

- 가족조각: 가족성원들이 자신들의 신체적 동작을 이용해 가족력(家族歷) 중 일정 시점에서의 가족의 상호작용양상을 비언어적, 즉 시각적으로 표현하도록 유도하는 기법

22. 국가직) 가족조각 - 공간 속에서 가족구성원들의 몸을 이용해 가족의 상호작용 양상을 시각적으로 표현하는 것(O)

- 가족그림: 가족성원들이 그리는 그림을 이용해 가족의 상호작용양상을 표현하도록 유도하는 기법
- 역할극: 가족성원들에게 다른 가족성원의 과거의 사건·소망·미래의 사건 등에 대한 감정을 담은 역할을 직접 표현할 수 있는 기회를 제공하는 기법
- 빙산탐색: ct가 자기를 찾아가는 과정을 이끌어 내어 진정한 내면의 감정을 느끼고, 표현하게 만드는 기법

가족치료모델(4) - 전략적 모델 □□□

13. 국가직, 10·12. 지방직

의미

가족문제의 원인이 아닌 증상제거(or 개선)를 위해 구체적이며 다양한 치료전략을 수립하여 접근하는 가족치료모델들에 대한 통칭

치료목표

제시된 현재 증상을 제거하고 행동을 변화 **❶주의** 가족문제의 발생 원인 규명(X)

10. 지방직) 전략적 가족치료 - 인간의 부적응적 행동에 대한 원인보다는 증상행동의 변화에 초점(O)

주요 개념

- 이중구속: 가족의 병리적 의사소통 유형, 가족성원끼리 **상반되거나 모순된 두 개의 메시지를 전달했을** 때에 이를 받은 다른 구성원은 그 메시지에 대해 응답하기 어려운 상황에 놓인 상태
- 가족항상성: 가족이 변화에 저항하여 원래의 상태를 유지하려는 성질

치료기법 23. 국가직

- 재구성(or 재정의, 재명명): 문제를 긍정적인 언어로 재정의 → 문제를 다른 시각에서 보거나 다른 방법으로 이해하도록 원조 → 변화를 위한 동기를 부여하는 기법
- 지시: 가족에게 그들이 해야 할 일을 처방하여 가족으로 하여금 과거와 다른 행동을 하게 하거나 반대로 계속해서 같은 행동을 하도록 하는 기법

- 역설적 개입(or 역적적 지시)
  - "변화하라!"는 메시지와 "변화하지 말라!"는 두 가지 모순된 메시지를 전달하는 '치료적 이중구속'을 활용 → 가족으로 하여금 증상을 통제하거나 포기하게 만들어 가족의 문제를 해결하는 기법
  - 세부 전략
    - 증상처방: ct에게 간단하지만 수용하기 어려운 증상을 지속하게 하거나 증상을 과장하게 하여 → ct 스스로 증상을 통제할 수 있도록 만드는 기법
    - 제지: ct의 변화의 속도를 통제하기 위해 "변화의 속도가 지나치게 빠르다."고 지적하는 기법
    - 가장(or 위장)놀이: ct에게는 증상을 가지고 있는 것처럼 행동하게 하고, 그의 가족들에게는 ct를 원조하는 것처럼 행동하게 하는 기법
    - 시련기법(or 고된체험): ct가 경험하고 있는 증상보다 더 고된 체험을 하도록 과제를 주어 → 증상을 포기하게 하는 기법
- 순환질문: 가족성원 모두에게 돌아가면서 현재 가족의 체계가 어떠한지, 그렇다면 왜 그런지, 가족의 상호작용 유형은 어떠한지 등을 질문하는 기법
  - **❶주의** 질문기법은 모두 해결중심모델, only 순환질문만 전략적 모델

13. 국가직) 전략적 가족치료 - 지금까지 가족이 문제해결을 위해 시도해 온 방법을 변화시키는 데 초점을 두며 주된 기법으로 순환적 질문, 역설적 개입 등이 있음(O)

23. 국가직) 역설적 지시 - 문제가 된다고 판단되는 행동을 유지하거나 강화하도록 지시하는 기법(o)

가족치료모델(5) - 이야기 가족치료모델 □□□

13. 국가직

사회구성주의적 접근

개인의 이야기는 항상 재창조 가능 → sw가 ct 개인의 부정적인 견해를 반복해서 경청해준다면 ct가 문제를 해결할 수 있는 힘을 찾아 자신의 이야기를 새롭게 쓸 수 있다고 가정

치료기법- 문제의 외현화(표출대화)

ct 안에 존재하는 문제를 끄집어내어 ct와 분리해서 다루는 기법

예 "돈은 당신이 남편과 갈등을 겪도록 만들었군요. 그렇지요?"

13. 국가직) 이야기 가족치료 - 사회구성주의 관점에 근거하며 주된 기법으로 문제의 외현화, 시련기법 등이 있음(X) → 시련기법은 전략적 모델의 개입 기법

치료집단(Treatment Group) `12·22·24. 지방직`

12. 지방직) 치료집단 - 집단의 공동 목적과 성원 개개인의 목적을 모두 다룸(O)

- 지지집단
  - **목적**: 스트레스를 유발하는 유사한 생활사건을 경험했거나 경험 중인 집단성원들에게 **상호원조**
    └ 동병상련(同病相憐)
    → 대처기술 향상, 미래에 대한 희망 촉진
  - **특징**: 쉬운 유대감 형성, 높은 수준의 집단 내 자기개방 수준 **cf** 높은 자기개방 수준
    - 지지집단, 성장집단, 치료집단
  - **예** 이혼가정의 취학아동 집단, 말기 암환자 가족 모임 등

- 교육집단
  - **목적**: 지식, 정보·기술의 향상이 필요한 집단성원들에게 이를 학습적인 방법을 통해 전달
  - **특징**: 주로 교육과 강의 형태로 진행, 낮은 수준의 집단 내 성원 간 자기개방
  - **예** 청소년 성교육집단, 위탁가정의 부모가 되려는 집단 등

  22. 지방직) 사회적 목표 모델 - 집단성원에게 기술과 정보를 제공할 목적을 가지며, 교육과 강의 중심으로 구성(X) - 교육집단

- 성장집단
  - **목적**: 집단성원들의 내면의 성장(or 자기인식) → 잠재력 강화, 심리사회적 건강증진
    └ 병리의 치료가 목적(X)
  - **특징**: 집단성원 간 상호작용 중요 수단 → 높은 수준의 집단 내 자기개방, 높은 수준의 구조화가 치료에 효과적
  - **예** 부부를 위한 참만남집단, 청소년을 위한 가치명료화 집단 등

- 사회화집단
  - **목적**: 집단성원들의 사회적 기술 증진, 즉 **사회적으로 수용 가능한 행동을 습득**하도록 원조
  - **특징**: 프로그램 활동, 야외활동, 게임 등의 기법을 활용

- 치료(or 치유)집단(Therapy Group)
  - **목적**: 심각한 수준의 정서적 문제(**예** 부적응적 사고, 비합리적인 신념 등)와 역기능적인 행동(**예** 정신질환, 약물중독 등)을 가진 집단성원 개개인의 치료
  - **특징**: sw는 집단 내에서 권위적인 역할 수행, 치료집단 중 집단 내 가장 높은 수준의 자기개방
  - **예** 보호관찰 처분을 받은 청소년 집단, 약물중독으로 치료를 받고 있는 집단 등

과업집단

- **목적**: 집단이 공식적으로 설정한 과업 달성 → 문제의 해결책 모색이나 성과물을 산출
- **특징**: 조직구조의 영향을 최대화, 낮은 수준의 자기개방
- **예** 팀, 위원회, 사회행동집단, 지역사회보장협의체, 사례회의 등

자조집단(or 자조모임) `18. 국가직`

- **목적**: 집단상호 간 자조적 활동[상부상조(相扶相助)]을 통해 문제상황에 대처할 수 있는 능력 향상

  18. 국가직) 상부상조는 자조집단을 만드는 원리(O)

- **특징**: 높은 수준의 자기개방, sw는 소극적으로 개입 or 개입(X)
- **예** AA(익명의 알코올중독자들 모임, Alcoholics Anonymous), 치매노인가족집단, 단도박모임 등

11. 국가직

집단성원	– '집단성원'의 모임을 통해
집단	– 형성된 '집단'을 매개로 하여
목적	– 개인의 사회적 기능 및 문제해결 능력 증진이라는 실천 '목표(or 목적)'를 달성하고자
전문가(sw)	– 전문가(or sw)가
프로그램 활동	**– 전문직의 가치, 목적, 윤리에 기초하여 제공하는 프로그램 활동을**
장소	– 집단사회복지실천 장소에서 제공함으로써

– 집단성원으로 하여금 의도적인 집단경험을 갖게 하는 목표지향적인 사회복지실천 활동

11. 국가직) 집단사회복지실천은 사회복지방법론 중 하나이며 사회복지 전문직의 가치, 목적, 원리, 윤리에 기초(O)

— 희망주기(or 희망증진): 문제 해결을 위한 집단의 존재와 집단과정 → 희망 제시

— 보편성(or 일반화): 유사한 문제를 경험하고 있는 집단성원들을 관찰 → 위로감 형성

— 정보전달

— 이타주의(or 이타성): 집단성원 간 상호지지 → "나도 누군가에게 도움을 줄 수 있다."라는 자존감 형성

— 초기 가족의 교정적 재현: (집단과 가족의 유사점) 집단 sw는 마치 부모처럼, 다른 집단성원은 형제자매처럼 역할 → 이전 가족관계에서 해결되지 못한 갈등상황에 대한 탐색 및 도전의 기회를 제공

— 사회화 기술의 발달

— 모방행동

— 대인관계 학습: 새로운 대인관계 방식 시험

— 집단응집력

— 정화(or 카타르시스)

— 실존적 요인: 자기 인생의 책임자는 궁극적으로 자기 자신이라는 확신 습득

▌사회적 목표모델 [11. 국가직, 22. 지방직]

─ 목표: 사회적 의식과 책임감이 있는 민주시민 육성

　　11. 국가직) 사회적 목표모델 - 집단sw가 집단 내의 민주적 절차를 개발하고 유지하는 역할(O)

─ 특징: 민주적 절차와 과정(예 토론, 합의, 참여, 집단과제, 실제행동 등) 중시

─ 집단크기의 확장성: 개방적

─ 실천장소: 지역사회복지관, 시민조직 등

─ 예 청소년 유해환경 감시단, 보이스카우트, 지역사회환경 감시단 등

▌치료모델 [22. 지방직]

─ 목표: 역기능적 행동을 하는 집단성원 개인 치료

─ 특징: 집단은 개인 치료의 수단, 정해진 목표를 달성하기 위한 구조화된 개입, 전문가의 역할과 능력 중시

　　22. 지방직) 치료모델 - 개인의 치료와 재활을 위한 도구로 집단을 활용(O)

─ 집단크기의 확장성: 전문가에 의한 강제적 통제

─ 실천장소: 교정시설, 정신병원, 지역사회복지관, 병원 등

─ 예 치유집단 등

▌상호작용모델 [22. 지방직]

─ 목표: 개인의 문제해결을 위한 상호원조체계의 개발(or 구축), 집단성원 간 공생적이며 상호적인 관계를
　　└ 집단활동이 이루어지기 전에는 구체적인 집단목표 설정(X)
　　통해 문제 해결

─ 특징: 사회적 목표모델과 치료모델을 혼합 형태, 인본주의적 접근, 중재자·조력자로서의 sw의 역할 강조

─ 집단크기의 확장성: 집단성원 간 동의에 따라 자유로운 가입 가능

─ 실천장소: 지역사회복지관 등의 사회복지시설 등

─ 예 지지집단, 자조집단

▌개관 [12. 지방직]

─ 집단성원들의 상호작용 과정 중에 발생하는 힘
─ 집단 대상 사회복지실천을 하는 데 있어서의 개입의 효과를 달성하는 원동력

  12. 지방직) 집단 목표달성 및 결속감 강화에 부정적인 영향을 미치므로 집단역동성이 생기지 않도록 개입(X)

▌구성요소 [17. 지방직 추가]

─ **의사소통유형**: 집단성원들의 언어적 or 비언어적인 상호작용 형태
─ **집단목적**
─ **집단응집력(or 집단결속력)**

  ─ 집단 내에서 충분한 친밀감을 허용하는 서로 간의 유대 or 유착(Bond)
  ─ '우리'라는 강한 일체감 or 소속감

    17. 지방직 추가) 집단응집력 - '우리'라는 강한 일체감 or 소속감을 의미(O)

─ **하위집단**: 2명 이상의 집단성원으로 형성된 '집단 내 집단'
─ **대인관계**: 집단성원 간 인간적 상호작용에서 발생하는 관심과 흥미의 정도
─ **집단문화**: 집단성원들이 공통적으로 가지는 가치, 신념, 관습, 전통 등
─ **집단규범(or 집단규칙)**: 집단 내에서 집단성원이 따라야 할 적절한 행동에 대한 집단성원들 간의 합의
─ **지위와 역할**

  ─ **지위**: 집단 내의 '위계관계'에서 개별 성원이 차지하는 서열적 위치
  ─ **역할**: 지위에 따라 집단 내에서 수행하기를 기대하거나 or 수행하는 구체적인 기능과 관련된 집단성원의 활동(or 행동)

    17. 지방직 추가) 집단문화 - 특정 성원이 집단 내에서 수행해야 할 구체적인 과업이나 기능과 관련된 행동을 의미(X) → 역할

─ **긴장과 갈등**: 집단과정 중 발생하는 집단성원 간의 상호 이해 정도의 차이
    └→ 항상 부정적인 영향을 미치는 것(X)

준비 → 초기 → 사정 → 중간 → 종결

집단발달단계(1) − 준비단계(or 집단계획단계)

22. 국가직, 12. 지방직

개념

집단이 형성되기 이전에 sw가 '집단을 계획'하는 단계
└→ 집단 성원의 첫 회합(X)

주요 과업

- 집단목표(or 목적)·필요성·종결 후 평가계획 수립하기
- 집단구성하기(or 집단성원 선발 절차 정하기)
  - 동질성과 이질성 고려

동질성	• 집단성원들의 참여 동기, 문제유형, 인구학적 특성 간의 유사 정도 • 높은 동질성 → 성원에 대한 매력과 집단소속감 증진 → 성원 간의 관계 증진·방어와 저항 감소, but 집단발달에 부정적
이질성	• 집단성원들의 주요 특성에서의 차이 정도 • 높은 이질성 → 상호 학습 효과 발생, but 집단목적달성에 부정적

  - 집단의 유형 고려: 개방형 집단과 폐쇄형 집단

PLUS⁺ 집단의 유형	
개방형 집단	• 집단 과정 중 신입 성원이 집단에 참여(or 입회)할 수 있는 집단 • 장점: 다양한 성원의 참여 → 기존 성원들에게 자극·정보 제공 • 단점: 집단의 안정성·집단응집력에 불리, 집단발달단계 예측의 어려움
폐쇄형 집단	• 집단 과정 중 신입 성원이 집단에 참여(or 입회)할 수 없는 집단 • 장점: 집단성원의 역할과 집단규범이 안정적 → 집단연속성 증진 • 단점: 다수의 성원 탈퇴 → 나머지 성원들에게 심리적 영향 발생, 새로운 정보나 내용이 없을 경우 → 지루해짐

22. 국가직) 집단 초기단계 - 집단구성원의 선발절차를 정함(X) → 준비단계

- 집단의 크기 고려
- 회합의 빈도와 시간 고려
- 집단(모임)의 지속기간 고려
- 집단모임을 위한 공간 고려
- 집단활동계획서 작성 및 기관장 및 관련체계의 승인 얻기
- 잠재적 성원 모집하기: 직접적인 접촉, 미디어 매체(예 신문, 라디오, TV 등)를 통한 홍보, 인쇄물 배포 등 활용

12. 지방직) 집단 초가 단계 - 집단의 구성, 지속기간, 회합빈도를 결정(X) → 집단 준비 단계

집단발달단계(2) - 초기단계　□□□

11·22. 국가직

개념

집단에 대한 집단지도자의 직접적 개입이 시작되는 단계

특징

- 집단성원의 불안감과 저항이 높음
- 집단성원의 관심은 집단지도자에게 집중
- 집단성원 간 서열화 시작
- 집단 내 하위집단의 등장 시작

주요 과업

- 집단의 구조화(오리엔테이션)
  - 집단 목적(or 목표) 설명하기
  - sw의 역할 소개하기
  - 집단운영방식 설명하기
  - 집단의 규칙 수립하기(예 집단과정 중에는 휴대폰은 지참하지 않기)
  - 집단성원의 역할을 명확히 하기
- 집단성원 소개하기
- 집단성원의 불안과 저항을 다루기
- 집단활동에 대한 동기와 능력 고취시키기
- 계약하기 등

11. 국가직) 중간단계 - 집단구성원이 집단에 대한 불안과 긴장이 높은 시기이므로 sw는 주로 신뢰할 수 있는 분위기를 확립하고 집단활동에 대한 동기와 능력을 고취시키는 데 중점(X) - 초기단계

집단발달단계(3)- 사정단계　□□□

사정의 범위

- 개별성원에 대한 사정
- 전체집단에 대한 사정
  - 집단 내 상호작용(or 행동양식) 방식
  - 집단규범
  - 하위집단
- 집단외부환경 대한 사정
  - 집단을 인가하고 지원하는 기관에 대한 사정
  - 상호조직(or 기관) 간의 환경 사정
  - 지역사회환경 사정

사정도구

소시오메트리, 소시오그램, 상호작용차트, 의의차별척도 등

집단발달단계(4) - 중간단계 ☐☐☐

개념

집단의 목표 달성과 관련된 '생산성'이 이루어지는 단계

특징

— 집단성원들의 소속감, 성원 간 신뢰감, 상호 공유, sw에 대한 신뢰감, 집단 응집력이 증대
— 집단성원의 자기개방(or 자기노출) 수준이 극대화
— 집단성원 간 의사소통기술 향상

주요 과업 [22. 국가직]

— 집단성원의 저항과 갈등을 적극적으로 다루어 → 집단응집력 촉진시키기
— 집단의 목표(or 목적)를 상기시키기
— 집단성원이 다양한 경험을 할 수 있도록 원조하기 등

집단발달단계(5) - 종결단계 ☐☐☐

개념

집단과정을 마무리하는 단계. 종결은 미리 계획되어 집단성원에게 예고하는 것이 바람직

주요 과업

— **회합의 빈도와 시간을 줄이기 → 집단에 대한 의존성을 감소시켜 독립성 촉진**
— 성취된 변화 유지 능력 확인하기
— 변화를 유지하고 생활영역으로 일반화하기
— 종결에 대한 양가감정 등을 다루기
— 미래에 대한 계획 세우기
— 미해결된 과제에 대해 논의하기
— 집단경험 평가하기
— 의뢰에 대한 필요성을 검토하고 필요 시 의뢰하기 등

PLUS+ **사회복지실천기록의 목적** [22. 국가직]

1. 전문적 개입활동의 입증 자료
2. 프로그램 예산을 확보하기 위한 근거자료
3. 개입 및 개입과정에 대한 점검과 평가 도구
4. 사례의 지속성(or 서비스의 연속성) 유지의 도구
5. 전문가 간 의사소통의 활성화에 기여
6. 교육도구로 활용 → 지도감독 및 슈퍼비전 활성화에 기여
7. ct와 정보를 공유하고 의사소통할 수 있는 도구
8. 행정적 결정을 내리기 위한 정보 제공에 기여
9. 조사연구를 위한 정보 제공

▌과정기록 [22. 지방직]

─ sw와 ct간의 상호작용을 비언어적 표현(예 ct의 표정, sw의 느낌 등)까지도 상세하게 **있는 그대로 모두 기록**하는 방식
─ 종류 ┬ **직접인용**: 대화체로 기록
　　　 └ **간접인용**: 이야기체 기록
　 22. 지방직) 이야기체 기록은 사회복지사와 클라이언트 간에 있었던 모든 일을 대화 형태로 기록(X)
　　 → 이야기
─ **장점**: 실습일지, 슈퍼비전 도구로 활용
└ **단점**: 작성시간과 비용이 많이 소요 ∴ 장기적 사례에는 부적합, 기록자의 기억능력에 따라 기록의 유용성이 결정

▌요약기록 [22. 지방직]

─ 개입과 관련된 중요한(or 핵심적인) 정보만을 간추려 요약하여 기록하는 방식
　 → 사회복지기관에서 흔히 사용
─ **장점**: 장기적 사례에 적합
└ **단점**: sw와 ct 간의 상호작용이 사실적으로 전달되지 않을 수 있음

▌문제중심기록 [22. 지방직]

─ 현재 ct에 의해 제시된 문제를 목록화하고, 사정하고, 문제해결을 위해 어떤 개입을 선택할 것인지에 대해 계획하는 기록 방식
└ SOAP식 구성
　─ **S(Subjective Information, 주관적 정보)**: ct나 가족으로부터 얻는 주관적 정보를 기술
　─ **O(Objective Information, 객관적 정보)**: 객관적 정보(예 전문가의 관찰, 검사 결과, ct의 주거상태, 경제상태, 건강상태 등)를 기술
　─ **A(Assessment, 사정)**: 주관적 정보와 객관적 정보를 검토해서 추론된 전문가의 해석이나 분석을 기술
　└ **P(Plans, 계획)**: 주관적 정보, 객관적 정보, 사정을 기반으로 하여 확인된 문제를 해결하기 위한 방법이나 계획을 기술

제3장 지역사회복지

THEME 125 지역사회의 개념 □□□

▌지리적 지역사회와 기능적 지역사회(Ross)

— 지리적 지역사회: 일정한 **지리적 영역을 공유하는 사람들의 집단**
예 읍·면·동 등의 행정구역, 이웃, 마을 도시 등

— 기능적 지역사회: 구성원 **공통의 이해관계를 같이 하는 공동체**
예 장애인부모회, 동성애자 모임, 인터넷 카페 동호회 등

▌공동사회와 이익사회(Tönnies)

— 공동사회(Gemeinschft, 게마인샤프트): 자연의지에 의해 결합된 사회, 혈연이나 지연 등의 애정을 기
초로 형성, 비이해타산적
예 가족, 이웃, 친구, 민족 등

↓ 산업화 이후

— 이익사회(Gesellshaft, 게젤샤프트): 합리의지에 따라 결합된 사회, 계약에 기초, 인위적·이해타산적
예 회사 등

THEME 126 지역사회복지실천의 이념 ★★★ □□□

▌정상화 이념 [16·20. 국가직, 17. 지방직 추가]

— 1959년 덴마크의 「정신지체인법」에서 처음으로 사용
— 인간에게는 발달과정에서 개인적인 경험을 중시 받고, 인생주기에 선택의 자유를 보장 받을 수 있는 환
경이 제공되어져야 한다고 주장
— 지역사회 내 강제적이며 폐쇄적인 생활시설 집중화(or 확충)에 반대 → **지역사회보호 강조**
~~17. 지방직 추가) 정상화는 장애인만의 생활방식과 리듬을 강조하면서 장애인이 정상적인 발달경험을 할 수 있도록 시설에 보호하는 것~~(X) → 지역사회에서 보호

▌사회통합

모든 소외계층(예 빈민, 장애인, 노인, 여성 등)이 지역사회 내에서 불평등 없이 다른 계층들과 공존할 수
있어야 함을 주장

▌사회적 연대 [22. 국가직, 24. 지방직]

— 피해를 입은 소수를 위하여 다수가 그 비용을 부담하는 등. **상부상조(相扶相助)의 정신에 따라 사회문
제 해결과정에서 공동체에 속한 구성원 전체의 이타적 노력을 강조**
— 뒤르켐(E. Durkheim)의 사회적 연대

— 기계적 연대: 사회구성원의 유사성(또는 동류성)에 근거하여 사회전체의 공통적 의식이 개인의 의식
을 지배하는 결합상태로, 전통사회의 연대

↓ 산업사회로 인한 사회의 노동 분화(또는 전문화)

— 유기적 연대: 사회구성원의 개별성에 근거하여 다양한 개인들 사이의 상호의존에 의해 발생한 긴
밀한 인간관계

22. 국가직) 에밀 뒤르켐의 유기적 연대 - 사회구성원의 유사성에 근거한 전통사회에서 지배적인 연
대(X) → 기계적 연대

▌ 탈시설화

— 소외계층의 생활시설에서의 수용 탈피 → 지역사회에 거주 → 지역사회는 그들에게 필요한 서비스를 제
  공해야 한다고 주장
— but 무시설주의(X) → 소규모 생활시설(예 주야간보호, 단기보호, 그룹홈 등)로 다양화, 이들 시설이 지
  역사회에 개방화 되어야 한다고 주장

▌ 주민참여(or 주민자치, 주민복지)

지역사회주민과 지방자치단체의 동등한 파트너십을 형성하는 방법

▌ 연계망(or 네크워크) 구축

지역사회 내 산재되어있는 서비스 제공 주체 및 주민들의 조직화·연계 등을 주장

THEME 127 지역사회복지실천의 원칙 □□□

▌ 맥닐(McNeil) 및 존스와 디마치(Johns & Demarche)의 주요 원칙

— 1차적인 클라이언트는 지역사회임을 인식
— 지역사회는 있는 그대로 이해되고 수용
— 과정으로서의 지역사회복지실천이 사회복지실천의 한 분야임을 인식
— **지역사회조직은 주민의 복지와 성장을 위한 수단이지 목적은 아님**
— 지역사회는 개인과 마찬가지로 자기결정의 권리를 가지고 있음
— 지역사회복지실천을 수행하기 위한 구조는 가능한 단순해야 함
— 지역사회는 전문가의 도움을 필요로 함

▌ 로스(Ross)의 추진회를 매개로 한 지역사회조직사업의 원칙

— 현재 지역사회의 조건에 대한 불만으로부터 추진회가 결성 → 불만은 집약되어야 함
— 추진회의 사업에는 정서적인 내용을 지닌 활동들이 포함되어야 함
— 추진회는 지역사회에 존재하는 현재적·잠재적인 호의를 활용해야 함
— 풀뿌리 지도자(Grassroots leader)를 발굴해야 함

THEME 128 지역사회복지실천의 목표 □□□

▌ 로스만(Rothman)

— **과업중심 목표**: 개입을 통한 구체적인 과업(예 지역사회의 욕구충족, 문제해결 등) 완수 추구
— **과정중심 목표**: 주민들 스스로 문제를 해결할 수 있는 능력을 향상시키기 위해 주민참여, 자조, 협동능
  력 등을 추구

▌ 던함(Dunham)

— 과업중심 목표, 과정중심 목표 + 관계중심 목표
— **관계중심 목표**: 지역사회와 집단들 간의 관계와 의사결정의 배분에 있어서의 변화 추구

▌지역사회개발(A)　07·11·21. 국가직, 12·18. 지방직, 17. 지방직 추가, 17·19. 서울시

- **개입의 대상:** 지리적 지역사회의 주민전체
- **변화의 목표:** (과정중심적) 지역사회의 능력 향상, 지역사회의 역량 강화, 사회통합, 민주적 능력 개발
- **클라이언트 집단에 대한 인식:** 잠재력을 가졌지만 전문가의 원조를 통해 그러한 잠재력의 개발이 필요한 정상인
- **권력구조에 대한 인식:** (사회통합적 시각) 권력을 가지고 있는 지역사회 구성원 역시 전지역사회의 발전에 기여할 수 있는 협력자(or 파트너)로 인식
    - 11. 국가직) 지역사회개발모델 – 지역사회 내의 모든 집단들이 긍정적 변화를 위한 필수요소들이자 잠재적 파트너로 간주(O)
- **지역사회의 문제:** 지역주민의 문제해결 능력 및 기술의 결여(or 부족)
- **변화의 전략과 전술(지역사회주민들의 임파워먼트)**
    - 지역사회의 자주성[or 자조(自助) 강조]
        - 19. 서울시) 사회계획 모델 – 주민들의 자조를 강조(X) → 지역사회개발
    - 광범위한 주민참여와 협조 강조
    - 전문가에 의한 지역주민에 대한 교육 강조
    - '합의와 집단토의' 기술의 활용
    - 아래로부터의 접근 강조, 즉 민주적 절차 및 과정의 준수
    - 토착적 지도자의 개발 강조
- **변화의 매개체:** 과업지향적인 소집단의 활용
- **사회복지사의 역할:** 조력자, 촉매자, 조정자, 교육자, 격려자, 능력부여자, 안내자, 문제해결기술 훈련자
    - 예 지역사회복지관의 지역사회개발사업, 주민자치행정 등

▌사회계획(B)　08·21. 국가직, 18·24. 지방직, 17. 지방직 추가, 17·19. 서울시

- **개입의 대상:** 전체지역사회 or 지역사회의 일부 계층
- **변화의 목표:** (과업중심적) 지역사회의 특정 문제 해결, 문제규명·욕구사정·목표개발 등을 통한 합리적·과학적 대안 수립
- **클라이언트 집단에 대한 인식:** 전문가가 제공하는 서비스의 혜택을 받는 소비자 or 수혜자
    - └→ 전문가의 역할이 가장 중요, but 지역주민들의 역할은 가장 최소화된 모델
    - 19. 서울시) 지역사회개발 모델 – 전문가가 지역사회복지의 주도자(X) → 사회계획
- **권력구조에 대한 인식:** 전문가의 후원자 or 그를 고용한 고용기관
- **지역사회의 문제:** 다양한 사회문제(예 빈곤, 주택, 교통, 정신건강, 환경오염, 고용, 범죄 등)
- **변화의 전략과 전술**
    - 객관적 자료수집 및 분석에 근거한 합리성 추구
    - 사실의 발견(or 진상파악)과 이에 대한 논리적 분석
- **변화의 매개체:** 지방정부의 관료 조직, 공식적 사회조직
- **사회복지사의 역할:** 전문가, 계획가, 분석가, 프로그램의 기획 및 평가자, 프로그램 실행자, 사실발견 수집가
    - 예 지방정부의 빈곤 대책, 주택 대책, 교통 대책 등

▌사회행동(C) 07·08·21. 국가직, 18. 지방직, 17. 지방직 추가, 17·19. 서울시

- 개입의 대상
  - 억압과 착취로 인해 고통받고 있는 지역사회의 일부 계층(예 노동자, 여성, 해외이주 노동자 등)
    - 19. 서울시) 사회행동 모델 – 지역사회 내에서 기득권층의 이익을 대표(X) → 소외계층
  - 지역사회 집단 간 적대적이거나 상반된 문제인식으로 인해 논의 및 협상으로는 합의(or 조정)가 어려운 경우
    - 08. 국가직) 사회행동모델은 지역사회 구성원들의 이해관계가 쉽게 조정가능한 것으로 파악(X)
- 변화의 목표
  - **과정중심적**: 개입 대상의 정치적 영향력 증대를 위한 적극적인 참여
  - **과업중심적**: 권력·자원·정책결정권 등의 재분배, 제도의 변화
    - 07. 국가직) 사회행동모델 – 지역사회 내 권력관계와 자원 및 제도 변화를 활동의 목표(O)
- **클라이언트 집단에 대한 인식**: (희생자) 소외계층, 억압받는 계층, 고통당하는 계층, 불이익 집단, 사회복지사의 동지
  - 07. 국가직) 사회행동모델 – 클라이언트집단이나 수익집단의 개념은 희생자(O)
- **권력구조에 대한 인식**: 클라이언트 집단과 클라이언트 집단을 억압하는 집단으로 양분하여 인식
- **지역사회의 문제**: 혜택과 권한의 분배에 따라 상하의 계층이 발생 및 유지되는 사회체계
- **변화의 전략과 전술**
  - 아래로부터의 접근 강조
  - 갈등이나 대결 강조
  - 표적대상에 대항할 수 있도록 주민동원 및 조직화기술의 활용 강조
  - 정치적 참여와 연대 강화 강조
  - 이의제기, 데모, 갈등, 대결, 직접적 행동, 협상, 항의, 시위, 보이콧, 피케팅 등의 대항전략
- **변화의 매개체**: 대중조직과 정치적 과정의 조정 및 영향
- **사회복지사의 역할**: 옹호자(or 대변자), 선동자, 협상자, 중개자, 행동가, 중재자, 조직가
  - 예 소수인종집단 인권 운동, 학생운동, 여성해방(or 여권신장) 운동, 소비자 보호 운동, 노동조합운동, 복지권운동, 보육조제정운동 등
  - 07. 국가직) 사회행동모델 – 사회복지사는 옹호자, 선동자, 협상자의 역할(O)

▌3가지 혼합모델(1995년)

개발·행동모델, 행동·계획모델, 계획·개발모델

▌개관　[11. 국가직]

- 로스만의 기본 3가지 모델에 2가지 모델을 새로 추가하여 5모델을 제시
- 후원자와 클라이언트가 어느 정도의 결정권한이 있느냐에 따라 5가지 유형으로 구분

  11. 국가직) 테일러와 로버츠가 제시한 모델 – 후원자와 클라이언트 간의 의사결정 권한 정도를 구체적으로 구분한 것(O)

- 로스만 모델과의 비교

로스만 모델	테일러와 로버츠의 모델
지역사회개발모델	지역사회개발모델
사회계획모델	프로그램개발 및 조정모델
	계획모델
사회행동모델	정치적 권력 강화 모델
별도 추가	지역사회연계모델 ❶주의 only 테일러와 로버츠의 모델에만 존재

▌각 모델별 의사결정권 배분정도　[13. 서울시]

→ 인보관운동과 자선조직협회 운동에 근거

프로그램 개발 및 조정모델	후원자에게 100%
계획모델	클라이언트 : 후원자 = 1 : 7
지역사회연계모델	클라이언트 : 후원자 = 1 : 1
지역사회개발모델	클라이언트 : 후원자 = 7 : 1
정치적 권력강화 모델	클라이언트에게 100%

💡 암기팁 　두문자) 프(로그램) · 계(획) · 연(계) · 개(지역사회개발) · 정(치적)

로스만 모델과의 비교

로스만 모델	웨일과 갬블의 모델
지역사회개발모델	근린지역사회조직모델
	기능적지역사회조직모델
	지역사회·경제적 개발모델
사회계획모델	사회계획모델
	프로그램 개발과 지역사회 연계 모델
사회행동모델	정치·사회행동모델
	연합모델
	사회운동

모델 11. 국가직

구분	성취목표	변화의 표적체계	사회복지사의 역할
근린지역사회조직	사회적·경제적 환경의 변화와 조직화를 위한 지역사회주민의 능력개발	• 공공행정기관(or 지방정부) • 외부개발자 • 지역사회주민	• 조직가 • 교사 • 코치 • 촉진자
기능적인 지역사회조직	특정 이슈와 관련된 정책·행위·태도의 옹호나 변화를 위한 행동이나 서비스 제공	정부와 대중의 인식	• 조직가 • 옹호자 • 집필 및 정보전달자 • 촉진자
지역사회의사회·경제개발	사회·경제적 투자를 통해 경제와 사회를 동시에 개발하여 저소득 및 불이익 계층의 삶의 질 향상과 기회 증진	지역사회의 사회경제적 개발에 투자할 수 있는 자원을 가진 사람들(예 은행 등의 금융기관, 재단, 외부개발자, 지역사회주민 등)	• 협상가 • 교사(or 교육자) • 계획가 • 관리자
사회계획	선출된 기관 or 사회복지서비스 기관 협의체(Consortium)가 행동을 하기 위한 제언	지역사회지도자와 사회복지서비스 지도자의 관점	• 조사자 • 프로포절 작성자 • 정보전달자 • 관리자
프로그램개발과 지역사회연계	지역사회서비스의 효과성을 증진시키기 위한 기관프로그램의 확대와 방향 수정	• 프로그램의 개발에 소요되는 재정을 충원하는 자 • 기관이 제공하는 서비스의 실제적인 수혜자	• 대변인 • 계획가 • 관리자 • 프로포절 제안자
정치·사회행동	정책 or 정책형성자의 변화에 초점을 둔 사회정의를 위한 행동	• 선거권자 • 선거로 선출된 공직자와 행정관료 • 잠재적 참여자	• 옹호자 • 조직가 • 조사자 • 조정자
연합	분리된 집단 및 조직을 사회변화에 동참시켜 프로그램의 방향 or 자원을 최대한 끌어 낼 수 있는 다조직 기반의 구축	• 선출직 공무원 • 재단 • 정부기관	• 중개자 • 협상가 • 대변인
사회 운동	특정 대상집단 or 이슈 관련 사회정의를 위한 행동	• 일반대중 • 정치제도	• 옹호자 • 촉진자

11. 국가직) 웨일과 갬블(Weil & Gamble)의 기능적 지역사회조직모델 - 공통의 관심사에 근거한 기능적 지역사회조직에 중점을 두어 사회적 이슈나 특정집단의 권익보호 및 옹호를 목표(O)

로스(Ross)의 지역사회개발모델에서의 사회복지사의 역할

- **안내자**: 문제해결의 주도적 능력 발휘, 객관적인 입장 견지, 지역사회 전체에 동일시, 자기 역할에 대한
  수용과 만족, 자신의 역할에 대한 설명
- **전문가**: 지역사회진단, 조사기술 활용, 타 지역사회에 관한 정보 제공, 조직화에 관한 조언, 평가
- **조력가**: 불만의 집약, 조직화에 대한 격려, 공동목표 강조
- **사회치료자**: 진단·제시·이해에 대한 원조, 문제의 이해 원조, 긴장상태·불화의 원인 제거 원조

> 💡 **암기팁**   로스(Ross) 구이를 할 때에는 안(내자)전(문가)조(력가)치(사회치료자)를 해야 한다!

사회계획모델

- **모리스와 빈스톡(Morris & Binstock)**: 계획가
- **샌더스(Sanders)**: 분석가, 계획가, 조직가, 행정가

사회행동모델

- **그로서(Grosser)**: 조력자, 중개자, 옹호자, 행동가
- **그로스만(Grossman)**: 조직가

조직화

지역사회주민들이 문제의식을 갖고 스스로 문제해결능력을 향상시키기 위해 **인력이나 서비스를 규합**하고, 나아가 조직의 목표를 성취하도록 운영해 나가는 기술

연계(or 네트워크)

사회복지사가 클라이언트의 문제해결이나 욕구충족에 적절한(or 적합한) **지역사회 내 자원이나 서비스를 연결**하는 기술

옹호   [17. 지방직]

- 옹호의 대상에 따른 구분
  - **대의옹호**: 거시적 지역사회복지실천에서 사용되는 옹호, 스스로 자신을 옹호할 능력이 부족한 집단이 대상(例 시민권 확보를 위한 입법운동, 장애인 등을 포함한 위험에 처한 인구집단의 권리를 위한 투쟁)
  - **사례옹호**: 미시적 지역사회복지실천에서 사용하는 옹호, 개별적인 사례나 클라이언트가 대상
    17. 지방직) 옹호활동은 개별 사례나 클라이언트 개인의 문제를 다루는 미시적 실천에서는 활용되기 어려우며 주로 지역사회옹호나 정책옹호를 통해 이루어짐(X)

- 하드캐슬(Hardcastle)의 옹호 유형   [17. 지방직]
  - **자기옹호**: 클라이언트 개인이나 자조집단이 **자기 자신을 스스로 옹호**하는 것
  - **개인옹호**: 옹호의 대상이 **개인**인 경우
  - **집단옹호**: 옹호의 대상이 **희생자 집단**인 경우
  - **지역사회옹호**: 옹호의 대상이 소외된 지역이나 동일한 문제나 욕구를 경험하는 **지역사회 주민들**인 경우
  - **정치(or 정책)옹호**: 사회정의와 복지증진을 위해 입법·행정·사법 영역에서 행해지는 옹호(例 특정 법안을 통과 및 저지시키기)
  - **체제변환적 옹호**: 제도의 근본적인 변화를 추구하는 것(例 성차별폐지운동)

▌자원개발 및 동원기술

인력, 현금, 현물, 시설, 조직, 기관, 정보 등의 새로운 지역사회자원을 개발하고 이를 동원하는 기술

▌임파워먼트(or 역량강화, 권한부여, 세력화) 기술

- 지역사회주민들로 하여금 능력을 가지게 하는 기술
- 향상 방안
  - 의식제고(or 의식고양) 시키기
  - 자기주장을 강화시키기(or 자기 목소리 내기)
  - 공공의제의 틀을 마련하기
  - 권력을 키우기
  - 사회적 자본 창출하기
  - 역량건설

THEME 134 　사회적 자본(Social Capital)

□□□

▌개념

사람과 사람 사이의 협력과 사회적 거래를 촉진시키는 일체의 신뢰 등 사회적 자산(or 집합적 자산)

▌특징

- 수평적인 사회적 교환 관계 내에 내재된 자본
- 일단 획득된 후라도 일련의 지속적인 교환과정을 거쳐야만 유지·재생산
  - **→ 획득된 후에 언제든지 사라질 수 있음**
- **사용하면 사용할수록 그 총량이 증가**
- 호혜성에 기반을 둔 자원 → 보상에 대한 믿음이 존재 → but 호혜성은 매우 불안정
  - **→ 동시에 교환되는 것을 전제(X)**
- 구성원 일부가 아닌 모두에게 공유
- 지역사회 내에서 관계를 맺고 있는 주민들과 이익의 공유 가능
- 사회적 자본 형성에는 지역사회복지 실천을 위한 주요 개념인 네트워크, 사회적 정체감, 집합 행동 (Collective Action) 등의 측면이 전제

▌사회행동의 전략

─ 상대 집단을 이기기 위한 힘의 전략 시 힘의 원천: 정보력, 힘의 과시, 피해를 입힐 수 있는 잠재력, 상대
   방의 약점을 드러내어 수치심을 자극할 수 있는 힘, 동원능력
─ 합법성과 정당성 확보 전략: 현행 법체계에 위배되는 위법적 행위(예 폭력 등) 행사 금지
─ 지역사회의 타조직과 협력하는 전략: 협조 → 연합 → 동맹

▌사회행동의 전술

─ 정치적 압력 전술: 정부를 대상으로 새로운 법, 프로그램, 정책의 강구와 시행을 요구하는 전술
─ 항의: 정부 이외의 대상을 상대로 사회행동조직의 힘을 사용하는 전술
─ 법적 행동: 법·제도적 절차에 의해 상대방 조직을 무력화시키는 전술

▌프루이트(Pruitt)의 협상 전술

─ 시한을 두기
─ 요구하는 입장을 확고히 하기
─ 언제 어떻게 양보를 해야 할 것인가를 배우기
─ 상대방의 제안에 대응할 때에는 신중하기
─ 협상이 계속 진행되도록 하기
─ 중재자를 개입시킬 필요가 있는지를 고려하기

> 09. 지방직

─ 조직원의 경험에서 벗어나는 행동을 말하지 말라.
─ 너무 오래 끄는 전술을 사용하지 말라.
─ 좋은 전술은 조직원들이 즐기는 것이어야 한다.
─ 힘이란 네가 갖는 것뿐이 아니라 너의 적이 네가 갖고 있다고 생각하는 것이기도 하다.
─ 위협이란 일반적으로 그 자체보다도 더욱 무서운 힘이 있다.
─ 가능하다면 적이 경험하지 않은 바를 시도하라.
─ 적으로 하여금 자신들이 만든 규칙에 따라 행동하도록 하라.
─ 조롱거리는 인간의 가장 막강한 무기이다.
─ 계속 압력을 가하라.

─ 전술의 주요 전제는 상대방에게 계속적인 압력을 가할 수 있는 활동을 개발하는 것이다.
─ 대상을 선정하고, 동결하고, 개별화하고, 극단화시켜라.
─ 상대방의 부정적인 것을 강력히 밀고 나가면 상대방을 굴복시킬 수 있을 것이다.
─ 성공적인 공격의 대가는 건설적인 대안이다.

법적 근거

「사회보장급여법」

필요성

─ 지역사회 중심의 사회복지 제도화를 위해서

─ 지역사회복지서비스의 수급조정과 안정적 공급을 위해서

─ 지역사회복지서비스 공급주체의 다원화를 위해서

─ 수립 시 중앙 및 지방정부뿐만 아니라 지역사회 내 다양한 민간단체를 복지서비스 공급에 참여하도록
  촉구하기 위해서

─ 사회적 자원의 조달과 적정 배분을 위해서

원칙

─ **구체성의 원칙**: 부문별 사업 계획 등이 구체적으로 제시

─ **참여성의 원칙**: 다양한 집단의 의사가 반영

─ **지역성의 원칙**: 각 개별 지역의 특징이 무엇보다도 고려

─ **과학성·객관성의 원칙**: 과학적 자료에 근거한 계획 수립

─ **연속성 및 일관성의 원칙**

─ **실천성의 원칙**: 관련 조직과 재정확보 등이 수반

─ **연계와 조정의 원칙**: 다른 유관계획(예 보건계획 등)과 상호 연계 및 조정

연혁

─ 2003년 「사회복지사업법」 개정(시·군·구청장, 시·도지사는 4년마다 지역사회복지계획 및 연차별 시
  행계획을 수립하도록 의무화) → 2005년 제1기 계획 수립 → 2007 ~ 2010년 제1기 계획 시행

─ 2015년 7월부터 「사회보장급여법」으로 이전: '지역사회보장계획'으로 변경

─ 2019 ~ 2022년 제4기 지역사회보장계획

─ 2023년 ~ 제5기 지역사회보장계획 시행 중

수립 절차(「사회보장급여법」 제35조 및 동법 시행령 제20조)

> 12. 국가직, 10·16·22. 지방직

─ 시·도지사 및 시장·군수·구청장

  ─ 지역사회보장계획을 4년마다 수립

  ─ 매년 지역사회보장계획에 따라 연차별 시행계획을 수립

─ 이 경우 「사회보장기본법」에 따른 사회보장기본계획과 연계되도록 하여야 함

절차	내용
지역사회보장조사 실시	• 4년마다 실시(but 필요한 경우에는 수시로 실시 가능) [16. 지방직] **PLUS⁺ 지역사회보장조사에 포함될 내용** 1. 성별, 연령, 가족사항 등 지역주민 또는 가구의 일반 특성에 관한 사항 2. 소득, 재산, 취업 등 지역주민 또는 가구의 경제활동 및 상태에 관한 사항 3. 주거, 교육, 건강, 돌봄 등 지역주민 또는 가구의 생활여건 및 사회보장급여 수급실태에 관한 사항 4. 사회보장급여의 이용 및 제공에 관한 지역주민의 인식과 욕구에 관한 사항 5. 아동, 여성, 노인, 장애인 등 사회보장급여가 필요한 사람의 사회보장급여 이용 경험, 인지도 및 만족도에 관한 사항 6. 그 밖에 보건복지부장관이 지역주민의 사회보장 증진을 위하여 필요하다고 인정하는 사항 • 지역사회보장조사는 표본조사의 방법으로 실시(but 통계자료조사, 문헌조사 등의 방법을 병행하여 실시 가능)

시·군·구 지역사회보장계획 수립	시장·군수·구청장은 지역사회보장계획안의 주요 내용을 **(20일 이상 공고)**하여 지역주민 등 이해관계인의 의견을 들은 후 시·군·구의 지역사회보장계획을 수립하여야 함 [10·16. 지방직]

지역사회보장협의체 심의
12. 국가직) 시·군·구의 지역사회보장계획은 시·군·구 사회보장위원회의 심의를 거쳐 수립(X) → 지역사회보장협의체

시·군·구 의회 보고

시·도지사에게 제출	• 지역사회보장계획: 시행년도의 전년도 9월 30일까지 제출 • 연차별시행계획: 시행연도의 전년도 11월 30일까지 제출

보건복지부장관 또는 시·도지사는 지역사회보장계획의 내용이 **대통령령으로 정하는 사유**에 해당하는 경우에는 시·도지사 또는 시장·군수·구청장에게 그 조정을 권고할 수 있음

조정 권고	**PLUS⁺ 대통령령으로 정하는 사유** 1. 지역사회보장계획 내용이 법령을 위반할 우려가 있는 경우 2. 사회보장기본법에 따라 확정된 사회보장에 관한 기본계획 또는 국가 또는 시·도의 사회보장시책에 부합되지 아니하는 경우 3. 지방자치단체의 행정구역과 주민생활권역 간의 차이를 반영하지 아니하는 경우 4. 둘 이상의 지방자치단체에 걸쳐 있는데도 해당 지방자치단체간 협의를 거치지 아니한 경우 5. 지방자치단체 간 지역사회보장계획의 내용에 현저한 불균형이 있는 경우 6. 그 밖에 지역사회보장계획의 조정을 위하여 필요하다고 보건복지부장관이 인정하는 경우

시·도 지역사회보장계획 수립	시·도지사는 시·군·구의 지역사회보장계획을 지원하는 내용 등을 포함한 해당 특별시·광역시·도·특별자치도의 지역사회보장계획을 수립 10. 지방직) 시·도지사는 시·군·구의 지역사회보장계획을 종합해서 평가하는 역할을 수행하며, 자체 지역사회복지계획은 수립하지 않음(X) 12. 국가직) 시·도의 지역사회보장계획을 수립한 후, 이를 토대로 시·군·구의 지역사회보장계획을 수립(X)

시·도 사회보장위원회의 심의

PLUS⁺ 시·도 사회보장위원회
1. 시·도지사는 시·도의 사회보장 증진을 위하여 시·도 사회보장위원회를 둔다.
2. 다음 업무를 심의·자문한다.
   ① 시·도의 지역사회보장계획 수립·시행 및 평가에 관한 사항
   ② 시·도의 지역사회보장조사 및 지역사회보장지표에 관한 사항
   ③ 시·도의 사회보장급여 제공에 관한 사항
   ④ 시·도의 사회보장 추진과 관련한 중요 사항
   ⑤ 읍·면·동 단위 지역사회보장협의체의 구성 및 운영에 관한 사항(특별자치시에 한정)
   ⑥ 사회보장과 관련된 서비스를 제공하는 관계 기관·법인·단체·시설과의 연계·협력 강화에 관한 사항(특별자치시에 한정)
   ⑦ 그 밖에 위원장이 필요하다고 인정되는 사항

시·도 의회의 보고	

↓

보건복지부장관에게 제출	• 지역사회보장계획: 시행연도의 전년도 11월 30일까지 제출 • 연차별 시행계획: 시행연도의 1월 31일까지 제출

↓

보건복지부장관은 제출된 계획을 사회보장위원회에 보고	

↓

시행결과의 평가	• 보건복지부장관은 시·도 지역사회보장계획의 시행결과 평가 • 시·도지사는 시·군·구 지역사회보장계획의 시행결과를 평가 12. 국가직) 보건복지부장관은 시·도의 지역사회보장계획 시행결과를 평가하지 않음(X)

▋내용

시·군·구 지역사회보장계획 `12. 국가직, 16. 지방직`	시·도 지역사회보장계획
• 지역사회보장 수요의 측정, 목표 및 추진전략 • 지역사회보장의 목표를 점검할 수 있는 지역사회보장지표의 설정 및 목표 • 지역사회보장의 분야별 추진전략, 중점 추진사업 및 연계협력 방안 • 지역사회보장 전달체계의 조직과 운영 • 사회보장급여의 사각지대 발굴 및 지원 방안 • 지역사회보장에 필요한 재원의 규모와 조달 방안 • 지역사회보장에 관련한 통계 수집 및 관리 방안 • 지역 내 부정수급 발생 현황 및 방지대책 • 그 밖에 대통령령으로 정하는 사항	• 시·군·구의 사회보장이 균형적이고 효과적으로 추진될 수 있도록 지원하기 위한 목표 및 전략 • 지역사회보장지표의 설정 및 목표 • 시·군·구에서 사회보장급여가 효과적으로 이용 및 제공될 수 있는 기반 구축 방안 • 시·군·구 사회보장급여 담당 인력의 양성 및 전문성 제고 방안 • 지역사회보장에 관한 통계자료의 수집 및 관리 방안 • 시·군·구 부정수급 방지대책을 지원하기 위한 방안 • 그 밖에 지역사회보장 추진에 필요한 사항

특별자치시 지역사회보장계획
시·군·구 지역사회보장계획 내용 外 • 사회보장급여가 효과적으로 제공될 수 있는 기반 구축 방안 • 사회보장급여 담당 인력 양성 및 전문성 제고 방안 • 그 밖에 지역사회보장 추진에 필요한 사항

16. 지방직) 지역사회보장계획에는 지역사회보장 수요의 측정, 목표 및 추진전략과 사회보장급여의 사각지대 발굴 및 지원방안이 포함(O)

법적근거

「사회복지사업법」

개념　[13. 국가직]

─ 지역사회 복지에 관심 있는 민간단체 및 개인의 연합체
└ 각종 민간의 사회복지사업과 활동을 조직적으로 연계·협력·조정하는 기구　❶주의 인관협력기구(X)

　13. 국가직) 사회복지협의회 – 사회복지 관련 기관·단체 간의 연계·협력·조정을 행함(O)

유형

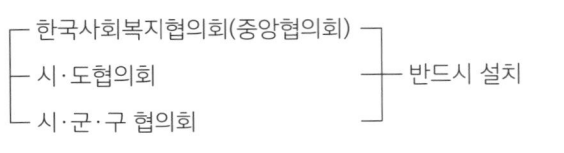

─ 한국사회복지협의회(중앙협의회) ─┐
─ 시·도협의회　　　　　　　　　├ 반드시 설치
└ 시·군·구 협의회　　　　　　　┘

업무

─ 사회복지에 관한 조사·연구 및 정책 건의
─ 사회복지 관련 기관·단체 간의 연계·협력·조정
─ 사회복지 소외계층 발굴 및 민간사회복지자원과의 연계·협력
─ 사회복지에 관한 교육훈련
─ 사회복지에 관한 자료수집 및 간행물 발간
─ 사회복지에 관한 계몽 및 홍보
─ 자원봉사활동의 진흥
─ 사회복지사업에 관한 기부문화의 조성
─ 사회복지사업에 종사하는 사람의 교육훈련과 복지증진
└ 사회복지에 관한 학술 도입과 국제사회복지단체와의 교류

지역사회보장협의체 ★★★

↳ 2015년 지역사회복지협의체에서 명칭 변경

▌법적근거 [21. 국가직]

「사회보장급여법」

▌종류 [21. 국가직, 10·22. 지방직, 13. 서울시]

21. 국가직) 지역사회보장협의체는 전국 시·도, 시·군·구, 읍·면·동 단위에 설치(X)

구분	시·군·구 지역사회보장협의체	읍·면·동 지역사회보장협의체
목적 및 기능	① 지역의 사회보장 증진 및 사회보장과 관련된 서비스를 제공하는 관련 기관·법인·단체·시설과 연계 협력 강화 ② 심의·자문 실시 　• 시·군·구의 지역사회보장계획 수립·시행 및 평가에 관한 사항 　• 시·군·구의 지역사회보장조사 및 지역사회보장지표에 관한 사항 　• 시·군·구의 사회보장급여 제공에 관한 사항 　• 시·군·구의 사회보장 추진에 관한 사항 　• 읍·면·동 단위 지역사회보장협의체의 구성 및 운영에 관한 사항	① 위기 가정(예 관할 지역의 저소득 주민·아동·노인·장애인·한부모가족·다문화가족 등 사회보장사업에 의한 도움을 필요로 하는 사람) 상시 발굴 업무 지원 ② 사회보장 자원 발굴 및 연계 업무(예 후원, 자원봉사, 사회공헌 등) 지원 ③ 지역사회보호체계 구축 및 운영 업무 지원: 사각지대의 발굴 및 맞춤형 지원을 위한 지역사회 인적 안전망 구축
위원 자격요건	시장·군수·구청장이 임명 or 위촉 • 사회보장분야 전문가 • 지역의 사회보장 활동을 수행하거나 서비스를 제공하는 기관·법인·단체·시설의 대표자 • 비영리민간단체의 추천자 • 읍·면·동 단위 지역사회보장협의체 위원장 • 사회보장에 관한 업무를 담당하는 공무원 21. 국가직) 사회보장에 관한 업무를 담당하는 공무원은 지역사회보장협의체의 위원이 될 수 있음(O)	시장·군수·구청장이 위촉 • 사회보장 제공하는 기관·법인·단체·시설 or 공익단체의 실무자 • 사회보장에 관한 업무를 담당하는 공무원 • 비영리민간단체에서 추천한 사람 • 이장 및 통장 • 주민자치위원, 자원봉사단체 구성원 • 지역의 사회보장 증진에 열의가 있는 사람
위원회 구성	위원장을 포함한 10명 이상 40명 이하의 위원	협의체 위원의 수는 공동위원장 2명을 포함하여 10명 이상이 되도록 구성

위원장 선출방법	위원 중에서 호선 (공무원인 위원·위촉직 공동위원장 선출)	협의체 위원장은 읍·면·동장(공공위원장)과 민간위원 중에서 호선한 민간 위원장이 공동으로 구성하고, 부위원장은 민간위원 중에서 호선
위원 임기	2년. 위원장은 1회 연임 가능	민간위원의 임기는 2년으로 연임 가능 (공무원 위원은 해당 직에 재직하는 기간)
협의체 운영	① 협의체 업무를 효율적으로 수행하기 위한 실무협의체 구성·운영 　• 위원장 1명 포함 10명 이상 40명 이하의 위원으로 구성 　• 위원장은 위원 중에서 호선, 위원은 협의체 위원장이 임명·위촉 ② 보장기관 장의 인력 및 운영비 등 재정 지원 가능 ③ 읍·면·동 단위 지역사회보장협의체 구성·운영 　• 기능: 관할 지역의 사회보장대상자 발굴, 지역사회보장 자원 발굴 및 연계, 지역사회보호체계 구축·운영 등 　• 위원회 구성: 읍·면·동장과 읍·면·동장의 추천을 받아 시·군·구청장이 임명 or 위촉(읍·면·동별 10명 이상), 읍·면·동장과 민간위원(호선)으로 공동위원장 체제 운영 　• 위원임기: 2년, 연임 가능	복지사각지대 발굴, 자원 연계가 이루어질 수 있도록 소단위 분과 및 운영위원 등 운영 가능

THEME 140 　사회복지전담공무원

법적근거

「사회보장급여법」

> **PLUS⁺**　사회복지전담공무원(「사회보장급여법」제43조)
>
> 1. 사회복지사업에 관한 업무를 담당하게 하기 위하여 시·도, 시·군·구, 읍·면·동 또는 사회보장사무 전담기구에 사회복지전담공무원을 둘 수 있다.
> 2. 사회복지전담공무원은 「사회복지사업법」에 따른 사회복지사의 자격을 가진 사람으로 한다.
> 3. 사회복지전담공무원은 사회보장급여에 관한 업무 중 취약계층에 대한 상담과 지도, 생활실태의 조사 등 보건복지부령으로 정하는 사회복지에 관한 전문적 업무를 담당한다.
> 4. 국가는 사회복지전담공무원의 보수 등에 드는 비용의 전부 또는 일부를 보조할 수 있다.
> 5. 시·도지사 및 시장·군수·구청장은 「지방공무원 교육훈련법」에 따라 사회복지전담공무원의 교육훈련에 필요한 시책을 수립·시행해야 한다.

주요 연혁

— 1987년: 별정직 '사회복지전문요원'으로 서울시 관악구에서 최초로 시범사업 차 임용·배치
— 1992년: 「사회복지사업법」 전부개정으로 사회복지전담공무원 조항 신설
　　　　　└→ 법적근거 마련
— 2000년: 별정직 사회복지전문요원이 일반직 공무원인 사회복지직렬로 전환

THEME 141 　지역사회복지관

법적근거

「사회복지사업법」에 설립근거를 둔 사회복지시설

운영원칙　[14. 국가직]

— **지역성**: 지역주민의 적극적 참여 유도 → 능동적 역할과 책임의식 조장
— **전문성**: 전문인력에 의해 사업 수행
— **책임성**: 효과성을 극대화하기 위한 노력
— **자율성**: 사회복지관의 능력과 전문성이 최대한 발휘될 수 있도록 자율적으로 운영
— **통합성**: 지역 내 공공 및 민간복지기관간에 연계성과 통합성 강화
　　　　　→ 지역사회복지체계를 효율적이고 효과적으로 운영
— **자원활용**: 지역사회 내의 복지자원을 최대한 동원 활용

— **중립성**: 정치활동, 영리활동, 특정종교활동 등으로 이용되지 않도록 중립성 유지
　14. 국가직) 사회복지관은 설립법인에 따라 정치 및 종교 활동에서 중립적이지 않을 수 있음(X)
— **투명성**: 자원을 효율적으로 이용하고 운영과정의 투명성을 유지

사업 대상

— **일반주의 실천**: 모든 지역주민을 대상으로 사회복지서비스를 실시하여야 함
└ **우선 제공 대상자**
　　┌ 「국민기초생활 보장법」에 따른 수급자 및 차상위계층
　　├ 장애인, 노인, 한부모가족 및 다문화가족
　　├ 직업 및 취업 알선이 필요한 사람
　　├ 보호와 교육이 필요한 유아·아동 및 청소년
　　└ 그 밖에 사회복지관의 사회복지서비스를 우선 제공할 필요가 있다고 인정되는 사람

사업(「사회복지사업법 시행규칙」 별표3) 14. 국가직, 18. 지방직, 18. 서울시

기능	사업분야	사업 및 내용
사례 관리 기능	사례발굴	지역 내 보호가 필요한 대상자 및 위기 개입대상자를 발굴하여 개입계획 수립
	사례개입	지역 내 보호가 필요한 대상자 및 위기 개입대상자의 문제와 욕구에 대한 맞춤형 서비스가 제공 될 수 있도록 사례개입
	서비스 연계	사례개입에 필요한 지역 내 민간 및 공공의 가용자원과 서비스에 대한 정보 제공 및 연계, 의뢰 18. 서울시) 지역조직화기능 - 서비스연계 사업(X) → 사례관리기능
서비스 제공 기능	가족기능 강화	1. 가족관계증진사업 2. 가족기능보완사업 3. 가정문제해결·치료사업 4. 부양가족지원사업 5. 다문화가정, 북한이탈주민 등 지역 내 이용자 특성을 반영한 사업
	지역사회 보호	1. 급식서비스 2. 보건의료서비스 3. 경제적지원 4. 일상생활 지원 5. 정서서비스 6. 일시보호서비스 7. 재가복지봉사서비스
	교육문화	1. 아동·청소년 사회교육 2. 성인기능교실 3. 노인 여가·문화 4. 문화복지사업
	자활지원 등 기타	1. 직업기능훈련 2. 취업알선 3. 직업능력개발 4. 그 밖의 특화사업
지역 조직화 기능	복지네트워크 구축	지역사회연계사업, 지역욕구조사, 실습지도
	주민 조직화	주민복지증진사업, 주민조직화 사업, 주민교육
	자원 개발 및 관리	자원봉사자 개발·관리, 후원자 개발·관리

▌법적근거

「사회복지공동모금회법」, but 「사회복지사업법」에 따른 법인
└→ 보건복지부장관의 인가를 받아 등기함으로써 설립

▌조직

─ **사무조직**: 사무총장 1명과 필요한 직원 및 기구
─ **분과실행위원회**: 기획, 홍보, 모금, 배분
└ 지회
　├ 시·도 단위의 지회(지회장은 이사회의 의결을 거쳐 회장이 임명)
　└ 1997년 제정된 「사회복지공동모금법」 당시 '독립법인형식'에서 **1999년 제정된 「사회복지공동모금회법」**에서 '**시·도지회 형식**'으로 변경

▌주요 사업　13. 국가직

─ 사회복지**공동모금사업**
─ **공동모금재원의 배분**
─ 공동모금재원의 운용 및 관리
─ 사회복지공동모금에 관한 조사·연구·홍보 및 교육·훈련
─ 사회복지공동모금지회의 운영

─ 사회복지공동모금과 관련된 국제교류 및 협력증진사업
─ 다른 기부금품 모집자와의 협력사업
─ 그 밖에 모금회의 목적 달성에 필요한 사업

13. 국가직) 사회복지공동모금회는 사회복지공동모금사업, 공동모금재원의 배분, 운용 및 관리 등을 행함(O)

▌재원

─ 사회복지공동모금에 의한 기부금품
─ 법인이나 단체가 출연하는 현금·물품 or 그 밖의 재산
─ 「복권 및 복권기금법」에 따라 배분받은 복권수익금
─ 그 밖의 수입금
─ **보건복지부장관의 승인을 받아 복권을 발행 가능**

▌모금방법

─ **모금원에 따라**: 개별형, 기업중심형, 단체형, 특별사업형
└ **기간에 따라**: 연중모금, 연말집중모금

▌개관　19. 지방직

2012년 '찾아가는 보건·복지서비스' 추진의 일환으로 시·군·구 단위로 설치

19. 지방직) 희망복지지원단 – 지방자치단체의 읍·면·동 행정복지센터에 설치(X) → 시·군·구에 설치

▌주요 업무　19. 지방직

─ **통합사례관리**: 복합적 욕구를 가진 대상자에게 **민·관 협력을 통한 맞춤형 통합사례관리** 사업 실시
─ **자원의 총괄 관리**: 지역사회(시·군·구, 읍·면·동)의 공식·비공식·자원 발굴·관리 총괄
─ **읍·면·동 복지사업 지원·관리**
─ **지역보호체계 운영**: 지역사회보장협의체 및 지역 내 관련 기관과의 연계와 협력 추진

19. 지방직) 희망복지지원단 – 자원의 총괄 관리 업무를 수행(O)

▌법적근거

「국민기초생활보장법」

▌목적

근로능력이 있는 저소득층의 자활능력 배양, 기능습득 지원 및 근로기회 제공

▌참여 자격

→ 자활사업 참여를 조건으로 생계급여를 지급받는 수급자

의무참여	수급자	조건부수급자
		자활급여특례자
		일반수급자
희망참여	일반	특례수급가구의 가구원
		차상위자
		근로능력이 있는 시설수급자

▌자활지원계획 [16. 국가직]

— 자활 대상자의 자립을 체계적으로 지원하기 위한 근거로써 **시·군·구에서 대상자와의 상담을 통해 수립하는 계획**

— **상담 내용**: 개인의 업무능력에 대한 진단, 자활근로와 취업·창업·자산 형성 등 유관서비스에 대한 욕구사정

— **대상**: 조건부 수급자, 희망참여자를 포함한 모든 자활사업 참여 대상자

— **시·군·구 자활고용지원팀**은 대상자가 **조건부수급자로 결정된 날로부터 1월 이내**에 **자활역량평가표를 작성 참조**하여 초기 상담을 실시한 후 개인별 자활지원계획을 수립하여야 함

▌자활사업 프로그램

— 자활사례관리

— 자활근로사업

   — **5대 전국 표준화 사업**: 간병, 집수리, 청소, 폐자원재활용, 음식물 재활용사업

   — **4가지 자활근로 유형**: 근로유지형, 사회서비스일자리형, 인턴·도우미형, 시장진입형

— 자활장려금 사업 ❶주의 지급제외자 – 차상위계층, 보장시설 수급자

— 자산형성지원사업

   — **희망저축계좌(Ⅰ)**: 일하는 생계·의료급여 수급가구가 대상

   — **희망저축계좌(Ⅱ)**: 일하는 주거·교육급여 수급가구 및 차상위계층이 대상

   — **청년내일저축계좌**

▌자활사업지원체계 `13. 국가직, 15·16. 지방직`

- 지역자활센터
  - 보장기관(국가와 지방자치단체)은 **사회복지법인, 사회적협동조합 등 비영리법인과 단체의 신청을 받아 지역자활센터로 지정 가능**
  - 사업
    - 자활의욕 고취를 위한 교육
    - 자활을 위한 정보제공, 상담, 직업교육 및 취업알선
    - 생업을 위한 자금융자 알선
    - 자영창업 지원 및 기술 · 경영 지도
    - 자활기업의 설립 · 운영 지원
    - 그 밖에 자활을 위한 각종 사업
  - **지역자활센터협회를 설립**할 수 있음
  - 13. 국가직) 지역자활센터에서는 자활의욕 고취를 위한 교육, 직업교육 및 취업알선, 생업을 위한 자금융자 알선 등을 행함(O)

- 광역자활센터
  - ┌ 2014년 법 개정으로 2015년부터
  - 보장기관이 사회복지법인, 사회적협동조합 등 비영리법인과 단체의 신청을 받아 **특별시 · 광역시 · 특별자치시 · 도 · 특별자치도(또는 시 · 도)** 단위의 광역자활센터로 지정 가능
  - 15. 지방직) 2015년 7월부터 시행된 국민기초생활보장법 – 자활센터의 사업 수행기관에 사회적 협동조합이 추가될 근거를 마련(O)
  - 사업
    - 시 · 도 단위의 자활기업 창업지원
    - 시 · 도 단위의 수급자 및 차상위자에 대한 취업 · 창업 지원 및 알선
    - 지역자활센터 종사자 및 참여자에 대한 교육훈련 및 지원
    - 지역특화형 자활프로그램 개발 · 보급 및 사업개발 지원
    - 지역자활센터 및 자활기업에 대한 기술 · 경영 지도
    - 그 밖에 자활촉진에 필요한 사업으로서 보건복지부장관이 정하는 사업

- 한국자활복지개발원
  - 수급자 및 차상위자의 자활촉진에 필한 사업을 수행하기 위하여 설립
  - 업무
    - 자활 지원사업의 개발 및 평가
    - 자활 지원을 위한 조사 · 연구 및 홍보
    - 광역자활센터, 지역자활센터, 자활기업의 기술 · 경영 지도 및 평가
    - 자활 관련 기관 간의 협력체계 구축 · 운영
    - 자활 관련 기관 간의 정보네트워크 구축 · 운영
    - 취업 · 창업을 위한 자활촉진 프로그램 개발 및 지원
    - 고용지원서비스의 연계 및 사회복지서비스의 지원 대상자 관리
    - 수급자 및 차상위자의 자활촉진을 위한 교육 · 훈련, 광역자활센터 등 자활 관련 기관의 종사자 및 참여자에 대한 교육 · 훈련 및 지원
    - 국가 또는 지방자치단체로부터 위탁받은 자활 관련 사업
    - 그 밖에 자활촉진에 필요한 사업으로서 보건복지부장관이 정하는 사업

- 자활기금: 시 · 도지사 및 시 · 군 · 구청장이 설치 및 운영

- 자활기관협의체: 시장 · 군수 · 구청장은 지역자활센터, 「**직업안정법**」의 직업안정기관, 「**사회복지사업법**」의 사회복지시설의 장 등과 상시적인 협의체계 구축하여야 함

- ┌ 2012년 법 개정으로 자활공동체 → 자활기업
- 자활기업 `16. 지방직`
  - 유형: 자립형 자활기업, 사회형 자활기업
  - **기본 설립 요건: 수급자 및 차상위자는 상호 협력하여 자활기업을 설립·운영**할 수 있음
  - 16. 지방직) 수급자 및 차상위자는 상호 협력하여 자활기업을 설립 · 운영할 수 있음(O)
  - 세부 설립 기준
    - 조합 또는 「**부가가치세법**」상의 사업자의 형태를 갖출 것
    - **설립 및 운영 주체: 수급자 또는 차상위자를 2인 이상 포함하여 설립할 것**
      - └→ 1인이 창업한 경우는 개인 창업으로 자활기업(X)

▌자활장려금

- 2016년 사업 종료 후 2019년 재도입
- 생계급여 산정 시, 소득인정액에서 자활소득의 30%를 공제하여 추가 지급되는 생계급여를 자활장려금으로 지급

사회적 경제의 개관

19. 국가직

▍목적

사회적 가치(예 공동체의 보편적 이익실현, 민주적 의사결정, 노동중심의 수익분배, 사회 및 생태계의 지속가능성 등)의 실현

▍특징

— 자본보다 사람을 우위에 둠
— 사회적 문제를 해결한다는 사회적 측면과 자생력을 가져야 한다는 경제적 측면을 동시에 고려
   → 새로운 경제개념
— 공공부문과 시장부문에서 공급되지 않는 서비스를 제공하는 활동 영역
— 서구에서는 오래전부터 일을 통한 복지(Workfare) 차원에서 관심 증가

▍종류

자활기업, 마을기업, 협동조합, 사회적 기업 등

19. 국가직) 사회적 경제조직 – 사회적 기업, 협동조합 등(O)

사회적 경제 주체 ★★★

▍사회적 경제기업으로서의 자활기업

— **설립근거**: 「국민기초생활보장법」
— **조건**
   — **의사결정 구조**: 사용자와 근로자 등의 이해관계자가 참여할 것
   — **사회적 가치 실현**: 저소득층에게 일자리를 제공하거나 지역사회에 공헌하는 사회적 목적 실현을 기업의 주된 목적으로 할 것

▍마을기업

— **개관**
   — 지역주민이 각종 지역자원을 활용한 수익사업을 통해 지역 공동체의 이익 실현
   — **행정안전부장관의 지정**을 받아 설립 및 운영하는 마을단위의 기업 **cf** 한국자원봉사협의회 – 행정안전부장관의 인가
— **조직형태**
   — 법인
   — 지역주민 5인 이상이 출자하여 참여 → 지역주민의 비율이 70% 이상
— **요건**: 기업성, 공공성, 지역성, 공동체성
         └→ 수익추구(O)

▌협동조합 [14. 지방직]

- 설립근거: 「협동조합기본법」(2012년 제정)
- 종류

구분	협동조합	사회적 협동조합
개념	조합원의 권익을 향상하고 지역 사회에 공헌하고자 하는 사업조직	협동조합 중 영리를 목적으로 하지 아니하는 협동조합
법인격	법인	비영리법인
설립절차	5인 이상의 발기인(조합원 자격을 가진 자)이 정관 작성 → 창립총회 의결	
설립방식	시·도지사에게 신고 → 시·도지사는 기획재정부장관에게 통보	기획재정부장관에게 인가

14. 지방직) 사회적협동조합은 비영리법인(O)

14. 지방직) 협동조합 및 사회적협동조합의 최소 설립 인원은 5인 이상이며 시-도지사에게 신고하면 설립(X) → 사회적 협동조합은 기획재정부장관에게 인가

- 기본원칙
  - **최대 봉사**: 업무 수행 시 조합원 등을 위하여 최대한 봉사
  - **자발성, 공동성, 민주성**: 자발적으로 결성하여 공동으로 소유하고 민주적으로 운영
  - **사회적 이윤 추구성**: 투기를 목적으로 하는 행위와 일부 조합원등의 이익만을 목적으로 하는 업무와 사업 금지
- 의결권 및 선거권
  - **출자좌수에 관계없이 각각 1개의 의결권과 선거권 소유**
  - 대리인으로 하여금 의결권 or 선거권을 행사 가능 → 조합원은 출석한 것으로 봄. but 대리인이 대리할 수 있는 조합원의 수는 1인에 한정

  14. 지방직) 협동조합 조합원은 출자좌수에 관계없이 각각 1개의 의결권과 선거권을 가짐(O)

▌사회적 기업 [19. 국가직]

- 설립근거: 「사회적기업육성법」(2007년 제정)
- 취약계층에게 사회서비스 or 일자리를 제공하거나 지역사회에 공헌함으로써 지역주민의 삶의 질을 높이는 등의 **사회적 목적을 추구하면서 재화 및 서비스의 생산·판매 등 영업활동을 하는 기업**

  19. 지방직) 사회적 기업 - 정부, 지방자치단체가 출자한 조직이 사회적 기업 인증을 받아 운영하는 공기업(X)

- 설립방식: 고용노동부장관의 인증
- 운영주체별 역할 및 책무
  - **국가**: 사회적기업에 대한 지원대책 수립, 필요한 시책의 종합적 추진
  - **지방자치단체**: 지역별 특성에 맞는 사회적기업 지원시책을 수립·시행
  - **사회적 기업**: 영업활동을 통하여 창출한 이익을 사회적기업의 유지·확대에 재투자하도록 노력
  - **연계기업**: 사회적기업이 창출하는 이익을 취할 수 없음

단계			참여내용
8	주민권력	주민통제	주민이 스스로 통제하는 단계
7		권한위임	주민이 정부보다 우월한 권한을 행사하는 단계
6		협동관계	주민과 정부가 동등한 입장에서 협상하여 정책을 결정하는 단계 but 최종 결정은 정부가 함
5	형식적 참여	주민회유	위원회 등을 통해 주민의 참여범위가 확대되는 단계
4		상담	공청회나 집회 등을 통해 주민의 의견과 아이디어가 수렴되어지는 단계
3		정보제공	정부가 주민에게 일방적으로 정보를 제공하는 단계
2	비참여	대책치료	정부가 주민을 임상적인 치료의 대상으로 간주하는 단계
1		조작	정책지지 유도를 위한 정부의 책략 단계

🔽 **암기팁** 김대중 대통령과 김정일이 권주(勸酒)하는 장면을 TV를 통해 보면서 - 조(작)치(료)! 정(보)상(담)회(유)협(동)권(한위임)주(민통제)하니까 술먹었으니~~ 아른아른(아른스타인)

THEME 148　사회복지정책의 개념　□□□

주체　복지국가(중앙정부 + 지방정부)가

객체　국민의

목적　복지 증진(or 기본적인 욕구 해결)이라는 궁극적인 정책목표 달성을 위해

그들이 지닌 **사회복지적 가치를 국민에게 권위적으로 배분하기 위해 사용하는 수단**

THEME 149　사회복지정책 가치의 개관　□□□

[11. 지방직]

▌개념

┌─ 사회복지정책은 사회문제에 대한 시각 및 자원배분의 기준과 관련하여 가치지향적(or 가치판단적)
│　→ 가치는 사회복지정책의 '궁극적인 목표'
└─ 각 가치는 사회복지정책 수립이나 집행 시 **적절한 수준으로 모두 고려**되어야 함
　11. 지방직) 사회복지정책이 평등의 가치를 훌륭히 이루더라도 효율의 가치를 크게 훼손하면 바람직하지 않음(O)

▌종류

평등, 자유, 사회적 적절성, 효율성

▌평등　08·10. 국가직, 11·16·24. 지방직, 11·13. 서울시

한정된 사회적 자원의 배분과 관련된 가치

- **수량적 평등(or 결과의 평등)**
  - 가장 적극적인 평등 가치
  - 모든 구성원을 동일하게 취급 → 기여·욕구·능력 등에 상관없이 사회적 자원을 동일하게 분배하고자 하는 것
    - └→ 실현이 불가능한 이상적(理想的)인 가치
  - 예 공공부조 제도(or 급여), 영국의 국민보건서비스(NHS) 등
- **비례적 평등[or 형평, 공평(Equity)]**
  - 자원배분 기준(예 기여(or 업적, 공헌), 욕구, 능력)에 따라 구성원 마다 사회적 자원을 다르게 배분하고자 하는 것
  - 예 열등처우의 원칙, 보험수리원칙(or 보험방식의 사회보장) 등
- **기회의 평등**
  - 가장 소극적인 의미의 평등 가치
  - **과정상의 평등**: 구성원 각 개인에게 동등한 출발선만을 보장, but 자원의 실질적 분배에는 관여(X)
    - 각 개인 자신의 소질과 능력을 자유롭게 개발할 평등한 권리와기회 보장
    - 동일한 업적에 대해 동일한 보상 제공
    - 모든 사회적 제도에 대한 접근을 모든 사람에게 균등하게 개방
  - 최소한의 국가개입만을 주장하는 보수주의자(or 신자유주의자)들이 선호
  - 예 빈곤대책교육프로그램, 우리나라의 드림스타트 프로그램과 미국의 해드(Head start) 스타트 프로그램 등

  08. 국가직) 기회의 평등 – 저소득층 가정의 6세 이하 어린이와 임산부에게 영양과 문화생활을 제공할 계획(O)

- **조건의 평등**
  - 기회의 평등의 한계로 인해 새롭게 대두된 평등 개념
  - 평등은 비교 대상들의 능력이나 장애 여부 등의 조건이 동등할 때에만 타당
    - → (출발 조건을 동등하게 조정) 동등하게 권리를 누릴 수 있는 조건들이 우선적으로 제공되어야 한다는 것
  - 예 공무원 장애인 전형 가산점 제도

▌자유

개인이 하고자 하는 것의 실현과 관련된 가치

- **소극적 자유**
  - **간섭 당하지 않을 자유의 가치**: 개인의 자유권 행사에 국가나 타인이 간섭하지 말아야 함을 의미
    - ∴ 국가의 개입이 감소할수록 그 보장이 용이
  - 자유권 실현에 대한 책임은 전적으로 개인 자신에게 존재
  - 부자에게는 유리, 빈자에게는 불리한 자유
- **적극적 자유**
  - **이룰 수 있는 자유의 가치**: 개인의 자유권 행사에 국가의 개입이 있어야 함을 의미
    - → 개인의 자유권 실현에 대한 국가의 책임을 인정
    - ∴ 국가의 개입이 증가할수록 그 보장이 용이
  - **적극적 자유의 침해**: 재분배 정책과 같은 국가의 개입이 적절하게 이루어지지 않아 빈자들의 자유가 실현되지 못하였다는 것 → 그들에게 필요한 자원이나 기회가 박탈당한 것
  - 빈자에게는 유리, 부자에게는 불리(예 최저생활 보장 등)

▌평등과 자유와의 관계

수량적 평등 (빈자의 평등) (↑)	→	소극적 자유 (부자의 자유) (↓)
		적극적 자유 (빈자의 자유) (↑)

롤스(J. Rawls)의 정의론 - 평등과 자유의 공존은 불가능한 것인가?   □□□

[22. 국가직, 19. 지방직, 19. 서울시]

▌원초적 입장(or 상황)

순수절차상의 정의가 보장되는 상황

- **무지의 베일**: 사회구성원들이 자신이 소속된 사회의 우연적 요인들(예 개인의 사회적 지위, 형편, 재능, 가치관 등)에서 분리되어 졌다고 보는 가정
- **상호 무관심적 합리성**: (롤스의 인간관) 인간은 시기심이나 이타심을 가진 존재(X)

22. 국가직) 롤스는 공정한 절차를 보장하기 위한 장치로서 원초적 입장이라는 개념을 제시(O)

▌정의의 원칙

- **제1의 원칙(평등한 기본적 자유의 원칙)**: 개인의 기본적 자유를 보장하는 원칙

19. 지방직) 정의론 - 모든 사람은 다른 사람의 유사한 자유와 상충되지 않는 한 기본적 자유에 대해 동등한 권리를 갖는다는 평등한 자유의 원칙 제시(O)

- **제2의 원칙(차등의 원칙)**: 제1의 원칙인 평등한 자유의 원칙을 훼손할 수 있는 2가지 조건
  - **(공정한) 기회균등의 원칙**: 사회적 지위에 접근할 기회는 평등하게 부여되어야 한다는 것
  - **최소극대화의 원칙**: (평등주의적 분배의 근거 제공) 최소 수혜자들의 처지를 개선시키는 한도 내에서 그들을 우대하기 위한 사회적·경제적 불평등을 허용해야 한다는 것

▌정의의 원칙의 우선순위

- 제1의 원칙이 제2의 원칙에 우선하여 적용
- 제2의 원칙 내에서는 기회균등의 원칙이 최소극대화의 원칙에 우선하여 적용

▌롤스(Rawls)와 로버트 노직(Robert Nozick)의 논쟁

로버트 노직(Robert Nozick) ─ 자유지상주의 국가론을 주장
                          └ 빈자의 자유인 적극적 자유보다 부자의 자유인 소극적 자유를 더욱 옹호

19. 지방직) 로버트 노직 - 국가가 적극적으로 나서서 국민의 생활과 자유를 보장해야 한다고 주장(X)

사회복지정책의 가치(2) - 사회적 적절성   □□□

▌의미

"인간다운 생활을 할 수 있는 적절한 정도의 급여 수준은 어느 정도인가?"에 대해 사회적으로 형성한 다분히 객관적인 합의 ∴ 생존권 지지의 가치에 부합

▌평등과 사회적 적절성과의 관계

공공부조 제도 운영 시 빈자에 대한 '적절성 가치'의 추구는 '비례적 평등의 가치'와 상충 가능
예 국민기초생활보장제도의 최저생계비 산출 근거, 최저임금 산출의 근거 등

사회복지정책의 가치(3) – 효율성 □□□

↳ 최소한의 자원 투입으로 최대한의 산출 달성

▌수단으로서의 효율성

┌ 사회복지정책은 '평등 가치'의 실현을 위해 '비효율적'일 수도 있다고 보는 것

├ **목표효율성(or 대상효율성):** 자원 배분의 집중성 정도

│ → 공공부조 > 사회보험, 현물급여 > 현금급여, 선별주의 > 보편주의

└ **운영효율성:** 자원 배분과 관련된 행정비용의 투입 정도

   → 사회보험 > 공공부조, 현금급여 > 현물급여, 보편주의 > 선별주의

11. 지방직) 사회복지정책에서 효율은 어떠한 상황에서도 최소의 비용을 들이는 것(X)

▌배분적 효율성(or 파레토 효율성, 파레토 최적)

↳ 사회 전체의 효용을 높일 수 있도록 사회적 자원을 배분하는 것

사회복지정책이 추구하는 목표

┌ 자원 배분이 가장 효율적으로 이루어진 상태 or 효용이 최적으로 배분된 상태

├ 자원배분 시 다른 사람의 효용을 감소시키지 않고서는 어떤 한 사람의 효용이 증가되지 못하는 지점

│ ∴ 누군가(例 부자)의 효용을 감소시키면서 누군가(例 빈자)의 효용을 증가시키는 '소득재분배 정책'은

│ 매우 비효율적

├ but 사회적 자원 배분이 평등적이고 동시에 파레토 효율적 → 평등과 효율의 공존 가능

└ **파레토 개선:** 다른 사람들의 효용을 감소시키지 않으면서 누군가의 효용을 증가시키는 것

      (例 민간의 자발적인 자선활동)

국가의 시장개입의 필요성(or 시장실패) ★★★ □□□

▌소득분배의 불평등

1차적 분배(개인의 기여에 따른 분배) → 소득분배의 불평등 현상 발생

∴ 정부의 개입을 통한 2차적 분배(개인의 기여가 반영되지 않은 분배) 필요

▌규모의 경제(or 대규모생산의 법칙)

┌ 대량생산을 통해 생산과 관련된 원가를 절감 → 이윤 극대화

└ 경제주체 중 정부가 규모의 경제 실현에 있어서 가장 유리

▌외부효과

┌ 특정 경제주체의 행위가 시장 내에서 거래 관계가 없는 영향을 미치는 상태

└ 종류

   ┌ **긍정적 외부효과(or 외부경제):** 제3자에게 긍정적 영향(or 혜택)을 미치는 외부효과

   │ ∴ 공급 시 정부의 장려(or 촉진) 필요

   │   ↳ 사회복지의 재화나 서비스는 긍정적인 외부효과가 큼

   └ **부정적 외부효과(or 외부불경제):** 제3자에게 부정적인 영향을(or 손해를) 미치는 외부효과

      ∴ 공권력을 지닌 정부의 규제 필요

▌사회복지재화의 공공재적 성격

공공재의 성격: 비경합성 + 비배재성(→ 무임승차자 문제 발생)

         → 이윤을 추구하는 민간의 경제주체들에서는 제대로 공급(X) ∴ 정부가 공급

▌불완전한 정보(or 정보의 불완전성) → 정보의 비대칭성, 경제주체의 근시안성

- **정보의 비대칭성**: 시장 내 경제추체 간 지닌 정보의 양과 질이 상대적으로 불평등한 상태
  - 건강보험제도와 고용보험제도에의 정부 개입의 당위성을 설명할 때 사용
  - 역선택, 도덕적 해이 문제 발생

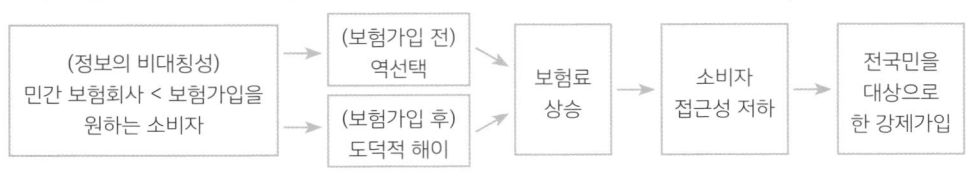

- **경제주체의 근시안성**: 경제주체가 자신에게 발생할 수 있는 사회적 위험에 대해 근시안적 시각을 가지고 대처하는 현상 ∴ 국민연금 및 건강보험제도 시행의 근거

▌불완전한 경쟁

완전경쟁시장이 소수가 지배하는 독과점으로 전환 → 그 소수의 지배자가 가격 담합

∴ 공권력을 지닌 정부의 규제 필요

▌위험 발생의 상호의존성(or 비독립성)

- 누군가에게 발생한 위험이 다른 누군가의 위험발생에 영향을 미친다는 개념
  - 민간보험사의 보험은 가입자의 위험발생률이 상호 독립적이어야 함 → but 대공황 등으로 대규모 실업 사태 등이 발생할 경우 → 위험발생의 상호 의존(or 비독립) 발생 → 민간보험사는 대응하기 어려움
    ∴ 정부가 공급

THEME 155 ▌정부실패 □□□
[17. 지방직] → 시장 실패와 대칭되는 개념

▌배분적 비효율성

정부의 사업 예측 실패 → 파레토최적의 상태가 이루어지지 않는 것

▌X-비효율성

정부조직의 독점성 → 효율적인 경영을 추구할 유인이 감소 → 방만한 운영 등의 문제가 발생하는 것

▌목표로서의 내부성

정부조직은 이윤추구(X) → 공식적인 목표와는 관련이 없이 내부적 예산이나 인력만을 확대하는 것

▌파생적 외부성(or 비의도적 역작용)

정부의 시장에 대한 개입 정책이 예기치 못하게 시장에 피해를 주는 것

▌권력과 특혜로 인한 분배적 불공평

정부의 활동이 조직화된 이익집단의 편익을 보호하기 위해 과도하게 사용 → 특혜를 받는 집단과 소외되는 집단으로 양분되는 것

▌순기능   07. 국가직

— 사회통합 → 정치적 안정
— **국민의 최저생활 보장**
    └ 사회복지정책의 1차적 목표
— 소득재분배를 통해 시장실패를 시정하며, 자원배분의 효율화 가능
— 개인의 잠재능력 향상 → 자립과 성장 도모
— 사회문제 해결, 사회적 욕구 충족 → 인간다운 생활 보장
— 자동안정장치 기능(or 자동안정화 기능)

07. 국가직) 사회복지가 궁극적으로 달성하고자 하는 목적 - 효율적 시장체계 구축(X)

PLUS+   소득재분배

시장에서 **능력의 원칙에 따른 1차적 분배**로 발생한 계층이나 위험 간의 격차를 **필요의 원칙에 따른 2차적 분배**를 통해 완화시키는 것

▌역기능

— 계층 간의 대립과 갈등 발생 야기
— 국가의 재정 부담 증대, 경제성장 저하
— 인플레이션 발생
— 빈곤의 함정 발생
    └ 빈곤에 머무르려는 현상

→ '사회문제부터 정책결정'까지의 과정: 사회복지정책형성과정

사회복지정책과정(2) – 이슈화와 의제화 ☐☐☐

▌ 이슈(Issue)화

사회문제가 대중의 관심을 불러일으켜 주요 논쟁거리로 바뀌는 것

▌ 의제화

┌ **개념**: 이슈화된 사회문제를 해결하기 위해 정부와 같은 관련 주체들이 그러한 사회문제를 정치적 논의의
│   대상으로 삼는 과정
└ 의제의 종류(Cobb & Elder)
  ┌ **공공의제(or 체제의제)**: 대중이 논의의 대상으로 삼은 특정 사회문제
  └ **정부의제(or 제도의제, 공식의제)**: 정책결정과 집행에의 권한을 지닌 정부가 논의의 대상으로 삼
              은 특정 사회문제

└ 의제화의 유형(Cobb, Ross & Ross)
  ┌ **외부주도형**: 공공의제 → 정부의제로 전환되는 유형, 민주화된 선진국 유형
  ├ **동원모형**: 정부의제 → 공공의제로 전환되는 유형, 민주화되지 않은 후진국 정치체제나 관료적 계
  │   층사회의 유형
  └ **내부접근모형**: 공공의제가 없이 정부의제로만 존재하는 유형, 국방·안보·정보 분야에서 다루는 의
              제 유형

사회복지정책과정(3) – 정책대안 형성 ☐☐☐

▌ 개념

주어진 정책 목표 달성을 위한 방법들을 강구하고 이를 비교·분석하는 과정

▌ 성격

비정치적 과정, 정보산출과정, 기술적 과정
  └ 전문가들이 주축 → 정책과정 중 유일하게 비정치적

▌ 정책대안 개발 방법

점진주의적 방법, 과학적인 이론 및 모형을 이용하는 방법, 주관적·직관적 방법

▌ 정책대안의 결과의 미래예측 및 비교평가

┌ 미래예측 방법
  ┌ **유추**: 선례(先例)를 적용하는 등 '같은 형태'구조를 활용하여 예측
  ├ **경향성분석**: 과거의 경향이나 추세를 미래에 연장시켜 예측
  ├ 델파이기법
  └ **정책델파이**: 전문가들로 하여금 서로 대립되는 의견을 도출시키는 것이 목적인 델파이기법
              └ cf 델파이 기법은 합의
└ 대안의 비교평가 시 기준
  ┌ 기술적 실현가능성
  ├ 정치적 실현가능성
  ├ 법적 실현가능성
  ├ 효율성
  ├ **사회적 효과성**: 선택된 정책대안이 실제로 집행될 경우 → **사회적 유대감 형성·사회통합·인간존중
              등의 정책목표를 달성**할 수 있는가에 관한 기준
  └ **사회적 형평성(or 공평성)**: 선택된 정책대안이 실제로 집행될 경우 → **사회계층 간 불평등을 개선**
              할 수 있는가에 관한 기준

▎합리모형　13. 국가직, 18·21. 지방직, 17. 지방직 추가, 13·19. 서울시

- 인간의 이성·합리성 강조
  - └ 인간 능력에 대한 신뢰
- 정책목표는 명확
- 대안결과의 미래예측 및 비교·평가 시 비용편익분석이나 비용효과분석과 같이 판단기준이 명백히 존재
  - └ 모든 대안들을 정확이 예측가능
  - → 모든 대안들을 합리적으로 검토 → **주어진 상황에서 최선의 정책대안을 찾을 수 있음** → **최대한의 사회적 이득 보장**
- 13. 서울시) 합리적 모형 - 최대한의 사회적 이득을 보장(O)

▎만족모형　18·21. 지방직, 17. 지방직 추가, 19. 서울시

- **대표학자**: 마치와 시몬(March & Simon)
- **인간의 제한된 합리성 강조**
- 정책목표 및 기준의 불확정성
- **제한된 대안의 탐색**: 정책결정과정에서 모든 정책대안이 다 고려되지도 않고 고려될 수도 없을 뿐만 아니라 고려될 필요도 없다고 봄 → 만족스러운 수준의 대안 선택
- 19. 서울시) 합리모형 - 제한된 합리성을 바탕으로 접근이 용이한 일부 대안에 대한 만족할 만한 수준을 추구하는 것(X) → 만족모형

▎점증모형(or 비합리모형)　13. 국가직, 13·19. 서울시

- **대표학자**: 린드블롬과 윌다스키(Liindblom & Wildavsky)
- **인간의 비합리성 강조**
- **점증적**: 집행의 성과가 좋았던 정책을 여론의 반응에 따라 약간 수정·보완하는 수준으로 정책 결정
- 19. 서울시) 점증모형 - 기존의 정책과 유사한 정책대안에 대한 검토와 보완을 거치는 모형
- **제한적**: 정책결정자는 비교적 한정적인 수의 정책대안만 검토, 각 대안에 대하여도 한정된 수의 중요한 결과만 분석
- **정치적 합리성**: 이성적·경제적 합리성보다는 여론(or 시민)의 지지를 얻을 수 있는 정치적 합리성을 더욱 추구 → 보수적

▎혼합모형　18·21. 지방직, 17. 지방직 추가, 19. 서울시

- **대표학자**: 에치오니(Etzioni)
- **종합적 합리성**: 합리모형과 점증모형(or 비합리모형)의 절충형태
- 19. 서울시) 혼합모형 - 합리모형과 점증모형의 절충적 성격(O)
- 21. 지방직) 혼합모형 - 최적모형과 점증모형을 절충하여 현실적으로 만족할만한 수준의 정책대안을 선택하는 모형(X)

▎최적모형　18·21. 지방직, 17. 지방직 추가, 13. 서울시

- **대표학자**: 드롤(Dror)
- 합리모형의 비현실성(이상주의)과 점증모형의 보수적인 방식(현실주의)에 반발하여 등장
  - └ 합리모형과 점증모형의 조화 강조
- **체계론적 시각(or 관점)**: 정책과정(or 정책결정 체계) 전체의 합리적 운영 → **정책성과의 최적화 방안**에 초점
- 13. 서울시) 쓰레기통 모형 - 정책결정을 체계론적 시각에서 파악하고 정책성과를 최적화하려 함(X)
  - → 최적모형
- **질적 모형**: '경제적 합리성 + 초합리성'을 바탕
  - └ 양적 분석뿐만 아니라 질적 분석도 고려
  - **경제적 합리성**: 합리적 결정의 효과가 합리적 결정에 드는 비용보다 큰 경우 → 합리모형 적용
    - └ 비용의 최소화와 편익의 최대화 추구
  - **초합리성**(예 직관, 영감, 통찰력, 창의성)
    - 정책결정자의 자원·시간·능력 등이 부족할 경우
    - 선례가 없는 비정형적 결정을 해야 하는 경우
    - 상황이 불확실한 경우

▌쓰레기통 모형 `13. 국가직, 14·18·21. 지방직, 17. 지방직 추가, 13. 서울시`

- 대표학자: 코헨, 마치, 올슨(Cohen & March & Olsen)이 주장 → 킹돈(Kingdon)이 발전
- 정책과정은 몇 가지의 흐름으로 구성 → 흐름이 **조직화된 무정부상태**에서 우연히 합쳐질 때에 **비체계적으로 정책결정이 이루어진다고 주장**
- Cohen & March & Olsen의 4가지 흐름
  - 선택기회의 흐름
  - 문제의 흐름
  - 해결방안(or 해결책)의 흐름
  - 참여자의 흐름
  - 21. 지방직) 쓰레기통모형 - 정책결정이 일정한 규칙에 따라 이루어지는 것이 아니라 문제, 해결책, 선택 기회, 참여자 등의 4요소가 우연히 만나게 될 때 정책결정이 이루어진다고 보는 모형(O)

  > 💡 **암기팁** 두문자) 코헨 선(택)·문(제)·해(결)·참(여)

- Kingdon의 3가지 흐름
  - 정치의 흐름: 정치인, 이익집단이 참여
  - 정책문제의 흐름: 언론, 클라이언트가 참여
  - 정책대안의 흐름: 관료, 전문가가 참여
  - 13. 국가직) 합리주의 모형 - 정책결정은 조직화된 무정부 상태 속에서 나타나는 몇 가지 흐름에 의해 우연히 이루어짐(X) → 쓰레기통 모형

  > 💡 **암기팁** 킹돈 정치·정책·정책대안

THEME 161 사회복지정책분석의 유형 방법(Gilbert & Terrell) □□□

▌과정(Process)분석

- 정책형성과정에 대한 분석
- 사회복지정책의 **계획**과 관련
- 예「노인장기요양보험법」제정에서 이익집단의 영향 분석 등

▌산물(Product)분석(or 산출분석)

- 사회복지정책의 내용 분석: 정책 선택(or 결정)에 관련된 다양한 쟁점에 대한 분석
- 사회복지정책의 운영과 관련
- 정책의 분석틀
  - 4가치 선택의 차원: 재원, 할당, 급여, 전달체계
  - 3가지 축: 대안, 가치, 이론
    예 노인장기요양보험제도에서의 대상자 선정 기준 분석 등

▌성과(Performance)분석

- 사회복지정책과정 중 **평가**에 해당
- 정책 집행의 결과물(or 산출)에 대한 평가
- 예 노인장기요양보험제도의 정책 효과성 분석 등

산물분석을 위한 분석틀의 구성 ★★★

구분	선택적 차원	대안
할당	누구에게 급여를 지불할 것인가?	• 귀속적 욕구 • 보상 • 진단적 차별 • 자산조사
급여	무엇을 받을 것인가? (or 급여의 형태는 무엇인가?)	• 현금 • 현물 • 증서 • 기회 • 권력
전달체계	어떻게(or 어떤 방법으로) 급여를 전달할 것인가?	• 공공 전달체계 • 민간 전달체계 • 혼합 전달체계
재원	누가 급여를 지불할 것인가?	• 공공재원(중앙정부 재원 + 지방정부 재원) • 민간재원 • 혼합재원

15. 지방직) 길버트와 테렐이 제시한 사회복지정책 분석틀 – 어느 시점에 급여를 전달할 것인가?(X)

▌할당의 대원칙 [17·19·23. 국가직, 11·13·16·18·21·24. 지방직, 19. 서울시]

선별주의	구분	보편주의
정부실패	전제	시장실패
개인주의, 예외주의, 잔여적 개념	기본가치	집합주의, 보편주의, 제도적 개념
소득·자산조사 등의 방법을 통해 확인된 욕구를 자신의 능력으로 해결할 수 없는 자 (예 사회적 약자, 요보호 대상자 등)	대상	성별 등 **인구학적 기준**이나 보육, 노화 등과 같은 **생애주기별 욕구**를 지닌 모든 국민 └ 사회복지급여를 국민의 권리로 인식 ┘
공공부조제도 21. 지방직) 선별주의에는 국민기초생활보장제도, 장애연금 등이 포함(X) → 장애인연금	주요 사회 복지 제도	사회수당과 사회보험제도
• 높은 목표효율성(or 대상효율성)과 비용효과성 • 높은 소득재분배 효과	장점	• **사회통합에 유리** → 높은 사회적 효과성 (or 사회적 평등성) • 높은 운영효율성 • 자산조사 절차(X) → 낮은 낙인효과(Stigma Effect) • 대중의 정치적 지지 → 안정적인 운영(or 제도적 지속성) 가능 • 최저소득보장을 통해 빈곤 예방·유효수요 창출 → 경제의 안정과 성장에 기여 • 노령화나 보육 등 국민의 생애주기별 욕구를 충족시키는 데에 유리
• 사회통합에 불리 • 낮은 운영효율성, 안정적 운영에 불리 • 빈곤수준(or 빈곤선)을 낮게 책정하는 경향 • 빈곤의 덫 유발 • 자산조사 절차(O) → **낙인효과 발생** → 수급자격을 가진 빈자의 신청 기피 가능 **PLUS+ 낙인 가능성** • 공공부조제도의 대상자 > 사회보험 제도의 대상자 • 현물급여 > 현금급여 • 자산조사 > 소득조사	단점	• 낮은 목표효율성(or 대상효율성) • 낮은 소득재분배 효과

▌할당의 세부 원칙 [11. 서울시]

귀속적 욕구	보상	진단적 차별	자산조사

보편주의 ←   → 선별주의

구분	대상자	욕구판단 기준	내용
귀속적 욕구 (or 부여된 욕구)	집단	규범적 판단 (or 기준)	• **규범적 판단(or 기준)에 기반한 집단(or 범주)적 할당** • 대상: 시장체제를 통해서는 충족되지 않는 욕구를 공통적으로 지닌 집단에 소속된 사람들 • 욕구판단 기준: 인구학적 기준(예 출생, 사망, 결혼, 연령 등) 등
보상	집단	규범적 판단 (or 기준)	• **형평성 회복을 위해 규범적 판단에 기반한 집단적 할당** • 대상: 사회를 위해 사회적·경제적으로 공헌·기여를 한 사람들과 사회로부터 부당한 피해나 희생을 당한 사람들 • 욕구판단 기준: 형평성의 회복 예 사회보험 가입자, 도시재개발에 의해 피해를 입은 사람 등
진단적 차별 (or 차등, 구분, 평가)	개인	전문적 등급 분류	• **기술적 진단에 기반을 둔 개인별 할당** • 대상: 신체적·정신적 결함으로 특정 재화나 서비스에 대한 개별화된 욕구가 있는 개인 • 욕구판단 기준: 전문가의 기술적 진단에 근거한 개별화된 판단 예 『장애인복지법』상 수급자, 『노인장기요양보험법』상 수급자, 『국민연금법』 중 장애연금 수급자, 『산업재해보상보험법』 중 장해급여 수급자 등
자산조사 (or 자산조사 욕구)	개인	경제적 기준	• **욕구의 경제적 기준(소득과 재산)에 기반한 개인별 할당** • 대상: 시장체제 내에서 자신의 욕구를 충족시킬 수 있는 재화나 서비스에 대한 구매력이 없다는 증거가 있는 개인 • 욕구판단 기준: 구매력과 관련된 경제적 기준 예 『국민기초생활보장법』상 수급자 등

우리나라 주요 사회보장제도의 할당 기준(or 급여 수급조건) `23. 국가직`

대원칙	제도	근거법	세부할당 기준
선별 주의	국민기초생활 보장제도	「국민기초 생활보장법」	• 부양의무자(1촌 직계혈족 및 그의 배우자, 단 사망한 1촌 직계혈족의 배우자 제외) • 소득인정액(개별가구의 소득평가액과 재산의 소득환산액을 합산한 금액) → 자산조사 * but 교육급여, 주거급여의 경우 소득인정액 조건만 적용
	장애인연금 제도	「장애인 연금법」	• 18세 이상 → 인구학적 기준 • 중증장애인 → 진단적 차별 • 소득인정액(수급권자와 그 배우자의 소득평가액과 재산의 소득환산액을 합산한 금액) → 자산조사
	기초연금제도	「기초연금법」	• 65세 이상 → 인구학적 기준 • 소득인정액(수급권자와 배우자의 소득평가액과 재산의 소득환산액을 합산한 금액) → 자산조사
	장애수당	「장애인 복지법」	• 18세 이상 → 인구학적 기준 • 「장애인연금법」 상 중증장애인에 해당하지 않는 사람(종전 4~6급) → 진단적 차별 • 「국민기초생활보장법」 상 수급자 및 차상위계층 → 자산조사
	장애아동수당		• 18세 미만의 장애인 → 인구학적 기준 • 「국민기초생활보장법」 상 수급자 및 차상위계층 → 자산조사
	보호수당		• 「국민기초생활 보장법」에 따른 수급자 → 자산조사 • 중증 장애로 다른 사람의 도움이 없이는 일상생활을 영위하기 어려운 18세 이상(해당 장애인이 20세 이하로서 「초·중등교육법」에 따른 고등학교와 이에 준하는 특수학교 또는 각종학교에 재학 중인 경우는 제외)의 장애인을 보호하거나 부양
	긴급복지 지원제도	「긴급복지 지원법」	• 위기상황 • 긴급복지지원법에 따른 지원이 긴급하게 필요한 사람
보편 주의	국민연금제도	「국민연금법」	• 18세 이상 60세 미만인 사람 → 인구학적 기준 • 보험가입자 → 기여 * 단 장애연금의 경우 진단적 차별도 적용
	노인장기 요양보험제도	「노인장기 요양보험법」	• 65세 이상의 노인 or 65세 미만의 자로서 치매·뇌혈관성질환 등 대통령령으로 정하는 노인성 질병을 가진 사람 → 인구학적 기준 • 장기요양등급 판정자(1~5등급, 인지지원등급) → 진단적 차별 • 보험가입자 → 기여
	아동수당제도	「아동수당법」	만 8세 미만의 아동 → 인구학적 기준

23. 국가직) 우리나라의 장애수당과 장애인연금은 모두 선별주의에 해당하는 제도(O)

PLUS⁺ 사회적 효과성과 비용효과성 `23. 국가직`

1. 사회적 효과성(or 사회적 평등성): 보편주의 > 선별주의
2. 비용 효과성: 선별주의 > 보편주의

▌현금

장점	단점
• 높은 운영효율성 • 수급자 개인의 효용 극대화 • 소비자 선택권과 자율성 보장 → 소비자 주권 향상 • 낙인을 방지 → 인간의 존엄성 유지	• 낮은 목표효율성 • 사회적 효용 감소

▌현물

— 재화와 서비스 제공

— 「사회복지사업법」 제5조의2(사회복지서비스 제공의 원칙): 사회복지서비스를 필요로 하는 사람(보호대상자)에 대한 **사회복지서비스 제공은 현물(現物)로 제공하는 것을 원칙**으로 함

장점	단점
• 높은 목표효율성(or 대상효율성) • 급여의 오남용문제 감소 • 현금급여에 비해 높은 재분배효과 • 정치적 이해관계자들이 선호 → 높은 정치적 채택 가능성 • 규모의 경제 발생 → 급여를 저렴하게 제공 가능 • 물품평등주의 → 프로그램 도입이 용이	필요 이상의 현물이 제공될 경우 → 자원의 낭비 발생

▌증서(Voucher, or 바우처)

— 제3의 급여: 현금급여와 현물급여를 절충한 형태

— 소비자 지원 방식: (제3자 현금상환방식) 정부가 일정한 용도 내에서 재화나 서비스를 선택하여 구매할 수 있는 증서를 수급자에게 전달 → 수급자가 선택한 서비스 공급자가 수급자에게 서비스를 제공하고, 이후 정부가 서비스 공급자에게 현금으로 상환

```
                     비용 청구
      ┌──────┐ ◄──────────────► ┌──────────┐
      │ 정부 │                   │ 서비스 공급자 │
      └──────┘      비용 지불    └──────────┘
          │                          ▲
   증서 제공 │     ┌──────┐    서비스 구매 │
          └───► │ 수급자 │ ──────────┘
                └──────┘
```

— 우리나라의 경우 2000년대 이후 확대된 사회서비스의 주된 공급전략

장점	단점
• 교환가치가 높을 경우 공급자의 경쟁 유발 　→ 질 향상 → 수급자의 선택 기회 확대 • 목표·대상효율성이 현금급여보다 높음 • 급여 제공량 통제 가능 • 서비스 제공기관에 대한 보조금 방식에 비해 수급자의 권리를 강화	• 교환가치가 낮을 경우 공급자가 수급자를 회피하거나 수급자를 자의적으로 선택하는 현상이 발생 • 정책의 실효성을 높이기 위해서 수급자의 합리적 선택 능력이 필요 • 서비스에 대한 충분한 정보접근이 필요

▌기회

┌ 적극적 조치: 사회적 취약 집단(예 여성, 노인, 장애인 등)에게 보다 유리한 기회를 제공
│   → 이들이 받은 부정적 차별을 보상하고 그들의 시민권을 보장하는 방법
└ 예 대학입학정원 할당제, 공무원 시험 등 국가고시에 국가유공자 자녀 전형, 「장애인고용촉진 및 직업재
      활법」의 장애인의무고용제 등

장점	단점
• 사회적 취약 집단에게 평등한 기회 제공 • 사회 내의 불이익 집단 or 특별히 사회에 공헌한 사람들에게 더 많은 기회 제공	• 직접적인 교환가치(X) → 사회적 취약 집단의 경제적 문제를 근본적으로 해결하는 데에는 한계 • 기득권자들이 자신들의 이익을 합리화시키기 위한 수단으로 오용 • 급여가 동질적 조건을 가진 집단 내의 구성원들에게 불특정하게 제공 → 정부나 기업과 같은 운영주체가 법을 준수하지 않을 경우 이를 강제할 수단이나 명분이 없음

▌권력

┌ 의사결정의 참여권 보장
└ 수급자에게 자원의 재분배와 관련된 의사결정 과정에 영향력(or 통제력)을 재분배

장점	단점
• 참여 민주주의와 민주적 가버넌스(Governance) 구성에 유리 • 수급자가 다른 급여에 비해 사회·경제적 통제권과 참여권을 더 많이 획득할 수 가능	급여가 형식적일 수 있어 정책결정의 합리화 도구로만 사용될 수 있음

▌현물·현금·증서의 주요 특징 비교

소비자 주권(or 소비자 선택권)	현금 > 증서 > 현물
인간의 존엄성 유지(or 낙인방지)	현금 > 증서 > 현물
급여의 오남용 문제 발생	현금 > 증서 > 현물
목표효율성(or 대상효율성)	현금 < 증서 < 현물
운영효율성	현금 > 증서 > 현물
수급자 개인의 효용	현금 > 증서 > 현물
공급자 간 경쟁 유도와 이에 따른 서비스 질 향상	현금 > 증서 > 현물
사회적 효용	현금 < 증서 < 현물
정치적 선호	현금 < 증서 < 현물
규모의 경제 실현	현금 < 증서 < 현물

우리나라 주요 사회보장제도의 급여 형태

구분	제도	현금	현물	증서(or 바우처)
사회보험	산업재해 보상보험제도	• 휴업급여 • 장해급여 • 간병급여 • 유족급여 • 상병(傷病)보상연금 • 장례비(葬禮費) • 직업재활급여	요양급여	-
	국민건강 보험제도	• 요양비 • 장애인보조기기 • 장제비(미시행 중) • 상병수당	• 요양급여 • 건강검진급여	임신·출산 진료비 (국민행복카드)
	국민연금제도	• 노령연금 • 장애연금 • 유족연금 • 반환일시금	-	-
	고용보험제도	• 구직급여 • 취업촉진수당(조기재취업수당, 직업능력 개발수당, 광역구직활동비, 이주비) • 상병급여	-	-
	노인장기요양 보험제도	특별현금급여 • 가족요양비 • 특례요양비(미시행 중) • 요양병원간병비(미시행 중)	• 재가급여(방문요양, 방문목욕, 방문간호, 주·야간보호, 단기보호, 기타재가급여, 통합재가급여) • 시설급여	-
공공부조 제도	국민기초 생활보장제도	• 생계급여 • 주거급여(임차료, 수선유지비) • 장제급여 • 자활급여 • 교육급여(입학금/수업료)	• 교육급여[수급품(교과서)] • 주거급여(수급품) • 장제급여(물품) • 해산급여 • 의료급여 • 자활급여	교육급여 (교육활동지원비)
	의료급여제도	• 요양비 • 장애인보장구지원급여	• 의료급여 • 건강검진급여	-
	기초연금제도	기초연금액	-	-
	장애인연금제도	• 기초급여액 • 부가급여액	-	-

▌중앙정부(or 국가)

장점	단점
• 전국적인 차원에서 사회통합, 사회연대감 유지, 사회적 불평등 완화라는 정책목표 달성 가능 • 평등과 소득재분배의 목적 달성에 유리 • 국민의 삶과 직결되는 기초적(or 기본적)이고 보편적인 욕구를 충족시키는 데 유리한 대규모 서비스를 제공 • 프로그램의 통합(or 통일)·조정에 유리 • 의료나 교육과 같이 공공재적 성격이 강한 재화나 외부효과가 강한 서비스를 제공하는 데에 유리 • 사회보험과 같이 규모의 경제효과가 큰 재화나 서비스의 공급에 유리 • 표준화가 용이한 서비스를 제공하는 데에 유리 • 재정(or 재원)의 안정성과 지속성 측면에서 유리	• 개별화되고 변화하는 욕구에 적절히 대응하는 데에 불리 • 서비스 접근성과 융통성에 불리 • 독점적이고 획일적인 서비스 제공 → 수급자의 선택권 보장과 서비스 질 확보에 불리 • 자원이 비효율적 배분 가능성

19. 지방직) 중앙정부가 전달주체가 되면, 서비스의 접근성과 융통성이 커짐(X) → 작아짐

▌지방정부(or 지방자치단체)

┌ 장점과 단점

장점(중앙정부에 비해)	단점

• 창의적·실험적 서비스 개발 가능
• 지역주민의 욕구를 즉각적으로 파악
  → 적절한 서비스를 신속하게 제공하는 데에 유리
• 정책결정에 수급자가 참여할 기회 증가
  → 수급자의 입장 반영
• 지역별 다양한 사회복지서비스 욕구에 탄력적으로 대응 가능
	• 지방정부의 재정상황에 따라 지방정부 간 급여 수준의 편차 발생
	• 규모의 경제 실현이 어려움

└ 중앙정부와 지방정부의 혼합방법(보조금): 중앙정부 → 지방정부

  ┌ 범주적 보조금(or 항목별 보조금)

    ├ 지방정부의 재량권이 가장 적은 보조금   ┌→ 전국적 통일성과 평등한 수준을 유지하는 데 적합

    ├ 재정지원 시 사용목적, 사용처, 사용방법을 세부적으로 규정하여 지급

    └ 매칭펀드(Matching Fund) 방식 사용

  ├ 포괄보조금(or 기능별 보조금): 재정지원 시 사용목적, 사용처, 사용방법을 느슨하게 제한하여 지급

  └ 특별보조금(or 일반 교부세, 일반보조금)

    ├ 지방정부의 재량권이 가장 큰 보조금

    └ 재정지원 시 지역 간 재정력 격차 해소, 중앙정부와 지방정부 간 재정불균형 보정 등을 목적으로 사용처에 어떠한 제한도 두지 않고 지급하는 보조금

▌민간부문

├ 전통적으로 직접 서비스의 생산자 역할 담당

├ 유형: 비영리조직, 자원조직, 영리조직

├ 정부와 비영리조직의 혼합형태

  ├ 기관(or 시설)보조금 방식 [12·14. 국가직]

    ├ 비영리조직: 사회복지시설을 설립·운영·서비스 제공

    └ 정부: 소요되는 재정의 일부를 보조

  ├ 위탁계약자 방식

    ├ 지방정부: 사회복지시설을 설립, 소요되는 재정의 일부 보조

    └ 비영리조직: 지방정부와의 위탁계약 → 시설의 운영·서비스 제공

  ├ 구매계약(Purchase Of Service Contract, POSC) 방식 [12·14. 국가직]

    ├ 정부가 비영리조직의 서비스 구매

    └ 비영리조직이 서비스를 생산해서 소비자에게 제공

  └ 바우처(or 증서): 최근 들어 바우처 제공방식이 급속하게 확대

14. 국가직) 서비스 재정지원방식은 서비스 구매계약이나 바우처 제공방식보다 시설보조금 방식이 급속히 확대(X)

└ 공공부문과 비교한 민간부문의 장점과 단점

장점	단점
• 개인주의 이념 실현에 유리 • 효율성, 경쟁성, 선택의 자유, 접근성, 대응성, 융통성 등의 측면에서 유리 • 정부 서비스의 비해당자(or 탈락자) 지원 가능 • 정부의 서비스 제공 비용을 절약 • 선도적인 서비스를 개발하고 보급하는 데에 유리 • 개별화가 강한 서비스 제공에 유리	• 재정마련에 한계 → 서비스 제공의 지속성과 안정성, 책임성 보증이 어려움 • 전국적 차원의 보편적 서비스 제공이 어려움

21. 국가직) 민간부문은 공공부문에 비해 안정성이 높다는 장점과 융통성 발휘가 어렵다는 단점이 있음(X)

→ 공공부분은 민간부분에 비해

█ 전달체계별 주요 특징 비교

(화살표 방향이 유리)

구분	국민의 기본적·보편적 욕구 충족을 위한 대규모 서비스 제공	정책의 효과성	공공재적 성격이나 외부효과가 강한 서비스 제공	표준화된 서비스 제공	재원의 안정성·지속성	정책의 효율성	개별화된(또는 다양한) 서비스 제공	이용자의 선택 기회 확대	선도적인 서비스 개발·보급	정부·민간의 사회복지 참여 욕구 수렴
중앙정부			↑					↓		
지방정부										
민간										

공공재원 [19. 국가직, 20. 지방직]

- 일반조세(or 일반세)
  - 지출용도를 정하지 않고 **추정된 부담(or 담세)능력을 고려하여** 국민에게 징수하는 조세
  - 종류
    - **소득세**: 누진적, 직접세, 개인소득세·법인소득세
    - **소비세**: 역진적, 간접세
    - **부세**: 누진적, 직접세, 재산세·상속세·증여세
  - 장단점

장점	단점
• 재원의 안정성·지속성 확보에 유리 • 보편주의(급여 대상자 확대)에 유리	반대급부 특정(X) → 조세저항 발생

  19. 국가직) 일반조세를 재원으로 하는 사회복지정책은 안정성과 지속성을 가짐(O)

- 사회보험료(or 사회보장성 조세)
  - 종류
    - 정률(or 소득비례) 보험료
    - **정액보험료**: 1942년 베버리지 보고서의 원칙
    - **삼자부담제도**: 가입자(or 근로자), 사용자, 정부가 공동으로 부담
      예 국민건강보험 – 사립학교에 근무하는 교원이면 그 직장가입자가 100분의 50을, 사용자가 100분의 30을, 국가가 100분의 20을 각각 부담

  - 장단점

장점	단점
• 재원의 안정성·지속성 도모 가능 • 급여에 대한 강한 권리성 • 국가의 반대급부 특정(O) → 조세에 비해 낮은 징수 저항 • 사용자가 부담하는 보험료는 수직적 소득재분배 기능, 근로자가 부담하는 사회보험료는 수평적 재분배 기능	정률 보험료 → 소득세에 비해 역진적

- 조세비용(or 조세지출, 조세감면)
  - 정부가 받아야 할 세금을 감면하는 방식으로 마련하는 사회복지재원
    → 납세자의 구매력이나 소득을 실질적으로 증가
  - 역진적

민간재원 `19. 국가직, 20. 지방직`

- 이용료(or 본인부담금)
  - 사회복지서비스를 이용하는 사람들이 자신의 비용으로 그 대가를 지불하는 것
  - 수익자부담이라는 시장체제의 기본적인 원칙에 부합
  - 예 유료 or 실비 사회복지시설의 이용료, 사회보험의 본인부담금
- 장단점

장점	단점
• 서비스 남용 억제 → 정부 복지재정의 부담 감소 • 서비스 이용자의 권리의식(or 자기존중감) 향상 → 　서비스의 질 향상 • 낙인감 해소 • 서비스 이용자의 도덕적 해이 방지	• 재원으로써 유동적이고 불안정 • 저소득층의 서비스 접근성 저해

19. 국가직) 수익자 부담은 저소득층의 자기존중감을 높이고 서비스가 남용(X) → 남용 억제

- 자발적 기여: 민간이 지불하는 자발적인 기부금
- 기업복지(or 직업복지)
  - 기업의 사용자가 노동자와 그의 가족에게 임금 이외에 제공하는 부가 급여
  - 역진적
- 비공식부문(or 사적이전): 가족·친구·이웃 등의 비조직적 형태의 집단으로부터의 비공식적인 소득 이전
- 모금: 지역사회를 기반으로 기부금품을 모집하는 것

THEME 167 사회보장의 이해 □□□

사회보장의 개념 `12. 지방직`

- 법적 정의: (「사회보장기본법」 제3조 제1호) 사회보장이란 출산, 양육, 실업, 노령, 장애, 질병, 빈곤 및 사망 등의 사회적 위험으로부터 모든 국민을 보호하고 국민 삶의 질을 향상시키는 데 필요한 소득·서비스를 보장하는 사회보험, 공공부조, 사회서비스를 말함
  - ❶주의 일반적인 사회보장 - 사회보험, 공공부조, 사회수당

  12. 지방직) 우리나라 「사회보장기본법」에서는 사회보장을 사회보험, 공공부조, 사회서비스로 넓게 정의(O)
- 1935년, 미국이 「사회보장법(Social Security Act)」을 제정하면서 법률용어로 처음 사용

사회보장의 범위 `12. 지방직`

- 협의의 사회보장
  - 국가에 의한 소득보장(or 경제보장)제도라는 좁은 의미로 해석
  - 대표국가: 미국, 영국 등
- 광의의 사회보장
  - 넓은 의미로 파악 → 소득보장제도 이외에도 의료보장 등 기타 사회복지적 개입을 포함하여 해석
  - 대표국가 및 기구: 프랑스, 일본, 국제노동기구(ILO) 등

  12. 지방직) 국제노동기구(ILO) - 사회보장의 핵심을 소득보장으로 정의하여 좁은 의미로 보는 경향(X)

▌개관　〔18. 국가직〕

─ **소득재분배**: 공적이전 + 사적이전
  ├ (공적이전) 조세정책·사회복지정책 등과 같이 정부가 주도
  └ (사적이전) 개인의 자발적 기부, 민간보험, 기업복지와 같이 민간이 주도
─ **특징**
  ├ **능력에 따른 부담과 수혜**: 능력이 있는 자는 부담, 능력이 없는 자는 수혜
  ├ 부조방식이 보험방식보다 재분배 효과가 큼
    └→ **공공부조 > 사회보험**
  └ 사회보장이 보장하는 사회적 위험의 종류와 적용대상의 범위에 따라 차이
    ├ **사회적 위험의 종류가 많을수록 → 소득재분배 효과 증가**
    └ 적용범위(예 특정 산업, 직종, 계층)에 따라 → 소득재분배 효과는 상이

18. 국가직) 사회보장제도에서 보호하는 위험의 종류와 적용대상 범위는 소득재분배의 효과에 영향을 미침(O)

▌유형　〔08. 국가직, 12·20·24. 지방직〕

─ **공적재분배와 사적재분배**
  ├ **공적재분배**: 정부가 개입하여 강제적으로 이루어지는 소득이전
    예 사회보험, 공공부조, 조세, 근로장려세제 등
  └ **사적재분배**: 민간부분의 자발적인 동기에 의해 이루어지는 소득이전
    예 가족구성원 간의 소득이전, 민간보험, 기업복지 등

─ **세대 내 재분배와 세대 간 재분배**
  ├ **세대 내 재분배** ─ 한 세대 내에서 발생하는 소득 이전 형태
           └ 수직적 재분배, 수평적 재분배

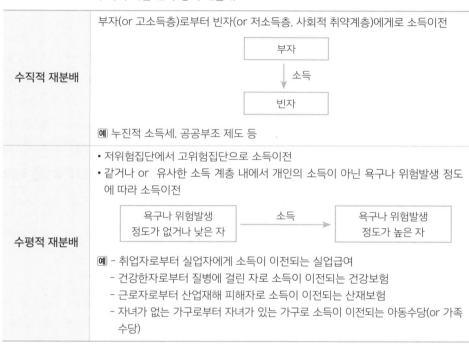

수직적 재분배	부자(or 고소득층)로부터 빈자(or 저소득층, 사회적 취약계층)에게로 소득이전
	예 누진적 소득세, 공공부조 제도 등

수평적 재분배	• 저위험집단에서 고위험집단으로 소득이전
	• 같거나 or 유사한 소득 계층 내에서 개인의 소득이 아닌 욕구나 위험발생 정도에 따라 소득이전
	예 - 취업자로부터 실업자에게 소득이 이전되는 실업급여
	  - 건강한자로부터 질병에 걸린 자로 소득이 이전되는 건강보험
	  - 근로자로부터 산업재해 피해자로 소득이 이전되는 산재보험
	  - 자녀가 없는 가구로부터 자녀가 있는 가구로 소득이 이전되는 아동수당(or 가족수당)

18. 국가직) 누진세를 재원으로 하는 공공부조제도는 기여금을 재원으로 하는 사회보험제도보다 수직적 소득재분배 효과가 더 큼(O)

  └ **세대 간 재분배**
    ├ 현 근로세대에서 노령세대로(or 청장년에게서 노인으로) or 현 세대와 미래세대 간(or 성인에게서 아동으로)에 소득이전
    └ 예 부과방식 연금 재정조달방법, 기초연금, 노인장기요양보험 등

08. 국가직) 부과방식 연금제도 - 세대 간 재분배(O)

- 장기적 재분배와 단기적 재분배
  - 장기적 재분배
    - 생애에 걸친 장기간 동안 소득이전
    - 개인 입장에서 근로시기에서 노년시기로 소득이전
    - 예 적립방식 연금 재정조달방법
  - 단기적 재분배
    - 현재 드러난 사회적 욕구의 충족을 위해 소득이전
    - 예 공공부조

- 공간적 재분배와 시간적 재분배
  - 공간적 재분배
    - 소득수준이 높은 지역에서 소득수준이 낮은 지역으로 소득이전
    - 예 도시에서 농촌으로
  - 시간적 재분배
    - 안정된 소득이 발생하는 근로생활 시기에서 불안정한 소득시기(예 노년, 실업 등)로 소득이전
    - 예 적립방식 연금 재정조달방법
    - 20. 지방직) 시간적 소득재분배 – 자녀세대의 소비를 위해서 자신의 미래 소비를 포기하고 소득을 이전하는 것(X)
- 우발적 재분배
  - 우발적 사고(예 재해, 질병 등)로 고통 받는 개인에게로 소득이전
  - 예 건강보험, 산재보험

THEME 169 　사회보장제도의 경제적 효과　□□□

▌노동공급 효과

사회보장급여는 소득효과와 대체효과를 동시에 발생시킴

- 소득효과
  - 사회보장급여로 실질소득 증가
  - → **노동자들이 여가시간을 늘리고(↑), 노동시간을 줄이고자(↓) 하는 현상**
  - 신자유주의자들이나 보수주의자들이 사회복지정책의 확대를 반대하는 논리
- 대체효과
  - 사회보장급여로 여가시간의 기회비용 상승
  - → 노동자들이 여가시간을 줄이고(↓), 노동시간을 늘리고자(↑) 하는 현상
  - 사회주의자들이나 진보주의자들이 **사회복지정책의 확대를 찬성하는 논리**

▌급여의 관대성이 근로동기를 저하시키는 형태

- 실업의 덫: 실업급여나 실업부조의 수준이 높을 경우 → 근로동기가 저하되는 현상
- 빈곤의 덫(or 빈곤의 함정) [16. 지방직]
  - 빈곤에 머무르려는 현상
  - 자력으로 일을 해서 가난으로부터 벗어나려 하기보다 **사회복지급여에 의존하여 생계를 해결하려는 의존심이 생기는 현상**

▌사회보험의 개념 `14·16·21. 지방직, 17. 지방직 추가, 19. 서울시`

— 기여–비소득·자산조사 프로그램

— 국민에게 발생하는 사회적 위험을 보험의 방식으로 대처함으로써 국민의 건강과 소득을 보장하는 제도

— 우리나라의 사회보험제도

    — **특수직역연금**: 공무원연금, 군인연금, 사립학교교직원연금, 별정우체국 연금
        └→ 5대 공적연금 = 특수직역연금 + 국민연금
    — **전국민대상보험**: 산업재해보상보험, 국민건강보험, 국민연금, 고용보험, 노인장기요양보험

    17. 지방직 추가) 공적연금에는 국민연금과 특수직역연금이 있음(O)

    21. 지방직) 국민연금은 바꾸어 – 비자산조사 프로그램에 해당(X) → 기여

▌보험의 2가지 운영 원리 `12. 지방직`

— **위험분산의 원리(or 위험 전가의 원리)**: 개인에게 발생할 수 있는 위험을 집단에 분산 → 최대한 많은
                             대상 포함 → 개인은 적은 보험료를 납부하고도 큰 수혜 가능
                             ∴ 사회연대성 강화에 기여

    12. 지방직) 국민연금제도 – 위험분산과 소득재분배 효과를 극대화하기 위해 법적인 강제성을 가지고 최대한 많은 대상을 포함하여야 함(O)

— **수지상등의 원리(or 수지균형의 원리, 보험수리원칙)**

    — 보험자의 입장: 수입(or 보험료)과 지출(or 보험급여)이 서로 균형
    — 가입자의 입장: 지불한 보험료와 돌려받는 급여의 크기가 상호 비례

▌사회보험의 6가지 원칙 `12·21·23·24. 지방직`

— **소득재분배의 원칙(수지상등의 원리 보완)**: 위험에 노출될 가능성이 아닌 '소득수준'에 따른 보험료 부
                             담 → 고소득자가 저소득자보다 더 많은 보험료를 부담
                             ∴ 수직적 소득재분배

    21. 지방직) 사회보험 – 급여액이 수급자가 낸 사회보험료에 비례하므로 재분배기능이 없음(X)

    23. 지방직) 건강보험은 수평적 재분배와 수직적 재분배가 동시에 발생하는 제도(O)

— 사회적 연대의 원칙

— 강제(or 의무)가입의 원칙

— 최저생활보장의 원칙

— 기여분담의 원칙

— **보편주의 원칙**: 법적 요건만 충족 → 모든 국민은 당연하게 가입

    23. 지방직) 의료급여제도는 소득 재분배기능과 위험 분산효과를 통하여 사회통합을 도모하는 사회보험제도(X)

    23. 지방직) 의료급여제도는 법률에 의한 강제 가입과 보험료 납부의 강제성을 가지고 있음(X)

▌사회보험과 민간(or 민영)보험의 비교 `16·24. 국가직`

구분	사회보험	민간보험
가입원칙	법률에 의한 강제(or 의무)가입	계약에 의한 임의(or 자발적)가입
가입대상	집단	개인
기본원리	사회적 적절성(or 적정성)과 개별적 형평성	개별적 형평성(or 공평성)
보험료의 결정	평균적인 위험에 비례	가입자의 개별적인 위험과 이에 따른 계약에 비례
급여수준의 결정	법률에 따라 집단적으로 결정하되 보험수리원칙에 따라 납부한 보험료에 따라 일정부분 비례	계약에 따라 개별적으로 결정하되 철저한 보험수리원칙에 따라 납부한 보험료에 비례
보장의 범위	최저수준의 소득 보장	지불능력에 따른 급여 보장
인플레이션 대처 정도	강함	약함
마케팅비용	적음	많음
관리비용	적음	많음
규모의 경제 정도	강함	약함
재원의 충당	가입자가 납부한 보험료, 일부 국가 지원	가입자가 납부한 보험료
재정운영방식	적립방식. 부과방식 등 정부의 개입	완전적립, 보험사 별 투자·대출 등

16. 국가직) 민영보험은 계약에 의해 급여수준이 결정, 사회보험은 법률에 의해 급여수준이 정해짐(O)

16. 국가직) 민영보험은 최저수준의 소득 보장을, 사회보험은 지불능력에 따른 급여 보장을 목적(X)

▌기여와 급여 중 어느 것을 확정하는지에 따른 구분

┌ 확정급여식(Defined Benefit, DB): 받을 급여는 확정·기여금은 미확정

장점	단점
• 가입자 입장: 노후의 안정적인 재정 설계 가능 • 물가상승, 경기침체, 이자율 변동, 기대수명 연장 등의 사회적 위험을 사회전체적으로 분산·대응 가능 • 완전적립방식에서 부과방식까지 다양하게 운용 가능	인구구조의 변화(저출산고령화), 지속적인 경기침체로 연금재정의 수지균형이 무너질 경우 → 연금급여 수준을 유지하기 어려움

┌ 확정기여식(Defined Contribution, DC): 받을 급여는 미확정·기여금은 확정

장점	단점
연금재정의 수지균형이 무너지는 등의 문제가 발생(X) → 운영자인 정부의 재정 안정화	가입자가 투자위험에 노출 → 노후생활의 불안정, 부익부 빈익빈 현상 초래 → 사회통합에 역기능적

▌재원조달방식에 따른 구분 ［11·21. 국가직, 14. 지방직］

┌ 적립방식(Reserve-Finanaced Method): 가입자들 각자가 보험료를 납부하여 축적한(or 저축한) 적립기금으로 자신들의 노후를 보장하는 방식

장점	단점
• 재정의 안정적 운영 가능 • 인구구조 변화에 유리 • 막대한 적립기금(or 축적된 자본) → 제도 성숙기에 자원 활용 가능 • 부과방식에 비해 높은 세대 내 재분배효과	• 수급자 입장: 장기간 보험료 납부 • 운영자(정부) 입장 　- 인플레이션에 취약 　- 재정 운영의 장기적인 예측이 어려움 　- 기금 투자로 인한 원금 손실의 위험 존재

┌ 부과방식(Pay-As-You-Go)

├ 세대 간 재분배를 하는 방식

└ 현재 근로세대가 현재 은퇴세대의 연금급여에 필요한 재원을 부담
　└ 적립기금(X)

장점	단점
• 운영자(정부) 입장 　- 인플레이션에 대처 가능 　- 시행 초기에 적은 부담 　- 연금 추계 불필요 • 적립방식에 비해 높은 세대 간 재분배 효과 • 도입 당시 노인세대에게도 일정한 연금 제공 가능	• 인구구조(인구노령화)의 변화에 취약 • 근로세대에게 부담으로 작용 • 적립방식에 비해 적립기금(or 축적된 자본)의 효과를 기대하기 어려움

11. 국가직) 부과방식 – 제도를 도입함과 동시에 급여를 지급할 수 있음(O)

11. 국가직, 14. 지방직) 부과방식 – 적립방식에 비해 인플레에 취약함(O) → 강함

14. 지방직) 부과방식 – 시행 초기에 재정적 부담이 적음(O)

▌ 절대적 빈곤 [16·20. 지방직]

┌ 정부 등이 객관적으로 결정한 절대적 최저한도인 빈곤선보다 미달이 되는 상태 ∴ 최저생계비
│   └→ 의·식·주 등의 기본적인 욕구를 해결(X)
└ 계측방법(빈곤선 산정 방식)

전물량 방식 (or 라운트리 방식)	인간생활에 필수적인 모든 품목에 대해서 최저한의 수준을 정하고, 이를 화폐가치로 환산(가격 × 최저소비량)한 총합으로 빈곤선 산정
반물량 방식 (or 오샨스키 방식)	최저식료품비를 구하여 여기에 엥겔계수($\frac{식료품비}{총소득}$)의 역수를 곱한 금액으로 빈곤선 산정

16. 지방직) 전물량방식과 반물량방식은 상대적 빈곤 산정방식(X) → 절대적 빈곤

20. 지방직) 상대빈곤은 최저생계비를 기준으로 결정(X) → 절대빈곤

▌ 상대적 빈곤 [16·20. 지방직]

┌ 상대적 박탈과 소득불평등 개념을 중시
│   └→ 그 사회의 불평등 정도와 깊은 관계
│   → 한 사회의 평균적인 생활수준과 비교하여 빈곤을 규정하는 방법
├ 평균소득이나 중위소득 활용
└ 계측방법

박탈지표 방식 (or 타운젠드 방식)	그 사회의 기본적인 생활양식을 누리지 못하는 소득수준을 빈곤선으로 산정
소득과 지출을 통한 상대적 추정 방식	• 개별가구의 소득이 전체가구 평균소득의 80% 이하일 때에 빈곤층, 50% 이하가 되면 극빈층으로 분류 • 경제협력개발기구(OECD)와 세계은행(World Bank)의 빈곤선 측정방법

▌ 주관적 빈곤 [12. 국가직, 20. 지방직]

┌ 객관적인 기준이 아니라 오직 **개인의 주관적인 판단(or 평가)**에 따라 빈곤선을 규정하는 방법
└ 계측방법

├ 제3자적 평가에 의한 주관적 최저생계비(or 여론조사법)
└ 라이덴(Leyden) 방식(or 소득대용법)

  12. 국가직) 빈곤은 주관적 기준으로 측정될 수 있으며, 라이덴 빈곤선(poverty line)이 한 예(O)

  20. 지방직) 주관적 빈곤선 – 적절한 생활수준을 유지하는 데 필요한 소득수준에 대한 개인들의 평가에 근거하여 결정(O)

▌ 신빈곤(New Poverty) [16. 국가직]

┌ 1980년대 복지국가의 위기 시대 이후에 등장한 빈곤관
├ 근로빈곤(Working Poor): 경제활동에 참여하면서도 빈곤을 벗어나지 못하는 상태
└ 등장 배경: 탈산업사회화. 세계화

▌ 센(Sen)의 빈곤

┌ 절대적 빈곤과 상대적 빈곤에 대한 대안으로 센(Amartaya Sen)이 제시
├ 빈곤: 인간이 생존하고 활동하는 데 필요한 잠재능력(Capability)이 없는 것
└ 잠재능력을 향상시킬 수 있는 교육, 건강, 영양상태, 선택을 위한 자유의 배려 강조

빈곤율 [12. 국가직, 20. 지방직]

- 빈곤선 이하에 속하는 가구수(or 인구수)가 전체 가구수(or 인구수)에서 차지하는 비율
- 빈곤선 이하의 가구 수(or 인구수) ÷ 전체 가구수(or 인구수)
- 빈곤선 이하 가구(or 인구)의 규모를 파악하는 데에 유리

빈곤갭 [13. 국가직, 16·20. 지방직]

- 빈곤층의 소득을 빈곤선 수준까지 끌어올리는 데 필요한 총소득(or 총비용)
- 빈곤의 심도(or 심각성)를 파악하는 데 유리

  16. 지방직) 빈곤갭 – 자력으로 일을 해서 가난으로부터 벗어나려 하기보다 사회복지급여에 의존하여 생계를 해결하려는 의존심이 생기는 현상(X) → 빈곤의 덫

센지수(Sen Index)

- 빈곤율과 빈곤갭의 한계를 극복하기 위해 **빈곤율, 빈곤갭, 지니계수를 종합적으로 활용**
- 0~1 사이의 값, 빈곤의 정도가 클수록 높은 값(1에 가까워짐)

[11·12·16. 국가직, 11·13. 지방직]

빈곤관

- 개인이 특정 집단 내에서 다른 구성원들이 일반적으로 누릴 수 있는 **다양한 정치적·경제적 권리·기회·자원으로부터 체계적으로 배제되어 있는 상태**
- **빈곤의 근본적인 책임**: 사회권의 보장이나 정책의 주요 결정 과정에서 개인을 제외시키는 사회
- **사회적 결속의 증진 강조**: 빈곤 문제는 시민권에 기초한 사회구성원 간의 연대의식이 공유되었을 때에 극복 가능

방법론적 특징

- **동태적(or 역동적) 관점**: 빈곤화에 이르는 역동적 과정 강조

  12. 국가직, 13. 지방직) 사회적 배제 – 소득 빈곤(or 결핍)의 결과적 측면에 초점(X)

- **다차원성**: 재화와 서비스 부족뿐만 아니라 사회보장제도로부터·사회적 정의로부터·대표성으로부터·시민권으로부터의 배제를 포함
- **관계중심성**: 인간과 인간의 관계망에서 발생하는 문제
  ∴ 배제시킨 자(행위자)와 배제당한 자(주체)가 존재

사회적 배제에 대응하기 위한 전략

- **사전적(事前的) 기회균등화 정책**: 적극적 노동시장 정책, 적극적 차별시정정책, 아동에 대한 투자 증대
- 불균등한 자원배분을 보상하기 위한 사후적 보상정책
- 사회적 위험에 대한 보장을 넘어서는 사회적 결속 강화
- 정보·자원 및 사회서비스에 대한 접근성 확대
- 가족이나 친구들과 같은 유의미한 사회적 상호작용에의 참여 강화

  11. 지방직) 사회적 배제 – 빈곤의 문제는 공공부조와 실업급여 등 사전적 조치로 해결 가능(X)

사회적 포섭: 배제된 대상들에 대한 적극적인 우대조치

▌로렌츠 곡선(Lorenz Curve, or 로렌쯔 곡선) [18. 국가직]

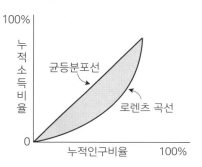

— 균등분포선(or 완전평등선) → 대각선(45도선)
　└ 모든 사람이 동일한 소득
— 균등분포선에서 아래쪽으로 볼록할수록 → 소득의 불평등 상태
　└ 빗금 친 부분이 클수록

18. 국가직) 로렌츠 곡선과 균등분포선이 일치하는 사회 - 누적인구비율 20%의 누적소득비율은 20%(O)

▌지니(Gini)계수 [12·13·18. 국가직]

— 로렌츠 곡선으로부터 산출되는 하나의 숫자(or 수치)

— 지니계수 = $\dfrac{\text{대각선과 로렌츠 곡선 사이의 면적}}{\text{대각선과 로렌츠 곡선 사이의 면적 + 로렌츠 곡선 하방의 면적}}$

— 0~1 사이의 값, 0에 가까워질수록 평등한 상태, but 1에 가까워질수록 불평등 정도가 심화

　├ 완전 균등(모든 구성원의 소득이 동일) → 0
　└ 완전 불균등(한 개인이 모든 소득 독점) → 1

12·13. 국가직) 지니계수는 소득의 불평등을 나타내는 지표(O)

18. 국가직) 한 사회의 모든 구성원의 소득이 같다면 지니계수는 1(X) → 0

▌소득배율

— 소득이 제일 낮은 10%의 가구부터 제1분위로, 소득이 가장 높은 마지막 10%의 가구를 제10분위로 구분한 후 각각의 배율 공식에 따라 소득불평등을 측정하는 방식

— 10분위 분배율

　├ $\dfrac{1\sim4분위의\ 소득\ 총액\ 합계}{9\sim10분위의\ 소득\ 총액\ 합계}$

　└ 값이 클수록 → 소득분배가 평등

— 5분위 분배율

　├ $\dfrac{9\sim10분위의\ 소득\ 총액\ 합계}{1\sim2분위의\ 소득\ 총액\ 합계}$

　└ 값이 클수록 → 소득분배가 불평등

▌공공부조의 개념 [20. 국가직, 13·14·16·23. 지방직, 19. 서울시]

- 비기여 – 자산조사 프로그램
- 국가와 지방자치단체의 책임하에 생활 유지 능력이 없거나 생활이 어려운 국민의 최저생활을 보장하고 자립을 지원하는 제도(「사회보장기본법」제3조 제3호)
- 국가와 지방자치단체가 조세를 통해 마련한 재원으로 급여나 서비스를 제공
- 우리나라의 대표적인 공공부조제도
    - 국민기초생활보장제도(의료급여제도 및 주거급여제도 포함)
    - 기초연금제도
    - 장애인연금제도 ❶주의 장애연금은 사회보험 제도
    - 긴급복지지원제도
    - 근로장려세제

13. 지방직) 우리나라의 공공부조 제도 - 기여의 급여(X)

23. 지방직) 기초연금은 기여-비자산조사 프로그램에 해당한다.(X) → 비기여-자산조사

23. 지방직) 장애인연금제도는 비기여방식으로 운영되는 사회보험(X) → 공공부조

▌공공부조 제도의 원칙 [12·20. 국가직, 13. 지방직, 13·18. 서울시]

- 최저생활 보장의 원칙(or 생존권 보장의 원칙): 최저생활 이상의 삶 보장 ❶주의 최저생활까지만(X)

13. 서울시) 최적생활보장의 원칙은 공공부조의 기본원리(X) → 최저생활보장

- 신청보호의 원칙

20. 국가직) 공공부조제도 – 신청주의원칙에 입각, 자산조사를 실시한 후 조세를 재원, 최저생활 이상의 삶을 보장하는 제도(O)

- 열등처우의 원칙
- 가족부양 우선의 원칙
- 보충성의 원칙(or 후순위의 원칙) [12. 국가직, 18. 서울시]
    - 급여 수준: 자력구제를 우선 → 소득의 부족분에 한해서만 보충적으로 급여 실시
        ∴ 개인 본인과 그의 가족을 대상으로 한 소득조사와 자산조사 실시
    - 빈곤의 함정(Poverty Trap) 유발의 직접적 원인
- 개별성의 원칙(or 개별적인 욕구충족의 원칙)
- 세대단위의 원칙
- 현금급여 우선의 원칙
- 무차별 평등의 원칙
- 한시적 지급의 원칙
- 자립조장의 원칙
- 국가재원의 원칙: 재원은 중앙정부(국가) + 지방정부(시·도 + 시군구)의 일반재정(or 조세)에서 충당

10·13·16. 국가직, 12. 지방직

개관

— 1975년에 미국에서 최초로 도입

— **부의 소득세(or 역소득세)**: 면세점 이하의 저소득근로자에게 면세점과 과세 전 소득과의 차액 중 일정 비율을 정부가 직접 지원하거나 or, 징수한 조세를 다시 환급하는 형태로 보전

— 근로연계형복지정책

> **PLUS⁺** 근로연계복지정책(Workfare, Welfare to Work)
> 1. 신자유주의 이념 반영
> 2. 근로능력이 있는 공공부조 수급자나 저소득계층에 대한 소득지원과 근로유인을 목적으로 이들에게 근로관련 활동에 대한 참여를 의무화시키는 정책
> 3. 활용 전략
> 　－취업 우선전략: 취업 알선, 취업 경험 제공
> 　－인적자원 투자 전략: 취업 관련 직업훈련 및 교육 제공
> 4. 우리나라: 자활지원사업, 지역자활센터, 자활기업, 근로장려세제 등

— **기능**: 사회보험이나 여타의 공공부조 수혜를 받지 못하는 저소득 근로자에게 소득보전(or 증대) 제공
　　　　　→ 탈빈곤

— **한계**: 자신의 근로의지와는 무관하게 취업이 어려운 계층(예 장애인 등)을 위해서는 이 제도 이외에 별도의 공공부조 제도가 필요

13. 국가직) 근로장려세제 – 장애인 등과 같이 근로의지와 무관하게 취업을 할 수 없는 계층을 위해서는 별도의 공공부조제도가 필요(O)

16. 국가직) 우리나라 근로장려세제 – 환급형 세액제도(O)

우리나라의 근로장려세제

— 2008년 1월부터 조세환급의 형태로 시행 → 2009년 9월에 처음 지급
— 주무부처: 기획재정부
— 근거 법률: 「조세특례제한법」

— 차상위 계층의 소득지원과 근로유인 제고를 위해 '점증－평탄－점감' 형태인 미국식 EITC모형을 채택

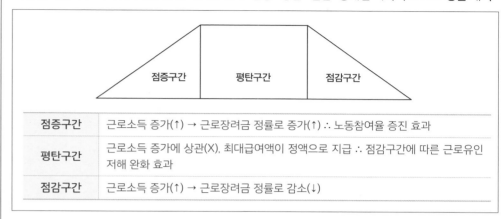

점증구간	근로소득 증가(↑) → 근로장려금 정률로 증가(↑) ∴ 노동참여율 증진 효과
평탄구간	근로소득 증가에 상관(X), 최대급여액이 정액으로 지급 ∴ 점감구간에 따른 근로유인 저해 완화 효과
점감구간	근로소득 증가(↑) → 근로장려금 정률로 감소(↓)

16. 국가직) 우리나라 근로장려세제에서 근로장려금의 크기는 소득구간이 높아질수록 비례하여 커짐(X)

— **접수**: 납세지 관할 세무서나 국세청홈페이지에 가구 단위로 신청·접수 ∴ 신청주의

— 신청자격

　— 근로소득, 사업소득, 종교인소득이 있는 거주자

　— 부부합산 연간 총소득요건, 가구원 합계 재산요건, 기타요건(대한민국 국적을 보유, 다른 거주자의 부양자녀가 아닐 것, 거주자가 전문직 사업을 영위하고 있는 자가 아닐 것)

— 구성

　— **근로장려금**: 종교인과 사업자를 포함한 근로빈곤층 가구의 근로를 장려하고 실질소득을 지원하는 근로연계형 소득지원 제도

　— 자녀장려금

　　— 2015년부터 시행

　　— **목적**: 저소득 가구의 자녀양육 부담을 경감

　　— **내용**: 부부합산 총소득이 일정액 미만이면서 부양자녀(18세 미만)가 있는 경우 1명당 일정액을 지급

17. 국가직, 23. 지방직, 11. 서울시

공공부조	구분	사회보험
사후적 대응	목적	사전적 대비
선별주의	이념	보편주의
무차별평등(or 평등주의)	원리	비례원리 강조(or 형평주의)
표현된 욕구	욕구	예상되는 욕구
자산조사	자격요건	인구학적 조건, 기여 여부, 위험발생 여부
매우 낮음	수급률	매우 높음
일반조세	재원	보험료 및 정부지원
비교적 어려움	재정예측성	비교적 쉬움
강함	낙인감	없음
사회적 최소한:급여수준의 상한선이 개인의 최저생활 보장	급여수준	적정선:급여수준의 하한선이 개인의 최저생활을 보호
일치하지 않음	기여자 및 수급자의 일치 여부	일치함
권리성이 추상적이고 약함	수급권의 성격	권리성이 구체적이고 강함
매우 강함	수직적 소득 재분배 효과	매우 약함
미약함	수평적 재분배 효과	강함
매우 강함	목표효율성(or 비용효과성, 대상효율성)	매우 약함
약함	운영효율성	강함
약함	수급자의 근로동기 강화	강함
중앙정부, 지방정부	운영주체	국가
2차 사회안전망	사회안전망으로서의 성격	1차 사회안전망

17. 국가직) 사회보험에 비해 공공부조는 근로동기를 저해하는 부작용이 적음(X) → 큼

17. 국가직) 사회보험에 비해 공공부조는 수직적인 소득재분배 효과가 높음(O)

21·23. 지방직

개념

- 비기여 - 비소득·자산조사 프로그램
- 조세를 재원으로 하여 국민의 최저소득을 보장하기 위해 인구학적 집단을 할당의 기준으로 하는 보편적인 현금급여

특징

- 자산조사나 근로의무와 같은 수급의 조건(X), 보편적인 소득보장제도, 사회통합에 기여
- 인구학적 집단(예 아동, 노인, 장애인 등)을 대상으로 하는 급여 ∴ 데모그란트(Demogrant)
- 수평적 재분배 효과 발생
- 공공부조제도에 비해서 낮은 근로동기 감소효과
- **높은 운영효율성, but 낮은 목표효율성 → 낮은 사회적 적절성**
- 시민권(Citizenship)에 따라 보장되는 시민권적 제도 → 높은 수급권에 대한 권리성 → 낙인 발생(X)
- 우리나라의 아동수당: 2018년 9월 도입

21. 지방직) 아동수당은 비기여 - 비자산조사 프로그램에 해당(O)

23. 지방직) 아동수당은 기여-자산조사 프로그램에 해당(X)

19. 서울시

개념

재산이나 소득의 정도, 노동 여부나 노동 의사와 상관없이 **가구 단위가 아닌 개인 단위로 모든 사회 구성원에게 균등하게 지급되는 급여**

개념적 특성

- **보편성**: 대상은 시민권이나 거주권을 가진 모든 국민
- **무조건성**: 유급노동에 참여하고 있는지의 여부와 무관하게, 소득수준과 무관하게, 가구형태와 무관하게, 사회적 기여여부와 무관하게 지급
- **개별성**: 가구가 아닌 개인을 대상(or 단위)으로 지급
- **정기성**: 매월 or 특정한 주기를 정하여 지급
- **현금이전**: 급여 형태는 현금

19. 서울시) 기본소득의 개념적 특성 - 재정적 지속가능성(X)

제5장 사회복지행정

THEME 181 사회복지행정의 개념 □□□

▌광의적 개념 [07. 국가직]

| 사회복지정책 | → | 사회복지조직의 활동 | → | 사회복지서비스 |

사회복지정책을 개별적이고 구체적인 사회복지서비스로 전환시키는 데 필요한 사회복지조직의 총체적 활동·과정

▌협의적 개념

공공 및 민간의 조직 관리자에 의해 조직의 목표 달성을 위해 수행되는 **조직 관리 or 내부적 조정과 협력과정**

THEME 182 사회복지행정(or 행정조직)과 일반행정의 비교 □□□

▌공통점

— 관리자가 중심이 되어 수행하는 문제해결 과정
— 문제를 해결하기 위한 대안 선택에서 가치판단적인 요소가 작용
— 미래의 바람직한 상태를 구현하기 위한 것과 관련
— 공공의 의지(Public Will) 실현
— 목표를 설정·달성을 위해서 인적·물적 자원을 동원
— 목표달성을 위한 내부적 조정과 협력과정

▌차이점[사회복지행정(or 조직)만의 특징] [07. 국가직, 11·24. 지방직]

— 인간을 가치지향적 존재로 가정 → 인본주의적 가치지향적인 행정기술을 적용
— 서비스 이용자와 제공자 간 공동생산(Co-Production)의 가치 지향
— 높은 외부환경 의존도
— ct의 인지된 or 표현된 욕구의 충족 중시
— **지역사회를 기반**

— 전문가에게 의존 → 일선전문가인 sw의 재량 인정·중요
  11. 지방직) 조직의 일선 사회복지사의 활동보다 관리자의 활동이 더 중요(X)
— 간접적인 사회복지실천방법
— 사회복지조직의 원료는 인간
  → 조직이 사용하는 기술은 인본주의에 근거하여 도덕적으로 정당화되어야 함
  → **목표의 모호성** → 신뢰 있고 타당성 있는 효과성과 효율성을 측정할 척도가 사실상 부재(어려운 성과 평가)
    └ 목표 모호, 척도 부재 → 사회복지조직·행정은 2% 부족
  → 개별화된 기술/서비스 제공
  → **지식과 기술의 복잡·불확실성 → 서비스의 성공확률이 높지 못한 경향**
  11. 지방직) 조직이 제공하는 서비스에 관한 지식과 기술이 불완전(O)
— 직원-클라이언트 간의 직접 접촉에 의한 상호작용 → 일선 직원과 ct와의 관계가 조직의 효과성과의 성패를 좌우
— 조직 내 이해집단의 구성이 복잡 → 대립적인 가치로 갈등 발생 → 조직 과정을 통한 조정 필요
— 조직 간 상호연계망 구축 필요

사회복지행정의 가치와 관점 □□□

구분	가치	관점
효과성	조직이 기획한 목표의 달성을 지향	선별주의
효율성	최소한의 자원 투입으로 최대한의 산출 달성을 지향	
형평성(or 공평성)	동일한 욕구를 지닌 ct에게 동일한 수준의 서비스 제공을 지향	보편주의
접근성(or 편의성)	ct가 쉽게 서비스를 이용할 수 있는 제반 여건(예 기관의 위치, 교통수단, 비용, 심리적 부담감 등)의 확보를 지향	

조직이론(1) – 개방체계이론과 폐쇄체계이론(Hasenfeld) □□□
└ 외부 환경과의 상호작용 여부에 따라

▌개방체계이론 [18. 국가직]

─ 조직 경계 밖의 환경과의 상호작용 → 조직의 유지 및 생존 가능
└ 상황이론, 구조주의이론, 체계이론, 조직환경이론(정치·경제이론, 제도이론, 조직군 생태이론) 등

18. 국가직) 제도이론은 폐쇄체계적 관점(X) → 개방체계적

▌폐쇄체계이론

─ only 조직 경계 내에서의 특정요소의 투입 및 변화 → 조직의 생산성 향상 가능
└ 고전이론(관료제모형, 과학적 관리이론, 행정관리이론), 인간관계이론

↳ X이론에 근거 → 개인은 합리적이고 경제적인 원칙에 따라서 행동

과학적 관리이론　`10·18. 국가직, 19. 서울시`

- 창시자: 테일러(Taylor)
- 조직의 효율성과 생산성의 극대화 추구 → 상하의 일치성 중시
- 과학적 관리 원칙
  - 과학적인 업무분석(or 작업관리): 생산성 향상 관련 명확한 목표 수립
    → 과업 수행에 필요한 단위 시간과 표준화된 동작 & 고도의 분업
  - 과학적 인력 선발과 개발
  - 관리와 실제 작업의 분리: 권한과 책임은 관리자에게만 부여
    → 기획·조직·통제는 관리자 몫, 직무 수행은 조직성원의 몫
  - 관리자와 조직성원 간의 긴밀한 협조
  - 경제적 유인(성과급 등의 차별적인 보상) 실시
  - 19. 서울시) 과학적 관리모형 - 조직의 생산성을 높이기 위해서 분업화, 개개인의 기본동작과 형태와 소요시간의 표준화, 수행과정과 보상의 연결 등을 통한 관리를 요구(O)
- 한계: 조직성원들의 비인간화 → 소외현상 발생

행정관리론(or 행정적 관리이론)　`18. 서울시`

- 조직의 행정관리 기능의 향상에 주로 초점
- 조직행정의 행정적 기능(or 과정)(Gulick & Urwick): POSDCoRBE
  - 기획(Planning): 목표 달성을 위한 정보수집 및 가용자원 검토, 대안 모색, 대안 선택, 구체적 실행 계획 및 방법 등을 결정
  - 조직화(Organizing): 작업의 할당 규정·조정 → 조직의 공식적인 구조 설정
  - 18. 서울시) 조직화는 '작업의 할당이 규정되고 조정되는 공식적인 구조의 설정'과 관련된 것(O)
  - 인사(Staffing): 직원의 채용부터 면직까지의 관리
  - 지시(Directing, or 지휘): 직원에 대한 관리·감독
  - 조정(Coordinating): 조직의 다양한 부분들을 상호 관련(예 의사소통을 위한 위원회 활동 등)

- 보고(Reporting): 조직의 직원이나 이사회 or 지역사회, 자원 제공자 등에게 조직의 활동 안내
- 재정(Budgeting): 조직의 운영에 소요되는 재정의 확보와 운영
- 평가(Evaluating): 조직 활동의 효과성과 효율성 측정

관료제이론(or 관료이론)

- 창시자: 베버(Weber)
- 관료제: 조직 내에서 집권화된 계층적 구조를 지닌 합법적·합리적 권위의 지배가 제도화된 조직형태인 관료제 → 조직이 수행해야 할 과업이 일상적이고 일률적인 경우에 효과적
- 특징
  - 금전적인 요인만이 조직성원을 동기화시킨다고 가정 → 연공(年功)과 업적에 따라 급여와 소득을 차별화
  - 구성원 간의 사적 감정 배제
  - 성문화된 규칙, 관리자의 고도로 전문화된 기술적 지식, 명확하고 고도로 전문화된 분업, 공적인 지위에 기반을 둔 권위적인 위계구조를 강조
- 한계
  - 동조과잉과 목표·수단의 대치
  - 크리밍(Creaming) 현상　`19. 국가직, 10. 지방직`: 조직성과에 집착하여 보다 유순하고 성공 가능성이 높은 ct들을 선발하고 비협조적이거나 어려울 것으로 예상되는 ct들을 배척하는 되는 현상
  - 레드테이프[Red Tape, or 번문욕례(繁文縟禮)]: 사무의 처리가 문서라는 형식에만 의존하는 현상
  - 매너리즘(Mannerism): 관료의 자기보존에 대한 집착 → 의사결정에 있어서 심한 보수성 발생
  - 할거주의(or 부서이기주의): 자신이 소속되어 있는 부처의 입장과 발전만을 고려 → 조정·협조가 어려워짐

> 플러스+ 크리밍 현상
> 1. 관료제의 한계
> 2. 환경의존 전략 중 경쟁적 전략의 한계

└→ Y이론에 근거 → 개인은 비경제적인 동기인 심리적·사회적 욕구에 따라 행동

▌메이요(E. Mayo)의 인간관계이론(수평적 인간관계) [19. 서울시]

┌ 호손(Hawthorne)공장실험을 계기로 전개
│ ├ 조직의 작업능률과 생산성은 조직성원 간 인간관계에 의해 좌우
│ └ 비공식적 집단은 개인의 태도와 생산성에 큰 영향을 미침
└ 한계: 물리적 환경, 조직 크기, 임금, 활동조건 등의 다양한 변수들을 고려하지 못함

19. 서울시) 인간관계모형은 물리적 환경보다 노동자의 사회·심리적 요소가 조직의 개별 생산성에 더 많은 영향을 미친다고 가정(O)

▌맥그리거(McGregor)의 X-Y 이론(수직적 인간관계) [19. 서울시]

┌ X 이론: 매슬로우의 하위욕구(생리적 욕구, 안전의 욕구)에 해당하는 인간 → (관리자의 직무) 통제, 지시, 행동 수정 → 지시적 인간관계
└ Y 이론: 매슬로우의 상위욕구(사회적 욕구, 자기존중 욕구, 자기실현 욕구)에 해당하는 인간 → (관리자의 직무) 조직성원의 자기 통제, 자기 지시, 자기 행동 수정 유도 → 지지적 or 참여적 인간관계

19. 서울시) X-Y이론은 목표에 의한 관리를 강조하는 이론(X) → 목표관리이론(MBO)

▌룬드스테트(Lundstedt)의 Z이론

┌ X-Y이론에서 주장하는 '인간관계의 양분지향(지시적, 참여적)'을 비판
└ 일부 특수한 직종(예 학자, 연구자 등)의 경우 조직 내의 방임상태 → 생산성 향상에 기여

▌상황이론

┌ 상황에 따른 조직화: 조직화하는 데 있어 이상적이며 유일한 최선의 방법(X)
│   → 조직이 처한 조건과 상황에 따라 적절한 조직화 방법 결정
└ 조직의 특성과 업무환경 및 기술환경과의 적합성이 조직의 성패를 좌우

▌구조주의 이론 [10. 국가직]

개인과 조직의 목표가 일치하지 않을 수 있고, 조직에서 갈등이 불가피하다는 것을 가정
→ 갈등을 순기능적으로 이해 → 사회적 갈등을 인위적으로 은폐하는 것에 반대
10. 국가직) 구조주의 모형 - 개인과 조직의 갈등은 불가피한 것으로 보며, 갈등을 순기능적(O)

▌체계이론

┌ 조직: 각각의 기능을 수행하는 상호의존적인 하위체계로 구성된 복합체
└ 5가지 하위체계
   ┌ 생산 하위체계: ct에게 제공될 서비스 생산
   ├ 유지 하위체계: 업무절차를 공식화 및 표준화(예 보상체계 확립, 직원의 선발과 훈련 등) → 조직의 영속성 확보
   ├ 경계 하위체계: 조직이 외부환경에 영향을 미칠 수 있는 기반 구축
   ├ 적응 하위체계: 연구, 계획, 평가 등 → 조직의 업무수행 능력을 평가하여 조직 변화의 방향 제시
   └ 관리하위체계: 4가지의 하위체계를 조정하고 통합하기 위해 리더십 제공

암기팁 운전하다가 빨간 불 신호등 앞에서 체계이론 생각하느라 멍하고 있을 때, 뒤에 있는 차가 경적을 울려주니 고마워서 '생(산)유(지)~ 경(계)적(응) 꽝(관리)~~'

▌정치·경제이론(or 자원의존이론)   19. 서울시

가정: 조직은 생존과 서비스 생산에 필요한 정치적·경제적 자원을 내부적으로 창출(X)

정치적 자원	합법성, 권력 등
경제적 자원	물질자원, 인적자원, ct 등

→ **조직은 생존을 위해 자원을 소유하고 있는 이해집단의 영향력에 의존**

외부자원과 환경에 의존할 수밖에 없는 사회복지조직의 현실을 생생하게 설명 → 과업환경과 이익집단 등 이해집단의 중요성을 인식시켜 줌

19. 서울시) 정치경제이론 – 조직의 생존과 서비스의 생산에 필요한 정치적 자원과 경제적 자원을 확보하는 것이 중요(O)

▌(신)제도이론   18. 국가직

가정: 조직의 성격(or 구조와 속성)·생존은 조직 밖의 제도적인 환경(예 법, 규범, 규칙, 정책, 사회적 여론, 가치체계)에 영향을 받음

조직은 생존을 위해 제도적인 환경에 적응

18. 국가직) 제도이론 – 조직 자체의 규범이나 규칙 등과 같은 제도에 의해 조직 성격이 규정되고 조직 생존이 결정된다고 주장(X) → 조직 밖의

▌조직군 생태이론   18. 국가직

가정: (진화론의 적자생존의 원리 적용) 정치·경제적 환경에 적합한 조직군(組織群)만이 장기적인 과정을 통해 환경에 의해 선택 → 수동적이며 **환경결정론적 조직관**

분석단위: 개별조직이 아닌 조직군

18. 국가직) 조직군생태학이론은 조직을 개방체계로 인식하면서 조직의 생존은 결국 환경이 결정한다는 결정론적 입장(O)

> **키워드❖ 환경결정론**
> 1. 조직군 생태이론
> 2. 스키너의 조작적 조건화이론

▌ 목표관리(Management by Objectives, MBO)이론   15. 국가직, 15. 지방직, 19. 서울시

┌ **귀납적 목적 설정**: 조직성원 개인별 목표를 취합한 후 공통 목적을 집합적으로 찾아가는 과정
│   15. 지방직) PERT – 조직구성원 개인별 목표를 취합한 후 공통 목적을 집합적으로 찾아가는 과정(X)
│   → MBO
├ 조직의 생산성을 높이고자 하는 조직관리 방법, 예산 및 기획기법으로도 활용
└ **기본요소**

    ┌ **목표**: 수량화되어 측정할 수 있는 단기목표, 가시적·현실적 성과 가능
    ├ **참여**: 조직의 상위 관리자뿐만 아니라 하위 관리자 역시 목표설정에 참여
    └ **환류**: 목표 달성의 결과뿐만 아니라 과정도 평가

    19. 서울시) 목표관리이론 – 목표보다는 인간관계를 강조 → 인간관계이론

▌ 총체적 품질관리(Total Quality Management, TQM)이론   18. 국가직

┌ 조직성원 전체의 참여를 통한 품질향상 → '고객 만족'을 달성하고자 하는 조직관리 방법 or 조직문화
├ **원칙**

    ┌ **고객중심**: 고객은 최초의 그리고 가장 중요한 품질 판정자
    ├ **품질중심**: 품질은 조직의 1차적 목적, 기획 단계부터 고려
    ├ 품질의 변이 가능성의 예방·방지 → 고품질 확보
    ├ 품질은 팀워크를 통한 조직성원의 참여에 의해 결정
    ├ 투입(Inputs)과 산출(Outputs)에 관한 전반적인 과정 포함
    └ 서비스의 질을 객관적으로 측정하기 위해 기본적인 품질관리 테스트(예 욕구조사, 자료분석 등)와 통계방법을 활용 → 지속적인 품질향상 추구

└ **한계**: 사회복지서비스의 질은 객관적으로 측정하는 것이 어려움 → 사회복지조직에 적용하기 부적합

    18. 국가직) 사회복지서비스의 질은 객관성 있게 측정될 수 있가 때문에 TQM은 사회복지조직에 적용하기에 적합(X) → 측정되기 어렵기, 부적합

기획의 특성과 필요성

기획의 특성(York)

미래지향적, 계속적 과정(or 동태적인 과정), 의사결정과 연관, 목표지향적, 목표를 위한 수단

기획의 필요성

- 불확실성 감소
- 과거에 발생한 오류 재발 방지
- 합리성·효율성·효과성·책임성 증진
- 기획 과정 중 조직성원의 참여 → 조직성원의 사기 진작

주요 기획 방법 ★★★

시간별 활동계획도표[or 간트차트(Gantt Chart), 막대그래프 차트]

세부내용	추진일정							
	8월	9월	10월	11월	12월	1월	2월	3월
사회복지공동모금회에 프로포절 작성 및 제출								
지역사회 내 프로그램 대상 독거노인 파악								
난방용품 납품 업체 파악 및 선정								
자원봉사자 모집								
자원봉사자 교육								
난방용품 불출								
사후관리								

▲ 겨울철 독거노인 난방지원 시간 별 활동계획도표

- 사업별로 달성할 목표와 소요(or 진행)시간을 파악하여 각각 단계별로 분류한 시간을 단선적 활동으로 나타낸 도표
- 세로 바에는 세부 목표와 활동 및 프로그램을 기입한 후 가로 바에는 시간을 기입하여 사업의 소요(or 진행)시간을 막대로 표시
- **장점**: 단순명료
- **단점**: 사업 간의 유기적 관계 파악(X)

프로그램 평가검토기법(Program Evaluation and Review Techniques, PERT) `15·18. 국가직·지방직`

※ Te = 기대시간
※ 임계경로: A → C → G: 2주 + 5주 = 7주

▲ 겨울철 독거노인 난방지원 사업 프로그램 평가검토 기법

— 목표달성을 위해서 설정된 주요 세부목표와 프로그램의 상호관계와 시간계획을 연결시켜 도표화한 기획방법
— 작성과정: 최종목표 설정하기 → 최종목표 달성과 관련된 모든 과업들을 확인하기 → 모든 과업의 순서를 결정하도록 도식화하기 → 각 과업별 소요시간을 계산하여 추정하기 → 전체 과업들 간 최적의 시간경로를 파악하기
— 장점과 단점

장점	단점
• 일회성으로 끝나거나 종합적 파악이 유리한 프로그램에 유용 • 프로그램 완수를 위해 필요한 세부 과업들을 전체 그림을 통해 확인 가능 • 시간 별 활동 계획도표에 비해 활동 간의 상관관계와 순서를 파악하는 데 유리 • 개별 활동들을 앞당기거나 늦추는 것이 전체 프로그램에 미칠 영향력 파악 가능 • 최종 목표를 달성하는 데 있어 필요한 최단 시간 파악 가능 제시	소요시간의 예측이 어려움

— 임계경로(Critical Path, or 임계통로): 프로그램의 시작부터 모든 활동의 종료까지 이르는 경로 가운데 가장 오래 시간이 걸리는 경로
→ 프로그램 활동을 수행하기 위해 최소한 확보해야 할 시간

▌월별 활동계획 카드(Shed-U Graph)

카드의 위쪽 가로에는 월(月)이 기록되고 해당 월 아래에 과업을 적은 작은 카드를 꽂거나 붙여서 월별 활동내용을 파악하는 기획기법

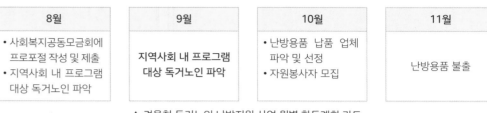

8월	9월	10월	11월
• 사회복지공동모금회에 프로포절 작성 및 제출 • 지역사회 내 프로그램 대상 독거노인 파악	지역사회 내 프로그램 대상 독거노인 파악	• 난방용품 납품 업체 파악 및 선정 • 자원봉사자 모집	난방용품 불출

▲ 겨울철 독거노인 난방지원 사업 월별 활동계획 카드

▌방침관리기획(PDCA)

계획(Plan) → 실행(Do) → 확인(Check) → 조정(Act)

암기팁 두문자) 계(획)·실(행)·확(인)·조(정)

▌개인적 의사결정 기법

— 의사결정나무분석: 의사결정 규칙을 나무의 기둥과 나뭇가지들이 뻗어나가는 모양으로 도표화
→ 문제해결을 위해 선택 가능한 대안들을 놓고, 각 대안별로 선택할 경우와 선택하지 않을 경우에 나타날 결과를 예상하여 분석하는 방법

사회복지공동모금회 지원 불가 — 대안

지역사회 후원금 대체 — 예 — 결과 A / 아니오 — 결과 B
대기업 프로포절 — 예 — 결과 C / 아니오 — 결과 D
사업포기 — 예 — 결과 E / 아니오 — 결과 F

— 대안선택흐름도표: '예'와 '아니오'로 답할 수 있는 연속적 질문을 통해 예상되는 결과를 결정하는 방법

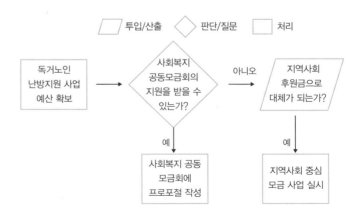

□ 투입/산출   ◇ 판단/질문   □ 처리

독거노인 난방지원 사업 예산 확보 → 사회복지 공동모금회의 지원을 받을 수 있는가? — 아니오 → 지역사회 후원금으로 대체가 되는가?

(예) ↓ 사회복지 공동모금회에 프로포절 작성

(예) ↓ 지역사회 중심 모금 사업 실시

집단적 의사결정 기법

- 델파이기법(Delphi Technique) [18. 국가직, 24. 지방직, 11. 지방직 추가]
  - 전문가들 대상
  - 우편이나 이메일 활용
  - 합의에 이를 때까지
- 명목집단기법
- 브레인스토밍
  - 한 가지 구체적인 주제에 대해서 여러 사람이 자유롭게 토의를 하여 창의적인 아이디어를 구상하는 방법
  - **원칙**: 자유로운 분위기 유지, 질보다 양, 무비판, 결합과 개선
- **변증법적 토의**: 반대가 있어서 개선이 가능하다는 진리에 기반
  - → 사안에 대해 조직성원을 찬반으로 나누어 토론을 진행하는 방법

THEME 193 | 슈퍼비전의 기능과 소진 □□□

슈퍼비전의 3가지 기능(Kadushin) [18. 서울시]

- **교육적 기능**: 슈퍼바이지의 전문적 지식과 기술 향상을 위해서 슈퍼바이지에게 정보를 제공하는 기능
- **행정적 기능**: 슈퍼바이저가 슈퍼바이지의 행정적 상급자로서 슈퍼바이지에게 조직의 규정과 절차를 적용하는 기능(예 슈퍼바이지에게 적합한 ct 사례 위임, 서비스제공의 감독 및 평가, 상하 간의 의사소통 촉진, 조직활동에 대한 조정과 통제 등)
- **지지적 기능**: 슈퍼바이저가 슈퍼바이지의 가치와 감정의 문제에 개입하여 직무만족도를 향상시키는 기능(예 슈퍼바이지의 개별적 욕구에 관심 갖기, 슈퍼바이지의 스트레스 유발 요인 제거하기, 동기와 사기 진작시키기, 불만족과 좌절 해결하기 등)

18. 서울시) 슈퍼비전은 사회복지사의 위상을 확립하고 권익을 실현하는 기능(X)

>  **카두신(Kadushin)**
> 1. 슈퍼비전의 3가지 기능(교육, 행정, 지지)
> 2. 서비스 기능에 따른 아동복지 서비스 분류(지지, 보충, 대리)

소진(Burnout)의 단계(Edelwich & Brodsky)

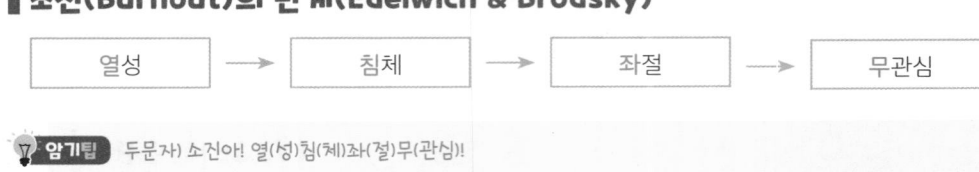

> 💡 **암기팁** 두문자) 소진아! 열(성)침(체)좌(절)무(관심)!

매슬로우(Maslow)의 욕구위계(or 계층)이론

동기부여 전략: 조직성원의 현재 욕구 위계수준을 파악 → 파악된 욕구의 다음 위계의 욕구를 충족시킬 수 있는 기회 제공

허즈버그(Herzberg)의 동기-위생이론

─ 동기요인: 만족을 주는 요인(예 성취에 대한 인정, 일 자체, 책임감, 발전, 성장 등)
─ 위생요인: 불만족을 주는 요인[예 조직의 규칙, 조직성원 간 관계, 작업조건이나 작업환경(안전, 편리, 급여, 지위 등]
└→ 동기부여 전략: 조직성원의 동기요인 충족

알더퍼(Alderfer)의 ERG이론

─ 욕구의 종류
　├ 존재의 욕구(Existence): 매슬로우의 생리적 욕구와 안전의 욕구를 포함
　├ 관계의 욕구(Relatedness): 매슬로우의 사회적 욕구와 자기존중의 욕구 중 타인으로부터 존경을 추구하는 욕구를 포함
　└ 성장욕구(Growth): 매슬로우의 자기존중의 욕구 중 자신으로부터 존경을 추구하는 욕구와 자기실현의 욕구를 포함하는 욕구
└ 특징
　├ 동시에 3가지 욕구 작용 가능
　│　└→ 매슬로우의 욕구의 위계성을 부분적으로 부인
　└ 좌절-퇴행적 접근을 인정: 고위계적 욕구가 충족되지 않으면 저위계적 욕구를 더 많이 충족시켜서 이를 해소하려하는 경향 존재

맥클리랜드(McClelland)의 성취동기이론
　└→ ❶주의 맥그리거(McGregor)와 구분
─ 성취욕구: 성공을 추구하는 욕구, 중등도 이상의 위험이 있는 과업에 관심
─ 권력욕구: 다른 조직성원을 통제하고 싶은 욕구
─ 친화(or 친교)욕구: 다른 조직성원과 친밀한 인관관계를 맺고자 하는 욕구
└→ 동기부여 전략: 성취욕구 강조

맥그리거(McGregor)의 X-Y이론

룬드스테트(Lundstedt)의 Z이론

브룸(Vroom)의 기대이론

- 조직성원은 특정 행동을 할 때에 자신의 노력정도에 따른 결과를 기대
- 동기부여 정도는 가치, 수단, 기대의 함수 관계에 따라 결정
- → 동기부여 전략: 조직성원의 개인적 목표가 무엇인지를 파악 → '노력 – 성과, 성과 – 보상, 보상 – 개인적 목표' 사이의 관계를 확실하게 인식시킴

아담스(Adams)의 공정성(or 형평성) 이론

- 조직성원 개인이 투입하는 노력과 이에 대한 산출되는 보상 간의 공정성(또한 형평성)에 따른 동기부여 강조
- → 동기부여 전략: 산출에 이르는 과정에 대해 공평성의 실천과 이에 따른 적절한 보상 제시

지시적 리더십　[08. 국가직]

- 상급자 중심의 위계적 리더십, 명령과 복종 강조, 보상과 처벌을 통한 통제와 관리에 초점
- 장단점

장점	단점
• 정책의 해석과 집행(or 수행)의 일관성 확보 가능 • 신속한 의사결정이 가능 → 변화와 위기 상황에 유리 • 명령과 복종을 강조 → 통제와 조정이 용이	• 과도한 통제 → 조직성원의 사기 저하 • 조직성원의 잠재력 개발의 기회 감소

참여적 리더십　[08. 국가직]

- 민주적 리더십, 의사결정 과정에 조직성원을 참여
  - → 리더와 조직성원 간에 양방향 의사소통을 하는 리더십
- 장단점

장점	단점
• 기술수준이 높고 동기부여가 된 조직성원에게 효과적 • 조직성원 간 정보 교환이 활발 • 리더와 구성원 간 의사소통이 활발 • 집단의 지식, 경험, 기술의 활용이 용이 • 조직성원의 조직에 대한 헌신과 자신의 직무에 대한 사명감 증가 • 조직의 목표에 대한 조직성원의 적극적인 참여동기부여가 가능	• 참여과정에 따르는 상당한 시간이 소요 • 책임 분산으로 조직이 무기력화 • 문제 발생 시 책임소재가 불분명

자율적 리더십(or 위임형 리더십)

방임적 리더십, 조직성원 중심(or 하급자 중심)의 의사결정이 이루어지는 리더십
　　　　└ 리더가 자신의 권한과 책임을 포기하는 리더십

▌특성이론(or 자질이론) [18. 국가직, 21. 지방직]

- 1940 ~ 1950년대에 주로 주장된 이론
- 가정: 리더에게는 천부적인 특성이나 자질(or 형질)이 있다고 가정
  → 성공적인 리더의 공통적인 특성과 자질을 찾는 데 집중

18. 국가직) 리더십 특성이론 - 리더가 가진 특성이나 자질을 강조하면서, 그러한 특성과 자질을 학습하면 누구나 리더가 될 수 있다고 주장(X) → 자질은 천부적인 것

▌행동이론(or 행위이론) [18. 국가직, 21. 지방직]

- 1950 ~ 1960년대에 특성이론에 반대하여 등장한 이론
- 가정 ┬ 바람직한 리더십 행동은 훈련(or 학습)을 통해서 개발
       └ 리더는 생산과 인간에 대한 행동유형으로 구별
- 종류
  ┬ 미시건 연구: 직무중심형 vs 구성원 중심형 → 구성원 중심형 리더십이 효과적
  ├ 오하이오 연구: 배려성 vs 구조성 → 높은 배려성과 동시에 구조성을 갖춘 리더십이 효과적
  └ 관리격자이론(Blake & Mouton) [18. 국가직]: 생산에 대한 관심과 인간에 대한 관심에 따라 구분
     └ 오하이오 연구 계승

구분	생산에 대한 관심	인간에 대한 관심
무관심형(or 무력형)	↓	↓
컨츄리클럽형	↓	↑
중도형	-	-
과업형	↑	↓
팀형	↑	↑

→ 팀형이 가장 이상적

18. 국가직) 관리격자이론에서는 중도형 리더십을 가장 이상적인 리더십으로 간주(X) → 팀형

▌상황이론 [18. 국가직, 21. 지방직]

- 1960 ~ 1970년대에 주로 주장된 이론
- 가정: 리더의 자질과 행동 유형은 업무상황(or 과업환경)에 따라 달라짐
- 종류
  ├ 피들러(Fiedler)의 상황적합이론 [18. 국가직]
  │ ├ 리더십 유형: 과업지향형, 관계지향형
  │ └ 상황변수: 리더와 조직성원(or 부하)의 관계, 과업의 구조화, 지위 권력

> 💡암기팁 화투를 치면서 피들어(피들러) 관(계)두(구조)지(위) 뭐!

18. 국가직) 피들러의 상황이론에서는 상황의 주요 구성요소로 리더와 부하의 관계, 과업이 구조화되어 있는 정도, 관리자의 지위권력 정도를 제시(O)

  └ 상황호의성에 따라 구분

과업지향형 리더	상황호의성이 극단적인 경우(상황이 아주 호의적이거나 or 비호의적일 때)
관계지향형 리더	상황호의성이 중간 정도일 때

- 하우스(House)의 경로-목표이론 [21. 지방직]
  ├ 리더십 유형: 지시적, 지원적, 참여적, 성취지향적
  └ 상황변수: 조직성원의 특성(욕구, 능력), 과업(or 업무)환경의 특성

욕구와 능력이 높은 조직성원	➡	참여적·성취지향적 리더십
욕구와 능력이 낮은 조직성원	➡	지시적 리더십
내적통제 성향인 조직성원	➡	참여적 리더십
외적통제 성향인 조직성원	➡	지시적 리더십

> 💡암기팁 집(하우스) 짓는 데에는 일꾼(직원의 특성)과 환경(업무환경)이 중요하다!

21. 지방직) 하우스의 경로 - 목표이론에서는 상황을 크게 부하의 상황과 업무환경에 관련된 상황으로 구분(O)

└ 허쉬와 블랜차드(Hersey & Blanchard)의 상황대응이론 [18·21. 지방직]

├ 리더십 유형: 지시형, 제시형(or 설득형), 참여형, 위임형

└ 상황변수: 구성원의 성숙도(능력과 의지)

18. 국가직) 허시와 블랜차드의 상황이론에서는 리더십 유형의 유효성을 높일 수 있는 상황조절 변수로 리더의 성숙도를 제시(X) → 구성원의

구분	의지 낮음(↓)	의지 높음(↑)
능력 낮음(↓)	지시형 리더십	제시형 리더십
능력 높음(↑)	참여형 리더십	위임형 리더십

21. 지방직) 허시와 블랜챠드의 상황이론에서는 부하가 업무능력은 없지만 업무수행 의지는 있는 경우, 참여형 리더십이 효과적이라고 주장(X) → 제시형 리더십

THEME 198 **현대 리더십 이론 - 거래적·변혁적 리더십 이론** □□□

▌거래적 리더십

교환관계에 기반한 리더십 → 조직성원에게 보상을 제공하여 리더십 확보

▌변혁적 리더십

├ 리더십은 리더와 조직성원 간 협력 과정을 통해 형성

└ 이상적인 영향력을 제공하여 조직성원을 성장·공동체 의식 형성

THEME 199 **예산 모형** ★★★ □□□

▌품목별 예산(Line-Item Budget, LIB, or 항목별 예산)

[13·15. 국가직, 18·19. 서울시]

├ 가장 기본적이며 널리 사용

├ **점증주의적 예산**: 전년도 예산에 기초하여 작성 → 예산액수가 점진적으로 증가하는 특성

├ 다가오는 해의 계획된 총비용을 파악하기 위해서 **조직의 모든 수입과 지출을 단순하게 목록화한 것**

└ **투입중심형 예산**: 지출하고자 하는 재화나 서비스의 항목(or 품목)으로 편성

장점	단점
• 항목별로 명확한 근거에 의해 지출 → 예산통제 (or 예산남용 방지)에 효과적	• 점증적 예산 → 예산증감에 신축성(X), 예산증감의 정당성에 대한 근거 부족
• 회계책임의 명확 → 회계자에게 유리	• 예산을 통해 프로그램의 내용이나 효율성에 대한 정보 파악이 어려움
• 전년도 예산에 기초하여 작성 → 예산수립이 간편 └ 다른 예산모형과 결합하여 사회복지조직에서 널리 활용	18. 서울시) 품목별 예산 - 서비스 효율성에 대한 정보를 알기 어려움(O)
• 급여·재화·서비스 구매에 효과적	• 정책 및 사업의 우선순위를 소홀히 할 수 있음

예 20XX년도 A복지관 예산

지출 항목	전년도 예산(원)	금년도 예산(원)
급여	45,800,000	52,000,000
기관운영비	3,250,000	3,600,000
직책보조비	18,500,000	20,000,000
회의비	800,000	100,000
총지출	68,350,000	75,700,000

▎성과주의 예산(Performance Budget, PB) [13. 국가직, 13·18·19. 서울시]

─ 조직이 운영하는 프로그램(or 업무, 사업)을 중심으로 편성하는 예산
─ **관리지향적 예산**: 개별 지출 항목들을 성과, 즉 프로그램의 목표 수행과 연관
─ **과정중심적 성격**: 조직의 활동을 기능별·프로그램별로 나누고 다시 세부프로그램으로 나누어 프로그램
　　　　　단위 비용을 편성 → **각 세부프로그램을 '단위원가 x 업무량 = 예산'으로 계산**

장점	단점
• 프로그램의 목표와 운영에 대한 모니터링 가능 　→ 프로그램 관리자에게 유리 • 예산 할당의 기준이 성과에 근거 → 프로그램 운영 　의 효율성과 합리성 추구에 적합 • 조직의 운영이나 활동내용을 명확하게 볼 수 있음 　→ 조직의 사업과 목표의 이해 가능 • 항목별예산에 비해 예산집행에 신축적 • 실적평가가 용이 → 재정의 합리적 배정 가능 • 프로그램별 예산통제 가능	• 단위원가와 업무량을 책정하는 것이 어려움 • 품목별 예산에 비해 예산통제가 어려움

예 겨울철 독거노인 난방지원 사업

예산 항목	전년도 예산	금년도 예산
연탄 구입: 단위비용이 500원인 연탄 x 10,000장 등유구입: 단위비용이 1,500원인 등유 x 2,000리터 자원봉사자 식대: 단위 비용이 3,000원인 식사 x 20명 x 20회		
총지출		

▎기획 예산(Planning-Programming-Budgeting System, PPBS, or 계획 예산) [13. 국가직]

─ 장기적 계획과 단기적 예산편성의 유기적인 결합이 이루어진 예산 → 미래의 비용을 고려한 장기적인
　기본계획과 이를 연차적으로 실행하기 위해 프로그램별로 편성하는 예산
─ 제한된 재정을 과학적·합리적 기법을 이용해 배분 → 지출의 효과를 극대화
─ 산출중심의 예산, 통제보다는 기획에 초점을 둔 예산

장점	단점
• 재정의 합리적 배분 가능 → 효율적인 예산 집행 　가능 • 프로그램 계획과 예산 수립의 괴리 방지 가능 → 　프로그램의 효과성 향상 → 계획자에게 유리 • 부서간이 아닌 사업별로 예산이 편성 → 조직의 통 　합적·합리적 운영에 편리	• 명확한 장기 목표를 수립하는 것이 어려움 • 목표달성이라는 결과에 치중하여 과정이 무시될 　수 있음 • 장기기획에 대한 구속 → 예산편성이 집권화될 수 　있음 • 품목과 예산이 직접 연결되지 않아 → 환산작업이 　어려울 수 있음

▎영기준 예산(Zero-Based Budget, ZBB) [11·13. 국가직]

─ 점증식 예산 책정의 관행을 타파하기 위해 도입된 예산
─ 전년도 예산과는 무관하게 매년 비용-편익분석에 따라 프로그램의 우선순위를 정하여 합리적으로 편성
　→ 현재 프로그램의 효과성·효율성·시급성에 따라 예산을 재평가하여 증감을 결정하는 모형

장점	단점
• 프로그램의 쇄신에 기여 • 재정의 합리적 배분 가능 • 예산의 효율적·탄력적 운용 가능 • 단기적 계획 수립에 유용	• 지나친 합리성 강조 → 정치적·심리적 요인 무시 • 장기적 예산으로는 부적절 • 관리자의 전문성과 객관성이 요구

▌조직환경 분석 – SWOT 분석

- 강점(Strengths): 조직이 처한 내부 환경의 강점
- 약점(Weaknesses): 조직 처한 내부 환경의 약점
- 기회(Opportunities): 조직이 처한 외부환경에서 비롯된 기회
- 위협(Threats): 조직이 처한 외부환경에서 비롯된 위협

▌마케팅 믹스(4Ps)

- 상품(Product, or 제품) 전략
- 가격(Price) 전략
- 유통(Place, or 입지) 전략
- 촉진(Promotion, or 판매촉진) 전략

> **키워드＋ 4P**
> 1. 마케팅 믹스(상품, 가격, 유통, 촉진)
> 2. 펄만(Perlman)의 4P 이론
>   ① 문제(Problem)
>   ② 사람(Person)
>   ③ 기관(Place, or 장소)
>   ④ 과정(Process)

▌비영리조직의 모금 유형

- 인터넷 마케팅: 전자우편, 홈페이지, 배너 등의 인터넷 매체를 이용
- ARS(Automatic Response System) 모금
- 다이렉트 마케팅(Direct Marketing, DM): 우편물을 활용
- 고객 관계 관리 마케팅(Customer Relationship Management Marketing, CRM): 기부자들의 욕구를 파악하여 그에 맞는 '맞춤형 서비스'를 지속적으로 제공
- 기업연계 마케팅(Cause-Related Marketing, CRM, or 공익연계마케팅): 기업의 전략적 사회공헌 활동
- 데이터베이스 마케팅(Database Marketing): 사회복지조직을 찾은 ct나 기부자의 성명, 주소, 프로그램 이용 현황 등의 개별 정보를 자료화시켜 활용
- 사회마케팅(Social Marketing, or 소셜마케팅): 공익의 실현을 위해 대중의 행동변화를 시키기 위한 집단적이며 조직적인 활동(예 아동학대 예방운동, 피켓팅 등)

▌프로그램 대상 인구집단 [16. 국가직]

- 일반집단(or 일반인구)
  - 정의된 문제를 가질 수 있다고 판단되는 가장 포괄적인 인구집단
  - 프로그램의 **행정구역 내에 거주하는 전체 인구집단**
  - 예 OO구의 인구 12,000명
- 위험집단(or 위험인구)
  - 일반집단 중, 특별히 그러한 문제에 노출될 위험(or 취약성)이 있고 잠재적인 욕구를 지닌 인구집단
  - **문제에 노출될 위험이 큰 지역이나 연령층**
  - 예 OO구의 한 부모가정 100세대

- 표적집단(or 표적인구)
  - 프로그램의 혜택(or 수급)을 받을 자격을 갖춘 집단
  - **해결하려고 하는 문제에 노출된 위험집단의 전체규모**
  - 예 한부모가정 60세대
- 클라이언트 집단(or 클라이언트 인구)
  - **실제 프로그램을 제공받는 수혜자 집단(or 프로그램에 참여하는 집단)**
  - 예 20세대의 아동 30명

▌프로그램 목표 〔17. 국가직〕

┌ **성과목표**
│ └→ 프로그램 실행 후 변화된 것이 무엇인가를 의미
│   ├ **결과지향적**: ct에게 예상되는 행동, 지식, 태도, 조건의 변화를 나타내기 위해 '줄인다, 향상한다, 증
│   │   가한다, 촉진한다, 획득한다 등'과 같은 행위를 나타내는 동사를 사용하여 표현
│   │   17. 국가직) 사회복지 프로그램의 성과목표는 과정지향적(X) → 결과지향적
│   └ 예 ct의 자아존중감을 10% 이상 향상한다.
│
└ **산출목표(or 활동목표, 과정목표)**
  ├ 실적: sw의 개입 강도나 ct의 노력의 총량
  ├ **과정지향적**: 기관의 이용자 수, 제공된 서비스 시간, 차량 운행 시간 등의 산출물로 표현
  └ 예 ct에게 주2회 물리치료서비스를 제공한다.

THEME 202 ▌프로그램 개발과 평가(2) – 프로그램 평가의 기본틀과 논리모형 □□□

▌평가의 기본틀 〔21. 국가직〕

┌ **목표달성모델**: 조직의 효과성을 구체화된 목표의 달성 여부에 따라 결정된다고 이해
│   ∴ 사회복지조직에 적용하기에는 한계
└ **체계모델**
  ├ **체계이론에 기반하여 형성**된 모델
  ├ 목표달성보다는 목표달성을 위해 필요로 하는 수단·과정·조직의 하위체계 간 관계에 초점을 둔 모델
  └ **프로그램 평가의 논리모형(Logic Model)이 형성**
     21. 국가직) 논리모형은 프로그램을 체계 이론의 관점에서 분석하고 이해(O)

▌논리모형 〔17·21. 국가직, 10. 지방직〕

┌ **투입-전환(or 활동)-산출-성과로 도식화(or 구조화)하는 방법**

▲ 프로그램 논리모형

┌ **투입(Input)**
│ ├ **프로그램에서 사용하는 모든 종류의 자원들**
│ └ 예 서비스에 소요된 비용, 직원 및 직원의 근무시간, 자원봉사자 및 활동시간, 시설, 장비 등
├ **전환(Throughput, or 활동)**: 프로그램에 투입된 자원들을 가지고 목표달성을 위해 **실질적으로 수행**
│   **하는 활동들**
├ **산출(Output)**
│ ├ 프로그램 활동으로 얻어진 **직접적인 결과물(or 실적, 생산물)로 수량(or 양적)으로 표현**
│ │   21. 국가직) 논리모형에서 산출은 프로그램 활동의 직접적인 결과에 해당하는 생산물(O)
│ └ 예 ct의 서비스 참여 횟수, 서비스 제공자와 ct 간 접촉 건수, ct가 서비스를 제공받은 시간, 참여자
│   의 출석률, 서비스를 받은 ct의 수, 서비스 종료 여부 등
├ **성과(Outcome)**: (프로그램이 의도하는 변화 목적의 성취 상태) 프로그램 참여자들이 프로그램 종료
│   후 얻게 된 태도, 지식, 기술 등에서의 내적 변화·이익·혜택 등의 달성 정도
│   21. 국가직) 논리모형에서 성과는 투입의 결과로서 산출에 앞서서 발생(X) → 투입의 결과는 산출이며,
│   산출 다음에 발생
├ **영향**: 프로그램 계획 당시 고려하지 않았던 프로그램의 결과로 나타나는 부수적이면서도 장기적인 성과
└ **환류**: 프로그램 활동에 대한 전반적인 재검토

▍형성평가 [19·22. 국가직]

- 프로그램 진행 과정 중에 발생하는 문제점을 찾아내 이를 수정·보완 or 프로그램 수행의 중단 여부를 결정하는 데 활용되는 동태적 평가
- 주로 내부평가로, 총괄평가에 비해 융통성 있게 진행

▍성과(or 총괄)평가 [19·22. 국가직]

- 프로그램 제공 종료 후에 프로그램 참여자들이 프로그램 종료 후 얻은 태도·지식·기술 등에서의 내적 변화·이익·혜택 등에 대해 **연역적·객관적으로 효과성(성과)과 효율성(비용)을 평가**

효과성평가	프로그램 계획 시 설정한 '목표달성의 정도'를 평가
효율성평가	투입과 산출에 대한 경제적 관점의 평가

- 프로그램의 지속여부 등과 관련된 의사결정에 활용하기 위해 수행

19. 국가직) 총괄평가 – 프로그램 종결 후 연역적 객관적 방법으로 프로그램이 달성하고자 했던 목표를 얼마나 잘 성취했는가의 여부를 평가(O)

▍통합평가

형성평가 + 총괄평가

▍메타평가 [19. 국가직]

프로그램 평가의 결과를 차후에 종합적으로 검토해 보는 평가(**평가의 평가**)

▍노력성

프로그램에 참여한 sw의 수, 활동 시간, 소요된 재정 등 프로그램 수행을 위해 동원된 자원의 양

▍효율성

재정, 시간, 인원 등 프로그램에 투입된 비용에 대비한 산출의 비율 정도

▍효과성 [13. 서울시]

ct의 만족도, ct의 변화 등 프로그램 수행으로 인한 의도된 목표의 달성 정도

13. 서울시) 효과성 – 프로그램이 클라이언트에게 의도했던 목표대로 바람직한 결과를 가져왔는지에 관한 것(O)

▍형평성(or 공평성)

자원이 사회집단 간 얼마나 공평하게 배분되었는지의 정도

▍서비스 질(or 질)

- 프로그램의 우월성과 전문성에 관련된 전반적인 판단
- 서비스 제공 인력의 자격증 보유 여부, sw의 자격증 등급 등을 통해 확인

[22. 국가직]

▌목적

사회복지시설에게는 투명성과 서비스의 질 향상 등 책임성 제고, 국민들에게는 선택권 보장 등 복지 수준 향상

▌주요 연혁

├ 1997년 「사회복지사업법」 개정으로 사회복지시설의 평가가 법정으로 의무화
└ 1999~2001년 제1기 사회복지시설 평가 시행

▌주체 및 주기

보건복지부장관과 시·도지사는 3년마다 1회 이상 시설에 대한 평가 실시 ❶주의 시·군·구청장(X)

> 평가 위탁 및 시행주체
> - 1~2기: 보건사회연구원
> - 3~6기: 한국사회복지사협회
> - 7~8기: 사회보장정보원
> - 9기(2022년 이후)~현재: 중앙사회서비스원

22. 국가직) 1997년에 「사회복지사업법」을 개정하여 ~~1998년 사회보장정보원이 평가를 실시~~(X)
→ 1999년 보건사회연구원

▌시설의 서비스 최저기준에 포함될 사항

시설 이용자의 인권, 시설의 환경, 시설의 운영, 시설의 안전관리, 시설의 인력관리, 지역사회 연계, 서비스의 과정 및 결과, 그 밖에 서비스 최저기준 유지에 필요한 사항

▌개관

파라슈라만(A. Parasuraman) 등이 공동연구하여 개발한 서비스 품질 측정도구

▌5가지 차원

├ 유형성(Tangibles): 조직의 시설·장비·서비스 제공자의 외양 등이 갖춘 편의와 매력
├ 신뢰성(Reliability): 고객과 약속한 서비스를 고객이 신뢰할 수 있게 정확히 제공할 수 있는 조직성원들의 능력
├ 대응성(Responsiveness, or 반응성): 신속하게 고객을 돕고 서비스를 제공하는 조직성원들의 능력
├ 확신성(Assurance): 고객에게 서비스 제공자의 지식·예의·믿음·신뢰를 심어줄 수 있는 능력
└ 공감성(Empathy): 고객을 인간적으로 배려하고 관심을 제공할 수 있는 능력

사회복지서비스 전달체계(1) – 전달체계의 개념과 분류 □□□

▌개념 [11. 지방직]

사회복지서비스를 제공하는 '공급자와 공급자' or '사회복지서비스를 소비하는 소비자와 공급자'를 연결시키기 위한 조직적인 장치(or 매개체)

▌구조·기능적 차원의 분류

- 행정체계 ┬ 사회복지서비스를 기획·지시·지원·관리하는 체계
  - ├ 주로 법규와 규정에 따라 운영되는 관료제 조직
  - └ 예 보건복지부 → 시·도 → 시·군·구
- 집행체계 ┬ 서비스 전달 기능이 주된 기능인 체계
  - └ 예 읍·면·동 → 클라이언트

사회복지서비스 전달체계(2) – 전달체계 구축의 원칙 ☆☆☆ □□□

[13. 국가직, 11·14·17. 지방직, 18. 서울시]

▌전문성

핵심적인 주요 업무는 객관적으로 자격이 인정된 전문가(Professional)에 의해 수행되어야 함
  └ 국가 자격증 등의 객관적인 자격을 갖춘 사람,
    경험과 지식이 많은 사람(X)

▌적절성(or 충분성)

사회복지서비스의 양과 질, 기간은 ct의 정신적·육체적 욕구를 충족시키고 목표를 달성할 만큼 충분히 제공되어야 함

▌포괄성

인간의 욕구와 문제는 다양 → 사회복지서비스는 ct의 다양한 욕구와 문제에 동시에 or 순차적으로 대응할 수 있도록 종합적으로 제공되어야 함
  └ 사회복지서비스는 ct의 모든 문제와 욕구를 다룰 수 있어야 함

▌통합성(or 통합조정의 원칙)

- 포괄성 원칙을 실현하기 위한 수단: 사회복지서비스 제공 주체 간에 유기적인 협력관계를 형성
  - → 서비스 중복과 누락을 방지하고 다양한 서비스를 제공해야 함
- 예 원스톱 서비스센터(One—Stop Service), 통합사례관리서비스 등

▌지속성(or 연속성)

ct에게 필요한 서비스는 일정기간 동안 중단 없이 지속적으로 제공되어야 함

▌평등성

(보편주의) 사회복지서비스는 ct가 가진 조건(예 연령, 성별, 소득, 지위, 지역, 종교 등)과는 관계없이 이를 필요로 하는 모든 이에게 제공되어야 함

▌책임성

사회복지서비스의 제공 주체는 ct의 욕구충족이라는 궁극적인 목표달성뿐만 아니라 전달체계 자체의 효과성이나 효율성을 향상시켜야 함

▌비분절(or 비단절)성과 비파편성

- 분절성과 파편성: 조직이 제공하는 사회복지서비스가 최종 수요자에게 전달되기까지의 신청·조사·결정·제공 과정이 서비스별로 따로따로 진행되는 것
- 분절성과 파편성을 줄이는 전략: 사회복지서비스 제공자간 네트워크 구축, 사례관리 강화, 서비스 연계 기제 마련을 통한 서비스 통합, 서비스 이용자의 욕구에 대한 종합적 파악

▌접근성(or 접근용이성)

- ct가 사회복지서비스를 이용하는 데에서 발생하는 다양한 장애요인을 제거
  → 제약 없이 쉽고 편리하게 서비스를 이용할 수 있게 해야 함
- 다양한 장애요인: 정보적 장애, 지리적 장애(예) 서비스 제공 장소의 위치 등), 심리적 장애(예) 자신의 문제 노출에 대한 두려움, 수치감, 낙인감, 소외의식, sw와의 거리감 등), 선정 절차상의 장애, 재정(or 자원)적 장애

14. 지방직) 수익성은 사회복지 전달체계 구축의 원칙에 해당(X)

THEME 209 　사회복지서비스 전달체계(3) − 전달체계 통합 전략　□□□

▌종합서비스센터　[11. 지방직]

하나의 분야에 대해 종합적 서비스를 제공하는 별도의 조직을 설치하는 방법(예) 장애인종합사회복지관 등)

▌인테이크 단일화

전달체계 내 조직들이 인테이크를 전담하는 공동 창구를 개발하는 방법

▌종합적인 정보와 의뢰 시스템(I&R)

통합정보망을 구축하여 서비스 연계를 강화하는 방법 → 조직들 간 구조적인 통합이 아닌 느슨한 네트워크를 구성하는 것

▌사례관리

지역사회 수준에서 사례관리체계를 도입하여 조직들에 분산된 서비스를 ct의 욕구에 맞추어 연결하고 관리하는 방법

▌트래킹(Tracking)

[이력(履歷) 관리시스템] 서로 다른 각각의 조직과 프로그램에서 다루었던 ct의 서비스이력 정보를 공유하는 정보 통합 방법

▌일반환경　17. 지방직

사회복지조직은 그 환경에 영향을 받지만, 오히려 그러한 외부환경에 영향을 주기는 어려운 환경

- **정치적 환경**
  - 정부 or 정치집단이 재정자원 등을 사회복지조직에 분배하는 조건
  - 예 정권의 이념이 보수인가 or 진보인가에 따라 사회복지조직은 자원분배에 영향을 받음
- **경제적 환경**
  - 사회복지조직이 영향을 받는 일반적인 경제상태
  - 예 1인당 GDP, 실업률, 경제성장률, 경기상태, 지방정부의 재정 증감 등
- **인구·사회학적 환경**
  - 사회복지조직이 영향을 받는 인구학적 조건
  - 예 연령, 성별, 거주지역, 인구구조, 소득수준, 사회적 계층(or 계급), 가족구조, 고령화 등

17. 지방직) 사회계층은 사회복지조직의 일반환경 중 사회인구학적 조건에 해당(O)

- **문화적 환경**
  - 사회복지조직이 영향을 받는 당시의 지배적인 문화적 가치나 태도
  - 예 분배중심문화 vs 성장중심문화, 노동윤리
- **법적 환경**
  - 사회복지조직의 조직행동을 강제하거나 or 사회복지조직의 활동을 대외적으로 인가하는 제도적 환경
  - 예 헌법 제34조, 사회복지사업법 등
- **기술적 환경**: 사회복지조직이 당시에 활용할 수 있는 타분야의 기술수준

▌과업환경

사회복지조직이 상호 영향을 주고받는 환경

- **재정자원의 제공자**: 사회복지 조직의 생산과 유지에 필요한 재정을 공급하는 중앙정부·지방정부 등의 공공부문과 개인·기업·종교단체·사회복지공동모금회 등의 민간부문
- **정당성의 제공자**
  - 사회복지조직에게 합법성과 권위를 부여하는 법률이나 조례 등의 법규 or 조직
  - 예 사회복지사업법, 한국사회복지사협회, 한국사회복지협의회 등
- **클라이언트 및 클라이언트 제공자**(예 **공공기관, 학교, 교회, 청소년단체, 경찰서 등**)
- **보충적 서비스의 제공자**: 사회복지조직이 추구하는 포괄성과 통합성의 원칙 실현을 위해 협조하는 타 조직
- **조직산출물의 소비·인수자**: 문제나 욕구가 해결된 ct를 받아들일 수 있는 소비자 or 인수자 (예 학교, 기업, 가족 등)
- **경쟁하는 조직들**: ct나 재정자원 등을 둘러싸고 치열한 경쟁을 전개하는 타조직

▌권위주의적 전략

조직이 외부환경과의 교환관계에서 우월한 재정이나 권위 등을 소유함으로써 타조직의 행동을 지시·권장할 수 있는 전략 ∴ 주로 정부조직에서 활용

▌경쟁적 전략

─ 조직이 다른 조직과의 경쟁을 통해 세력을 증가시켜 **서비스의 질과 절차 등을 매력적으로 만드는 전략**
└ **단점**: 크리밍 현상 발생 가능성 증가, 지나친 경쟁으로 서비스의 중복과 자원낭비 조장

▌협동적 전략

─ 일반적으로 사회복지조직에서 가장 많이 사용되는 전략
└ 유형
  ┬ **계약**: 조직 간 서비스 교환을 위한 공식적·비공식적 협의
  ├ **연합**: 조직들이 협동으로 사업을 수행하기 위해 인적·물적 자원을 결합
  └ **흡수**: 과업환경 내 외부조직의 대표자들을 조직의 의사결정기구에 참여

▌방해적 전략

시위나 탄원서 제출 등의 방법으로 타 조직의 활동을 방해하거나 세력을 약화시키는 전략

제4부
사회복지법제

제4부   사회복지법제

THEME 212   헌법의 사회복지 관련 주요 조문 □□□

▌행복추구권(제10조)

모든 국민은 인간으로서의 존엄과 가치를 가지며, 행복을 추구할 권리를 가진다. 국가는 개인이 가지는 불가침의 기본적 인권을 확인하고 이를 보장할 의무를 진다.

▌생존권(제34조) [18. 서울시]

— 모든 국민은 인간다운 생활을 할 권리를 가진다.
— 국가는 사회보장·사회복지의 증진에 노력할 의무를 진다.
— 국가는 여자의 복지와 권익의 향상을 위하여 노력하여야 한다.
— 국가는 노인과 청소년의 복지향상을 위한 정책을 실시할 의무를 진다.
— 신체장애자 및 질병·노령 기타의 사유로 생활능력이 없는 국민은 법률이 정하는 바에 의하여 국가의 보호를 받는다.
— 국가는 재해를 예방하고 그 위험으로부터 국민을 보호하기 위하여 노력하여야 한다.

THEME 213   사회보장기본법 □□□

▌목적

사회보장에 관한 국민의 권리와 국가 및 지방자치단체의 책임을 정하고 사회보장정책의 수립·추진과 관련 제도에 관한 기본적인 사항을 규정함으로써 국민의 복지증진에 이바지하는 것

▌정의 [13·16. 국가직, 12. 지방직, 17. 지방직 추가, 11·18. 서울시]

— **사회보장**: 출산, 양육, 실업, 노령, 장애, 질병, 빈곤 및 사망 등의 사회적 위험으로부터 모든 국민을 보호하고 국민 삶의 질을 향상시키는 데 필요한 소득·서비스를 보장하는 **사회보험, 공공부조, 사회서비스**

> 💡 **암기팁** 두문자) 사회적 위험 – 사(망)실(업) 장(애)로(령)질(병) 양(육)출(산)빈(곤)

— **사회보험**: 국민에게 발생하는 사회적 위험을 보험의 방식으로 대처함으로써 국민의 건강과 소득을 보장하는 제도

— **공공부조**: 국가와 지방자치단체의 책임하에 생활 유지 능력이 없거나 생활이 어려운 **국민의 최저생활**을 보장하고 자립을 지원하는 제도
     ❶**주의** 최적생활(X)

— **사회서비스**: **국가·지방자치단체 및 민간부문의 도움**이 필요한 모든 국민에게 복지, 보건의료, 교육, 고용, 주거, 문화, 환경 등의 분야에서 인간다운 생활을 보장하고 상담, 재활, 돌봄, 정보의 제공, 관련 시설의 이용, 역량 개발, 사회참여 지원 등을 통하여 국민의 삶의 질이 향상되도록 지원하는 제도

— **평생사회안전망** ┬ 생애주기에 걸쳐 보편적으로 충족되어야 하는 **기본욕구**
                       └ 특정한 사회위험에 의하여 발생하는 **특수욕구**를 동시에 고려하여 소득·서비스를 보장하는 맞춤형 사회보장제도

— **사회보장 행정데이터**: 국가, 지방자치단체, 공공기관 및 법인이 법령에 따라 생성 또는 취득하여 관리하고 있는 **자료 또는 정보**로서 사회보장 정책 수행에 필요한 자료 또는 정보

▌다른 법률과의 관계

사회보장에 관한 다른 법률을 제정하거나 개정하는 경우에는 이 법에 부합되도록 하여야 함

▌국가와 지방자치단체의 책임

- **국가와 지방자치단체**는 국가 발전수준에 부응하고 사회환경의 변화에 선제적으로 대응하며 지속가능한 사회보장제도를 확립하고 **매년 이에 필요한 재원을 조달하여야 함**
- 국가는 사회보장제도의 안정적인 운영을 위하여 중장기 **사회보장 재정추계를 격년으로 실시**하고 이를 공표하여야 함

PLUS⁺ 시행 주기	
사회보장 재원 조달	매년
중장기 사회보장 재정추계	격년(2년) 실시 후 공표
최저보장수준과 최저임금	매년 공표
사회보장기본계획 수립	보건복지부장관이 매 5년마다

▌외국인에 대한 적용

국내에 거주하는 외국인에게 사회보장제도를 적용할 때에는 **상호주의의 원칙** 준수

▌사회보장 수급권 [15. 지방직]

모든 국민은 사회보장 관계 법령에서 정하는 바에 따라 **사회보장급여를 받을 권리를** 가짐

▌사회보장급여의 수준 [15·17·19. 지방직]

- 국가와 지방자치단체는 모든 국민이 건강하고 문화적인 생활을 유지할 수 있도록 **사회보장급여의 수준 향상을 위하여 노력**하여야 함
- 국가는 관계 법령에서 정하는 바에 따라 **최저보장수준과 최저임금을 매년 공표**하여야 함
- 국가와 지방자치단체는 **최저보장수준과 최저임금 등을 고려하여 사회보장급여의 수준을 결정**하여야 함

▌사회보장급여의 신청

사회보장급여를 받으려는 사람은 관계 법령에서 정하는 바에 따라 **국가나 지방자치단체에 신청**, but 관계 법령에서 따로 정하는 경우에는 **국가나 지방자치단체가 대신 신청 가능**

▌사회보장수급권의 보호 [15. 지방직, 19. 서울시]

사회보장수급권은 양도·담보·압류(X)

▌사회보장수급권의 제한

- 사회보장수급권은 제한·정지(X)
- but 관계 법령에서 따로 정하고 있는 경우에는 가능
  - ❶주의 제한되거나 정지되는 경우에는 제한 or 정지하는 목적에 필요한 최소한의 범위에 그쳐야 함

▌사회보장수급권의 포기 [15. 지방직, 19. 서울시]

- 사회보장수급권은 정당한 권한이 있는 기관에 **서면으로 통지**하여 포기 가능
- 사회보장수급권의 포기는 **취소(O)**, but 사회보장수급권을 포기하는 것이 **다른 사람에게 피해를 주거나 사회보장에 관한 관계 법령에 위반되는 경우에는 사회보장수급권 포기(X)**

▌불법행위에 대한 구상

제3자의 불법행위로 피해를 입은 국민이 그로 인하여 사회보장수급권을 가지게 된 경우 사회보장제도를 운영하는 자는 그 불법행위의 책임이 있는 자에 대하여 관계 법령에서 정하는 바에 따라 **구상권(求償權) 행사 가능**

▌사회보장 기본계획의 수립

- 보건복지부장관은 관계 중앙행정기관의 장과 협의하여 사회보장 증진을 위하여 **사회보장에 관한 기본계획을 5년마다 수립**하여야 함
- 사회보장위원회와 국무회의의 심의를 거쳐 확정

▌사회보장위원회 [13. 서울시]

사회보장에 관한 주요 시책을 심의·조정하기 위하여 **국무총리 소속으로 설치**

13. 서울시) 사회보장위원회 - 대통령 소속(X) → 국무총리

▌사회보장위원회의 구성　13. 서울시　cf 사회보장급여법 상 시·도 사회보장위원회

- 위원장 1명: 국무총리
- 부위원장 3명: 기획재정부장관, 교육부장관 및 보건복지부장관
  13. 서울시) 사회보장위원회의 부위원장 – 고용노동부장관(X)
- 위원: 행정안전부장관, 고용노동부장관, 여성가족부장관, 국토교통부장관을 포함한 30명 이내
- 위원의 임기 ┬ 2년, but 공무원인 위원의 임기는 그 재임 기간
  └ 보궐위원의 임기: 전임자 임기의 남은 기간
- 조직: 실무위원회, 실무위원회에 분야별 전문위원회

▌사회보장정책의 기본방향　14. 국가직

- 평생사회안전망의 구축·운영: 사회적 취약계층을 위한 공공부조를 마련하여 최저생활 보장
- 사회서비스 보장
- 소득 보장: 공공부문과 민간부문의 소득보장제도의 효과적 연계
  14. 국가직) 사회보장정책의 기본방향 – 사례관리시스템 구축(X)

▌운영원칙

보편성, 형평성, 민주성, 효율성·연계성·전문성, 책임성

- 보편성: 사회보장제도를 운영할 때에는 이 제도를 필요로 하는 모든 국민에게 적용
- 형평성: 사회보장제도의 급여 수준과 비용 부담 등에서 형평성 유지
- 민주성: 사회보장제도의 정책 결정 및 시행 과정에 공익의 대표자 및 이해관계인 등을 참여시켜 이를 민주적으로 결정하고 시행
- 효율성, 연계성, 전문성: 국민의 다양한 복지 욕구를 효율적으로 충족시키기 위하여 연계성과 전문성을 높여야 함
- 책임성 ┬ 사회보험은 국가의 책임으로 시행
  └ 공공부조와 사회서비스는 국가와 지방자치단체의 책임으로 시행

▌협의 및 조정

중앙행정기관의 장과 지방자치단체의 장은 사회보장제도를 신설하거나 변경할 경우: 보건복지부장관과 협의, but 협의(X) → 사회보장위원회에서 조정

▌비용의 부담　23. 지방직

- 사회보장 비용의 부담
  → 국가, 지방자치단체 및 민간부문 간에 합리적으로 조정
- 사회보험에 드는 비용
  → 사용자, 피용자(被傭者) 및 자영업자가 부담하는 것을 원칙, but 국가가 그 비용의 일부 부담 가능
- 공공부조 및 관계 법령에서 정하는 일정 소득 수준 이하의 국민에 대한 사회서비스에 드는 비용
  → 전부 or 일부는 국가와 지방자치단체가 부담
- 부담 능력이 있는 국민에 대한 사회서비스에 드는 비용
  → 수익자가 부담함을 원칙, but 국가와 지방자치단체가 그 비용의 일부 부담 가능

▌사회보장급여의 관리　13. 국가직

보건복지부장관은 사회서비스의 품질기준 마련, 평가 및 개선 등의 업무를 수행하기 위하여 필요한 전담기구를 설치할 수 있음

▌사회보장정보시스템의 구축·운영

- 국가와 지방자치단체는 사회보장업무를 전자적으로 관리하도록 노력하여야 함
- 보건복지부장관은 ┬ 사회보장정보시스템의 구축·운영을 총괄
  └ 사회보장정보시스템의 운영·지원을 위하여 전담기구 설치 가능

▌개인정보 등의 보호　13. 국가직

사회보장 업무에 종사하거나 종사하였던 자는 사회보장업무 수행과 관련하여 알게 된 개인·법인 or 단체의 정보를 관계 법령에서 정하는 바에 따라 보호하여야 함

▌권리구제

권리 or 이익을 침해받은 국민 ┬ 「행정심판법」에 따른 행정심판을 청구 ┐ 가능
　　　　　　　　　　　　　　└ 「행정소송법」에 따른 행정소송을 제기 ┘

▌한국사회보장정보원

사회보장정보시스템의 운영·지원을 위하여 설립

▌통합사례관리

- 보건복지부장관, 시·도지사 및 시장·군수·구청장은 지원대상자의 사회보장 수준을 높이기 위해
  - 지원대상자의 다양하고 복합적인 특성에 따른 상담과 지도, 사회보장에 대한 욕구조사, 서비스 제공 계획의 수립을 실시
  - 그 계획에 따라 지원대상자에게 보건·복지·고용·교육 등에 대한 사회보장급여 및 민간 법인·단체·시설 등이 제공하는 서비스를 종합적으로 연계·제공하는 통합사례관리를 실시할 수 있음
- 통합사례관리를 실시하기 위하여 필요한 경우에는 **특별자치시 및 시·군·구에 통합사례관리사**를 둘 수 있음

▌정의　11·14. 국가직, 19. 서울시

- **사회복지사업**: 다음의 법률에 따른 보호·선도(善導) or 복지에 관한 사업과 사회복지상담, 직업지원, 무료 숙박, 지역사회복지, 의료복지, 재가복지(在家福祉), 사회복지관 운영, 정신질환자 및 한센병력자의 사회복귀에 관한 사업 등 각종 복지사업과 이와 관련된 자원봉사활동 및 복지시설의 운영 or 지원을 목적으로 하는 사업
  - 가. 「국민기초생활 보장법」
  - 나. 「아동복지법」
  - 다. 「노인복지법」
  - 라. 「장애인복지법」
  - 마. 「한부모가족지원법」
  - 바. 「영유아보육법」
  - 사. 「성매매방지 및 피해자보호 등에 관한 법률」
  - 아. 「정신건강증진 및 정신질환자 복지서비스 지원에 관한 법률」
  - 자. 「성폭력방지 및 피해자보호 등에 관한 법률」
  - 차. 「입양특례법」
  - 카. 「일제하 일본군위안부 피해자에 대한 생활안정지원 및 기념사업 등에 관한 법률」
  - 타. 「사회복지공동모금회법」
  - 파. 「장애인·노인·임산부 등의 편의증진 보장에 관한 법률」
  - 하. 「가정폭력방지 및 피해자보호 등에 관한 법률」
  - 거. 「농어촌주민의 보건복지증진을 위한 특별법」
  - 너. 「식품등 기부 활성화에 관한 법률」
  - 더. 「의료급여법」
  - 러. 「기초연금법」
  - 머. 「긴급복지지원법」
  - 버. 「다문화가족지원법」
  - 서. 「장애인연금법」
  - 어. 「장애인활동 지원에 관한 법률」

─ 저. 「노숙인 등의 복지 및 자립지원에 관한 법률」

─ 처. 「보호관찰 등에 관한 법률」

─ 커. 「장애아동 복지지원법」

─ 터. 「발달장애인 권리보장 및 지원에 관한 법률」

─ 퍼. 「청소년복지 지원법」 14. 국가직) 청소년기본법(X)

─ 허. 그 밖에 대통령령으로 정하는 법률

  ─ 「건강가정기본법」

  ─ 「북한이탈주민의 보호 및 정착지원에 관한 법률」

  ─ 「자살예방 및 생명존중문화 조성을 위한 법률」

  └ 「장애인·노인 등을 위한 보조기기 지원 및 활용촉진에 관한 법률」

─ 지역사회복지, 사회복지법인, 사회복지시설 정의 규정

─ **사회복지관**: 지역사회를 기반으로 일정한 시설과 전문인력을 갖추고 지역주민의 참여와 협력을 통하여 지역사회의 복지문제를 예방하고 해결하기 위하여 종합적인 복지서비스를 제공하는 시설

─ **사회복지서비스**: 국가·지방자치단체 및 민간부문의 도움을 필요로 하는 모든 국민에게 「사회보장기본법」에 따른 **사회서비스 중 사회복지사업을 통한 서비스를 제공하여 삶의 질이 향상되도록 제도적으로 지원하는 것** ❶주의 사회서비스 ⊃ 사회복지서비스

└ **보건의료서비스**: 국민의 건강을 보호·증진하기 위하여 **보건의료인이 하는 모든 활동**

19. 서울시) 사회복지사업이란 도움을 필요로 하는 모든 국민에게 사회복지사업을 통한 서비스를 제공하여 삶의 질이 향상되도록 제도적으로 지원하는 것(X) → 사회복지서비스

▌종사자의 업무 원칙

인권존중 및 최대 봉사의 원칙, 비밀누설의 금지

▌사회복지서비스 제공의 원칙 14. 지방직

─ 사회복지서비스를 필요로 하는 사람(보호대상자)에 대한 사회복지서비스 제공(서비스 제공)은 **현물(現物)로 제공하는 것**

└ but 시장·군수·구청장은 국가 or 지방자치단체 외의 자로 하여금 서비스 제공을 실시하게 하는 경우에는 보호대상자에게 사회복지서비스 이용권(이용권)을 지급 가능

14. 지방직) 「사회복지사업법」에서 사회복지서비스 제공시에는 현물을 원칙적인 급여 제공의 형태로 규정하고 있음. 현물급여는 현금급여에 비해 목적 달성에 충실할 수 있지만 선택의 자유를 제한하는 단점이 있어서 이용권(or 바우처)로 불리는 급여 형태도 인정(O)

▌시설 설치의 방해 금지

─ 누구든지 정당한 이유 없이 사회복지시설의 설치를 방해(X)

└ 시장·군수·구청장은 정당한 이유 없이 사회복지시설의 설치를 지연시키거나 제한하는 조치를 해서는(X)

▌사회복지사

─ 사회복지사의 결격사유

  ─ 피성년후견인

  ─ 금고 이상의 형을 선고받고 그 집행이 끝나지 아니하였거나 그 집행을 받지 아니하기로 확정되지 아니한 사람

  ─ 법원의 판결에 따라 자격이 상실되거나 정지된 사람

  ─ 마약·대마 or 향정신성의약품의 중독자

  └ 「정신건강증진법」에 따른 정신질환자, but 전문의가 사회복지사로서 적합하다고 인정하는 사람은 제외 ❶주의 미성년자(X)

└ 사회복지사의 의무 채용 제외 시설(법 시행령 제6조)

  ─ 노인여가복지시설(노인복지관 제외, 즉 노인교실과 경로당만 해당)

  ─ 장애인 지역사회재활시설 중 수화통역센터, 점자도서관, 점자도서 및 녹음서 출판시설

  ─ 어린이집

  ─ 성매매피해자등을 위한 지원시설 및 성매매피해상담소

  ─ 정신요양시설 및 정신재활시설

  └ 성폭력피해상담소

▌사회복지사 보수교육

─ 보건복지부장관은 사회복지사의 자질 향상을 위하여 필요하다고 인정하면 사회복지사에게 교육을 받도록 명할 수 있음

└ but 사회복지법인 or 사회복지시설에 종사하는 **사회복지사는 정기적으로(연간 8시간 이상) 인권에 관한 내용이 포함된 보수교육을 받아야 함**

▌사회복지법인

법인의 설립허가 [17. 지방직]

- 사회복지법인을 설립하려는 자는 **시·도지사의 허가를 받아야 함** cf) 사회복지시설은 시·군·구청장 신고
- 허가를 받은 자는 사회복지법인의 주된 사무소의 소재지에서 설립등기를 하여야 함

  17. 지방직) 사회복지법인은 사회보장기본법에 근거(X) → 사회복지사업법

  > **PLUS⁺** 사회복지법인의 설립과 운영에 관한 행정처분
  > 1. 사회복지법인 설립, 사회복지법인의 기본 재산 처분: 시·도지사 허가
  > 2. 같은 시·도에 소재한 법인 간 합병: 시·도지자 허가
  > 3. 서로 다른 시·도에 소재한 법인 간 합병: 보건복지부장관 허가
  > 4. 사회복지법인 정관 변경: 시·도지사 인가

임원 [17·19. 지방직]

- 사회복지법인 ┬ **대표이사를 포함한 이사 7명 이상** ┐ 두어야 함
  └ **감사 2명 이상** ┘

  19. 지방직) 사회복지법인은 대표이사를 제외한 이사 7명 이상과 감사 2명 이상을 두어야 함(X) → 포함한

- 이사 정수의 $\frac{1}{3}$(소수점 이하는 버림) 이상을 시·도 사회보장위원회와 지역사회보장협의체에서 3배 수로 추천한 사람 중에서 선임하여야 함
- 대통령령으로 정하는 특별한 관계에 있는 사람이 이사 현원의 $\frac{1}{5}$ 초과(X)
- 임기 ┬ 이사 3년
  └ 감사 2년, 각각 연임 가능
- 외국인인 이사는 이사 현원의 $\frac{1}{2}$ 미만이어야 함
- 임원을 임면하는 경우에는 지체 없이 시·도지사에게 보고하여야 함
- 감사 중 1명은 법률 or 회계에 관한 지식이 있는 사람 중에서 선임하여야 함
- 이사 or 감사 중에 결원 발생: 2개월 이내에 보충하여야 함
- **임원의 겸직 금지**
  - **이사:** 사회복지법인이 설치한 사회복지시설의 장 가능, 직원 불가능
  - **감사:** 사회복지법인의 이사·사회복지법인이 설치한 사회복지시설의 장·그 직원 모두 불가능

재산 등

- **사회복지법인의 재산: 기본재산과 보통재산으로 구분**
- **재산 취득 시 매년 시·도지사에게 보고하여야 함**

설립허가 반드시 취소(시·도지사)

- 거짓이나 그 밖의 부정한 방법으로 설립허가를 받았을 때
- 사회복지법인 설립 후 기본재산을 출연하지 아니한 때

남은 재산의 처리: 해산한 법인의 남은 재산은 정관으로 정하는 바에 따라 국가 or 지방자치단체에 귀속

수익사업

- 사회복지법인은 목적사업의 경비에 충당하기 위하여 필요할 때에는 사회복지법인의 설립 목적 수행에 지장이 없는 범위에서 수익사업 가능
- 수익사업에서 생긴 수익을 사회복지법인 or 사회복지법인이 설치한 사회복지시설의 운영 외의 목적에 사용(X)
- 수익사업에 관한 회계는 사회복지법인의 다른 회계와 구분하여 회계처리하여야 함

▌사회복지시설

설치 [15. 국가직, 17. 지방직]

- **국가나 지방자치단체는 사회복지시설을 설치·운영 가능**

  17. 지방직) 사회복지법인이 아니면 사회복지시설을 운영할 수 없음(X)

- 국가나 지방자치단체가 설치한 시설은 필요한 경우 **사회복지법인이나 비영리법인에 위탁하여 운영 가능**

  15. 국가직) 국가나 지방자치단체가 설치한 사회복지시설은 필요한 경우 사회복지법인이나 영리법인에 위탁하여 운영하게 할 수 있음(X) → 비영리법인

- **국가 or 지방자치단체 외의 자가** 시설을 설치·운영하려는 경우에는 보건복지부령으로 정하는 바에 따라 **시장·군수·구청장에게 신고하여야 함**

  15. 국가직) 국가 or 지방자치단체 외의 자가 사회복지시설을 설치·운영하려는 경우에는 해당 지방자치단체의 조례에서 정하는 바에 따라 시장·군수·구청장에게 신고하여야 함(X) → 보건복지부령으로

- 시설을 설치·운영하는 자는 재무·회계에 관한 기준에 따라 시설을 투명하게 운영하여야 함

─ **시설의 통합 설치·운영 등에 관한 특례** `15. 국가직`

　└ 지역특성과 시설분포의 실태를 고려하여

　├ 시설을 통합하여 하나의 시설로 설치·운영하거나

　├ 하나의 시설에서 둘 이상의 사회복지사업을 통합하여 수행할 수 있음

　　15. 국가직) 둘 이상의 사회복지사업은 하나의 시설에서 통합하여 수행할 수 없음(X) → 있음

─ **보험가입 의무:** 사회복지시설의 운영자는

　├ 손해보험회사의 책임보험에 가입하거나

　└ 「사회복지사 등의 처우 및 지위 향상을 위한 법률」에 따른 한국사회복지공제회의 책임공제에 가입하여야 함 **❶주의** 책임보험 또는 책임공제 중 선택

─ **시설의 안전점검 등**

　├ 사회복지시설의 장은 시설에 대하여 정기 및 수시 안전점검을 실시하여야 하고, 그 결과를 시장·군수·구청장에게 제출하여야 함

　└ 시장·군수·구청장은 사회복지시설의 운영자에게 사회복지시설의 보완 or 개수(改修)·보수를 요구할 수 있음 → 이 경우 시설의 운영자는 요구에 따라야 함

─ **사회복지시설의 장**

　├ 사회복지시설의 장은 상근(常勤)하여야 함

　└ 제외자 ┬ 미성년자 **❶주의** 사회복지사 자격 획득은 미성년자 가능
　　　　　├ 사회복지법인의 임원에서 해임된 날부터 5년이 지나지 아니한 사람
　　　　　└ 사회복지분야의 6급 이상 공무원으로 재직하다 퇴직한 지 3년이 경과하지 아니한 사람 중에서 퇴직 전 5년 동안 소속하였던 기초자치단체가 관할하는 사회복지시설의 장이 되고자 하는 사람

─ **운영위원회**

　├ 사회복지시설의 장은 사회복지시설의 운영을 심의하기 위하여 사회복지시설에 운영위원회를 두어야 함. but 보건복지부령으로 정하는 경우에는 복수의 사회복지시설에 공동으로 운영위원회를 둘 수 있음

　└ **운영위원회의 위원은 관할 시장·군수·구청장이 임명하거나 위촉** **❶주의** 시설장이 임명하거나 위촉(X)

─ **사회복지시설 수용인원의 제한: 각 사회복지시설의 수용인원은 300명을 초과(X)**

　❶주의 수용인원 300명 초과 가능 시설
　　├ 「노인복지법」에 따른 ┬ 노인주거복지시설 중 양로시설과 노인복지주택
　　│　　　　　　　　　　└ 노인의료복지시설 중 노인요양시설
　　└ 시장·군수·구청장이 인정하는 사회복지시설

─ **사회복지시설의 서비스 최저기준**

　├ 보건복지부장관은 사회복지시설에서 제공하는 서비스의 최저기준을 마련하여야 함

　└ 사회복지시설 운영자는 서비스 최저기준 이상으로 서비스 수준을 유지하여야 함

> **PLUS+** **사회복지시설의 서비스 최저기준의 포함사항**
>
> 1. 시설 이용자의 인권
> 2. 시설의 환경
> 3. 시설의 운영
> 4. 시설의 안전관리
> 5. 시설의 인력관리
> 6. 지역사회 연계
> 7. 서비스의 과정 및 결과
> 8. 그 밖에 서비스 최저기준 유지에 필요한 사항

─ **사회복지시설의 평가**(보건복지부장관과 시·도지사) **❶주의** 시·군·구청장(X)

　├ 보건복지부령으로 정하는 바에 따라 사회복지시설을 정기적으로 평가

　├ 평가 결과를 공표하거나 사회복지시설의 감독·지원 등에 반영할 수 있음

　└ 사회복지시설 거주자를 다른 사회복지시설로 보내는 등의 조치를 할 수 있음

▌재가복지서비스

─ **종류:** 가정봉사서비스, 주간·단기 보호서비스

└ 시장·군수·구청장은 「사회보장급여법」에 따른 보호대상자별 서비스 제공 계획에 따라 보호대상자에게 사회복지서비스를 제공하는 경우 사회복지시설 입소에 우선하여 재가복지서비스를 제공하도록 하여야 함

국민연금제도의 개념 [12. 지방직]

가입자와 사용자로부터 정률의 보험료를 받고, 이를 재원으로 노령 등으로 인한 사회적 위험에 노출되어 소득이 중단되거나 상실될 가능성이 있는 사람들에게 다양한 급여를 제공하여 생활보장과 복지증진을 도모하고자 하는 **제1차 사회안전망의 성격을 띤 사회보장제도**

12. 지방직) 국민연금제도 실시 - 최후의 안전망(X)→ 1차 사회안전망

목적 [20. 국가직]

국민의 노령, 장애 or 사망에 대하여 연금급여를 실시함으로써 국민의 생활 안정과 복지 증진에 이바지하는 것

20. 국가직) 국민연금은 노령, 장애, 사망에 대하여 연금급여가 지급되므로 은퇴뿐만 아니라 다양한 사회적 위험에 대비하여 국민 생활안정에 기여하는 목적(O)

관장

보건복지부장관 **cf** 국민연금, 국민건강보험, 노인장기요양보험 → 보건복지부장관
　　　　　　　　　　　고용보험, 산업재해인생보험 → 고용노동부장관

정의

- **평균소득월액**: 매년 사업장가입자 및 지역가입자 전원의 기준소득월액을 평균한 금액 → 소득재분배 기능
- **기준소득월액**: 연금보험료와 급여를 산정하기 위하여 국민연금가입자의 소득월액을 기준으로 하여 정하는 금액
- **연금보험료**: 국민연금사업에 필요한 비용
  - **사업장가입자**: 부담금(사용자 부담액) + 기여금(가입자 부담액)
  - **지역가입자·임의가입자 및 임의계속가입자**: 본인이 내는 금액(기준소득월액의 9%)

국민연금 가입 대상 [20. 국가직, 18. 지방직]

- 국내에 거주하는 국민으로서, 18세 이상 60세 미만인 자
- 제외자: 「공무원연금법」, 「군인연금법」, 「사립학교교직원 연금법」 및 「별정우체국법」을 적용받는 **공무원, 군인, 교직원 및 별정우체국 직원, 그 밖에 대통령령으로 정하는 자**

18. 지방직) 국민연금 가입대상에서 제외되는 직군은 공무원과 군인뿐(X)

20. 국가직) 국민연금의 가입대상은 국내에 거주하는 국민으로 18세 이상 60세 미만인 자. 다만, 별정우체국 직원 등 특수직역연금 대상자는 제외(O)

가입자의 종류

- **사업장가입자** **①주의** 「국민건강보험법」에서는 직장가입자
  - 당연적용사업장(1인 이상의 근로자를 사용하는 사업장)의 18세 이상 60세 미만인 근로자와 사용자
  - but 18세 미만 근로자, 「국민기초생활 보장법」에 따른 생계급여 수급자 or 의료급여 수급자는 본인의 희망에 따라 결정
- **지역가입자**: 사업장가입자가 아닌 자로서 18세 이상 60세 미만인 자
- **임의가입자**: 사업장가입자나 지역가입에 해당하지 않은 자로서 18세 이상 60세 미만인 자
- **임의계속가입자**: 65세가 될 때까지 국민연금공단에 가입 신청

가입기간 추가산입(3가지 크레딧 제도)

- **군복무기간**: 6개월을 가입기간에 추가로 산입, 재원은 국가가 전부 부담
- **출산**: 재원은 국가가 전부 or 일부를 부담, 2008년 1월 1일 출산·입양한 자녀부터 적용

자녀수	2자녀	3자녀	4자녀	5자녀 이상
추가 인정기간	12개월	30개월	48개월	50개월

- **실업**
  - 「고용보험법」상의 구직급여 수급자
  - 연금보험료 납부 희망
  - 본인 부담금 연금보험료(25%)를 납부 → 국가에서 보험료(75%) 지원
  - 추가로 산입하는 기간은 1년 초과(X)

국민연금공단 업무

- 가입자에 대한 기록의 관리 및 유지
- 연금보험료의 부과 **❶주의** 징수(X), 징수업무는 2011년부터 국민건강보험공단에서
- 급여의 결정 및 지급
- 자금의 대여와 복지시설의 설치·운영 등 복지사업(「노인복지법」에 따른 노인복지시설의 설치·공급·임대와 운영) 등

급여

- 급여의 종류 [17. 지방직 추가]
  - 노령연금
  - 장애연금: 장애등급(1~4등급)에 따라 차등 지급 **❶주의** 장애인연금(X)
  - 유족연금
    - 유족의 범위
      - 배우자 >
      - 자녀(25세 미만 or 장애등급 2급 이상인 자만 해당) >
      - 부모(배우자의 부모 포함, 60세 이상 or 장애등급 2급 이상인 자만 해당) >
      - 손자녀(19세 미만이거나 장애등급 2급 이상인 자만 해당) >
      - 조부모(배우자의 조부모 포함, 60세 이상 or 장애등급 2급 이상인 자만 해당)
    - 최우선 순위자에게만 지급
  - 반환일시금

암기팁 두문자) 노(령)·장(애)·유(족)·반(환)

노령연금의 종류 [13. 국가직, 18. 지방직]

노령연금	• 가입기간: 10년 이상 • 60세(특수직종근로자는 55세) 이상이 된 때부터 그가 생존하는 동안 지급 18. 지방직) 국민연금의 노령연금 수급연령은 90세까지(X) → 생존하는 동안	기본연금액 + 부양가족연금액 지급
소득활동에 따른 노령연금	• 가입기간: 10년 이상 • 60세에 도달 • 소득이 있는 업무에 종사	• 60세부터 65세가 될 때까지 (최대 5년 동안) 소득구간별 감액을 적용한 금액으로 지급 • 기본연금액만 지급 ∴ 부양가족연금액 지급(X)
조기노령연금	• 가입기간: 10년 이상 • 55세 이상인 자가 대통령령으로 정하는 소득이 있는 업무에 종사(X) 경우 • 본인의 희망에 따라 60세가 되기 전이라도 본인이 청구한 때부터 그가 생존하는 동안 일정한 금액의 연금 지급 13. 국가직) 감액노령연금은 가입기간이 10년 이상이면서 55세 이상으로 소득이 있는 업무에 종사하지 아니할 때 본인이 신청해서 받음(X) → 조기노령연금	기본연금액 + 부양가족연금액 지급

분할연금	• 요건
	  - 혼인 기간 중 국민연금보험료 납부기간이 5년 이상
	  - 이혼
	  - 배우자였던 자가 노령연금수급권을 취득
	  - 본인이 60세에 도달
	• 요건을 갖춘 후 5년 이내에 청구
		• 배우자였던 자의 노령연금액 중 혼인기간에 해당하는 연금액의 1/2을 지급
		• 배우자였던 자의 부양가족연금액은 제외

급여 지급 [15. 지방직]

- 수급권자의 청구에 따라 국민연금공단이 지급
- 연금액은 지급사유에 따라 **기본연금액과 부양가족연금액을 기초로 산정**

┌ **기본연금액**
│
├─ **산정공식** [17. 서울시]
│
│ ┌───┐
│ │ 기본연금액 = 비례상수 × (A+B) × (1+0.05n/12)   │
│ │ • A: 연금수급 전 3년간의 전체 가입자 **평균소득월액의 평균액**   │
│ │ • B: 가입자 개인의 가입기간 중 **기준소득월액의 평균액**   │
│ │ • n: 20년 이상 초과 **가입한 개월 수**   │
│ └───┘
│
│ 17. 서울시) 우리나라 국민연금의 급여액 산정에는 본인의 최종소득이 영향을 미침(X)
│
└─ **연금 슬라이드제** [13. 국가직] : 수급자가 연금을 수령하는 동안 기본연금액은 연금 수급 2년 전 연도
                    와 대비한 전년도의 전국소비자물가변동률 등을 기준으로 매년 3월
                    말까지 그 변동률에 해당하는 금액을 더하거나 빼어 결정 ∴ 항상 연
                    금액의 실질가치 보장

   13. 국가직) 연금 슬라이드제는 생활수준, 물가 등을 고려하여 연금 급여 수준을 조정하는 것으로 국
   민연금은 전국소비자물가변동률을 반영(O)

▌**국민연금기금**

┌─ 보건복지부장관이 관리·운용
│
└─ 국민연금기금운용위원회: 기금의 운용에 관한 사항을 심의·의결하기 위하여 보건복지부에 설치

▌**연금의 중복급여의 조정**

장애연금액이나 유족연금액의 그 1/2에 해당하는 금액을 지급

┌─ 「근로기준법」에 따른 장해보상, 유족보상 or 일시보상
│
├─ 「산업재해보상보험법」에 따른 장해급여, 유족급여, 진폐보상연금 or 진폐유족연금
│
├─ 「선원법」에 따른 장해보상, 일시보상 or 유족보상
│
└─ 「어선원 및 어선 재해보상보험법」에 따른 장해급여, 일시보상급여 or 유족급여

▌**외국과의 사회보장협정**

대한민국이 외국과 사회보장협정을 맺은 경우에는 이 법에도 불구하고 국민연금의 가입, 연금보험료의
납부, 급여의 수급 요건, 급여액의 산정, 급여의 지급 등에 관하여 그 **사회보장협정에서 정하는 바에 따름**

| THEME 217 | **사회보험관련 법 체계(2) – 국민건강보험법** | □□□ |

▌**국민건강보험제도의 개념**

질병이나 부상으로 인해 발생한 고액의 진료비로 가계에 과도한 부담이 되는 것을 방지하기 위하여, 국민
들이 평소에 보험료를 내고 보험자인 국민건강보험공단이 이를 관리·운영하다가 필요시 보험급여를 제공
함으로써 국민 상호간 위험을 분담하고 필요한 의료서비스를 받을 수 있도록 하는 사회보장제도

▌**진료비 지불 방식** [14. 지방직, 13. 국가직, 11. 서울시]

┌─ **개념**: 진료의 대가로 의료서비스공급자(의료인이나 의료기관)에게 지불하는 보상 방식
│
└─ **종류**

   ┌─ **행위별수가제(Fee for Service)**: 의료서비스공급자가 제공한 진료행위 하나하나마다 항목별로 가
   │   격을 책정하여 진료비를 지급하는 방식
   │
   │ | 장점 | 단점 | |
   │ |------|------|---|
   │ | • 의료서비스의 질 향상
• 새로운 의학기술 및 신약개발 촉진 | • 과잉진료 행위 증가
• 서비스 오남용 발생
• 보험자의 관리운영비 증가
• 의료서비스 이용 유인 발생 | → 국민의료비 증가 |

├ 포괄수가제(Case-Payment)

│　├ 치료행위가 기준이 아닌 질병군(or 환자군)별로 미리 책정된 일정액의 진료비를 지급하는 방식

│　├ 미국에서 의료비의 급격한 상승을 억제하기 위하여 **1983년부터 DRG(Diagnosis Related Groups)에 기초를 둔 선불상환제도로 개발**되어 연방정부가 운영하는 메디케어 환자의 진료비 지급방식으로 사용

│　└ 우리나라의 경우 **2012년부터 7개 질병군 입원환자들을 대상으로 적용**

│　　　└→ 우리나라 - 기본은 행위별 수가제, 일부 포괄수가제를 병용

장점	단점
• 과잉진료나 의료서비스 오남용 억제 • 진료비 청구 등에 있어서 의료서비스공급자의 행정 간소화 ↓ 국민의료비 감소	• 의료서비스의 질적 수준 저하 • 의료 행위의 다양성이 반영(X) 　→ 환자의 제도수용성 감소 • 신약의 사용이나 첨단 의학기술의 적용에는 부적합

14. 지방직) 포괄수가제는 과잉 진료를 억제하고 환자의 의료비 부담을 줄임(O)

├ 인두제(Capitation)

│　├ 의사 자신의 환자가 될 가능성이 있는 일정지역의 주민수에 일정금액을 곱하여 이에 상응하는 보수를 지급 받는 방식

│　└ 영국의 NHS의 개업의들에게 적용되고 있는 보수지불방식

11. 서울시) 행위별수가제는 영국과 독일에서 사용하는 방식(X)

├ 총액계약제(Global Budget)

│　├ 보험자 측과 의사단체(or 보험의협회)간에 국민에게 제공되는 의료서비스에 대한 진료비 총액을 추계하고 협의한 후 사전에 결정된 진료비 총액을 지급하는 방식

│　├ 13. 국가직) DRG포괄수가제는 보험을 관리하는 측과 의사대표 간에 미리 진료비의 총액을 정해 놓고 지불(X) → 총액계약제

│　└ 독일과 대만의 보험의에게 적용되는 방식

└ 봉급제(Salary)

　├ 의사를 정부의 공무원으로 채용하는 것

　└ 사회주의국가나 영국과 같은 국영의료체계의 병원급 의료기관의 근무의에게 주로 적용되는 방식

▌관장

보건복지부장관

▌가입자

├ **적용 대상 등**: 국내에 거주하는 국민은 건강보험의 가입자 or 피부양자가 **됨**

└ **가입자의 종류**: **직장가입자 + 지역가입자**

　　　└→ cf 국민연금 - 사업장가입자

　├ 직장가입자: 모든 사업장의 근로자 및 사용자, 공무원 및 교직원

　└ 지역가입자: 직장가입자와 그 피부양자를 제외한 가입자

▌국민건강보험공단

├ 보험자: 국민건강보험공단

│　　└→ 건강보험, 노인장기요양보험의 보험자

├ 업무

│　├ 가입자 및 피부양자의 자격 관리

│　├ 보험료와 그 밖에 이 법에 따른 징수금의 부과·징수

│　├ 보험급여 비용의 지급

│　└ 의료시설의 운영 등

└ 회계: **직장가입자와 지역가입자의 재정을 통합하여 운영**

▌보험급여

└ 현물급여

　├ **요양급여**: 진찰·검사, 약제(藥劑)·치료재료의 지급, 처치·수술 및 그 밖의 치료, 예방·재활, 입원, 간호, 이송(移送)

　├ **선별급여**: 가입자와 피부양자의 건강회복에 잠재적 이득이 있는 예비적인 요양급여. 다른 요양급여에 비해 본인일부부담금을 상향 조정 가능

　└ **방문요양급여**: 가입자 or 피부양자를 직접 방문하여 요양급여 실시 가능

<table>
<tr><td colspan="2">PLUS+ 본인부담금</td></tr>
<tr><td>입원</td><td>총진료비의 20%(단 15세 이하의 아동의 경우 요양급여비용 총액의 5%부담)</td></tr>
<tr><td>외래</td><td>요양기관의 종류(상급종합병원, 종합병원, 병원, 의원, 보건소, 보건지소, 보건진료소, 약국), 질환의 경·중증 정도, 연령(6세 미만 아동의 경우 성인의 70%)에 따라 달라짐</td></tr>
</table>

└ **건강검진**: 일반건강검진, 암검진, 영유아건강검진
├ **현금급여**
│ ├ **요양비**: 긴급하거나 그 밖의 부득이한 사유로 준요양기관(예 조산원)에서 요양을 받거나 요양기관이 아닌 장소에서 출산한 경우에는 그 요양급여에 상당하는 금액을 지급
│ ├ **부가급여**
│ │ ├ **임신·출산 진료비**: 2008년 12월 15일부터 이용권(전자바우처)을 '국민행복카드'로 임신출산이 확인된 건강보험가입자 or 피부양자에게 지급 중
│ │ ├ **장제비**: 2008년 1월 1일 사망자부터 지급(X) cf 산재보험 – 장례비, 국기법상 급여 – 장제급여
│ │ └ **상병수당**: 업무상 질병·부상이 아닌 일반적인 질병·부상으로 인하여 치료를 받는 동안 상실되는 소득을 현금으로 보전하는 급여, 2025년 도입 목표로, 2022년 7월부터 6개 시·군·구에서 1단계 상병수당 시범사업 실시
│ ├ **장애인에 대한 특례**: 「장애인복지법」에 따라 등록한 장애인인 가입자 및 피부양자에게 보조기기에 대하여 보험급여
│ └ **본인부담상한액** [15. 지방직]
│   ├ 연간 부담하는 본인일부부담금의 총액이 대통령령으로 정하는 금액을 초과한 경우에는 국민건강보험공단이 그 초과 금액을 부담
│   └ 가입자의 소득수준 등에 따라 차등

15. 지방직) 건강보험에서 본인부담액의 연간 총액이 법령이 규정하는 일정금액을 넘는 경우, 그 넘는 금액을 건강보험공단이 부담(O)

▎건강보험심사평가원

요양급여비용을 심사하고 요양급여의 적정성을 평가하기 위하여 설립

▎보험료

├ **월별 보험료액 산정**
│ ├ **직장가입자**
│ │ ├ 보수월액보험료: 보수월액 x 보험료율
│ │ └ 소득월액보험료: 소득월액 x 보험료율
│ └ 지역가입자(세대 단위로 산정): 보험료부과점수 x 보험료부과점수당 금액
├ **보험료 경감 대상**
│ ├ 섬·벽지(僻地)·농어촌 등 대통령령으로 정하는 지역에 거주하는 사람
│ ├ 65세 이상인 사람
│ ├ 「장애인복지법」에 따라 등록한 장애인
│ ├ 「국가유공자 등 예우 및 지원에 관한 법률」에 따른 국가유공자
│ ├ 휴직자
│ └ 그 밖에 생활이 어렵거나 천재지변 등의 사유로 보험료를 경감할 필요가 있다고 보건복지부장관이 정하여 고시하는 사람
└ **보험료의 부담**
  ├ **직장가입자의 보수월액보험료**
  │ ├ 직장가입자와 사업주 등의 각각 50%씩 부담
  │ └ **but 직장가입자가 사립학교에 근무하는 교원**

  │   ├ 직장가입자가 50%
  │   ├ 사용자가 30% ─ 각각 부담
  │   └ 국가가 20%
  ├ 직장가입자의 소득월액보험료: 직장가입자가 부담
  └ 지역가입자의 보험료: 가입자가 속한 세대의 지역가입자 전원이 연대하여 부담

▎보험재정에 대한 정부지원

국가는 매년 예산의 범위에서 **해당 연도 보험료 예상 수입액의 100분의 14에 상당하는 금액**을 국고에서 국민건강보험공단에 지원 cf 노인장기요양보험법 – 100분의 20

목적 [20. 국가직, 16. 지방직]

고령이나 노인성 질병 등의 사유로 일상생활을 혼자서 수행하기 어려운 노인등에게 제공하는 신체활동 or 가사활동 지원 등의 장기요양급여에 관한 사항을 규정하여 노후의 건강증진 및 생활안정을 도모하고 그 가족의 부담을 덜어줌으로써 국민의 삶의 질을 향상하도록 함

20. 국가직) 노인장기요양보험제도에서는 장기요양기관을 통해 신체활동 or 가사지원 등의 서비스를 제공(O)

정의 [12·19·20. 국가직, 11·18·19·20. 지방직, 11. 서울시]

- 노인 등: 65세 이상의 노인 or 65세 미만의 자로서 치매·뇌혈관성질환 등 대통령령으로 정하는 노인성 질병을 가진 자
- 장기요양급여: 6개월 이상 동안 혼자서 일상생활을 수행하기 어렵다고 인정되는 자에게 신체활동·가사활동의 지원 or 간병 등의 서비스나 이에 갈음하여 지급하는 현금 등

11. 지방직) 노인장기요양보험제도는 65세 이상 노인 중 일정소득 이하의 노인에게 요양급여를 제공(X)

18. 지방직) 노인장기요양보험은 65세 미만이어도 요양등급을 받으면 혜택을 받을 수 있음(O)

- 장기요양사업: 장기요양보험료, 국가 및 지방자치단체의 부담금 등을 재원으로 하여 노인등에게 장기요양급여를 제공하는 사업
- 장기요양기관: 지정을 받은 기관으로서 장기요양급여를 제공하는 기관
- 장기요양요원: 장기요양기관에 소속되어 노인등의 신체활동 or 가사활동 지원 등의 업무를 수행하는 자

장기요양급여 제공의 기본원칙 [10·19. 국가직, 13·16. 지방직]

- 노인 등이 자신의 의사와 능력에 따라 **최대한 자립적으로 일상생활을 수행할 수 있도록** 제공
- 노인 등의 심신상태·생활환경과 노인 등 및 그 가족의 욕구·선택을 종합적으로 고려하여 **필요한 범위 안에서 이를 적정하게 제공**
- 노인 등이 가족과 함께 생활하면서 가정에서 장기요양을 받는 **재가급여를 우선적으로 제공**
- 노인 등의 심신상태나 건강 등이 악화되지 아니하도록 **의료서비스와 연계하여 이를 제공**

16. 지방직) 장기요양급여는 의료서비스와 연계하여 제공하기가 용이한 시설급여를 재가급여보다 우선적으로 제공(X)

장기요양기본계획 [13. 지방직]

보건복지부장관은 노인 등에 대한 장기요양급여를 원활하게 제공하기 위하여 **5년 단위로 수립·시행하여야 함**

13. 지방직) 장기요양기본계획은 5년 단위로 수립·시행하여야 함(O)

실태조사

보건복지부장관은 3년마다 실시 후 공표하여야 함

장기요양보험 [19. 국가직, 23. 지방직]

- **관장**: 보건복지부장관
- **보험자**: 국민건강보험공단

19. 국가직) 장기요양보험사업의 보험자는 국민건강보험공단(O)

- **가입자**: 「국민건강보험법」에 따른 가입자

23. 지방직) 장기요양보험 가입자는 「국민건강보험법」에 따른 가입자(O)

장기요양보험료의 징수 [18. 서울시]

- 국민건강보험공단이 징수
- 건강보험료와 통합하여 징수
- 장기요양보험료와 건강보험료를 구분하여 고지
- 통합 징수한 장기요양보험료와 건강보험료를 각각의 독립회계로 관리

장기요양보험료의 산정

- (산정한 보험료액 - 경감 or 면제 금액) × 장기요양보험료율
- 장기요양위원회의 심의를 거쳐 대통령령으로 정함 ❶**주의** 장기요양위원회에서 정함(X)

■ 장기요양인정 `09. 서울시`

- 장기요양인정의 신청자격
  - 장기요양보험가입자 or 그 피부양자
  - 「의료급여법」에 따른 수급권자(의료급여수급권자)
- 장기요양인정의 신청: 국민건강보험공단에 장기요양인정신청서에 의사 or 한의사가 발급하는 소견서 (의사소견서)를 첨부하여 제출하여야 함

■ 장기요양등급별 기능상태 및 인정점수 `16. 지방직, 18. 서울시`

등급	심신의 기능상태	장기요양인정점수
1등급	일상생활에서 전적으로 다른 사람의 도움이 필요한 상태	95점 이상
2등급	일상생활에서 상당 부분 다른 사람의 도움이 필요한 상태	75점 이상 95점 미만
3등급	일상생활에서 부분적으로 다른 사람의 도움이 필요한 상태	60점 이상 75점 미만
4등급	심신의 기능상태 장애로 일상생활에서 일정 부분 다른 사람의 도움이 필요한 상태	51점 이상 60점 미만
5등급	치매환자	45점 이상 51점 미만
인지지원등급		45점 미만

18. 서울시) 장기요양1등급은 장기요양점수가 최소 65점 이상(X) → 95점

■ 장기요양등급판정기간

- 장기요양등급판정위원회는 신청인이 **장기요양인정신청서를 제출한 날부터 30일 이내**에 장기요양등급판정을 완료하여야 함
- but 부득이한 사유가 있는 경우 **30일 이내의 범위에서 연장 가능**

■ 장기요양인정의 유효기간

장기요양인정의 유효기간은 **최소 1년 이상**으로서 대통령령으로 정함

■ 갱신과 변경

- 장기요양급여 계속 받고자 하는 경우 → 갱신 신청
- 장기요양의 등급·급여의 종류·내용 변경하는 경우 → 변경 신청

■ 장기요양급여의 종류 `12·16. 국가직, 11·15·23. 지방직, 11. 서울시`

- 재가급여
  - 방문요양
  - 방문목욕
  - 방문간호
  - 주·야간보호
  - 단기보호
  - 기타재가급여
  - 통합재가서비스
- 시설급여
- 특별현금급여 `14·19. 국가직`
  - **가족요양비**: 가족 등으로부터 방문요양에 상당한 장기요양급여를 받은 때 해당 수급자에게 가족요양비를 지급 가능 ❶**주의** 현재 시행 중
    - 도서·벽지 등 장기요양기관이 현저히 부족한 지역으로서 보건복지부장관이 정하여 고시하는 지역에 거주하는 자
    - 천재지변이나 그 밖에 이와 유사한 사유로 인하여 장기요양기관이 제공하는 장기요양급여를 이용하기가 어렵다고 보건복지부장관이 인정하는 자
    - 신체·정신 or 성격 등 대통령령으로 정하는 사유로 인하여 가족 등으로부터 장기요양을 받아야 하는 자

    14. 국가직) 노인장기요양보험에서는 신체·정신·성격 등의 사유로 가족 등으로부터 장기요양을 받아야 하는 자에게 현금급여를 지급할 수 있음(O)
  - **특례요양비**: 수급자가 장기요양기관이 아닌 노인요양시설 등의 기관 or 시설에서 재가급여 or 시설급여에 상당한 장기요양급여를 받은 경우 해당 장기요양급여비용의 일부를 해당 수급자에게 특례요양비로 지급할 수 있음 ❶**주의** 현재 시행(X)
  - **요양병원간병비**: 수급자가 「의료법」에 따른 요양병원에 입원한 때 장기요양에 사용되는 비용의 일부를 요양병원간병비로 지급 가능 ❶**주의** 현재 시행(X)

  23. 지방직) 장기요양급여에는 재가급여와 시설급여 및 의료급여가 있음(X) → 특별현금급여

▎장기요양기관

- 장기요양기관의 지정 [14. 국가직]
  - 시장·군수·구청장으로부터 **지정** ❶주의 신고(X)
  - 재가급여를 제공할 수 있는 장기요양기관: 「노인복지법」에 따른 재가노인복지시설인 방문요양, 방문목욕, 주·야간보호, 단기보호
  - 시설급여를 제공할 수 있는 장기요양기관: 「노인복지법」에 따른 노인의료복지시설인 노인요양시설과 노인요양공동생활가정
    14. 국가직) 비영리법인만이 노인장기요양서비스를 제공할 수 있음(X)
- 장기요양기관 지정의 유효기간: 지정을 받은 날부터 6년
- 장기요양기관 지정의 갱신: 시장·군수·구청장에게 지정 유효기간이 끝나기 90일 전까지 지정 갱신을 신청
- 시정명령 및 업무정지, 지정취소 - 시·군·구청장은 ┬ 6개월의 범위에서 시정 명령 및 업무정지
  └ 지정취소

▎본인부담금(특별현금급여는 제외)

- 장기요양급여를 받는 수급자의 장기요양등급, 이용하는 장기요양급여의 종류 및 수준 등에 따라 본인부담의 수준을 달리 정할 수 있음
- 본인부담금 면제: 수급자 중 「국민기초생활보장법」에 따른 의료급여 수급자
- 수급자 전부 부담
  - **비급여 대상:** 식사재료비, 상급침실 이용에 따른 추가비용, 이·미용비 등
  - 수급자가 장기요양인정서에 기재된 장기요양급여의 종류 및 내용과 다르게 선택하여 장기요양급여를 받은 경우 그 차액
  - 장기요양급여의 월 한도액을 초과하는 장기요양급여
- 경감 대상(본인부담금의 60% 범위에서 차등하여 감경 가능)
  - 「의료급여법」 제3조 제1항 제2~9호의 규정에 따른 수급권자
  - 소득·재산 등이 보건복지부장관이 정하여 고시하는 일정 금액 이하인 자
  - 천재지변 등 보건복지부령으로 정하는 사유로 인하여 생계가 곤란한 자

▎장기요양위원회 cf 장기요양등급판정위원회

- 보건복지부장관 소속 심의기구
- **위원장:** 보건복지부차관
- 심의 사항
  - 장기요양보험료율
  - 가족요양비, 특례요양비 및 요양병원간병비의 지급기준
  - 재가 및 시설 급여비용
  - 그 밖에 대통령령으로 정하는 주요 사항

▎관리운영기관 [20. 국가직, 11·16. 지방직]

국민건강보험공단

❶주의 국민건강보험공단은 보험자이면서 관리운영기관

16. 지방직) 노인장기요양보험의 관리운영기관은 노후생활과 밀접히 연관이 되어 있는 국민연금공단(X)
→ 국민건강보험공단

▎장기요양등급판정위원회 [14. 국가직]

장기요양인정 및 장기요양등급 판정 등을 심의하기 위하여 **특별자치시·특별자치도·시·군·구 단위로 국민건강보험공단**에 설치

14. 국가직) 국민연금공단의 장기요양등급판정위원회에서 요양등급을 판정(X) → 국민건강보험공단

▎국가의 부담 [11·23. 지방직, 18. 서울시]

국가는 매년 예산의 범위 안에서 **해당 연도 장기요양보험료 예상수입액의 20%에 상당하는 금액**을 국민건강보험공단에 지원

11. 지방직) 노인장기요양보험제도운영에 소요되는 재원은 장기요양보험료, 국가지원, 이용자 일부부담금으로 구성(O)

18. 서울시) 국가는 당해 연도 장기요양보험료 예상수입액의 ~~100분의 50~~에 상당하는 금액을 지원(X)
→ 100분의 20

▌고용보험제도의 개념 [11. 서울시]

고용보험	=	실업급여사업 사후적·소극적 사회보장	+	고용안정·직업능력개발사업 사전적·적극적 노동시장 정책

11. 서울시) 고용보험은 사전, 적극적 사회보장인 실업급여사업과 사후, 소극정책인 고용안정사업, 직업능력개발사업을 연계해 실시(X)

▌관장

고용노동부장관 ❶주의 고용보험기금의 관리·운용 업무도 수행

▌고용보험의 3대 사업 [11. 서울시]

- 고용안정·직업능력개발 사업
- 실업급여 ─── 실시함
- 육아휴직 급여 및 출산전후휴가 급여 등

▌보험료 [19. 서울시]

- 근로자(or 가입자) 부담
  - 자기의 보수총액에 실업급여의 보험료율의 $\frac{1}{2}$을 곱한 금액
  - but 65세 이후에 고용(65세 전부터 피보험자격을 유지하던 사람이 65세 이후에 계속하여 고용된 경우는 제외)되거나 자영업을 개시한 자에 대하여는 고용보험료 중 실업급여의 보험료 징수(X)
- 사업주 부담
  - 고용안정·직업능력개발사업의 보험료: 100%
  - 실업급여의 보험료: 50%

19. 서울시) 근로자와 사업주는 실업급여사업과 고용안정사업 및 직업능력개발사업의 보험료를 절반씩 부담(X) → 고용안정·직업능력개발사업의 보험료는 사업주가 모두 부담

▌보험료 [15. 지방직, 19. 서울시]

- 부과: 근로복지공단이 매월
- 고지·수납(or 징수)·체납관리: 국민건강보험공단

15. 지방직) 고용보험의 체납관리는 근로복지공단에서 수행(X) → 국민건강보험공단

19. 서울시) 고용보험료 고지, 수납 및 체납관리는 국민건강보험공단에서(O)

▌적용 범위

- 근로자를 사용하는 모든 사업 or 사업장에 적용
- 적용 제외
  - 소정(所定)근로시간이 대통령령으로 정하는 시간 미만인 사람
    → 1개월간 소정근로시간이 60시간 미만인 자(1주간의 소정근로시간이 15시간 미만인 자를 포함)
  - 「국가공무원법」과 「지방공무원법」에 따른 공무원
  - 「사립학교교직원 연금법」의 적용을 받는 사람
  - 그 밖에 대통령령으로 정하는 사람
- 65세 이후에 고용(65세 전부터 피보험 자격을 유지하던 사람이 65세 이후에 계속하여 고용된 경우는 제외)되거나 자영업을 개시한 사람에게는 실업급여 및 육아휴직 급여 등을 적용(X)
  ∴ 고용안정·직업능력개발 사업만 적용

▌실업급여의 종류

- 구직급여
- 취업촉진수당
  - 조기(早期)재취업 수당
  - 직업능력개발 수당
  - 광역 구직활동비
  - 이주비

🔽 암기팁 두문자)조(기)적(업능력)이(주비) 광(역구직)이다!

▌구직급여

- 수급 요건 `18. 지방직`
  - 기준기간(이직일 이전 18개월) 동안의 피보험 단위기간이 합산하여 180일 이상
  - 근로의 의사와 능력이 있음에도 불구하고 취업하지 못한 상태
  - 이직사유가 수급자격의 제한 사유에 해당(X)
    - `18. 지방직) 고용보험은 실업사유와 상관없이 모든 실업자는 실업급여를 받을 수 있음(X)`
  - 재취업을 위한 노력을 적극적으로 할 것
- 대기기간: 실업의 신고일부터 계산하기 시작하여 7일간 → 구직급여 지급(X)
- 소정급여일수 및 피보험기간 `19. 서울시` : 연령과 피보험기간에 따라 최소 120일, 최대 270일

구분		피보험기간				
		1년 미만	1년 이상 3년 미만	3년 이상 5년 미만	5년 이상 10년 미만	10년 이상
이직일 현재 연령	50세 미만	120일	150일	180일	210일	240일
	50세 이상	120일	180일	210일	240일	270일

- 연장급여: 훈련연장급여, 개별연장급여, 특별연장급여

▌자영업자인 피보험자에 대한 실업급여의 종류

- 구직급여: but 연장급여 제외, 소정급여 일수 - 피보험기간에 따라 최소 120일, 최대 210일
- 취업촉진수당: but 조기재취업수당 제외 ∴ only 직업능력개발수당, 광역구직활동비, 이주비

▌육아휴직 급여 및 육아기 근로시간 단축 급여

- 육아휴직 급여
  - 「남녀고용평등과 일·가정 양립 지원에 관한 법률」에 따른 육아휴직을 30일(「근로기준법」에 따른 출산전후휴가기간과 중복되는 기간은 제외) 이상 부여받은 피보험자 중
  - 육아휴직을 시작한 날 이전에 피보험 단위기간이 합산하여 180일 이상인 피보험자에게 지급
    - ❶주의 ~ 기간 동안(X)
- 육아기 근로시간 단축 급여
  - 「남녀고용평등과 일·가정 양립 지원에 관한 법률」에 따른 육아기 근로시간 단축을 30일(「근로기준법」에 따른 출산전후휴가기간과 중복되는 기간은 제외) 이상 실시한 피보험자 중
  - 육아기 근로시간 단축을 시작한 날 이전에 피보험 단위기간이 합산하여 180일 이상인 피보험자에게 지급 ❶주의 ~ 기간 동안(X)

▌출산전후휴가 급여

- 고용노동부장관은
- 「남녀고용평등과 일·가정 양립 지원에 관한 법률」에 따라 피보험자가 「근로기준법」에 따른 출산전후휴가 or 유산·사산휴가를 받은 경우와
- 「남녀고용평등과 일·가정 양립 지원에 관한 법률」에 따른 배우자 출산휴가를 받은 경우로서
- 다음의 각 요건을 모두 갖춘 경우에 출산전후휴가 급여 등을 지급
  - 휴가가 끝난 날 이전에 피보험 단위기간이 합산하여 180일 이상일 것
  - 휴가를 시작한 날 이후 1개월부터 휴가가 끝난 날 이후 12개월 이내에 신청할 것

▌고용보험기금

고용노동부장관이 설치·관리·운용

보험의 관장

고용노동부장관

보험료 [11. 서울시]

- **무과실 책임 원칙**: 보험사업에 드는 비용에 충당하기 위해 보험가입자(사업주)로부터 보험료 징수
  ∴ **근로자 부담(X)**

  11. 서울시) 산재보험료 재원은 근로자와 사업자가 공동부담하는 보험료로 함(X)
- **사업주가 부담하는 산재보험료 산정**: '근로자의 개인별 보수총액 × 산재보험료율'을 합한 금액
- **업종별 상이한 보험료율 적용 + 개별실적요율**
- **구성**: 개산보험료 + 확정보험료

보험사업의 수행주체

- 근로복지공단
- but 다음 사업은 **국민건강보험공단이 고용노동부장관으로부터 위탁을 받아 수행**
  - 보험료 등의 고지 및 수납
  - 보험료 등의 체납관리

적용 범위

근로자를 사용하는 모든 사업 or 사업장 **❶주의** 근로자별 관리(X)

업무상의 재해 인정 기준

업무와 재해 사이에 상당인과관계(相當因果關係)가 필요

- 업무상 사고
- 업무상 질병 **❶주의** 인정 여부 심의를 해 근로복지공단 소속 기관에 업무상질병판정위원회 설치
- 출퇴근 재해

보험급여 [15. 지방직]

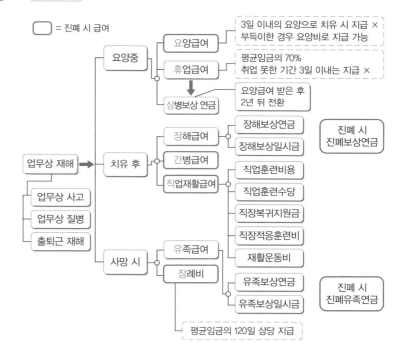

　　□ = 진폐 시 급여

암기팁 두문자) 요(양)·휴(업)·상(병보상) – 장(해)·간(병)·직(업재활) – 유(족)·장(례)

15. 지방직) 산재보험의 법정급여 중에는 장해급여가 있음(O)

▌목적 `10. 지방직, 17. 지방직 추가`

생활이 어려운 사람에게 필요한 급여를 실시하여 이들의 **최저생활을 보장하고 자활을 돕는 것**

10. 지방직)「국민기초생활보장법」에서는 최저생활보장 및 자활 조성을 제도 시행의 주요 목적으로 함(O)

▌수급권자와 수급자

→ **수급권자**: 급여를 받을 수 있는 <u>자격</u>을 가진 사람

장제
해산
자활
교육
생계
주거
의료

┌ 부양의무자 `20·24. 국가직, 16. 지방직, 13·19. 서울시` : 수급권자의 1촌
  직계혈족 및 그 배우자, but 사망한 1촌의 직계혈족의 배우자는
  제외
  ＋
├ 소득인정액 `20. 국가직, 19·22. 지방직, 13. 서울시` = 개별가구의 소득평
  가액 + 재산의 소득환산액
  │ (신청)수급권자와 그 친족, 그 밖의 관계인, 관할 시장·군수·구청장에
  ▼ 게 급여 신청, 사회복지 전담공무원 직권 신청(단 수급권자 동의 필요,
     동의는 신청으로 간주)
└ **수급자** `14. 지방직` : 급여를 받는 사람

🔖 **암기팁** 두문자) 장(제)·해(산)·자(활)·교(육)·생(계)·주(거)·의(료)

▌급여의 종류 `19. 국가직, 16. 지방직, 11. 서울시`

┌ 장제, 해산, 자활, 교육, 생계, 주거, 의료 → 급여의 전부 or 일부를 실시
└ **차상위자**: 예산의 범위에서 주거급여, 의료급여, 교육급여, 장제급여, 자활급여의 전부 or 일부를 실시
　　　가능 ∴ **생계급여, 해산급여 실시(X)**

▌급여별 대상자 선정 조건 등 `20. 국가직, 15·16·19·20. 지방직, 19. 서울시`

대상자 선정 조건	부양의무자 조건 + 소득인정액 조건 ❶주의 주거급여·교육급여의 경우에는 소득인정액 조건만		
급여별 대상자 선정 조건	급여의 종류	선정조건	
		부양의무자	소득인정액(선정기준)
	생계급여	O	선정기준(기준 중위소득의 100분의 32) 이하
	주거급여	X	선정기준(기준 중위소득의 100분의 48) 이하
	교육급여	X	선정기준(기준 중위소득의 100분의 50) 이하
	의료급여	O	선정기준(기준 중위소득의 100분의 40) 이하
	해산급여	생계급여·의료급여·주거급여 중 하나 이상의 급여를 받는 수급자	
	장제급여		
급여별 소관부처	• 생계급여, 의료급여, 해산급여, 장제급여, 자활급여: 보건복지부 • 교육급여: 교육부 • 주거급여: 국토교통부		

15. 지방직)「국민기초생활보장법」에서 모든 법정급여의 수급자 선정기준은 동일(X)

19. 지방직) 국민기초생활보장제도에서는 급여의 기준은 급여종류에 관계없이 동일한 선정기준이 적용(X)

▌정의

- 보장기관과 보장시설 [24. 국가직]
  - 보장기관: 급여를 실시하는 국가 or 지방자치단체
  - 보장시설: 「사회복지사업법」에 따른 사회복지시설
- 최저보장수준: 국민의 소득·지출 수준과 수급권자의 가구 유형 등 생활실태, 물가상승률 등을 고려하여 보건복지부장관 or 소관 중앙행정기관의 장이 급여의 종류별로 공표하는 금액이나 보장수준
- 최저생계비: 국민이 건강하고 문화적인 생활을 유지하기 위하여 필요한 최소한의 비용으로서 보건복지부장관이 계측하는 금액
- 개별가구: 급여를 받거나 이 법에 따른 자격요건에 부합하는지에 관한 조사를 받는 기본단위로서 수급자 or 수급권자로 구성된 가구
- 차상위계층 [20. 국가직] : 소득인정액이 기준 중위소득의 100분의 50 이하인 사람
- 기준 중위소득: 보건복지부장관이 급여의 기준 등에 활용하기 위하여 중앙생활보장위원회의 심의·의결을 거쳐 고시하는 국민 가구소득의 중위값 ∴ 상대적 빈곤개념 적용

16. 지방직) 부양의무자란 수급권자를 부양할 책임이 있는 사람으로서 수급권자의 1촌의 직계혈족 및 그 형제자매(X) → 배우자

▌급여의 기본원칙 [24. 국가직, 17. 지방직 추가]

- 급여는 수급자가 자신의 생활의 유지·향상을 위하여 그의 소득, 재산, 근로능력 등을 활용하여 최대한 노력하는 것을 전제로 이를 보충·발전시키는 것
- 부양의무자의 부양과 다른 법령에 따른 보호는 이 법에 따른 급여에 우선하여 행하여지는 것, but 다른 법령에 따른 보호의 수준이 이 법에서 정하는 수준에 이르지 아니하는 경우에는 나머지 부분에 관하여 이 법에 따른 급여를 받을 권리를 잃지(X)

17. 지방직 추가) 이 법에 따른 급여는 부양의무자의 부양과 다른 법령에 따른 보호에 우선하여 행하여지는 것으로 함(X) → 보호가

▌급여의 기준 [24. 국가직, 15·19. 지방직, 19. 서울시]

- 급여는 건강하고 문화적인 최저생활을 유지할 수 있는 것

19. 서울시) 이 법에 따른 급여는 건강하고 문화적인 최저생활을 유지할 수 있는 것(O)

- 급여의 기준은 수급자의 연령, 가구 규모, 거주지역, 그 밖의 생활여건 등을 고려하여 급여의 종류별로 보건복지부장관이 정하거나 급여를 지급하는 소관 중앙행정기관의 장이 보건복지부장관과 협의하여 정함
- 보장기관
  - 이 법에 따른 급여를 개별가구 단위로 실시 ❶주의 원칙은 개별가구 단위
  - 특히 필요하다고 인정하는 경우에는 개인 단위로 실시 가능
- 지방자치단체인 보장기관은 해당 지방자치단체의 조례로 정하는 바에 따라 이 법에 따른 급여의 범위 및 수준을 초과하여 급여를 실시 가능, 이 경우 해당 보장기관은 보건복지부장관 및 소관 중앙행정기관의 장에게 알려야 함

▌외국인에 대한 특례

국내에 체류하고 있는 외국인 중 대한민국 국민과 혼인하여

- 본인 or 배우자가 임신 중이거나
- 대한민국 국적의 미성년 자녀를 양육하고 있거나
- 배우자의 대한민국 국적인 직계존속과 생계나 주거를 같이하고 있는 사람으로서

대통령령으로 정하는 사람이 이 법에 따른 급여를 받을 수 있는 자격을 가진 경우에는 수급권자가 됨

▌최저보장수준의 결정

- 보건복지부장관 or 소관 중앙행정기관의 장은 급여의 종류별 수급자 선정기준 및 최저보장수준을 결정하여야 함
- 보건복지부장관 or 소관 중앙행정기관의 장은 매년 8월 1일까지 중앙생활보장위원회의 심의·의결을 거쳐 다음 연도의 급여의 종류별 수급자 선정기준 및 최저보장수준을 공표하여야 함

▌기준 중위소득의 산정

기준 중위소득은 「통계법」에 따라 통계청이 공표하는 통계자료의 가구 경상소득(근로소득, 사업소득, 재산소득, 이전소득을 합산한 소득)의 중간값에 최근 가구소득 평균 증가율, 가구규모에 따른 소득수준의 차이 등을 반영하여 가구규모별로 산정

▎부양능력 19. 서울시

부양의무자가 부양능력이 없는 경우	• 기준 중위소득 수준을 고려하여 대통령령으로 정하는 소득·재산 기준 미만인 경우 • 직계존속 or 「장애인연금법」의 중증장애인인 직계비속을 자신의 주거에서 부양하는 　경우로서 보건복지부장관이 정하여 고시하는 경우 • 그 밖에 질병, 교육, 가구 특성 등으로 부양능력이 없다고 보건복지부장관이 정하 　는 경우
부양의무자가 있어도 부양을 받을 수 없는 경우	• 부양의무자가 「병역법」에 따라 징집되거나 소집된 경우 　19. 서울시) 부양의무자가 「병역법」에 따라 소집된 경우 부양을 받을 수 없는 것으 　로 봄(O) • 부양의무자가 「해외이주법」의 해외이주자에 해당하는 경우 • 부양의무자가 「형의 집행 및 수용자의 처우에 관한 법률」 및 「치료감호법」 등에 따른 　교도소, 구치소, 치료감호시설 등에 수용 중인 경우 • 부양의무자에 대하여 실종선고 절차가 진행 중인 경우 • 부양의무자가 보장시설에서 급여를 받고 있는 경우 • 부양의무자의 가출 or 행방불명으로 경찰서 등 행정관청에 신고된 후 1개월이 지났 　거나 가출 or 행방불명 사실을 시장·군수·구청장이 확인한 경우 • 부양의무자가 부양을 기피하거나 거부하는 경우 • 그 밖에 부양을 받을 수 없는 것으로 보건복지부장관이 정하는 경우
부양을 받을 수 없는 경우	「아동복지법」에 따라 부양 대상 아동이 보호조치된 경우

▎생계급여

─ 의복, 음식물 및 연료비와 그 밖에 일상생활에 기본적으로 필요한 금품을 지급
　└ → 그 생계를 유지하게 하는 것
─ 방법 17. 지방직 추가
　├ 금전 지급, but 금전으로 지급할 수 없거나 금전으로 지급하는 것이 적당하지 아니하다고 인정하는
　│　경우에는 물품을 지급 가능
　├ 매월 정기적으로 지급
　├ 수급자에게 직접 지급, but 보장시설이나 타인의 가정에 위탁하여 실시할 경우 위탁받은 사람에
　│　게 지급 가능
　└ 수급자의 소득인정액 등을 고려하여 차등지급 가능
─ 보장기관은 대통령령으로 정하는 바에 따라 근로능력이 있는 수급자에게 자활에 필요한 사업에 참가할
　것을 조건으로 하여 생계급여를 실시 가능
　└ → 이 경우 보장기관은 자활지원계획을 고려하여 조건을 제시하여야 함
─ 실시 장소 19. 지방직
　├ 수급자의 주거에서 실시
　└ but ┬ 수급자가 주거가 없는 경우
　　　　├ 주거가 있어도 그곳에서는 급여의 목적을 달성할 수 없는 경우
　　　　└ 수급자가 희망하는 경우
　　　└→ 수급자를 보장시설이나 타인의 가정에 위탁하여 급여 실시 가능
　　19. 지방직) 생계급여는 수급자가 희망하는 경우에 수급자를 보장시설이나 타인의 가정에 위탁하여
　　실시할 수 있음(O)
└ 생계급여액 = 생계급여 선정기준(기준 중위소득의 100분의 32) - 가구의 소득인정액

19. 서울시) 생계급여 최저보장수준은 원칙적으로 생계급여와 소득인정액을 포함하여 생계급여 선정기
준 이상이 되도록 하여야 함(O)

▎주거급여 [16. 국가직]

┌ 수급자에게 주거 안정에 필요한 임차료, 수선유지비, 그 밖의 수급품을 지급하는 것
└ 따로 법률(「주거급여법」)에서 정함 cf 의료급여 – 「의료급여법」

　　16. 국가직) 국민기초생활보장법에서 주거급여에 관하여 필요한 사항은 따로 법률로 정함(O)

▎교육급여 [15·16. 지방직]

수급자에게 입학금, 수업료, 학용품비, 그 밖의 수급품을 지급하는 것

▎의료급여 [20. 국가직]

┌ 수급자에게 건강한 생활을 유지하는 데 필요한 각종 검사 및 치료 등을 지급하는 것
└ 따로 법률(「의료급여법」)에서 정함

▎해산급여

수급자에게 조산(助産), 분만 전과 분만 후에 필요한 조치와 보호급여를 실시하는 것

▎장제급여

┌ 수급자가 사망한 경우 사체의 검안(檢案)·운반·화장 or 매장, 그 밖의 장제조치를 하는 것
└ 실제로 장제를 실시하는 사람에게 장제에 필요한 비용을 지급

▎자활급여 [19. 지방직]

┌ **수급자의 자활을 돕기 위하여 다음의 급여를 실시하는 것**
│　┌ 자활에 필요한 금품의 지급 or 대여
│　├ 자활에 필요한 근로능력의 향상 및 기능습득의 지원
│　├ 취업알선 등 정보의 제공
│　├ 자활을 위한 근로기회의 제공
│　├ 자활에 필요한 시설 및 장비의 대여
│　├ 창업교육, 기능훈련 및 기술·경영 지도 등 창업지원
│　├ 자활에 필요한 자산형성 지원
│　└ 그 밖에 대통령령으로 정하는 자활을 위한 각종 지원
└ 관련 공공기관·비영리법인·시설과 그 밖에 대통령령으로 정하는 기관에 위탁하여 실시 가능
　→ 이 경우 그에 드는 비용은 보장기관이 부담

▎자활근로 [19. 지방직]

┌ 보장기관은 수급자에게 공익성이 높은 사업이나 지역주민의 복지향상을 위하여 필요한 사업 등에서 유급(有給)으로 자활근로를 할 수 있는 기회를 제공할 수 있음
└ **자활근로대상자의 선정 등**: 시장·군수·구청장은 자활근로사업을 실시하는 경우에는 생계급여의 조건이 자활근로인 조건부수급자를 우선적으로 선정하여야 함, 자활근로를 공공기관·민간기관·공공단체·민간단체에 위탁하여 실시하는 경우에도 또한 **동일(법 시행규칙 제26조)**

▎조건부수급자

┌ 자활사업에 참가할 것을 조건으로 부과하여 생계급여를 지급받는 사람(조건부수급자)은 근로능력이 있는 수급자로 함
├ **근로능력이 있는 수급자**
│　┌ 18세 이상 64세 이하의 수급자
│　├ **제외자**
│　│　┌ 「장애인고용촉진 및 직업재활법」에 따른 중증장애인
│　│　├ 질병, 부상 or 그 후유증으로 치료나 요양이 필요한 사람 중에서 근로능력평가를 통하여 시장·군수·구청장이 근로능력이 없다고 판정한 사람
│　│　└ 그 밖에 근로가 곤란하다고 보건복지부장관이 정하는 사람
└ 시장·군수·구청장은 **근로능력평가를 「국민연금법」에 따른 국민연금공단에 의뢰**할 수 있음

▋보장기관

─ 급여는 수급권자 or 수급자의 거주지를 관할하는 시·도지사와 시장·군수·구청장(교육급여인 경우에는
   시·도의 교육감이 실시)이 실시, but 주거가 일정하지 아니한 경우에는 수급권자 or 수급자가 실제 거
   주하는 지역을 관할하는 시장·군수·구청장이 실시

─ 생활보장위원회: 시·도 및 시·군·구 생활보장위원회, 중앙생활보장위원회

   ├─ 목적: 생활보장사업의 기획·조사·실시 등에 관한 사항을 심의·의결

   └─ 종류

      ├─ 시·도 및 시·군·구 생활보장위원회: 그 기능을 담당하기에 적합한 다른 위원회가 있고 그 위원
   회의 위원이 규정된 자격을 갖춘 경우에는 시·도 or 시·군·
   구의 조례로 정하는 바에 따라 그 위원회가 생활보장위원
   회의 기능을 대신 가능

      └─ 중앙생활보장위원회(보건복지부에 설치): 위원장을 포함하여 16명 이내의 위원으로 구성, 위
   원은 보건복지부장관이 위촉·지명, 위원장은 보건복
   지부장관

> **PLUS⁺** 중앙생활보장위원회의 심의·의결 사항
> 1. 기초생활보장 종합계획의 수립
> 2. 소득인정액 산정방식과 기준 중위소득의 결정
> 3. 급여의 종류별 수급자 선정기준과 최저보장수준의 결정
> 4. 급여기준의 적정성 등 평가 및 실태조사에 관한 사항
> 5. 급여의 종류별 누락·중복, 차상위계층의 지원사업 등에 대한 조정
> 6. 자활기금의 적립·관리 및 사용에 관한 지침의 수립
> 7. 그 밖에 위원장이 회의에 부치는 사항

▋기초생활보장 계획의 수립 및 평가

─ 소관 중앙행정기관의 장은 수급자의 최저생활을 보장하기 위하여 **3년마다** 소관별로 기초생활보장 기본
   계획을 수립하여 보건복지부장관에게 제출하여야 함

─ **보건복지부장관**은 수급권자, 수급자 및 차상위계층 등의 규모·생활실태 파악, 최저생계비 계측 등을 위
   하여 **3년마다 실태조사**를 실시·공표하여야 함

▋급여의 실시 등

─ 급여의 신청   `10·18. 지방직`

   ├─ 수급권자와 그 친족, 그 밖의 관계인이 관할 시장·군수·구청장에게 신청

   ├─ 사회복지 전담공무원은 직권으로 신청 가능

   ├─ → 이 경우 수급권자의 동의를 구하여야 하며 **수급권자의 동의는 수급권자의 신청으로 볼 수 있음**

   └─ 신청인에 대한 통지는 급여의 신청일로부터 30일 이내에, but 특별한 사유가 있는 경우에는 60일
   이내에 통지

   10. 지방직) 「국민기초생활보장법」에서 급여를 신청할 수 있는 자는 수급권자와 사회복지전담공무
   원으로 한정(X)

   18. 지방직) 국민기초생활보장제도는 수급권자 본인이 신청하지 않으면 수급권이 주어지지 않음(X)

─ 확인조사

   ├─ 시장·군수·구청장은 급여의 적정성을 확인하기 위하여 매년 연간조사계획을 수립

   ├─ **→ 관할구역의 수급자를 대상으로 매년 1회 이상 정기적으로 조사 실시**

      ❶**주의** 특히 필요하다고 인정하는 경우에는 보장기관이 지정하는 의료기관에서 검진을 받게 할 수 있음, but 보건복지부장관이
   정하는 사항은 분기마다 조사하여야 함

   └─ 보장기관은 수급자 or 부양의무자가 자료제출 요구를 2회 이상 거부·방해 or 기피하거나 검진 지시
   에 따르지 아니하면 → 수급자에 대한 급여 결정을 취소 or 급여 정지·중지 가능

─ 차상위계층에 대한 조사

   ├─ 시장·군수·구청장은 다음 연도에 이 법에 따른 급여가 필요할 것으로 예측되는 수급권자의 규모를
   조사하기 위하여 차상위계층에 대하여 조사 가능

   └─ 조사를 하려는 경우 조사대상자의 동의를 받아야 함

      → 이 경우 조사대상자의 동의는 다음 연도의 급여신청으로 봄

─ 급여의 실시: 수급자에 대한 급여는 급여의 신청일부터 시작

─ 급여의 대리수령: 보장기관은 수급자가 본인 명의의 계좌를 개설하기 어려운 경우에는 수급자 or 후견
   인의 동의를 받아 급여를 **수급자의 배우자, 직계혈족 or 3촌 이내의 방계혈족** 명의
   의 계좌에 입금할 수 있음

─ 급여의 변경: 보장기관은 수급자의 소득·재산·근로능력 등이 변동된 경우에는 직권으로 or 수급자
   나 그 친족, 그 밖의 관계인의 신청에 의하여 그에 대한 급여의 종류·방법 등을 변경 가능

└ 급여의 중지 사항

├ 수급자에 대한 급여의 전부 or 일부가 필요 없게 된 경우
├ 수급자가 급여의 전부 or 일부를 거부한 경우
└ 근로능력이 있는 수급자가 자활에 필요한 사업에 참가하는 조건을 이행하지 아니하는 경우 조건을
  이행할 때까지 근로능력이 있는 수급자 본인의 생계급여의 전부 or 일부를 지급하지 아니할 수 있음

▌보장비용

├ **보장비용**: 인건비와 사무비, 생활보장위원회의 운영에 드는 비용, 급여 실시 비용, 그 밖에 이 법에 따른
│ 보장업무에 드는 비용

└ 보장비용의 부담 구분 ⌈ 16. 지방직, 18. 서울시 ⌉

├ **국가 or 시·도가 직접 수행하는 보장업무에 드는 비용**: 국가 or 해당 시·도가 부담
├ **차등 분담**

│ ├ 국가는 시·군·구 보장비용의 총액 중 40% 이상 90% 이하 부담
│ ├ 시·도는 국가 부담금을 제외한 금액에서 30% 이상 70% 이하 부담
│ └ 나머지는 시·군·구가 부담

└ 지방자치단체의 조례에 따라 이 법에 따른 급여 범위 및 수준을 초과하여 급여를 실시하는 경우 그
  초과 보장비용은 해당 지방자치단체가 부담

16. 지방직) 국가 or 시·도가 직접 수행하는 보장업무에 드는 비용은 국가 or 해당 시·도가
부담(O)

18. 서울시) 국민기초생활보장제도는 조세를 재원으로 함(O)

▌수급권자

1종 수급권자, 2종 수급권자

▌보장기관

├ 수급권자의 거주지를 관할하는 특별시장·광역시장·도지사와 시장·군수·구청장
└ but 주거가 일정하지 아니한 수급권자에 대한 의료급여 업무는 그가 실제 거주하는 지역을 관할하는
   시장·군수·구청장

▌사례관리

├ 보건복지부장관, 특별시장·광역시장·도지사 및 시장·군수·구청장은 수급권자의 건강관리 능력 향상
│ 및 합리적 의료이용 유도 등을 위하여 사례관리를 실시할 수 있음
└ 사례관리를 실시하기 위하여 시·도 및 시·군·구에 의료급여 관리사를 둠

▌급여의 종류

┌ 시행 주체: 시장·군수·구청장
└ 종류

├ 의료급여 ⌈cf⌉ 국민건강보험의 요양급여와 동일
├ 요양비
├ 장애인 보조기기에 대한 급여
├ 임산부에 대한 특례
└ 건강검진

▌의료급여기금의 설치 및 조성

시·도에 설치, 시·도지사가 운용. 관리 및 운용에 관하여 조례로 정함

▌목적 [11. 서울시]

생계곤란 등의 위기상황에 처하여 도움이 필요한 사람을 신속하게 지원함으로써 이들이 위기상황에서 벗어나 건강하고 인간다운 생활을 하게 함

▌위기상황

- 주소득자(主所得者)가 사망, 가출, 행방불명, 구금시설에 수용되는 등의 사유로 소득을 상실한 경우
- 중한 질병 or 부상을 당한 경우
- 가구구성원으로부터 방임(放任) or 유기(遺棄)되거나 학대 등을 당한 경우
- 가정폭력을 당하여 가구구성원과 함께 원만한 가정생활을 하기 곤란하거나 가구구성원으로부터 성폭력을 당한 경우
- 화재 or 자연재해 등으로 인하여 거주하는 주택 or 건물에서 생활하기 곤란하게 된 경우
- 주소득자 or 부소득자(副所得者)의 휴업, 폐업 or 사업장의 화재 등으로 인하여 실질적인 영업이 곤란하게 된 경우
- 주소득자 or 부소득자의 실직으로 소득을 상실한 경우
- 보건복지부령으로 정하는 기준에 따라 지방자치단체의 조례로 정한 사유가 발생한 경우
- 그 밖에 보건복지부장관이 정하여 고시하는 사유가 발생한 경우

▌기본원칙 [19. 지방직]

- 위기상황에 처한 사람에게 일시적으로 신속하게 지원
- 타법률 우선 지원: 「폭력방지 및 피해자보호 등에 관한 법률」, 「성폭력방지 및 피해자보호 등에 관한 법률」 등 다른 법률에 따라 이 법에 따른 지원 내용과 동일한 내용의 구호·보호 or 지원을 받고 있는 경우에는 이 법에 따른 지원을 하지(X)

▌긴급지원기관

- 긴급지원대상자의 거주지를 관할하는 시장·군수·구청장
- but 긴급지원대상자의 거주지가 분명하지 아니한 경우 → 지원요청 or 신고를 받은 시장·군수·구청장
- 시장·군수·구청장은 긴급지원사업을 수행할 긴급지원담당공무원을 지정하여야 함

▌위기상황의 발굴

국가 및 지방자치단체는 위기상황에 처한 사람에 대한 발굴조사를 연 1회 이상 정기적으로 실시하여야 함

긴급지원의 종류, 내용, 기간

금전 or 현물 등의 직접지원

종류	내용	기본 지원기간	긴급지원심의위원회의 심의를 거쳐 연장되는 최고 한도 지원기간
생계지원	식료품비·의복비 등 생계유지에 필요한 비용 또는 현물 지원	3개월간	지원기간을 합하여 총 6개월을 초과해서는 안 됨
주거지원	임시거소(臨時居所) 제공 또는 이에 해당하는 비용 지원	1개월간 다만, 시장·군수·구청장이 긴급지원 대상자의 위기 상황이 계속된다고 판단하는 경우에는 1개월씩 2번의 범위에서 기간 연장 가능	지원기간을 합하여 총 12개월을 초과해서는 안 됨
사회복지시설 이용지원	「사회복지사업법」에 따른 사회복지시설 입소(入所) 또는 이용 서비스 제공이나 이에 필요한 비용 지원		지원기간을 합하여 총 6개월을 초과해서는 안 됨
그 밖의 지원	연료비나 그 밖에 위기상황의 극복에 필요한 비용 또는 현물 지원		
의료지원	각종 검사 및 치료 등 의료 서비스 지원	1번 실시	지원횟수를 합하여 총 2번을 초과해서는 안 됨
교육지원	초·중·고등학생의 수업료, 입학금, 학교운영지원비 및 학용품비 등 필요한 비용 지원		지원횟수를 합하여 총 4번을 초과해서는 안 됨

암기팁 두문자) 생(계)·주(거)·사(회복지)·의(료)·교(육)

민간기관·단체와의 연계 등의 지원

- 「대한적십자사 조직법」에 따른 대한적십자사, 「사회복지공동모금회법」에 따른 사회복지공동모금회 등의 사회복지기관·단체와의 연계 지원
- 상담·정보제공, 그 밖의 지원

사후조사

시장·군수·구청장은 긴급지원대상자에 대하여 소득 or 재산 등 대통령령으로 정하는 기준에 따라 긴급지원이 적정한지를 조사하여야 함

목적 [22. 지방직]

노인에게 기초연금을 지급해 안정적 소득기반을 제공함으로써 노인의 생활안정을 지원하고 복지를 증진함

소득인정액

본인 및 배우자의 소득평가액과 재산의 소득환산액을 합산한 금액
└→ cf 「국민기초생활보장법」은 가구

기초연금 수급권자의 범위

┌ 수급권자 [16·20. 국가직, 24. 지방직]
│ ├ 65세 이상인 사람으로서 → 보건복지부장관이 정하여 고시
│ └ 소득인정액이 선정기준액 이하인 사람에게 지급 ●주의 부양의무자 조건(X)
├ 보건복지부장관은 선정기준액을 정하는 경우 65세 이상인 사람 중 **기초연금 수급자가 70% 수준이 되도록 함**
│ 20. 국가직) 기초연금 수급권자 선정기준은 65세 이상 전체 노인 중 소득과 재산이 적은 하위 80%(X)
└ 제외자 [21·22. 지방직]
   └→ 「장애인연금법」상 수급 제외자와 동일
   ├ 「공무원연금법」, 「공무원 재해보상법」, 「사립학교교직원 연금법」에 따른 연금
   ├ 「군인연금법」에 따른 연금
   ├ 「별정우체국법」에 따른 연금
   └ 「국민연금과 직역연금의 연계에 관한 법률」에 따른 연금 중 직역재직기간이 10년 이상인 경우의 연계퇴직연금 or 연계퇴직유족연금
      21. 지방직)「군인연금법」상 퇴역연금을 받을 자격이 있는 사람에게 장애인연금을 지급(X)

국가와 지방자치단체의 책무 [24. 지방직]

┌ 기초연금이 노인의 생활안정을 지원하고 복지를 증진하는 데 필요한 수준이 되도록 최대한 노력하여야 함
└ 기초연금의 지급에 필요한 비용을 부담할 수 있도록 재원(財源)을 조성하여야 함. 이 경우 **국민연금기금은 기초연금 지급을 위한 재원으로 사용할 수 없음**

└ 기초연금의 지급에 따라 **계층 간 소득역전 현상이 발생하지 아니하고 근로의욕 및 저축유인이 저하되지 아니하도록** 최대한 노력하여야 함

기초연금액의 산정 [22. 지방직]

┌ 기초연금액은 기준연금액과 국민연금 급여액 등을 고려하여 산정
└ 기준연금액은 보건복지부장관이 그 전년도의 기준연금액에 대통령령으로 정하는 바에 따라 **전국소비자물가변동률을 반영하여 매년 고시**

기초연금액의 감액 [24. 지방직]

본인과 그 배우자가 모두 기초연금 수급권자인 경우에는 **각각의 기초연금액에서 기초연금액의 20%에 해당하는 금액을 감액**

기초연금액의 적정성 평가

보건복지부장관은 5년마다 적정성 평가 후 → 기준연금액 조정

기초연금 지급의 신청

기초연금 수급희망자 or 보건복지부령으로 정하는 대리인은 특별자치시장·특별자치도지사·시장·군수·구청장에게 기초연금의 지급을 신청

비용의 분담

┌ 국가는 지방자치단체의 노인인구 비율 및 재정 여건 등을 고려하여 **기초연금의 지급에 드는 비용 중 40% 이상 90% 이하의 범위에서 부담**
└ 국가가 부담하는 비용을 뺀 비용은 시·도와 시·군·구가 상호 분담. 이 경우 그 부담비율은 노인인구 비율 및 재정여건 등을 고려하여 보건복지부장관과 협의하여 시·도의 조례 및 시·군·구의 조례로 정함

기초연금 수급권의 보호 [24. 지방직]

┌ 기초연금 수급권은 양도하거나 담보로 제공할 수 없으며, 압류 대상으로 할 수 없음
└ 기초연금으로 지급받은 금품은 압류할 수 없음

▍목적

장애로 인하여 생활이 어려운 중증장애인에게 장애인연금을 지급함으로써 중증장애인의 생활 안정 지원과 복지 증진 및 사회통합을 도모하는 데 이바지함

▍정의

- **중증장애인**: 「장애인복지법」에 따라 등록한 장애인 중 근로능력이 상실되거나 현저하게 감소되는 등 장애 정도가 중증인 사람으로서 대통령령으로 정하는 사람
- **소득인정액**: 수급권자와 그 배우자의 소득평가액과 재산의 소득환산액을 합산한 금액

▍수급권자의 범위 15. 지방직

- **수급권자**: 18세 이상의 중증장애인으로서 소득인정액이 그 중증장애인의 소득·재산·생활수준과 물가 상승률 등을 고려하여 선정기준액 이하인 사람
  - 15. 지방직) 장애인연금의 급여 선정기준으로 연령기준은 활용되지만 소득기준은 활용되지 않음(X)
- 보건복지부장관은 선정기준액을 정하는 경우에 18세 이상의 중증장애인 중 수급자 70% 수준이 되도록 함

▍장애인연금의 종류: 기초급여 + 부가급여 15·21. 지방직

- **기초급여**
  - 근로능력의 상실 or 현저한 감소로 인하여 줄어드는 소득을 보전하여 주기 위하여 지급하는 급여
  - **대상자**: 만 18세~65세가 되는 전달까지 수급권을 유지하고 있는 자
  - **65세 이상**: 기초연금으로 지급하고, 기초급여는 미지급
  - 감액
    - **부부감액**: 부부가 모두 기초급여를 받는 경우에는 각각의 급여액에서 20%를 감액
    - **초과분 감액**: 약간의 소득인정액 차이로 기초급여를 받는 자와 못 받는 자의 소득역전 방지를 위해 기초급여액의 일부를 단계별로 감액[초과분 감액 대상자: (소득인정액+기초급여액) ≥ 선정기준액]
- **부가급여**
  - 장애로 인하여 추가로 드는 비용의 전부 or 일부를 보전하여 주기 위하여 지급하는 급여
  - **대상자**: 만 18세 이상 장애인연금 수급자 중 국민기초생활보장 수급자와 차상위계층, 차상위 초과자
  - 월정액, 연령에 따라 차등적으로 지급
  - 장애로 인한 추가지출비용 보전 성격으로 부부감액과 초과분 감액 적용(X)
    - 15. 지방직) 장애인연금은 연령에 따라 기초급여와 부가급여가 차등적으로 지급(X) → 부가급여만 차등적으로 지급

▍수급자에 대한 사후관리 15. 지방직

보건복지부장관은 수급자에 대한 장애인연금 지급의 적정성을 확인하기 위하여 매년 연간조사계획을 수립하고, 전국의 수급자를 대상으로 필요한 사항을 조사하여야 함

▍비용의 부담

지방자치단체의 재정 여건 등을 고려하여 대통령령으로 정하는 바에 따라 국가, 특별시·광역시·도 or 특별자치시·특별자치도·시·군·구가 부담

▌정의   10. 국가직, 15. 지방직, 11. 서울시

─ **영유아**: 7세 이하의 취학 전 아동

─ **보육교직원**: 어린이집의 원장, 보육교사, 그 밖의 직원

▌어린이집의 종류

─ **국공립어린이집**: 국가나 지방자치단체가 설치·운영하는 어린이집

─ **사회복지법인어린이집**: 사회복지법인이 설치·운영하는 어린이집

─ **법인·단체 등 어린이집**: 각종 법인(사회복지법인을 제외한 비영리법인)이나 단체 등이 설치·운영하는 어린이집

─ **직장어린이집** ─┬─ 사업주가 사업장의 근로자를 위하여 설치·운영하는 어린이집
　　　　　　　　└─ 여성근로자 300명 이상 or 상시근로자 500명 이상을 고용하고 있는 사업장

─ **가정어린이집**: 개인이 가정이나 그에 준하는 곳에 설치·운영하는 어린이집

─ **협동어린이집**: 보호자 or 보호자와 보육교직원이 조합(영리를 목적으로 하지 아니하는 조합에 한정)을 결성하여 설치·운영하는 어린이집

─ **민간어린이집**: 위에 해당하지 아니하는 어린이집

▌국공립어린이집 외의 어린이집의 설치   10. 국가직

국공립어린이집 외의 어린이집을 설치·운영하려는 자는 **특별자치도지사·시장·군수·구청장의 인가**를 받아야 함   ❶주의 10. 국가직) 신고(X)

▌보육정책위원회

─ 보육에 관한 각종 정책·사업·보육지도 및 어린이집 평가에 관한 사항 등을 심의하기 위하여 **교육부에 중앙보육정책위원회**를, **시·도 및 시·군·구에 지방보육정책위원회**를 둠

─ 중앙보육정책위원회와 지방보육정책위원회의 위원은 보육전문가, 어린이집의 원장 및 보육교사 대표, 보호자 대표 또는 공익을 대표하는 자, 관계 공무원 등으로 구성함

▌정의

─ **아동**: 18세 미만인 사람

─ **보호대상아동**: 보호자가 없거나 보호자로부터 이탈된 아동 or 보호자가 아동을 학대하는 경우 등 그 보호자가 아동을 양육하기에 적당하지 아니하거나 양육할 능력이 없는 경우의 아동

─ **지원대상아동**: 아동이 조화롭고 건강하게 성장하는 데에 필요한 기초적인 조건이 갖추어지지 아니하여 사회적·경제적·정서적 지원이 필요한 아동

─ **가정위탁**: 보호대상아동의 보호를 위하여 성범죄, 가정폭력, 아동학대, 정신질환 등의 전력이 없는 보건복지부령으로 정하는 기준에 적합한 가정에 보호대상아동을 일정 기간 위탁하는 것

─ **아동학대**: 신체적·정신적·성적 폭력, 가혹행위를 하는 것, 아동의 보호자가 아동을 유기하거나 방임하는 것

─ **피해아동**: 아동학대로 인하여 피해를 입은 아동

▌국가와 지방자치단체의 책무 [22. 국가직]

─ 아동의 안전 · 건강 및 복지 증진을 위하여 아동과 그 보호자 및 가정을 지원하기 위한 정책을 수립 · 시행하여야 함

─ 보호대상아동 및 지원대상아동의 권익을 증진하기 위한 정책을 수립 · 시행하여야 함

─ 아동이 태어난 가정에서 성장할 수 있도록 지원하고, **아동이 태어난 가정에서 성장할 수 없을 때에는 가정과 유사한 환경에서 성장할 수 있도록 조치**하며, **아동을 가정에서 분리하여 보호할 경우에는 신속히 가정으로 복귀할 수 있도록 지원**하여야 함

  22. 국가직) 아동을 가정에서 분리하여 보호할 경우에는 신속히 사회로 복귀할 수 있도록 지원하여야 함
  (X) → 가정으로

─ **장애아동의 권익을 보호하기 위하여 필요한 시책을 강구**하여야 함

─ 아동이 자신 또는 부모의 성별, 연령, 종교, 사회적 신분, 재산, 장애유무, 출생지역 또는 인종 등에 따른 어떠한 종류의 차별도 받지 아니하도록 필요한 시책을 강구하여야 함

─ **「아동의 권리에 관한 협약」에서 규정한 아동의 권리 및 복지 증진 등을 위하여 필요한 시책을 수립 · 시행하고, 이에 필요한 교육과 홍보를 하여야 함**

─ 아동의 보호자가 아동을 행복하고 안전하게 양육하기 위하여 필요한 교육을 지원하여야 함

▌아동정책조정위원회

국무총리 소속

▌친권상실 선고의 청구 등 [14. 국가직]

─ **시 · 도지사, 시장 · 군수 · 구청장, 검사**는 친권을 행사할 수 없는 중대한 사유가 있는 것을 발견한 경우
  → 법원에 친권행사의 제한 or 친권상실의 선고를 청구하여야 함
      ❶ 주의
      ┌ 친권행사의 제한 or 상실 선고 청구권자 → 시·도지사, 시군·구청장, 검사
      └ 청구 요청권자 → 아동복지시설의 장, 학교의 장

─ **아동복지시설의 장 및 「초 · 중등교육법」에 따른 학교의 장**은 시 · 도지사, 시장 · 군수 · 구청장 or 검사에게 법원에 친권행사의 제한 or 친권상실의 선고를 청구하도록 요청할 수 있음

  14. 국가직) 시장·군수·구청장은 아동의 친권자가 친권을 남용할 경우 아동의 복지를 위하여 필요하다고 인정할 때에는 친권을 제한할 수 있음(X)

▌아동의 후견인의 선임 청구 등

시 · 도지사, 시장 · 군수 · 구청장, 아동복지시설의 장 및 학교의 장은 친권자 or 후견인이 없는 아동을 발견한 경우 법원에 후견인의 선임을 청구하여야 함

▌보조인의 선임 등

─ 법원의 심리과정에서

─ 변호사, 법정대리인, 직계 친족, 형제자매, 아동학대전담공무원, 아동권리보장원, 아동보호전문기관의 상담원은 학대아동사건의 심리에 있어서 보조인이 될 수 있음

─ but **변호사가 아닌 경우에는 법원의 허가**를 받아야 함

▌아동학대 신고의무자에 대한 교육

관계 중앙행정기관의 장은 아동학대 신고의무자의 자격 취득 과정이나 보수교육 과정에 아동학대 예방 및 신고의무와 관련된 교육 내용을 포함하도록 하여야 함

▌아동학대범죄 신고의무자(「아동학대범죄의 처벌 등에 관한 특례법」 제10조) [10·16·21. 지방직, 14·15. 국가직]

─ 「아동복지법」에 따른 아동권리보장원 및 가정위탁지원센터의 장과 그 종사자

─ 아동복지시설의 장과 그 종사자(아동보호전문기관의 장과 그 종사자는 제외한다)

─ 「아동복지법」에 따른 아동복지전담공무원

─ 「가정폭력방지 및 피해자보호 등에 관한 법률」에 따른 가정폭력 관련 상담소 및 가정폭력피해자 보호시설의 장과 그 종사자

─ 「건강가정기본법」에 따른 건강가정지원센터의 장과 그 종사자

─ 「다문화가족지원법」에 따른 다문화가족지원센터의 장과 그 종사자

─ 「사회보장급여의 이용·제공 및 수급권자 발굴에 관한 법률」에 따른 사회복지전담공무원 및 「사회복지사업법」에 따른 사회복지시설의 장과 그 종사자

─ 「성매매방지 및 피해자보호 등에 관한 법률」에 따른 지원시설 및 성매매피해상담소의 장과 그 종사자

─ 「성폭력방지 및 피해자보호 등에 관한 법률」에 따른 성폭력피해상담소, 성폭력피해자보호시설의 장과 그 종사자, 성폭력피해자통합지원센터의 장과 그 종사자

─ 「119구조·구급에 관한 법률」에 따른 119구급대의 대원

─ 「응급의료에 관한 법률」에 따른 응급의료기관등에 종사하는 응급구조사

- 「영유아보육법」에 따른 육아종합지원센터의 장과 그 종사자 및 어린이집의 원장 등 보육교직원
- 「유아교육법」에 따른 유치원의 장과 그 종사자
- 아동보호전문기관의 장과 그 종사자
- 「의료법」에 따른 의료기관의 장과 그 의료기관에 종사하는 의료인 및 의료기사

  21. 지방직) 치과의사(O) ❶주의 「의료법」에 따른 의료인 - 의사, 치과의사, 한의사, 조산사, 간호사

- 「장애인복지법」에 따른 장애인복지시설의 장과 그 종사자로서 시설에서 장애아동에 대한 상담·치료·훈련 or 요양 업무를 수행하는 사람
- 「정신건강증진 및 정신질환자 복지서비스 지원에 관한 법률」에 따른 정신건강복지센터, 정신의료기관, 정신요양시설 및 정신재활시설의 장과 그 종사자
- 「청소년기본법」에 따른 청소년시설 및 청소년단체의 장과 그 종사자
- 「청소년 보호법」에 따른 청소년 보호·재활센터의 장과 그 종사자
- 「초·중등교육법」에 따른 학교의 장과 그 종사자
- 「한부모가족지원법」에 따른 한부모가족복지시설의 장과 그 종사자
- 「학원의 설립·운영 및 과외교습에 관한 법률」에 따른 학원의 운영자·강사·직원 및 같은 법에 따른 교습소의 교습자·직원
- 「아이돌봄 지원법」에 따른 아이돌보미
- 「아동복지법」에 따른 취약계층 아동에 대한 통합서비스지원 수행인력
- 「입양특례법」에 따른 입양기관의 장과 그 종사자
- 「영유아보육법」에 따른 한국보육진흥원의 장과 그 종사자로서 같은 법에 따른 어린이집 평가 업무를 수행하는 사람

  10. 지방직) 경찰관(X)
  21. 지방직) 교정직 공무원(X)

▌자립지원계획의 수립 등 [14. 국가직]

- 아동권리보장원의 장, 가정위탁지원센터의 장 및 아동복지시설의 장은
- **보호하고 있는 15세 이상의 아동을 대상으로**
- 매년 개별 아동에 대한 자립지원계획을 수립하고,
- 그 계획을 수행하는 종사자를 대상으로 자립지원에 관한 교육을 실시하여야 함

▌아동복지시설의 설치 [14. 국가직]

- 국가 or 지방자치단체는 아동복지시설을 설치할 수 있음
- 국가 or 지방자치단체 외의 자는 관할 **시장·군수·구청장에게 신고**하고 아동복지시설을 설치할 수 있음

▌아동복지시설의 종류 [14·24. 국가직]

- **아동양육시설**: 보호대상아동을 입소시켜 보호, 양육 및 취업훈련, 자립지원 서비스 등을 제공하는 시설
- **아동일시보호시설**: 보호대상아동을 일시보호하고 아동에 대한 향후의 양육대책수립 및 보호조치를 행하는 시설
- **아동보호치료시설**
  - 아동에게 보호 및 치료 서비스를 제공하는 시설
  - 불량행위를 하거나 불량행위를 할 우려가 있는 아동으로서 보호자가 없거나 친권자나 후견인이 입소를 신청한 아동 또는 가정법원, 지방법원소년부지원에서 보호위탁된 **19세 미만인 사람을 입소**시켜 치료와 선도를 통하여 건전한 사회인으로 육성하는 것을 목적으로 하는 시설
  - **정서적·행동적 장애로 인하여 어려움을 겪고 있는 아동 또는 학대로 인하여 부모로부터 일시 격리되어 치료받을 필요가 있는 아동**을 보호·치료하는 시설
- **공동생활가정**: 보호대상아동에게 가정과 같은 주거여건과 보호, 양육, 자립지원 서비스를 제공하는 것을 목적으로 하는 시설
- **자립지원시설**: 아동복지시설에서 퇴소한 사람에게 취업준비기간 or 취업 후 일정 기간 동안 보호함으로써 자립을 지원하는 것을 목적으로 하는 시설
- **아동상담소**: 아동과 그 가족의 문제에 관한 상담, 치료, 예방 및 연구 등을 목적으로 하는 시설
- **아동전용시설**: 어린이공원, 어린이놀이터, 아동회관, 체육·연극·영화·과학실험전시 시설, 아동휴게숙박시설, 야영장 등 아동에게 건전한 놀이·오락, 그 밖의 각종 편의를 제공하여 심신의 건강유지와 복지증진에 필요한 서비스를 제공하는 것을 목적으로 하는 시설
- **지역아동센터**: 지역사회 아동의 보호·교육, 건전한 놀이와 오락의 제공, 보호자와 지역사회의 연계 등 아동의 건전육성을 위하여 종합적인 아동복지서비스를 제공하는 시설

─ 아동보호전문기관

    ├─ 지방자치단체는 학대받은 아동의 치료, 아동학대의 재발 방지 등 사례관리 및 아동학대예방을 담당하는 아동보호전문기관을 시·도 및 시·군·구에 1개소 이상 두어야 함

    └─ 업무 ❶주의 아동학대 신고접수, 현장조사, 응급보호 업무 – 시·도지사, 시·군·구청장

        ├─ 피해아동, 피해아동의 가족 및 아동학대행위자를 위한 상담·치료 및 교육

        ├─ 아동학대예방 교육 및 홍보

        ├─ 피해아동 가정의 사후관리

        └─ 그 밖에 대통령령으로 정하는 아동학대예방사업과 관련된 업무

─ 가정위탁지원센터

─ 아동권리보장원

─ 자립지원전담기관

─ 학대피해아동쉼터

▌보호대상아동의 퇴소조치 및 보호기간의 연장

─ 보호조치 중인 보호대상아동의 연령이 18세에 달하였거나, 보호 목적이 달성되었다고 인정되면 해당 **시·도지사, 시장·군수·구청장은 아동의 보호조치를 종료하거나 시설에서 퇴소시켜야 함**

─ but 시·도지사 또는 시장·군수·구청장은 **연령이 18세에 달한 보호대상아동이 보호조치를 연장할 의사가 있는 경우에는 그 보호기간을 아동이 25세에 달할 때까지로 연장하여야 함**

THEME 228 　사회서비스 관련 법 체계(3) – 아동학대범죄의 처벌 등에 관한 특례법 (약칭: 아동학대처벌법)　☐☐☐

▌처벌

─ 아동학대살해·치사 → 사형, 무기 or 7년 이상의 징역

─ 아동학대중상해 → 3년 이상의 징역

─ 상습범 → 그 죄에 정한 형의 $\frac{1}{2}$까지 가중

─ 아동복지시설의 종사자 등에 대한 가중처벌 15. 국가직 : 아동학대 신고의무자가 보호하는 아동에 대하여 아동학대범죄를 범한 때에는 → 그 죄에 정한 형의 $\frac{1}{2}$까지 가중

▌현장출동 15. 국가직

아동학대범죄 신고를 접수한 사법경찰관리나 「아동복지법」에 따른 아동학대전담공무원은 지체 없이 아동학대범죄의 현장에 출동하여야 함

15. 국가직) 아동학대범죄 신고를 접수한 기관의 직원은 신고인 및 피해아동의 인적사항을 지체 없이 관할 지방자치단체의 장에게 통보하여야 함(X)

▌아동보호사건 21. 국가직

─ 관할: 아동학대행위자의 행위지, 거주지 or 현재지를 관할하는 가정법원

─ 심리와 결정: 단독판사

21. 국가직) 「아동학대범죄의 처벌 등에 관한 특례법」상 피해아동보호명령 사건의 심리와 결정을 하는 사람은 판사임(O)

█ 목적

보호대상아동의 국내입양에 관한 요건 및 절차 등에 대한 특례와 그 지원에 필요한 사항을 정함으로써 양자(養子)가 되는 사람과 입양가정의 권익과 복지를 증진하고, **아동 최선의 이익 원칙에 따라 보호대상아동의 국내입양을 활성화하는 것을 목적으로 함**

█ 입양의 원칙

- 모든 아동은 그가 태어난 가정에서 건강하게 자라야 함
- 입양은 아동의 이익이 최우선이 되도록 하여야 함

█ 국가 등의 책무

- 국가와 지방자치단체는 아동이 그가 태어난 가정에서 건강하게 자랄 수 있도록 지원하고, 태어난 가정에서 자라기 곤란한 아동에게는 건강하게 자랄 수 있는 다른 영구적인 가정을 제공하기 위하여 필요한 조치와 지원을 하여야 함
- 국가와 지방자치단체는 아동에게 영구적인 가정을 제공할 수 없다면 그와 유사한 환경에서 자랄 수 있도록 노력하여야 함
- 모든 국민은 입양아동이 건강하게 자랄 수 있도록 협력하여야 하며, 입양아동에게 차별행위를 하여서는 아니 됨
- 국가와 지방자치단체의 실시 사항
  - 입양정책의 수립 및 시행
  - 입양에 관한 실태조사 및 연구
  - **입양 및 사후관리 절차의 구축 및 운영**
  - **입양아동 및 입양가정에 대한 지원**
  - **입양 후 입양아동과 입양가정의 상호적응을 위한 상담 및 복지서비스 제공**
  - 입양아동 및 입양가정에 대한 사회적 편견 및 차별 해소 정책의 수립 및 시행
  - 입양에 대한 교육 및 홍보
- 국가는 아동에 대한 보호의무와 책임을 이행하기 위하여 국외입양을 줄여나가도록 노력하여야 함
- 국가와 지방자치단체는 당사자 상호동의 및 개인정보보호 원칙하에 양자가 된 사람과 친생가족 간의 만남을 위하여 필요한 조치를 강구하여야 함

█ 국내입양 우선 추진

- 국가 및 지방자치단체는 양자가 될 아동의 양부모가 될 사람을 국내에서 찾기 위한 정책을 최우선적으로 시행하여야 함
- 보건복지부장관은 국내입양을 위한 조치에도 불구하고 국내에서 양자가 될 아동에게 적합한 양부모가 될 사람을 찾지 못한 경우 「국제입양에 관한 법률」에 따른 국제입양을 추진할 수 있음

█ 입양정책위원회

국내입양 활성화 정책에 관한 주요 사항과 입양에 관한 사항을 심의·의결하기 위하여 「아동복지법」에 따른 아동정책조정위원회의 특별위원회로 입양정책위원회를 둠

█ 양자가 될 아동의 결정 및 보호 등

양자가 될 아동은 보호대상아동으로서 시·도지사 또는 시장·군수·구청장이 「아동복지법」에 따른 보호조치로서 입양이 해당 아동에게 최선의 이익이 된다고 결정한 아동이어야 함

█ 양부모가 될 자격

- 양자에게 경제적·정서적으로 안정적인 양육 환경을 제공하여줄 수 있을 것
- 양자에 대하여 종교의 자유를 인정하고 사회의 구성원으로서 그에 상응하는 양육과 교육을 할 수 있을 것
- 아동학대, 가정폭력, 성폭력, 마약 관련 범죄 등 대통령령으로 정하는 범죄경력이 없을 것
- 알코올 및 약물중독 등 심각한 건강상의 사유가 없을 것

█ 입양의 신청

양부모가 되려는 사람은 보건복지부령으로 정하는 바에 따라 **보건복지부장관에게 신청**하여야 함

█ 임시양육결정

가정법원은 입양허가에 대한 청구가 있는 경우 입양허가를 청구한 양부모가 되려는 사람의 신청 또는 직권으로 임시양육결정을 할 수 있음

▌사후서비스 제공

보건복지부장관은 입양이 성립된 후 1년 동안 양부모와 양자의 상호적응을 위하여 보건복지부령으로 정하는 바에 따라 정기적인 상담과 필요한 복지서비스를 지원하고 아동 적응보고서를 작성하여야 함. but 양부모와 양자의 요구가 있는 경우 등 보건복지부령으로 정하는 사유가 있는 경우에는 그 기간을 연장할 수 있음

▌입양정보의 공개

양자가 된 사람은 아동권리보장원의 장에게 자신과 관련된 입양정보의 공개를 청구할 수 있음. but 양자가 된 사람이 미성년자인 경우에는 양부모의 동의를 받아야 함

THEME 230 | 사회서비스 관련 법 체계(5) - 청소년기본법 □□□

▌청소년 〔17. 국가직·지방직〕

9세 이상 24세 이하인 사람

▌청소년지도사

여성가족부장관은 청소년지도사 자격검정에 합격하고 청소년지도사 연수기관에서 실시하는 연수과정을 마친 사람에게 청소년지도사의 자격을 부여

▌청소년상담사

여성가족부장관은 청소년상담사 자격검정에 합격하고 청소년상담사 연수기관에서 실시하는 연수과정을 마친 사람에게 청소년상담사의 자격을 부여

▌청소년증

특별자치시장·특별자치도지사 or 시장·군수·구청장은 **9세 이상 18세 이하**의 **청소년**에게 청소년증 발급 가능

▌청소년복지시설 [15·21·22. 국가직, 23. 지방직]

- **청소년쉼터**: 가정 밖 청소년에 대하여 가정·학교·사회로 복귀하여 생활할 수 있도록 일정 기간 보호하면서 상담·주거·학업·자립 등을 지원하는 시설

- **청소년자립지원관**: 일정 기간 청소년쉼터 또는 청소년회복지원시설의 지원을 받았는데도 가정·학교·사회로 복귀하여 생활할 수 없는 **청소년에게 자립하여 생활할 수 있는 능력과 여건을 갖추도록 지원하는 시설**

- **청소년치료재활센터**: 학습·정서·행동상의 장애를 가진 청소년을 대상으로 정상적인 성장과 생활을 할 수 있도록 해당 청소년에게 적합한 **치료·교육 및 재활을 종합적으로 지원하는 거주형 시설**

- **청소년회복지원시설**: 「소년법」에 따른 감호 위탁 처분을 받은 청소년에 대하여 **보호자를 대신하여 그 청소년을 보호할 수 있는 자가 상담·주거·학업·자립 등 서비스를 제공하는 시설**

15·21. 국가직) 「청소년복지지원법」상 청소년복지시설 – 청소년수련관(X)

---

cf **「청소년활동진흥법」상 청소년활동시설**

1. 청소년수련시설
   ① 청소년수련관
   ② 청소년수련원
   ③ 청소년문화의 집
   ④ 청소년특화시설
   ⑤ 청소년야영장
   ⑥ 유스호스텔
2. 청소년이용시설

▌부양의무자

배우자(사실상의 혼인관계에 있는 자를 포함) + 직계비속 및 그 배우자

▌노인학대   [11. 국가직]

신체적, 정신적, 정서적, 성적 폭력, 경제적 착취 or 가혹행위, 유기, 방임

▌노인복지시설의 종류   [16·23. 국가직, 10·18·22·23. 지방직, 17. 지방직 추가]   ❶주의 요양보호사교육원(X)

- 재가노인복지시설: 방문요양서비스, 주·야간보호서비스, 단기보호서비스, 방문목욕서비스, 재가노인지
  원서비스, 방문간호서비스, 복지용구지원서비스
- 노인주거복지시설 ┬ 양로시설
    - └→ 입소자로부터 입소비용을 전부 수납하는 양로시설·노인공동생활가정은 60세 이상 입소 가능
    - ├ 노인공동생활가정 ❶주의 노인요양공동생활가정은 노인의료복지시설
    - └ 노인복지주택
        - ├ 60세 이상 노인 입소 가능
        - └ but 배우자, **24세 미만의 자녀·손자녀 함께 입소 가능**
- 노인여가복지시설 ┬ 노인복지관
    - └→ 노인복지관, 노인교실 : 60세 이상 이용 가능
    - ├ 경로당 ❶주의 사회복지사 의무 채용(X), 65세 이상만 이용 가능
    - └ 노인교실 ❶주의 사회복지사 의무 채용(X)
- 노인의료복지시설 ┬ 노인요양시설
    - └ 노인요양공동생활가정
- 노인보호전문기관
- 노인일자리지원기관
- 학대피해노인 전용쉼터

🔖 **암기팁** 재(가)주(거)여(가)인(의료)을 보호(노인보호)하며, 노인에게 일자리(지원)를 주고, 학대(피해노인)하지 말자!

16. 국가직) 노인복지주택에 입소할 수 있는 자는 65세 이상으로 소득인정액이 보건복지부장관이 정하여 고시하는 금액 이하인 사람(X)

▌요양보호사

- 노인복지시설의 설치·운영자는 신체활동 or 가사활동 지원 등의 업무를 전문적으로 수행하는 요양보
  호사를 두어야 함
- 요양보호사가 되려는 사람은 **요양보호사교육기관에서 교육과정을 마치고 시·도지사가 실시하는 요양
  보호사 자격시험에 합격하여야 함** → 시·도지사는 자격증 교부

▌요양보호사교육기관

시·도지사가 지정 ❶주의 요양보호사교육기관 – 노인복지시설(X)

▌노인보호전문기관   [23. 지방직]

- **중앙노인보호전문기관(국가가 지역 간의 연계체계를 구축하고 노인학대를 예방하기 위하여 설치·운영)**
    - ├ 노인인권보호 관련 정책제안
    - ├ 노인인권보호를 위한 연구 및 프로그램의 개발
    - ├ 노인학대 예방의 홍보, 교육자료의 제작 및 보급
    - ├ 노인보호전문사업 관련 실적 취합, 관리 및 대외자료 제공
    - ├ 지역노인보호전문기관의 관리 및 업무지원
    - ├ 지역노인보호전문기관 상담원의 심화교육
    - ├ 관련 기관 협력체계의 구축 및 교류
    - ├ 노인학대 분쟁사례 조정을 위한 중앙노인학대사례판정위원회 운영
    - └ 그 밖에 노인의 보호를 위하여 대통령령으로 정하는 사항
- **지역노인보호전문기관(학대받는 노인의 발견·보호·치료 등을 신속히 처리하고 노인학대를 예방하기**
  위하여 시·도에 설치)
    - ├ **노인학대 신고전화의 운영 및 사례접수**
    - ├ 노인학대 의심사례에 대한 현장조사
    - ├ 피해노인 및 노인학대자에 대한 상담
    - ├ 피해노인에 대한 법률 지원의 요청
    - └ 피해노인가족 관련자와 관련 기관에 대한 상담

├ 상담 및 서비스제공에 따른 기록과 보관

├ **일반인을 대상으로 한 노인학대 예방교육**

  23. 지방직) 지역노인보호전문기관은 노인학대 예방을 위해 일반인을 대상으로 한 노인학대 예방교육 담당(O)

├ 노인학대행위자를 대상으로 한 재발방지 교육

├ 노인학대사례 판정을 위한 지역노인학대사례판정위원회 운영 및 자체사례회의 운영

└ 그 밖에 노인의 보호를 위하여 보건복지부령으로 정하는 사항

THEME 233 · 사회서비스 관련 법 체계(8) – 장애인복지법 □□□

▌장애인의 정의

신체적·정신적 장애로 오랫동안 일상생활이나 사회생활에서 상당한 제약을 받는 자

▌15가지 장애의 종류 [15·23. 국가직, 11·14·16. 지방직]

├ **신체적 장애**: 언어장애, 청각장애, 신장장애, 지체장애, 뇌병변장애, 장루·요루장애, 시각장애, 간장장애, 간질(뇌전증)장애, 호흡장애, 안면장애, 심장장애

외부신체기능 장애	언어, 청각, 지체, 뇌병변, 시각, 안면
신체내부기관 장애	신장, 심장, 간장, 호흡기, 장루·요루, 간질(뇌전증) ❶주의 간질(뇌전증)은 내부기관 장애

15. 국가직) 청각장애 및 언어장애는 신체 내부기관 장애에 해당(X) → 외부신체기능 장애

└ **정신적 장애** ┬ **정신장애**
          └ **발달장애**: 지적장애, 자폐성 장애 11. 지방직) 정신지체장애(X)
            └ 2007년부터 사용(이전엔 정신지체장애)

▌장애인학대

신체적, 정신적, 정서적, 언어적, 성적 폭력이나 가혹행위, 경제적 착취, 유기, 방임

▌기본이념 [19. 서울시]

장애인의 완전한 사회 참여와 평등을 통하여 사회통합을 이루는 데에 있음
    └ cf 「다문가족지원법」의 목적

▌사회적 인식개선 [16. 지방직]

├ **국가와 지방자치단체**는 학생, 공무원, 근로자, 그 밖의 일반국민 등을 대상으로 장애인에 대한 인식개선을 위한 교육 및 공익광고 등 홍보사업을 실시하여야 함

├ **국가기관 및 지방자치단체의 장**, 「영유아보육법」에 따른 어린이집, 「유아교육법」·「초·중등교육법」·「고등교육법」에 따른 각급 학교의 장, 그 밖에 대통령령으로 정하는 교육기관 및 공공단체의 장은 매년 소속 직원·학생을 대상으로 장애인에 대한 인식개선교육을 실시하고 → 그 결과를 보건복지부장관에게 제출하여야 함

├ **보건복지부장관**은 인식개선교육의 실시 결과에 대한 점검을 대통령령으로 정하는 바에 따라 매년 실시하여야 함

└ **국가**는 「초·중등교육법」에 따른 학교에서 사용하는 교과용도서에 장애인에 대한 인식개선을 위한 내용이 포함되도록 하여야 함

▌장애인 등록 12. 지방직

─ 장애인, 그 법정대리인 or 대통령령으로 정하는 보호자(법정대리인 등)는 장애 상태와 그 밖에 보건복
  지부령이 정하는 사항을 특별자치시장·특별자치도지사·시장·군수 or 구청장에게 등록하여야 하며
  → 특별자치시장·특별자치도지사·시장·군수·구청장은 등록을 신청한 장애인이 기준에 맞으면 장애
  인등록증을 내주어야 함
  12. 지방직) 장애인 등록을 하려면 보건복지부에 등록해야 함(X) → 시·군·구청장
─ 장애인의 장애 인정과 장애 정도 사정(査定)에 관한 업무를 담당하게 하기 위하여 보건복지부에 장애
  판정위원회를 둘 수 있음

▌장애수당, 장애아동수당, 보호수당(국가와 지방자치단체가 지급)

─ 장애수당 10. 국가직
  ─ 18세 이상의 등록 장애인
  ─ 경증장애인 ∴「장애인연금법」에 따른 중증장애인에게는 지급(X)
  ─ 「국민기초생활 보장법」에 따른 수급자 또는 차상위계층으로서 장애로 인한 추가적 비용 보전(補塡)
     └→ 반드시 지급
     이 필요한 사람
  ─ 장애아동수당을 지급받는 사람은 제외
─ 장애아동수당 10·24. 국가직
  ─ 18세 미만의 등록 장애인(「초·중등교육법」에 따른 학교에 재학 중인 사람으로서 「장애인연금법」에
     따른 수급자가 아닌 경우에는 20세 이하의 경우를 포함)
  ─ 「국민기초생활 보장법」에 따른 수급자 또는 차상위계층으로서 장애로 인한 추가적 비용 보전이 필
     요할 것
─ 보호수당
  ─ 「국민기초생활 보장법」에 따른 수급자
  ─ 중증 장애로 다른 사람의 도움이 없이는 일상생활을 영위하기 어려운 18세 이상(해당 장애인이 20
     세 이하로서 「초·중등교육법」에 따른 고등학교와 이에 준하는 특수학교 또는 각종학교에 재학 중인
     경우는 제외)의 장애인을 보호하거나 부양할 것

▌장애인복지시설

─ 장애인 거주시설 16. 지방직
  ─ 거주공간을 활용하여 일반가정에서 생활하기 어려운 장애인에게 일정 기간 동안 거주·요양·지원 등
     의 서비스를 제공하는 동시에 지역사회생활을 지원하는 시설
  ─ 종류: 장애유형별 거주시설, 중증장애인 거주시설, 장애영유아 거주시설, 장애인 단기거주시시설, 장
          애인공동생활가정
─ 장애인 지역사회재활시설 24. 국가직, 12. 지방직
  ─ 장애인을 전문적으로 상담·치료·훈련하거나 장애인의 일상생활, 여가활동 및 사회참여활동 등을
     지원하는 시설
  ─ 종류: 장애인복지관, 장애인 주간보호시설, 장애인 체육시설, 장애인 수련시설, 장애인 생활이동지
          원센터, 한국수어 통역센터, 점자도서관, 점자도서 및 녹음서 출판시설, 장애인 재활치료시설
     12. 지방직) 한국수어통역센터, 점자도서관은 정애인 지역사회재활시설에 해당(O)
─ 장애인 직업재활시설
  ─ 일반 작업환경에서는 일하기 어려운 장애인이 특별히 준비된 작업환경에서 직업훈련을 받거나 직업
     생활을 할 수 있도록 하는 시설(직업훈련 및 직업 생활을 위하여 필요한 제조·가공 시설, 공장 및 영
     업장 등 부속용도의 시설로서 보건복지부령으로 정하는 시설을 포함)
  ─ 종류: 장애인 보호작업장, 장애인 근로작업장, 장애인 직업적응훈련시설
─ 장애인 의료재활시설: 장애인을 입원 or 통원하게 하여 상담, 진단·판정, 치료 등 의료재활서비스를 제
                      공하는 시설
─ 장애인 생산품 판매시설: 장애인 생산품의 판매활동 및 유통을 대행하고, 장애인 생산품이나 서비스·
                        용역에 관한 상담, 홍보, 판로 개척 및 정보제공 등 마케팅을 지원하는 시설
─ 피해 장애인 쉼터

▌장애인복지 전문인력

의지·보조기 기사, 언어재활사, 장애인재활상담사, 한국수어 통역사, 점역(點譯)·교정사

차별행위 [16·21. 국가직]

- 1. 장애인을 장애를 사유로 정당한 사유 없이 제한·배제·분리·거부 등에 의하여 불리하게 대하는 경우
- 2. 장애인에 대하여 형식상으로는 제한·배제·분리·거부 등에 의하여 불리하게 대하지 아니하지만 정당한 사유 없이 장애를 고려하지 아니하는 기준을 적용함으로써 장애인에게 불리한 결과를 초래하는 경우
- 3. 정당한 사유 없이 장애인에 대하여 정당한 편의 제공을 거부하는 경우
- 4. 정당한 사유 없이 장애인에 대한 제한·배제·분리·거부 등 불리한 대우를 표시·조장하는 광고를 직접 행하거나 그러한 광고를 허용·조장하는 경우. 이 경우 광고는 통상적으로 불리한 대우를 조장하는 광고효과가 있는 것으로 인정되는 행위를 포함

- 5. 장애인을 돕기 위한 목적에서 장애인을 대리·동행하는 자[장애아동의 보호자 or 후견인 그 밖에 장애인을 돕기 위한 자임이 통상적으로 인정되는 자를 포함(장애인 관련자)]에 대하여 1. ~ 4.까지의 행위를 하는 경우. 이 경우 장애인 관련자의 장애인에 대한 행위 또한 이 법에서 금지하는 차별행위 여부의 판단대상이 됨
- 6. 보조견 or 장애인보조기구 등의 정당한 사용을 방해하거나 보조견 및 장애인보조기구 등을 대상으로 4.에 따라 금지된 행위를 하는 경우

정의 [23. 지방직]

- **장애인:** 「장애인복지법」에 따른 장애인
- **활동지원급여:** 수급자에게 제공되는
  - 활동보조
  - 방문목욕
  - 방문간호 등의 서비스
  - 23. 지방직) 활동지원급여의 종류 - 활동보조, 방문목욕, 주간보호, 편의시설 설치(X) → 방문간호
- **부양의무자:** 수급자를 부양할 책임이 있는 사람으로서 수급자의 1촌 이내 직계 혈족 또는 수급자의 배우자 및 그 밖에 수급자의 생계를 책임지는 대통령령으로 정하는 사람
- **활동지원기관:** 시장·군수·구청장으로부터 지정을 받은 기관으로서 수급자에게 활동

기본원칙 [24. 국가직, 23. 지방직]

- 활동지원급여는 장애인의 심신상태, 생활환경 및 욕구 등을 종합적으로 고려하여 **필요한 범위에서 적정하게 제공**하여야 함
- 활동지원급여는 장애인이 지역 사회 안에서 **사회구성원으로 살아갈 수 있도록 제공**하여야 함

활동지원급여를 제공하는 기관 [23. 지방직]

- **활동보조:** 활동지원인력인 활동지원사가 수급자의 가정 등을 방문하여 **신체활동, 가사활동 및 이동보조 등을 지원**하는 활동지원급여
  - 23. 지방직) 활동지원급여 중 활동보조는 신체활동과 가사활동 및 이동보조 등이 포함(O)
- **방문목욕:** 활동지원인력이 목욕설비를 갖춘 장비를 이용하여 수급자의 가정 등을 방문하여 목욕을 제공하는 활동지원급여
- **방문간호:** 활동지원인력인 간호사 등이 의사, 한의사 또는 치과의사의 지시서(방문간호지시서)에 따라 수급자의 가정 등을 방문하여 **간호, 진료의 보조, 요양에 관한 상담 또는 구강위생 등을 제공**하는 활동지원급여
- **그 밖의 활동지원급여:** 야간보호 등 대통령령으로 정하는 활동지원급여

▌국가와 지방자치단체의 장애인 고용 의무

- 2017년 1월 1일부터 2018년 12월 31일까지: $\frac{32}{1,000}$ 이상
- 2019년 이후: $\frac{34}{1,000}$ 이상

▌사업주의 장애인 고용 의무   [24. 국가직, 20. 지방직]

- 대상: 상시 50명 이상의 근로자를 고용하는 사업주
- 근로자의 총수의 5%의 범위에서 대통령령으로 정하는 비율(의무고용률)이상에 해당(그 수에서 소수점 이하는 버린다)하는 장애인을 고용하여야 함

  20. 지방직) 사업주의 장애인 고용 의무를 상시 50명 이상의 근로자를 고용하는 사업주로 정하고 있음(O)

▌장애인 고용장려금의 지급

고용노동부장관은 장애인을 고용한 사업주에게 고용장려금을 지급할 수 있음

▌사업주의 부담금

의무고용률에 못 미치는 장애인을 고용하는 사업주(상시 50명 이상 100명 미만의 근로자를 고용하는 사업주는 제외)는 매년 고용노동부장관에게 부담금을 납부하여야 함

▌정의

- "모" or "부": 다음의 어느 하나에 해당하는 자로서 아동인 자녀를 양육하는 자
  - 배우자와 사별 or 이혼하거나 배우자로부터 유기(遺棄)된 자
  - 정신이나 신체의 장애로 장기간 노동능력을 상실한 배우자를 가진 자
  - 교정시설·치료감호시설에 입소한 배우자 or 병역복무 중인 배우자를 가진 사람
  - 미혼자[사실혼(事實婚) 관계에 있는 자는 제외]
- 청소년 한부모: 24세 이하의 모 or 부
- 아동: 18세 미만(취학 중인 경우에는 22세 미만)

▌복지 급여의 신청

지원대상자 or 그 친족이나 그 밖의 이해관계인은 관할 **특별자치시장·특별자치도지사·시장·군수·구청장**에게 신청 가능

▌복지 급여의 내용

- 생계비, 아동교육지원비, 아동양육비
- 지원대상자가 「국민기초생활 보장법」 등 다른 법령에 따라 지원을 받고 있는 경우
  → 그 범위에서 이 법에 따른 급여(X), but **아동양육비는 지급 가능**

▌복지 자금의 대여   [17. 지방직]

사업에 필요한 자금, 아동교육비, 의료비, 주택자금

▌한부모가족복지시설

출산지원시설, 양육지원시설, 생활지원시설, 일시지원시설, 한부모가족복지상담소

목적

다문화가족 구성원이 안정적인 가족생활을 영위하고 사회구성원으로서의 역할과 책임을 다할 수 있도록
함으로써 이들의 삶의 질 향상과 **사회통합에 이바지함**

아동·청소년

24세 이하인 사람

실태조사

─ 여성가족부장관은 3년마다 다문화가족에 대한 실태조사를 실시하고 그 결과를 공표하여야 함
└ 실태조사 협의 대상
  ├ 외국인 정책: 법무부장관
  └ 아동·청소년의 교육현황과 다문화가족 인식: 교육부장관

국가·지방자치단체의 의무

─ 다문화가족에 대한 이해증진: 다문화 이해교육 실시. 홍보 등
─ 생활정보 제공 및 교육 지원: 한국어교육 등
─ 평등한 가족관계의 유지를 위한 조치: 가족상담, 부부교육, 부모교육, 가족생활교육 등
─ 가정폭력 피해자에 대한 보호·지원: 외국어 통역 서비스를 갖춘 가정폭력 상담소 및 보호시설의 설치
  를 확대하도록 노력
─ 의료 및 건강관리를 위한 지원
─ 아동·청소년 보육·교육: 다문화가족 구성원인 아동·청소년을 차별(X)
─ 다국어에 의한 서비스 제공
─ 다문화가족 종합정보 전화센터의 설치·운영 등
─ **다문화가족지원센터의 설치·운영 등**
  ├ 법인이나 단체에 위탁 가능
  └ 국가 or 지방자치단체 아닌 자는 **시·도지사 or 시장·군수·구청장의 지정**을 받아야 함

다문화가족 자녀에 대한 적용 특례

다문화가족이 이혼 등의 사유로 해체된 경우에도 그 구성원이었던 자녀에 대하여는 이 법을 적용

▌목적 [19. 지방직]

정신질환의 예방·치료, 정신질환자의 재활·복지·권리보장과 정신건강 친화적인 환경 조성에 필요한 사항을 규정함으로써 국민의 정신건강증진 및 정신질환자의 인간다운 삶을 영위하는 데 이바지함

▌정의 [23. 국가직, 23. 지방직]

- **정신질환자**: 망상, 환각, 사고(思考)나 기분의 장애 등으로 인하여 독립적으로 일상생활을 영위하는 데 중대한 제약이 있는 사람
- **정신건강복지센터**
  - 정신건강증진시설, 사회복지시설, 학교 및 사업장과 연계체계를 구축하여 지역사회에서의 정신건강증진사업 및 정신질환자 복지서비스 지원사업을 하는 기관 or 단체
    - **시·도지사**: 광역정신건강복지센터 설치·운영 가능
    - **시장·군수·구청장**: 보건소에 기초정신건강복지센터 설치·운영 가능
- **정신건강증진시설**
  - **정신의료기관**: 정신병원, 정신건강의학과, 정신과의원
  - **정신요양시설**: 정신질환자를 **입소시켜 요양서비스를 제공**하는 시설
  - **정신재활시설**
    - 정신질환자 또는 정신건강상 문제가 있는 사람 중 대통령령으로 정하는 사람의 **사회적응을 위한 각종 훈련과 생활지도**를 하는 시설
    - 생활시설, 재활훈련시설, 생산품판매시설, 중독자재활시설, 종합시설

▌국가계획의 수립 등 [23. 지방직]

- **보건복지부장관**은 관계 행정기관의 장과 협의하여 **5년마다 정신건강증진 및 정신질환자 복지서비스 지원에 관한 국가의 기본계획을 수립**하여야 함
- 포함되어야 할 사항
  - 정신질환의 예방, 상담, 조기발견, 치료 및 재활을 위한 활동과 각 활동 상호 간 연계
  - **영·유아, 아동, 청소년, 중·장년, 노인 등 생애주기 및 성별에 따른 정신건강증진사업**
  - 정신질환자의 조기퇴원 및 사회적응
  - 적정한 정신건강증진시설의 확보 및 운영
  - 정신질환에 대한 인식개선을 위한 교육·홍보, 정신질환자의 법적 권리보장 및 인권보호 방안
  - 전문인력의 양성 및 관리
  - 정신건강증진을 위한 교육, 주거, 근로환경 등의 개선 및 이와 관련된 부처 또는 기관과의 협력 방안
  - 정신건강 관련 정보체계 구축 및 활용
  - 정신질환자와 그 가족의 지원
  - 정신질환자의 건강, 취업, 교육 및 주거 등 지역사회 재활과 사회참여
  - 정신질환자에 대한 복지서비스의 연구·개발 및 평가에 관한 사항
  - 정신질환자에 대한 복지서비스 제공에 필요한 재원의 조달 및 운용에 관한 사항
  - 그 밖에 보건복지부장관 또는 시·도지사가 정신건강증진을 위하여 필요하다고 인정하는 사항

▌중독관리통합지원센터의 설치 및 운영 [23. 지방직]

- 보건복지부장관 또는 지방자치단체의 장은 알코올, 마약, 도박, 인터넷 등의 중독 문제와 관련한 종합적인 지원사업을 수행하기 위하여 중독관리통합지원센터를 설치·운영할 수 있음
- 수행 사업
  - 지역사회 내 중독자의 조기발견 체계 구축
  - 중독자 대상 상담, 치료, 재활 및 사회복귀 지원사업
  - 중독폐해 예방 및 교육사업
  - 중독자 가족에 대한 지원사업
  - 그 밖에 중독 문제의 해소를 위하여 필요한 사업

▌정신건강전문요원 [19. 국가직, 10·19. 지방직]

- 보건복지부장관이 자격 발급
- 구분
  - 정신건강임상심리사
  - 정신건강간호사
  - 정신건강사회복지사
  - 정신건강작업치료사

▌입원의 종류 [24. 국가직]

- 자의입원
- 동의입원
- 보호의무자에 의한 입원
- 특별자치시장·특별자치도지사·시장·군수·구청장에 의한 입원
- 응급입원

▌정신건강사회복지사의 업무 [24. 지방직]

- 정신건강전문요원 의 공통업무
  - 정신재활시설의 운영
  - 정신질환자등의 재활훈련, 생활훈련 및 작업훈련의 실시 및 지도
  - 정신질환자등과 그 가족의 권익보장을 위한 활동 지원
  - 진단 및 보호의 신청
  - 정신질환자등에 대한 개인별 지원계획의 수립 및 지원
  - 정신질환 예방 및 정신건강복지에 관한 조사·연구
  - 정신질환자등의 사회적응 및 재활을 위한 활동
  - 정신건강증진사업등의 사업 수행 및 교육
  - 보건복지부장관이 정하는 정신건강증진 활동
- 정신건강사회복지사의 전담업무
  - 정신질환자등에 대한 사회서비스 지원 등에 대한 조사
  - 정신질환자등과 그 가족에 대한 사회복지서비스 지원에 대한 상담·안내

▌목적 13. 국가직

자원봉사활동에 관한 기본적인 사항을 규정함으로써 자원봉사활동을 진흥하고 행복한 공동체 건설에 이바지함

13. 국가직) 자원봉사활동을 진흥하기 위해 「자원봉사활동 기본법」을 제정(O)

▌자원봉사활동 원칙 24. 지방직

무보수성, 자발성, 공익성, 비영리성, 비정파성(非政派性), 비종파성(非宗派性)

▌정치활동 등의 금지 의무 12. 지방직

지원을 받는 자원봉사단체 및 자원봉사센터는 그 명의 or 그 대표의 명의로 특정 정당이나 특정인의 선거운동을 하여서는(X)

▌자원봉사활동의 범위 12. 지방직

- 부패 방지 및 소비자 보호에 관한 활동
- 공명선거에 관한 활동
- 국제협력 및 국외봉사활동
- 공공행정 분야의 사무 지원에 관한 활동 등

▌자원봉사진흥위원회 12. 지방직

- 자원봉사활동에 관한 주요 정책을 심의하기 위하여 **행정안전부** 소속으로 관계 중앙행정기관 및 민간 전문가로 구성
- 위원장: 국무총리, 부위원장: 행정안전부장관과 민간위원 중에서 호선한 자 1인

▌자원봉사활동의 진흥에 관한 국가기본계획의 수립 13. 국가직

행정안전부장관은 자원봉사활동의 진흥을 위한 **국가기본계획을 5년마다 수립**

▌한국자원봉사협의회

행정안전부장관의 인가를 받아 등기함으로써 설립

▌자원봉사센터의 설치 및 운영 12. 지방직

- 국가기관 및 지방자치단체는 자원봉사센터 설치 가능
  - **이 경우 자원봉사센터를** ─ 법인으로 하여 운영하거나
    - 비영리 법인에 위탁하여 운영하여야 함
- but 자원봉사활동을 효율적으로 추진하기 위하여 필요하다고 인정할 경우에는 국가기관 및 지방자치단체가 운영 가능

12. 지방직) 국가 및 지방자치단체는 자원봉사센터를 직접 운영할 수 없음(X) → 있음

▌기념일·주·월

법률	기념일·주·월
사회복지사업법	• 사회복지의 날: 매년 9월 7일 • 사회복지주간: 사회복지의 날부터 1주간
노인복지법	• 노인의 날: 매년 10월 2일 • 경로의 달: 매년 10월 • 어버이날: 매년 5월 8일 • 노인학대예방의 날: 매년 6월 15일
치매관리법	치매극복의 날: 매년 9월 21일
아동복지법	• 어린이날: 매년 5월 5일 • 어린이주간: 매년 5월 1일부터 5월 7일까지 • 아동학대 예방의 날: 매년 11월 19일 • 아동학대 예방주간: 아동학대예방의 날부터 1주일간
장애인복지법	• 장애인의 날: 매년 4월 20일 • 장애인주간: 장애인의 날부터 1주간
건강가정기본법	• 가정의 달: 매년 5월 • 가정의 날: 5월 15일
한부모가족지원법	한부모가족의 날: 매년 5월 10일
입양특례법	• 입양의 날: 5월 11일 • 입양주간: 입양의 날부터 1주일간
자원봉사활동기본법	• 자원봉사자의 날: 매년 12월 5일 • 자원봉사주간: 자원봉사자의 날부터 1주일간
성매매방지 및 피해자보호 등에 관한 법률	성매매 추방주간: 1년 중 1주간
성폭력방지 및 피해자보호 등에 관한 법률	성폭력 추방주간: 1년 중 1주간
가정폭력방지 및 피해자보호 등에 관한 법률	가정폭력 추방주간: 1년 중 1주간
정신건강증진 및 정신질환자 복지서비스 지원에 관한 법률	• 정신건강의 날: 매년 10월 10일 • 정신건강주간: 정신건강의 날이 포함된 주

▌법정 계획

법률	계획명	수립자	기간
국민기초생활보장법	기초생활보장 계획	소관 중앙행정기관의 장	3년마다
사회보장급여의 이용·제공 및 수급권자 발굴에 관한 법률	지역사회보장계획	시·도지사, 시·군·구청장	4년마다
사회보장기본법	사회보장 기본계획	보건복지부장관	5년마다
국민건강보험법	국민건강보험종합계획	보건복지부장관	
노인장기요양보험법 13. 지방직	장기요양기본계획	보건복지부장관	
치매관리법	치매관리종합계획	보건복지부장관	
저출산·고령사회기본법	저출산·고령사회기본계획	보건복지부장관	
장애인의 고용촉진 및 직업재활법	장애인의 고용촉진 및 직업재활을 위한 기본계획	고용노동부장관	
아동복지법	아동정책기본계획	보건복지부장관	
장애인복지법 19. 서울시	장애인정책종합계획	보건복지부장관	
건강가정기본법	건강가정기본계획	여성가족부장관	
다문화가족지원법	다문화가족 지원을 위한 기본계획	여성가족부장관	
자원봉사활동기본법 13. 국가직	자원봉사활동의 진흥을 위한 국가기본계획	행정안전부장관	
정신건강증진 및 정신질환자 복지서비스 지원에 관한 법률	정신건강증진 및 정신질환자 복지서비스 지원에 관한 국가기본계획	보건복지부장관	

실태조사

법률	조사명	주체	기간
장애인의 고용촉진 및 직업재활법	장애인 실태조사	고용노동부장관	매년 1회 이상
노인장기요양보험법	장기요양 실태조사	보건복지부장관	
노인복지법	노인 실태조사	보건복지부장관	
장애인복지법 16. 지방직, 19. 서울시	장애 실태조사	보건복지부장관	
장애인차별금지 및 권리구제 등에 관한 법률	실태조사	보건복지부장관	
건강가정기본법	가족 실태조사	국가와 지방자치단체	
청소년복지지원법	청소년의 의식·태도·생활 등에 관한 실태조사	여성가족부장관	
한부모가족 지원법	한부모가족 실태조사	여성가족부장관	
영유아보육법	보육 실태조사	보건복지부장관	3년마다
다문화가족지원법	다문화가족 실태조사	여성가족부장관	
성매매방지 및 피해자보호 등에 관한 법률	성매매 실태조사	여성가족부장관	
성폭력방지 및 피해자보호 등에 관한 법률	성폭력 실태조사	여성가족부장관	
가정폭력방지 및 피해자 보호 등에 관한 법률	가정폭력 실태조사	여성가족부장관	
국민기초생활보장법	실태조사	보건복지부장관	
아동복지법	아동종합 실태조사	보건복지부장관	
치매관리법	치매 실태조사	보건복지부장관	
정신건강증진 및 정신질환자 복지서비스 지원에 관한 법률	실태조사	보건복지부장관	5년마다

신고제 이외의 기관 설립방식

인가

기관	인가권자	관련 법률
사회복지공동모금회	보건복지부장관	사회복지공동모금회법
성폭력피해자 보호시설	시장·군수·구청장	성폭력방지 및 피해자보호 등에 관한 법률
가정폭력피해자 보호시설	시장·군수·구청장	가정폭력방지 및 피해자보호 등에 관한 법률
한국자원봉사협의회	행정안전부장관	자원봉사활동기본법
국공립어린이집 외의 어린이집	시장·군수·구청장	영유아보육법
한국건강가정진흥원	여성가족부장관	건강가정기본법
지방청소년단체협의회	시·도지사	청소년기본법

지정

기관	지정권자	관련 법률
장기요양기관	시장·군수·구청장	노인장기요양보험법
다문화가족지원센터	시·도지사 or 시장·군수·구청장	다문화가족지원법
광역자활센터	보장기관(국가 및 지방자치단체)	국민기초생활보장법
지역자활센터		
3차 의료급여기관	보건복지부장관	의료급여법
요양보호사 교육기관	시·도지사	노인복지법
중앙노인보호전문기관	보건복지부장관	노인복지법
지역노인보호전문기관		
아동긴급보호소	경찰청장	아동복지법
치매안심병원	보건복지부장관	치매관리법

허가

기관	허가권자	관련 법률
사회복지법인	시·도지사	사회복지사업법
정신요양시설	시장·군수·구청장	정신건강증진 및 정신질환자 복지서비스 지원에 관한 법률

차관이 위원장인 위원회

위원회	위원장	관련 법률
국민연금심의위원회	보건복지부차관	국민연금법
건강보험정책심의위원회		국민건강보험법
장기요양위원회		노인장기요양보험법
중앙의료급여심의위원회		의료급여법
고용보험위원회	고용노동부차관	고용보험법

청문을 해야 하는 경우

청문 주체	청문 내용	관련 법률
보건복지부장관, 시·도지사 or 시장·군수·구청장	• 사회복지사의 자격취소 • 사회복지법인의 설립허가 취소 • 사회복지시설의 폐쇄	사회복지사업법
시·도지사	요양보호사 교육기관의 지정취소	노인복지법
보건복지부장관, 시·도지사 or 시장·군수·구청장	지정의 취소, 위탁의 취소, 시설의 폐쇄명령을 하고자 하는 경우	아동복지법
시장·군수·구청장	사업의 폐지를 명하거나 시설을 폐쇄하려는 경우	한부모가족지원법

사례관리

관련 법률	해당 조문
「사회보장급여의 이용·제공 및 수급권자 발굴에 관한 법률」 제42조의2	보건복지부장관, 시·도지사 및 시장·군수·구청장은 ~ 서비스를 종합적으로 연계·제공하는 통합사례관리를 실시할 수 있음
「의료급여법」 제5조의2	보건복지부장관, 특별시장·광역시장·도지사 및 시장·군수·구청장은 수급권자의 건강관리 능력 향상 및 합리적 의료이용 유도 등을 위하여 사례관리를 실시할 수 있음
「장애인복지법」 제32조의7	특별자치시장·특별자치도지사·시장·군수·구청장은 복지서비스가 필요한 장애인을 발굴하고 공공 및 민간의 복지서비스를 연계·제공하기 위하여 민관협력을 통한 사례관리를 실시할 수 있음

자격증

자격증	등급	발급자	관련 법률
사회복지사	1급, 2급	보건복지부장관	사회복지사업법
요양보호사	-	시·도지사	노인복지법
의지·보조기 기사	-	보건복지부장관	장애인복지법
언어재활사	1급, 2급		
장애인재활상담사	1급, 2급, 3급		
한국수어통역사	-		
점역 · 교정사	1급, 2급, 3급		
청소년지도사	1급, 2급, 3급	여성가족부장관	청소년기본법
청소년상담사			

심사청구와 재심사청구 **①주의** 사회보험 관련 법 중 국민건강보험법만 제외 [11. 서울시]

- **국민연금법**: 국민연금공단·건강보험공단의 처분에 이의 → (90일 이내) 국민연금공단(국민연금심사위원회)·건강보험공단(징수심사위원회)에 심사청구 → (불복 시) → (90일 이내) 보건복지부의 국민연금재심사위원회에 재심사청구
- **산업재해보상보험법**: 근로복지공단의 결정에 불복 → 근로복지공단의 산업재해보상보험심사위원회에 심사청구 → (불복 시) → 고용노동부의 산업재해보상보험재심사위원회에 재심사청구
- **고용보험법**: 급여 등에 관한 처분에 이의 → 고용보험심사관에게 심사청구 → (불복 시) → 고용노동부의 고용보험심사위원회에 재심사청구
- **노인장기요양보험법**: 국민건강보험공단의 처분에 이의 → (90일 이내) 국민건강보험공단의 장기요양심사위원회에 심사청구 → (불복 시) → (90일 이내) 보건복지부의 장기요양재심사위원회에 재심사청구 → 재심사를 거친 경우에는 행정심판 청구(X)

이의신청

- **국민기초생활보장법**: 시·군·구청장(시·도 교육감)의 처분에 이의 → (90일 이내) 시·도지사(시·도 교육감) 이의신청 → (불복 시) → (90일 이내) 보건복지부장관(국토교통부장관, 교육부장관)에게 이의신청
- **기초연금법**: 시·군·구청장의 처분에 이의 → (90일 이내) 시·군·구청에 이의신청
- **긴급복지지원법**: 시·군·구청장의 처분에 이의 → (30일 이내) 시·군·구청을 거쳐 시·도지사에 이의신청

이의신청 → 심판청구 [19. 지방직]

- **국민건강보험법**: 국민건강보험공단·국민건강보험심사평가원의 처분에 이의 → (90일 이내) 국민건강보험공단·국민건강보험심사평가원에 이의신청 or 행정소송 → (불복 시) → (90일 이내) 보건복지부의 건강보험분쟁조정위원회에 심판청구 or 행정소송 → (불복 시) → 행정소송

19. 지방직) 국민건강보험법은 사회보장 권리구제로 심사청구와 재심사청구를 규정하고 있지 않음(O)

- **의료급여법**: 시·군·구청장의 처분에 이의 → (90일 이내) 시·군·구청에 이의신청 → (불복 시) → (90일 이내) 보건복지부의 건강보험분쟁조정위원회에 심판청구

이의신청 → 행정심판

- **노인복지법·장애인복지법**: 복지조치에 대한 이의 → (90일 이내) 복지실시기관에 이의 신청 → (불복 시) → 행정심판
- **장애인복지법**: 복지조치에 대한 이의 → (90일 이내) 복지실시기관에 이의 신청 → (불복 시) → 행정심판

심사청구 - 한부모가족지원법: 복지 급여 등에 대한 이의 → (90일 이내) 복지실시기관에 심사 청구